Berufsbildung, Arbeit und Innovation
Konferenzen

Claudia Fenzl
Georg Spöttl
Falk Howe
Matthias Becker
(Hg.)

Berufsarbeit von morgen in gewerblich-technischen Domänen

Forschungsansätze und
Ausbildungskonzepte für
die berufliche Bildung

Bibliografische Information Der Deutschen Bibliothek

Die Deutsche Bibliothek verzeichnet diese Publikation in der Deutschen Nationalbibliografie; detaillierte bibliografische Daten sind im Internet über <http://dnb.ddb.de> abrufbar.

Reihe Berufsbildung, Arbeit und Innovation –
Konferenzen, Band 2

Geschäftsführende Herausgeber
Klaus Jenewein, Magdeburg
Peter Röben, Heidelberg
Georg Spöttl, Bremen

Wissenschaftlicher Beirat
Rolf Arnold, Kaiserslautern
Arnulf Bojanowski, Hannover
Friedhelm Eicker, Rostock
Marianne Friese, Gießen
Richard Huisinga, Siegen
Martin Kipp, Hamburg
Jörg-Peter Pahl, Dresden
Joseph Pangalos, Hamburg-Harburg
Günter Pätzold, Dortmund
Klaus Rütters, Hannover
Georg Spöttl, Bremen
Peter Storz, Dresden

Die Verantwortung für den Inhalt dieser Veröffentlichung liegt bei den Autorinnen und Autoren.

W. Bertelsmann Verlag GmbH & Co. KG, Bielefeld, 2009
Gesamtherstellung: W. Bertelsmann Verlag, Bielefeld
Umschlaggestaltung: FaktorZwo, Günter Pawlak, Bielefeld

ISBN 978-3-7639-4229-9 (Print)
ISBN 978-3-7639-4228-2 (E-Book)

Bestell-Nr. 6004043

Inhalt

C: Übergang Schule – Ausbildung – Beruf

D: Kompetenzmodell – Kompetenzmodellierung – Kompetenzdiagnostik

E: Lehrerbildung für berufliche Schulen im Lichte der Bachelor- und Masteransätze

F: Dienstleistungsqualität durch professionelle Arbeit

Vorwort

Die Arbeitsgemeinschaft „Gewerblich-Technische Wissenschaften und ihre Didaktiken (GTW)" innerhalb der Gesellschaft für Arbeitswissenschaft e. V. (GfA) veranstaltet ihre sechzehnte Herbstkonferenz an der Universität Bremen, Institut Technik und Bildung.

Leitthema ist „Berufsarbeit von morgen in gewerblich-technischen-Domänen – Forschungsansätze und Ausbildungskonzepte für die berufliche Bildung."

Damit verweist die Arbeitsgemeinschaft auf ein besonderes Spannungsverhältnis. Zum einen ist Facharbeit durch Zukunftstechnologien besonders gefordert, zum anderen ist die Ausbildung der Facharbeiter nicht nur durch die europäische Bildungspolitik in der Diskussion, sondern auch durch die zunehmenden Qualitätsansprüche. Diese münden in Fragen nach geeigneten Didaktikansätzen, Kompetenzmessverfahren, verbesserten Übergängen von Schule in Ausbildung und Beruf und in Fragen nach optimierten Lehrerbildungsmodellen im Rahmen der Bachelor- und Masterkonzepte. Die sich dabei überlagernden Anforderungen an die gewerblich-technische Berufsbildung und darüber hinaus ziehen einen größeren Klärungsbedarf in Wissenschaft und Praxis nach sich. Dieser Herausforderung stellt sich die Arbeitsgemeinschaft auf der Herbstkonferenz, greift die neuen Fragen auf und versucht Antworten zu geben aus der Perspektive der beruflichen Aus- und Weiterbildung, der Berufsgestaltung, der berufswissenschaftlichen Forschung und der Forschung aus angrenzenden Disziplinen.

Vor diesem Hintergrund stehen bei der Tagung fünf Schwerpunktthemen im Mittelpunkt:

- *Zukunftstechnologien und Facharbeit:* Diskutiert werden Konsequenzen und Herausforderungen der Zukunftstechnologien für Facharbeit, berufliche Bildung und berufswissenschaftliche Forschung.

- *Lernen in „gemischten Welten":* Es wird das Lernen mit digitalen Medien sowie die Entfremdung der Arbeit durch ihre Virtualisierung thematisiert.

- *Übergang Schule – Ausbildung – Beruf:* Mit dem Ziel eines verbesserten Übergangs von der Schule in Ausbildung und Beruf wird u. a. über Methodik und Gestaltung der Berufsorientierung sowie über die Abstimmung des Lehrens und Lernens zwischen den Schulformen diskutiert.

- *Kompetenzmodell – Kompetenzmodellierung – Kompetenzdiagnostik:* Neben Kompetenzmodellen im Kontext von Facharbeiterausbildung und Berufsbildung stehen verschiedene Ansätze und Verfahren zur Modellierung und Diagnostik von Kompetenz im Fokus der Diskussion.

- *Lehrerbildung für berufliche Schulen im Lichte der Bachelor- und Master-ansätze*: Vor dem Hintergrund der zentralen Kompetenzbereiche und der we-sentlichen Eckpunkte des GTW-Studiums werden verschiedene Konzeptvor-stellungen zur Lehrerbildung vorgestellt und diskutiert.

Etwas Grenzüberschreitung betreibt die GTW-Arbeitsgemeinschaft durch die zu-sätzliche Aufnahme eines Workshops zu der Thematik „Dienstleistungsqualität durch professionelle Arbeit" der Fokusgruppe „Beruflichkeit und Professionalisie-rung" aus dem Förderschwerpunkt „Dienstleistungsqualität durch professionelle Arbeit" des bmbf-Programms „Innovationen mit Dienstleistungen". Dies liegt in der Tatsache begründet, dass die Fokusgruppe mit den jeweiligen Projektschwerpunk-ten immer die Brücke zu den gewerblich-technischen Wissenschaften schlägt. Es kann deshalb davon ausgegangen werden, dass Forschungserkenntnisse mit Blick auf Dienstleistungsaufgaben die gewerblich-technischen Berufe bereichern – und ebenso umgekehrt.

Auch die Kernthemen der Tagung sind nicht auf technische Gegenstände im enge-ren Sinne zugeschnitten, sondern immer erweitert um Lernen, die Gestaltung von Lernen, die Qualität von Lernen und deren verschiedene Einflussfaktoren. Der Schwerpunkt zum Übergang Schule – Ausbildung – Beruf verweist deutlich darauf, dass gewerblich-technische Sachverhalte in der Berufsbildung sich solcher Frage-stellungen und aktuell vor allem der Hemmnisse annehmen müssen. Ähnlich verhält es sich mit der Kompetenzmodellierung und der Kompetenzdiagnostik. Beiträge aus den gewerblich-technischen Wissenschaften heraus sind zu dieser Problemstel-lung überfällig. Vor allem geht es darum aufzuzeigen, welche Möglichkeiten sich aus der Perspektive der berufswissenschaftlichen Forschung ergeben, um zu Kom-petenzmodellen und zu einer Kompetenzdiagnostik zu kommen, die in der Lage ist, das in der Berufsbildung hoch relevante praktische Wissen und Können zuverlässig mit zu erfassen.

Von besonderer Aktualität ist die Auseinandersetzung um die verschiedenen Kon-zepte zur Ausbildung von Lehrkräften. Hier gilt es nach wie vor, überzeugende Mo-delle zu etablieren, um endlich die Misere der Lehrerqualifizierung für die berufliche Bildung an Hochschulen zu überwinden. Ob das mit den Bachelor- und Mastermo-dellen gelingt, wird einer der zu diskutierenden Schwerpunkte sein.

Die Herausgeber

Claudia Fenzl, Bremen   Georg Spöttl, Bremen

Falk Howe, Bremen   Matthias Becker, Flensburg

A: Zukunftstechnologien und Facharbeit

Neue Technologien, nachhaltige Entwicklung und Wissensunschärfen – Verunsicherungen von beruflicher Arbeit im Zeitalter der Globalisierung

Jessica Blings

1 Einführung

Im Beitrag werden aktuelle und zukünftige Anforderungen an kompetente berufliche (Fach-)Arbeit zur Ausgestaltung von Nachhaltigkeit anhand empirischer Ergebnisse diskutiert. Das Konzept der Nachhaltigkeit stellt hohe Anforderungen an komplexes Denken von Beschäftigten. Inhaltliche Spannungsverhältnisse zur Einschätzung von Nachhaltigkeit, die auch Handlungsentscheidungen der Beschäftigten beeinflussen, werden im Text erläutert.

1.1 Was macht neue Technologien zu Zukunftstechnologien?

Zukunftstechnologien haben mit High-Tech zu tun, stellen Innovationen dar, bringen die Wirtschaft voran, schaffen Arbeitsplätze – so lauten zumindest die Beschreibungen in politisch gesteuerten Hochglanzbroschüren zur Thematik. Zu den heutigen Zukunftstechnologien werden z. B. Nanotechnologie, Mechatronik, Biotechnologie, Informationstechnologie, Raumfahrttechnologie gezählt. Der Begriff Zukunftstechnologie impliziert eine große Bedeutung für die Zukunft oder eine positive Auswirkung auf die Zukunft. Doch streng genommen gibt es keine Technologien, denen eine „günstige" Wirkung per se inhärent ist. Versteht man Technik als soziale Praktik, gilt: Die materielle Natur der Technologie bestimmt das Handeln mit ihr (vgl. Giddens 1997). Strukturen bestimmen das soziale Handeln, gleichzeitig gestaltet das soziale Handeln auch die Strukturen, in denen es stattfindet. Es sind also zwei sich wechselseitig bedingende Elemente. Es gibt nur Technologien, die durch Menschen bei der Implementierung zukunftsfähig eingesetzt und genutzt werden. Technologie ist nicht von sich aus zukunftsorientiert, sie kann jedoch ein Potenzial besitzen, besonders geeignet zu sein um von Menschen für die Lösung von zukünftigen Problemen und Herausforderungen eingesetzt zu werden. Technik ist neben ihrem historisch bedingten Entwicklungsgrad in ihrer Anwendungszielrichtung immer auch Ausdruck gesellschaftlicher Verhältnisse. Diese Einsicht führte zur Entwicklung der „Partizipativen Technikgestaltung" (vgl. Fischer 2001, S. 64f.). Die setzt da an, wo Technik gestaltbar ist, in der Entwicklung und Diffusion von Technik (vgl. Stuber 2005). Die Berufsbildungsforschung betrachtet die Einführung neuer Technologien als Wirkung auf Arbeit und Bildung. Sie tut dies aber nicht im Sinne eines technologischen Determinismus, der Technik zum Maß aller Dinge macht, an die sich Arbeit und Beschäftigte anzupassen haben, sondern im Sinne eines Gestaltungsanspruches an Technik (vgl. Fischer 2001), der sich in der Arbeit entfaltet und Anforderung an die Berufsbildung ist. Mit dem Beginn der Forschung zur Arbeit-Technik-Gestaltung in den 80er Jahren wird „Technik als Einheit des technisch Möglichen und des sozial Wünschbaren" begriffen (vgl. Rauner 2005, S. 466). (Fach)ArbeiterInnen und andere beruflich Handelnde sind die Subjekte, die Technik im Sinne der gesellschaftlichen Anforderungen gestaltend einsetzen (vgl. Niethammer 1995).

1.2 Ein neues Verständnis von Zukunftstechnologien

Die Nachhaltigkeitsdiskussion bereichert die Kritik des technologischen Determinismus um neue Aspekte der Anforderung von Gestaltung von Technik. Jede Einführung von neuen Technologien hat soziale und wirtschaftliche Folgen sowie Umweltfolgen, die sich von der Situation vor der Einführung der Technologie in der Regel unterscheiden. Ob neue Technologie zukunftsfähig ist, entscheidet sich im Verständnis nachhaltiger Entwicklung durch die Art der wirtschaftlichen, sozialen und umweltbezogenen Auswirkungen bei der Einführung. In der Nachhaltigkeitsforschung haben sich neben der Effizienzstrategie auch Konsistenz- und Suffizienzstrategien entwickelt (vgl. Fischer 1998), deren technologische Anforderungen sich auf High-Tech oder auch auf Low-Tech beziehen können. Während die Effizienzstrategie bedeutet, dass definierte Ziele mit möglichst geringem Energie- und Ressourceneinsatz erreicht werden, bedeutet die Suffizienzstrategie die Umsetzung neuer Konsum- und Verhaltensmuster, die sich durch Ersatz und Reduktion von Konsum auszeichnen. Diese Strategie ist mit der Auffassung verbunden, dass auch die Erhöhung von Lebensqualität ein Ziel von Gestaltungsmaßnahmen sein kann. Die Konsistenzstrategie wiederum konzentriert sich auf Stoffströme und versucht die sinnvolle Ergänzung anthropogener und geogener Stoffströme zu erreichen.

Technologien für die Lösung zukünftiger Probleme müssen nicht auf High-Tech beruhen oder die neuesten Entwicklungen darstellen, sondern die gesellschaftlichen Rahmenbedingungen, in denen sie angewandt werden, müssen im Sinne von Zukunftsfähigkeit hoch entwickelt werden. Es liegt deshalb nahe, dass die Nachhaltigkeitsforschung in Berufsbildung und Technikdidaktik das Erkenntnisinteresse auf das Subjekt richtet (und nicht auf die Technologie), welches die Zukunft gestaltet. Was Gestaltung von nachhaltiger Entwicklung auf der Ebene der Arbeitsprozesse für die (Fach-)arbeiterInnen und andere beruflich Handelnde bedeutet (vgl. Abbildung 1), war Gegenstand des Forschungsprojektes GINE[1].

---

1 BMBF-finanzierte Studie „Globalität und Interkulturalität als integrale Bestandteile beruflicher Bildung für eine nachhaltige Entwicklung (GInE)", beteiligt Universität Hamburg/ IBW, Universität Bremen/ ITB und Universität Lüneburg/BWP

2 Fragestellung des Forschungs- und Entwicklungsvorhabens

Im Projekt GINE wurde eine kategoriale Untersuchung des Nachhaltigkeitsbegriffes vorgenommen (vgl. Fischer, Greb, Skrzipietz 2009) sowie empirische Untersuchungen bezogen auf Unternehmen und MitarbeiterInnen in 6 Sektoren (Bauhaupt-/ Baunebengewerbe, Gesundheit/Pflege, Lebensmitteleinzelhandel, Industrielle Produktion im Fahrzeug-/Maschinenbau, Kreislauf- und Abfallwirtschaft/Recycling und Tourismus/Hotellerie) durchgeführt. Die im Projekt erstellte Studie diente der Identifizierung von Forschungsfragen für das Aktionsprogramm „Globalität und Interkulturalität als integraler Bestandteil beruflicher Bildung für eine nachhaltige Entwicklung". Dabei wurden u. a. folgende Fragestellungen behandelt:

1. Wie ist nachhaltiges Handeln im Sektor zu definieren? In welchen Kontexten, Inhalten, mit welchen Methoden wird in Unternehmen nachhaltig gehandelt?

2. Welche arbeits- und geschäftsprozessspezifischen Aspekte liegen in den einzelnen Sektoren für die erfolgreiche Ausgestaltung von Bildung für eine nachhaltige Entwicklung vor?

Die Auseinandersetzung mit diesen Fragen schloss nicht nur die Analyse der Einführung neuer Technologien ein, sondern im Sinne der Arbeitsprozessorientierung die Erforschung der Gestaltung von Arbeitsorganisation, -methoden und -werkzeugen, ebenso wie die Erfüllung der Anforderungen verschiedener Ebenen (Gesellschaft, Branche, Betrieb und Individuum) an kompetente berufliche (Fach-)Arbeit (siehe auch Abbildung 1).

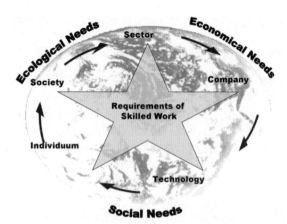

Abb. 1: Anforderungen an berufliche Arbeit zur Ausgestaltung nachhaltiger Entwicklung

3 Forschungs-/Entwicklungsmethode, Ansatz und Durchführung

Im Sinne eines berufswissenschaftlichen Ansatzes handelt es sich um ein For-schungskonzept, welches domänenspezifisches berufliches Handeln in komplexen Arbeitsprozessen zum Gegenstand empirischer Forschung macht. Das prozessbe-zogene berufliche Handeln wird von „innen heraus" erschlossen; das bedeutet, der Bezugspunkt für die Untersuchungen sind die beruflich Handelnden in ihren Ar-beitsprozessen mit den spezifischen Herausforderungen (vgl. Spöttl 2000). Für den Forschungsansatz wurden berufswissenschaftliche Sektoranalysen und Fallstudien gemäß dem Forschungsinteresse weiterentwickelt (Blings/Spöttl/Köth 2008; Blings 2008a).

4 Ergebnisse aus der empirischen Forschung und Schlussfolgerungen

Es besteht kein Zweifel daran, dass das dreidimensionale Konzept der Nachhaltigkeit explizit bisher wenig in Betrieben angekommen ist und Handeln im Sinne einer nachhaltigen Entwicklung kaum eine Rolle spielt. In den einzelnen Sektoren herr-schen große Unterschiede in der Nachhaltigkeitsdiskussion (vgl. Blings 2008b, S. 10; Stomporowski 2009, S. 121f.). Am Sektor der Recyclingwirtschaft zeigte sich ein Qualitätsdilemma der Branche. Das heißt, indem nachhaltige Entwicklung zwar propagiert aber von Politik, Branche und Unternehmen unzureichend inhaltlich „ge-füllt" wird, entsteht ein Wissensdilemma auf der Ebene der Beschäftigten (vgl. Blings 2008b). Unklarheiten und Widersprüche werden durch verborgene Wertmaßstäbe und nicht vorhandene Bewertungskriterien hervorgerufen. Nicht die Einführung neuer Technologien, Verfahren, Geschäftsprozesse allein stellt hier Beschäftigte vor Probleme, sondern vor allem Beurteilungen von Anforderungen an kompetente (Fach-)Arbeit sowie Beurteilungen der Auswirkungen von Arbeitsprozessen. Typi-sche Unsicherheiten entstehen bei den Beschäftigen in den Betrieben beim Abgleich von wirtschaftlichen, ökologischen und sozialen Interessen wie z. B.: Wann ist der richtige Zeitpunkt zum Austausch von Materialien? Wie wäge ich Kundenfreund-lichkeit versus Kosten ab? Wie priorisiere ich Arbeitssicherheit versus Schnelligkeit? Welche Wertmaßstäbe werden angesetzt, was ist wirtschaftlich, ökologisch, sozial im Arbeitsprozess? Die empirischen Untersuchungen zeigten zudem, dass eine Ein-ordnung der Arbeitsprozesse in globale Zusammenhänge nicht erfolgt. Die Beschäf-tigten sehen kaum Bezüge ihrer Arbeit zu Produktions- und Umweltbedingungen in anderen Ländern (vgl. Blings 2008b, Blings 2009 und Stomporowski 2009). Die Fachdidaktik ist gefordert sich damit auseinander zu setzen, wie Einsicht in lokale und globale Zusammenhänge, Verständnis von sozialen Auswirkungen der Unternehmenspraxis, Bewertung von wirtschaftlichen Zusammenhängen und ökologischen Auswirkungen der Arbeit zu fördern ist. Eine besondere Bedeutung bekommen dabei Bewertungsmaßstäbe und -kriterien, die zur Einschätzung der Auswirkung von Arbeitsprozessen notwendig sind und auch für Betriebe verfügbar gemacht werden.

Literatur

Blings, J. (2008a): Informelles Lernen im Berufsalltag – Bedeutung, Potenziale und Grenzen in der Kreislauf- und Abfallwirtschaft. Bielefeld: wbv.

Blings, J. (2008b): Sektorbezüge und Normativität – Fragen, Probleme und Antworten aus der empirischen Forschung zur Berufsbildung für nachhaltige Entwicklung. In: bwp@ Spezial 4, Hochschultage 2008. Verfügbar unter http://www.bwpat.de/ht2008/ (31.10.2008).

Blings, J. (2009): Nachhaltigkeit in der Berufsbildung unter den Anforderungen von Globalität und Interkulturalität – eine Analyse im Sektor der Kreislauf- und Abfallwirtschaft: Recycling. Norderstedt: BOD (Veröffentlichung in Vorbereitung).

Blings, J.; Spöttl, G.; Köth, C. (2009): Forschungskonzept der Realanalysen. In: H. Meyer; S. Stomporowski; T. Vollmer (Hrsg.): Abschlussbericht des Forschungsprojektes: Globalität und Interkulturalität als integrale Bestandteile beruflicher Bildung für eine nachhaltige Entwicklung (S. 92–114). Norderstedt: BOD.

Fischer, A.; Greb, U.; Skrzipietz, F. (2009): Nachhaltige Kategorien als Referenzrahmen für die GInE-Analyse der Handlungsfelder in den einzelnen Sektoren. In: H. Meyer; S. Stomporowski; T. Vollmer (Hrsg.): Abschlussbericht des Forschungsprojektes: Globalität und Interkulturalität als integrale Bestandteile beruflicher Bildung für eine nachhaltige Entwicklung (S. 23–91). Norderstedt: BOD.

Fischer, A. (1998): Wege zu einer nachhaltigen beruflichen Bildung. Bielefeld: wbv.

Fischer, M. (2001): Der Wandel des wissenschaftlichen Technikverständnisses und seine Folgen für die Arbeit-und-Technik-Forschung. In: M. Fischer; G. Heidegger; W. Petersen; G. Spöttl (Hrsg.): Gestalten statt Anpassen in Arbeit, Technik und Beruf (S. 45–67). Bielefeld: wbv.

Giddens, A. (1997): Die Konstitution der Gesellschaft. Grundzüge einer Theorie der Strukturierung. Frankfurt, New York: Campus Verlag.

Niethammer, M. (1995): Facharbeiterbeteiligung bei der Technikeinführung in der chemischen Industrie. Frankfurt am Main: Peter Lang.

Rauner, F. (2005): ‚Arbeit und Technik'-Forschung. In: F. Rauner (Hrsg.): Handbuch Berufsbildungsforschung (S. 462–468). Bielefeld: wbv.

Spöttl, G. (2000): Der Arbeitsprozess als Untersuchungsgegenstand berufswissenschaftlicher Qualifikationsforschung und die besondere Rolle von Experten(-Facharbeiter-)Workshops. In: J.-P. Pahl; F. Rauner; G. Spöttl (Hrsg.): Berufliches Arbeitsprozesswissen. Ein Forschungsgegenstand der Berufsfeldwissenschaften (S. 205–221). Baden-Baden: Nomos Verlag.

Stomporowski, S. (2009): Zusammenfassung der Ergebnisse der sechs Realanalysen. In: H. Meyer; S. Stomporowski; T. Vollmer (Hrsg.): Abschlussbericht des Forschungsprojektes: Globalität und Interkulturalität als integrale Bestandteile beruflicher Bildung für eine nachhaltige Entwicklung (S. 115–190). Norderstedt: BOD.

Stuber, F. (2005): Partizipative Technikgestaltung. In: F. Rauner (Hrsg.): Handbuch Berufsbildungsforschung (S. 468–473). Bielefeld: wbv.

Individualisierte Weiterbildung für FacharbeiterInnen in den Hochtechnologiefeldern Mikrosystemtechnik und Medizintechnik

Stefan Brämer, Yvonne Paarmann & Sören Hirsch

1 Ausgangslage

Besonders in den Hochtechnologiebereichen Mikrotechnologie und Medizintechnik stellt der viel diskutierte steigende Bedarf an Fach- und Führungskräften in Verbindung mit dem aktuellen Mangel an qualifizierten Arbeitskräften insbesondere kleine und mittlere Unternehmen (KMU) vor neue Herausforderungen in ihrer Personalpolitik. Die Mehrzahl von Unternehmen betreibt keine bedarfsorientierte systematische Qualifizierungsplanung. Vielen KMU fehlt eine durchgängige strategische und prospektiv innovationsorientierte Kompetenz- und Personalentwicklung. Im Kampf um das beste Personal sind sie häufig allein schon aufgrund ihrer geringeren finanziellen Möglichkeiten im Nachteil gegenüber den Großunternehmen. Darum sind KMU gezwungen, ihren Bedarf zu einem großen Anteil aus dem eigenen Personalbestand zu decken. Dass dies nicht ohne maßgeschneiderte Weiterbildungsangebote möglich ist, liegt auf der Hand. „Bereits bei der Konzeption des Förderschwerpunktes Mikrosystemtechnik Ende der 80er Jahre wurde auf die Notwendigkeit der gesonderten Förderung entsprechender Qualifizierung bzw. Aus- und Weiterbildung hingewiesen" (BMFT 1990, S. 38).

Aufgrund des rasanten technologischen Fortschritts, des gestiegenen Fachkräftebedarfs in der Region, der optimalen Nutzung der Ressource Wissen sowie des täglichen Lernens im Prozess der Arbeit müssen adäquate und zeitgemäße Aus- und Weiterbildungsangebote für Unternehmen geschaffen werden. Gleichermaßen besteht insbesondere bei der Vielzahl kleiner und mittlerer Unternehmen in Sachsen-Anhalt ein hoher Anspruch an Passfähigkeit, Flexibilität und Spezialisierung der universitären Aus- und Weiterbildungsangebote. Dies erfordert vorrangig individualisierte Konzepte mit praxisnahen Anwendungsmöglichkeiten unter gleichzeitiger Berücksichtigung der Halbwertzeit des Wissens sowie dem ständigen Innovations druck der Unternehmen.

Einen möglichen Lösungsansatz für die regionalen Unternehmen Sachsen-Anhalts in den Bereichen Mikrotechnologie und Medizintechnik bildet die Individualisierung und Verstärkung der Hochschulweiterbildungsangebote an der Otto-von-Guericke-Universität Magdeburg. In den beiden Hochtechnologiefeldern sind die vom BMBF geförderten InnoProfile-Projekte „INKA – Intelligente Katheter" (06/2008–05/2013) und „TEPROSA – Technologieplattform für die Produktminiaturisierung in Sachsen-Anhalt" (10/2006–09/2011) mit je einem wissenschaftlichen Mitarbeiter für die Aus- und Weiterbildung tätig.

Ziel ist es, potenzielle Weiterbildungsangebote einer breiteren Zielgruppe zugänglich zu machen, welche Personen ohne klassische Hochschulzugangsberechtigung, wie z. B. Auszubildende, Facharbeiter, an- und ungelernte Arbeitnehmer, mit einschließt. Das muss mit den möglichen Formen und Ansprüchen einer akademischen Weiterbildung in Einklang gebracht werden. Hierzu zählt vor allem, dass KMU-spezifische Ansätze und Angebote entwickelt werden müssen, die durch ein hohes Maß an Individualität, Flexibilität und Durchlässigkeit gekennzeichnet sein müssen. Sie sollten an spezifische, betriebliche und zeitlich variable Bedarfe adaptiert werden können. Gleichzeitig sollten die Bildungskonzepte die Möglichkeit des Wechsels zwischen Bildungssektoren (z. B. zwischen beruflicher und akademischer Bildung), d. h. die Anrechnung einzelner Zertifikate/Lernergebnisse auf berufliche/akademische Abschlüsse, berücksichtigen. „Eine zentrale [...] Forderung ist die bessere Verzahnung von Aus- und Weiterbildung in Unternehmen, um so die Durchlässigkeit im Bildungssystem im Sinne des lebenslangen Lernens zu fördern." (BIBB 2008, S. 3)

Hochschulweiterbildung ist besonders in Hochtechnologiefeldern notwendig, da die vorhandenen Fachkräfte in den Unternehmen zwar ein hohes Wissenspotenzial besitzen, ihnen aber oftmals die formellen Abschlüsse fehlen. Für diese Zielgruppe müssen passfähige und mit der beruflichen Tätigkeit vereinbare Weiterbildungsmodelle entwickelt werden, welche vorhandene informelle Kompetenzen und Zertifikate einschließen.

2 Methode und Vorgehen

Im aktuellen Fokus liegt die Durchführung von Strategie- und Kamingesprächen in Verbindung mit der Bedarfs- und Potenzialerkennung (Status-Quo-Analyse) von Aus- und Weiterbildungsbedarfen in den Kooperationsunternehmen der InnoProfile-Projekte TEPROSA und INKA. Innerhalb der Status-Quo-Analyse erfolgen leitfragengestützte Interviews, die u. a. Fragestellungen zu unternehmensstrategischen Aspekten aber auch zu persönlichen Zielen der einzelnen Mitarbeiter beinhalten. Die Status-Quo-Analyse ist Voraussetzung zur Ableitung möglicher Qualifizierungs- und Personalentwicklungsmaßnahmen anhand eines individualisierbaren, den betrieblichen Bedarfen angepassten Vorgehensmodells für den einzelnen Mitarbeiter. Die Analysemethode umfasst einen KMU-angepassten teilstrukturierten Interviewleitfaden, der in den Strategiegesprächen mit den Unternehmensleitungen und Personalverantwortlichen angewendet wird und der Erfassung der erforderlichen Daten zur Qualifizierungs- und Weiterbildungssituation in den Unternehmen dient.

Der erste Schritt der Status-Quo-Analyse konzentrierte sich vor allem auf die Qualifikations-, Bedarfs- und Potenzialerkennung bei Mitarbeitern, die sich mehr als 50 % ihrer täglichen Arbeitszeit mit FuE-Aufgaben im Unternehmen beschäftigen und somit die Innovationspotenziale des Unternehmens bündeln. Die Qualifikationsstruktur der Mitarbeiter wurde in die Kategorien Hochschulabschluss, Meister/Techniker und Facharbeiter differenziert, wobei Auszubildende und un- bzw. angelernte Mitarbeiter nicht mit einbezogen wurden. Im Folgenden werden erste Ergebnisse der Status-Quo-Analyse vorgestellt. Die Datengrundlage für die vorgestellte Untersuchung bilden die Erhebungen in den mit den Projekten TEPROSA und INKA kooperierenden Unternehmen.

3   Erste Ergebnisse

Das TEPROSA/INKA-Kooperationsnetzwerk setzt sich momentan aus 31 Unternehmen mit etwa 2000 Beschäftigten und einem jährlichen Umsatz von ca. 210 Millionen EURO (2008) zusammen. Das Hauptaugenmerk der Auswertung lag einerseits auf der Zusammensetzung zur Qualifikationsstruktur der Mitarbeiter im gesamten Unternehmen und andererseits auf den durchschnittlichen Ausgaben für FuE- und Weiterbildungsmaßnahmen in Abhängigkeit vom Unternehmensumsatz. Die Daten geben erste Rückschlüsse auf Weiterbildungspotenziale im Kooperationsnetzwerk sowie auf finanzielle Ressourcen für Weiterbildungsmaßnahmen in den KMU.

3.1   Qualifikationsstruktur der Mitarbeiter

Die durchschnittliche Mitarbeiteranzahl in den betrachteten Unternehmen betrug 2008 ca. 65 Mitarbeiter. Von diesen 65 Mitarbeitern waren durchschnittlich sechs Mitarbeiter je Unternehmen mit mehr als 50 % ihrer Arbeitszeit mit Aufgaben im Bereich Forschung und Entwicklung beschäftigt. Betrachtet man die gesamte Qualifikationsstruktur der befragten KMU, so setzt sich die Mitarbeiteranzahl zum größten Teil (ca. 65 %) aus Facharbeitern zusammen, ca. 30 % besitzen einen Hochschulabschluss und ca. 6 % eine Meister-/Technikerausbildung (Abb. 1).

Die meisten Mitarbeiter innerhalb des FuE-Bereichs der Unternehmen weisen als höchste Qualifikation einen Hochschulabschluss (ca. 82 %) auf. Etwa 13 % besitzen einen Facharbeiterbrief und ca. 4 % sind Meister/Techniker (Abb. 1). Auffallend ist, dass die Quote der Meister und Techniker sowohl innerhalb des gesamten Unternehmens (ca. 6 %) als auch im FuE-Bereich (ca. 4 %) im Vergleich zu den Hochschulabsolventen und Facharbeitern unterrepräsentiert ist (Abb. 1). Fast alle KMU gaben an, dass sie in den nächsten Jahren mehr Hochschulabsolventen, mehr Meister/Techniker sowie mehr Facharbeiter benötigen.

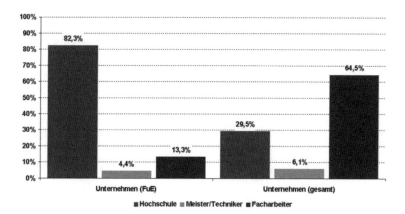

Abb. 1: Qualifikationsstruktur im FuE-Bereich und im gesamten Unternehmen

Quelle: eigene Darstellung

3.2 Ausgaben für Forschung und Entwicklung sowie Weiterbildungsmaßnahmen

Knapp 40 % der befragten Unternehmen wendeten „6–10 %" des jährlichen Umsatzes in den letzten fünf Jahren durchschnittlich für Forschung und Entwicklung auf (Abb. 2).

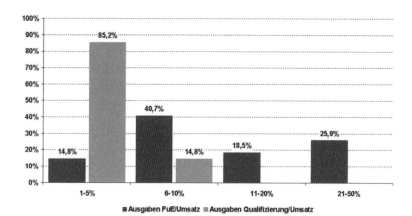

Abb. 2: Anteil vom Unternehmensumsatz, der in den letzten fünf Jahren durchschnittlich für FuE- bzw. Weiterbildungsmaßnahmen aufgewendet wurde

Quelle: eigene Darstellung

Im Vergleich dazu gaben ca. 85 % der Unternehmen an, dass sie „1–5 %" ihres jährlichen Umsatzes in den letzten fünf Jahren durchschnittlich für Qualifizierungsmaßnahmen ausgegeben haben. Etwa 15 % sagten, dass sie „6–10 %" ihres jährlichen Umsatzes im gleichen Zeitraum investierten (Abb. 2). Bezieht man den durchschnittlichen jährlichen Unternehmensumsatz je Unternehmen von etwa 6,8 Millionen EURO im Kooperationsnetzwerk mit ein, dann zeigt sich, dass 85 % der KMU in etwa zwischen 68.000–340.000 EURO und 15 % zwischen annähernd 408.000–680.000 EURO in den letzten fünf Jahren für Weiterbildungsmaßnahmen aufgewendet haben.

4 Fazit und Ausblick

Die Gespräche mit den Personalverantwortlichen in den Unternehmen erbrachten sowohl die Kommunikation konkreter Erwartungen der Unternehmen an hochschulische Aus- und Weiterbildungen als auch neue Perspektiven zukünftig favorisierter Umsetzungsmodelle. Wesentlich erscheint die Schaffung von mehr Transparenz hinsichtlich der zentralen Ansprechpartner für Aus- und Weiterbildung. Die Unternehmen wissen oftmals nicht, an wen sie sich diesbezüglich wenden können. Der Bereich Wissenschaftliche Weiterbildung und Absolventenvermittlung (WiWA) der Otto-von-Guericke-Universität ist für diese Belange ein zentraler Ansprechpartner für die Unternehmen.

Hinzu kommt die Verwendung als praxisfern empfundener, zu wissenschaftlicher Begrifflichkeiten, die für das betriebliche Verständnis erst „übersetzt" werden müssen, um verstanden werden zu können. Kenntnisse über mögliche Aus- und Weiterbildungsangebote liegen teilweise gar nicht vor und können demzufolge nicht nachgefragt werden.

In den Strategie- und Kamingesprächen sprachen sich nahezu alle Geschäftsführer sowie die Personalverantwortlichen der einzelnen Unternehmen für eine Verstärkung der Hochschulweiterbildungsangebote an den Universitäten und Hochschulen in Sachsen-Anhalt aus. Die Chancen eines dualen oder berufsbegleitenden Bachelor- bzw. eines berufsbegleitenden Masterstudienganges werden aus Unternehmenssicht sehr positiv eingeschätzt, wenngleich sich die Unternehmen mehr Mitspracherecht bei der Ausgestaltung der einzelnen Studiengänge wünschen. Wünschenswert sind seitens der Unternehmen projektbasierte, zielgruppenspezifische Umsetzungsmodelle mit Freistellungszeiten von ein bis zwei Tagen pro Woche über einen Zeitraum von ca. einem Monat. Die Attraktivität kurzzyklischer Angebote muss ebenso mit flexibel angepassten Kommunikationsmöglichkeiten der zu qualifizierenden Unternehmensangehörigen insbesondere kleiner und mittlerer Unternehmen korrespondieren, die sich aufgrund ihrer meist langjährigen betrieblichen Einbindung jenseits des Studentenlebens befinden.

Ein Lösungsansatz ist die Individualisierung und Flexibilisierung der Weiterbildungs- angebote. Die Angebote müssen einer breiteren Zielgruppe geöffnet werden. Hoch- schulweiterbildung muss sich von der traditionellen Weiterbildungslandschaft ab- heben. Die Angebote sollen einzeln zertifizierbar und auf die späteren Bachelor- oder Masterstudiengänge anrechenbar sein. Zur passgenauen Umsetzung können Modelle aus den Bereichen „Work-Life-Balance" und „Work Based Learning", einem bereits in Großbritannien erfolgreich erprobten Konzept, als Anregungen dienen. In einem weiteren Schritt sollen aus den Ergebnissen der Strategie- und Kaminge- spräche kurzzyklische Angebote akademischer Weiterbildung für Berufstätige ein- gerichtet werden, die durch sinnvolle Verknüpfungen von traditionellen Unterricht- methoden und eLearning Ansätzen gekennzeichnet sein sollen. Am Ende des Pro- zesses soll ein Hochschulweiterbildungsangebot im Bereich der Mikrotechnologie und Medizintechnik an der Universität Magdeburg etabliert werden.

Literatur

BIBB – Bundesinstitut für Berufsbildung (2008): Betriebliche Weiterbildung in Deutschland: Erste ausgewählte Ergebnisse der CVTS3-Zusatzerhebung. Bonn.

BMFT – Bundesministerium für Forschung und Technologie (Hrsg.) (1990): Mik- rosystemtechnik. Förderungsschwerpunkt im Rahmen des Zukunftkonzeptes Mikro- systemtechnik. Bonn.

Hartmann, E. A.; Stamm-Riemer, I. (2006): Die BMBF-Initiative „Anrechnung berufli- cher Kompetenzen auf Hochschulstudiengänge" – Ein Beitrag zur Durchlässigkeit des deutschen Bildungssystems und zum Lebenslangen Lernen. In: DGWF, Deutsche Ge- sellschaft für wissenschaftliche Weiterbildung und Fernstudium e. V. (Hrsg.): Hoch- schule und Weiterbildung 1, S. 52–60.

Institut der deutschen Wirtschaft Köln (2005): Projektbericht. Verknüpfung von Be- rufsbildung und Studium. Ausbildungsmodelle und Personalentwicklungskonzepte hessischer Unternehmen. Köln.

VDI/VDE Innovation + Technik GmbH (Hrsg.) (2005): Fachkräfte in der Mikrosys- temtechnik. Investitionen mit Perspektive. Teltow: VDI/VDE-IT.

Berufsausbildung für eine nachhaltige Entwicklung im Bereich elektro- und metalltechnischer Facharbeit

Thomas Vollmer & Nadja Cirulies

1 Einleitung

Die Zerstörung der globalen Lebensgrundlagen als Folge des verschwenderischen Umganges mit den natürlichen Ressourcen wird aktuell vor allem in Form des Klimawandels wahrgenommen und diskutiert. Wie viele andere Staaten auch, hat sich die Bundesrepublik Deutschland verpflichtet, einen substanziellen Beitrag zur Agenda 21 der Vereinten Nationen für eine nachhaltige ökologische, ökonomische und soziale Entwicklung der Weltgemeinschaft zu leisten. Bei der Umsetzung nationaler Aktionspläne tragen die Industrie und das Handwerk eine große Mitverantwortung. Zum einen werden in allen Arbeitsprozessen der Berufswelt Ressourcen genutzt, um Produkte und Dienstleistungen zu erzeugen und zum anderen ist es die qualifizierte Facharbeit, die einen erheblichen Anteil an der Ressourcen schonenden Gestaltung von Produkten und Prozessen hat. Es gilt, sich der Handlungsspielräume bewusst zu werden und sich an der Verbesserung der Ressourcenproduktivität zur Erhaltung der Lebensgrundlagen zu beteiligen. Die Förderung einer Gestaltungskompetenz, die auf dieses Ziel ausgerichtet ist, ist ein notwendige Aufgabe für die berufliche Bildung. Mit den aktuellen, erst vor wenigen Jahren in Kraft gesetzten Ausbildungsordnungen und Lehrplänen wurde die Chance, einen zukunftsorientierten Schritt hin zu einer Berufsbildung für eine nachhaltige Entwicklung zu gehen, nicht durchgängig und konsequent genug ergriffen.

2 Verankerung der Leitidee einer nachhaltigen Entwicklung in aktuellen Lehrplänen

Laut „Bericht der Bundesregierung zur Bildung für eine nachhaltige Entwicklung" seien zwar „nachhaltigkeitsbezogene Lernziele in den letzten Jahren in neu geordnete Ausbildungsberufe ... standardmäßig integriert" worden, „beispielhaft seien hier die neuen industriellen und handwerklichen Elektroberufe sowie die industriellen Metallberufe genannt" (Deutscher Bundestag 2005, S. 16). Die genauere Betrachtung der Neuordnungsergebnisse offenbart aber ein recht differenziertes Bild (vgl. Vollmer 2008).

In der handwerklichen Berufsausbildung ist die Leitidee der nachhaltigen Entwicklung sowohl in den Vorbemerkungen als auch in den konkreten Ausbildungsinhalten integriert worden. Dies gilt insbesondere für die Berufe Elektroniker/in und Anlagenmechaniker/in. Im Handwerk wurde offensichtlich erkannt, dass ökologische Problemlösungen ökonomische Perspektiven bieten und dementsprechend auch die Neuordnung der Berufe beeinflussen. Anders sieht es in den Industrieberufen aus. Am deutlichsten wird dies bei den industriellen Metallberufen. In der Verordnung für die betriebliche Ausbildung wird im allgemeinen Teil zwar auf die Integration des „Nachhaltigkeitsaspekts" während der gesamten betrieblichen Ausbildung bei der Vermittlung der Kern- und Fachqualifikationen verwiesen. Die Konkretisierung in den Berufsbildpositionen des betrieblichen Ausbildungsrahmenplans verweist bspw. auf die Vermeidung betriebsbedingter Umweltbelastungen und die interkulturelle Zusammenarbeit in Teams (vgl. AVO 2004). Diese strukturbedingt getrennt ausgewiesenen Inhalte müssen in der konkreten Ausbildung integriert werden, um vernetztes, nachhaltigkeitsbezogenes Denken zu fördern.

Dieses Bildungsziel ist vorrangig Bildungsauftrag der Berufsschule. Die Vorgabe im allgemeinen Teil der Rahmenlehrpläne, es soll im berufsbezogenen Unterricht soweit möglich auf Kernprobleme unserer Zeit – u. a. auf die Erhaltung der natürlichen Lebensgrundlagen – eingegangen werden, spiegeln sich in den konkreten Lernfeldzielen aber keineswegs wider. In der Hälfte der Lernfelder ist bspw. die Formulierung zu finden, die Schüler/innen „beachten die Bestimmungen bzw. die Vorschriften des Arbeits- und Umweltschutzes"; drei Lernfelder beinhalten noch nicht einmal dieses Ziel (vgl. KMK 2004, S. 9ff.). „Ein ganzheitliches Erfassen der beruflichen Wirklichkeit" (KMK 2004, S. 4) wird so kaum erreicht. Diese Formulierungen, die lediglich auf die Vermeidung von Regelverstößen abheben, sind wenig geeignet, auf eine partizipative Verantwortungsübernahme bei der Lösung von „Kernproblemen unserer Zeit" vorzubereiten und der qualifizierten Facharbeit nachhaltigkeitsbezogene Handlungsperspektiven zu eröffnen.

3 Forschungs- und Entwicklungsaufgaben

Dies deutet darauf hin, dass den Akteuren in der Berufsbildung – vor allen jenen, die an der 2004 abgeschlossenen Neuordnung der industriellen Metallberufe beteiligt waren – die Dringlichkeit der Erhöhung der Ressourcenproduktivität zur Erhaltung der Lebensgrundlagen nicht hinreichend bewusst ist. Dies würde sich dann auch in einer Berufsbildungspraxis zeigen, in der diese Problematik keinen Stellenwert hat. Und wenn Ausbildungs- und Lehrpläne, wie die vorgenannten, dazu beitragen, Nachhaltigkeit in der Berufsausbildung auszublenden, unterstreicht es zum anderen die Notwendigkeit, entsprechende Konzepte einer beruflichen Bildung, die nachhaltigkeitsbezogene Gestaltungskompetenz fördern, zeitnah auszuarbeiten und zu etablieren.

Die Technologien für einen effizienteren Umgang mit den vorhandenen Ressourcen sind vorhanden. Energie- und Materialeinsparungen tragen zudem wesentlich zur Produktivitätssteigerung und damit zur Verbesserung der globalen Wettbewerbfähigkeit bei. Modellbetrachtungen für Deutschland zeigen, dass Steigerungen der Ressourceneffizienz in der deutschen Wirtschaft bis 20 % kurzfristig erreichbar wären (vgl. Aachener Stiftung 2005, S. 4). Die vorhandenen Potenziale werden allerdings nur unzureichend genutzt, weil meist einseitig auf kurzfristige Beschaffungskosten und zu wenig auf die Lebenszykluskosten geachtet wird. So schätzt der ZVEI, dass der Einsatz des jeweils effizientesten Elektromotors der deutschen Wirtschaft erhebliche Energieeinsparungen und damit verbunden Kostensenkungen in zweistelliger Milliardenhöhe verschaffen würde. Außerdem könnten damit Kraftwerkskapazitäten im Umfang von 3.600 MW (entspricht drei Atomkraftwerken je 1.200 MW) überflüssig werden (ZVEI 2006, S. 5). Das Umweltbundesamt musste deshalb auch feststellen, dass eine Fortsetzung des bisherigen Entwicklungstempos nicht ausreichen würde, um das Ziel einer Verdopplung der Ressourcenproduktivität der Bundesregierung bis 2020 zu erreichen (vgl. UBA 2007, S. 20 u. 78). In diesem Zusammenhang stellen sich daher folgende Fragen:

- Mit welchen Veränderungen in den Arbeits- und Geschäftprozessen lassen sich signifikante Beiträge zur Steigerung der Ressourcenproduktivität erreichen?

- Welche nachhaltigkeitsbezogenen Handlungsspielräume existieren in der beruflichen Facharbeit?

- Welche Kompetenzen der betrieblichen Beschäftigten und der Akteure der Berufsbildungspraxis sind erforderlich, um eine Veränderung hin zu einer nachhaltigen Entwicklung zu leisten?

- Wie lässt sich Kompetenzentwicklung für eine nachhaltige Entwicklung mit welchen Konzepten beruflicher Bildung realisieren?

4 Befunde aus dem Sektor Fahrzeugindustrie

Vor diesem Hintergrund wurde in dem 2008 abgeschlossenen Verbundprojekt „GlnE Globalität und Interkulturalität als integrale Bestandteile einer beruflichen Bildung für eine nachhaltige Entwicklung" (vgl. Meyer u. a. 2009) u. a. versucht, Antworten auf diese Fragen für gewerblich-technische Arbeitsfelder am Beispiel des Sektors der Automobilfertigung zu gewinnen. Dazu wurden neben Dokumenten- und Literaturanalysen eine begrenzte Zahl nicht repräsentativer Interviews mit Unternehmensexperten aus Stamm-, Montage- und Komponentenwerken von Herstellerunternehmen sowie einem Zulieferunternehmen durchgeführt (Gesprächspartner: Unternehmensleitung, Betriebsratsvorsitzender, Personalleiter, Umweltverantwortlicher, Leitung Aus- und Weiterbildung). Darüber hinaus wurden Gespräche mit Vertretern eines Arbeitgeberverbandes der Metallindustrie und der Industriegewerkschaft Metall sowie mit Berufsschullehrern geführt, die Ausbildende der Automobilindustrie unterrichten.

Die Automobilindustrie mit ihren international vernetzten Konzern- und Produktionsstrukturen sowie mit ihren weltweit vermarkteten Produkten ist ein besonders geeigneter industrieller Sektor für die Fragestellungen:

- Der Fahrzeugexport ist eng verbunden mit globalen sozialen und ökonomischen Entwicklungen.

- Das weltweite Anwachsen der Fahrzeugflotten verursacht gravierende ökologische Probleme, ohne mit einer geänderten Modellpolitik hinreichend darauf zu reagieren.

- Die Fahrzeughersteller verfügen international über die modernsten Organisationsstrukturen (ganzheitliche Produktionssysteme)[1], in denen die Beschäftigten unmittelbar Beteiligte an der kontinuierlichen Verbesserung der Produktion sind.

Im letztgenannten Punkt liegen große Potenziale für die Effizienzsteigerung der Produktionsprozesse im Sinne einer nachhaltigen Entwicklung. Übereinstimmend haben die industriellen Gesprächspartner aber mit Hinweis auf die Zwänge des harten globalen Wettbewerbs berichtet, dass vorrangig ökonomische, zahlenmäßig belastbare, kurzfristig wirkende Faktoren die treibende Kraft für Verbesserungsprozesse bilden (vgl. Vollmer/Cirulies 2009). Dies gilt in besonderem Maße für die Zuliefererbetriebe, die sich in einer Abhängigkeitssituation sehen, weil die Herstellerunternehmen enge technologische Vorgaben machen und permanent versuchen, die Preise zu reduzieren. Langfristige ökonomische Betrachtungen bspw. bei einer Instandsetzung sind nicht typisch, obwohl sich damit auf längere Sicht Kosten und Energie in größerem Umfang einsparen ließen. Des Weiteren ist die Qualität der Produktion und der Produkte im Sinne von Fertigungsstabilität und Fehlerfreiheit von großer Bedeutung. Hervorgehoben wurde dagegen, dass mit der Errichtung von Fabriken im Ausland, insbesondere in Schwellenländern, auch hohe soziale Standards hinsichtlich Arbeitsbedingungen und Einkommen exportiert würden. Ökologische Kriterien spielen als Leitlinie praktisch kaum eine Rolle, allerdings werden ökologische Wirkungen ökonomischer Entscheidungen positiv bewertet. Die Erhaltung der Lebensgrundlagen wird von den Gesprächspartnern generell als ein wichtiges Zukunftsziel gesehen.

---

1   vgl. den Beitrag von Cirulies/Vollmer in diesem Band

Der befragte Umweltbeauftragte bestätigte diese Aussagen aus seiner Sicht, indem er von der Schwierigkeit berichtete, seine Belange gegenüber kurzfristigen Kostenbetrachtungen durchsetzen zu müssen. Die erreichten Standards in der deutschen Automobilindustrie bewertete er als international beispielgebend. Er sah allerdings ein hohes Umweltschutzniveau auch als ökonomisch relevantes Kriterium im globalen Wettbewerb an. Der befragte Betriebratsvorsitzende und der für die Automobilindustrie zuständige Vertreter der IG-Metall betrachteten eine stärkere ökologische Orientierung bei der Weiterentwicklung der Fertigungsprozesse und vor allem der Produkte als klaren Wettbewerbsvorteil, der für die Zukunftsfähigkeit des Industriestandortes Deutschland und der hier ansässigen Fahrzeughersteller eine entscheidende Rolle spielen dürfte.

In der betrieblichen Ausbildung haben die Einhaltung der Umweltschutzstandards, die Zusammenarbeit in interkulturell gemischten Teams und vor allem kosteneffizientes Fertigen einen hohen Stellenwert. Die nachhaltige Entwicklung, also die Verantwortung für globale Auswirkungen lokalen Handelns und für die zukünftigen Lebensgrundlagen wird i. d. R. nicht thematisiert. Aktuell sei die betriebliche Ausbildung in den Unternehmen der Gesprächspartner eher mit der Herausforderung befasst, die Förderung der Kompetenzentwicklung für die Arbeit in ganzheitlichen Produktionssystemen (GPS) systematisch in die Ausbildung zu integrieren. In der Berufsschule werden nach Aussage der befragten Lehrer nachhaltigkeitsbezogene Themen, wie die Ursachen des Klimawandels, die Kontroverse um CO_2-Grenzwerte für Neufahrzeuge oder die Globalisierung zwar in Klassen mit Auszubildenden aus der Fahrzeugindustrie besprochen, jedoch ausschließlich im Politikunterricht. Im berufsfachlichen Unterricht werden Zusammenhänge zwischen dem eigenen beruflichen Handeln und möglichen ökologischen, ökonomischen und sozialen Auswirkungen nicht in das Bewusstsein der Lernenden gebracht. Es wurde ausdrücklich darauf verwiesen, dass das Wissen darüber insgesamt – auch bei den Lehrern – noch kaum existiere.

5   Schlussbetrachtung

Es bleibt festzuhalten, dass nachhaltigkeitsbezogenes Facharbeitshandeln weder in der Fertigung noch in der Ausbildung systematisch etabliert ist. Die Befunde beziehen sich nur auf die Fahrzeugindustrie, es ist aber zu vermuten, dass dies in anderen gewerblich-technischen Industriesektoren ähnlich ist. Mittlerweile ist ein Großteil des Zeitraumes der UN-Dekade „Bildung für eine nachhaltige Entwicklung" (2004 – 2014) verstrichen, mit der die Problematik im Bildungsbereich verankert werden soll. Es drängt also sehr, wenn in diesem Rahmen noch durchgreifende Veränderungen erreicht werden sollen. Die vorgenannten Forschungs- und Entwicklungsaufgaben sind daher weiterhin aktuell.

Literatur

Aachener Stiftung Kathy Beys (Hrsg.) (2005): Ressourcenproduktivität als Chance – Ein langfristiges Konjunkturprogramm für Deutschland. Norderstedt: BOD.

AVO – Verordnung über die Berufsausbildung in den industriellen Metallberufen vom 09. Juli 2004. In: Bundesgesetzblatt 2004 Teil I Nr. 34 vom 13.07.2004.

Deutscher Bundestag (Hrsg.) (2005): Bericht der Bundesregierung zur Bildung für eine nachhaltige Entwicklung für den Zeitraum 2002 bis 2005. Drucksache 15/6012 v. 04.10.2005.

KMK – Sekretariat der ständigen Konferenz der Kultusminister der Länder in der Bundesrepublik Deutschland (Hrsg.) (2004): Rahmenlehrplan für den Ausbildungs- beruf Industriemechaniker/Industriemechanikerin (Beschluss der KMK v. 25.03.2004).

Meyer, H.; Stomporowski, S.; Vollmer, T. (Hrsg.) (2009): Globalität und Interkultu- ralität als integrale Bestandteile einer beruflichen Bildung für eine nachhaltige Ent- wicklung. Abschlussbericht. Norderstedt: BOD.

UBA – Umweltbundesamt (Hrsg.) (2007): Umweltdaten Deutschland. Umweltindi- katoren Ausgabe 2007. Auswahl aus dem Umwelt-Kernindikatorensystem des Um- weltbundesamtes. Dessau-Roßlau: Eigenverlag.

Vollmer, T. (2008): Heute nicht auf Kosten von morgen und hier nicht zu Lasten von anderswo arbeiten und leben. Zukunftsorientierte Berufsbildung für eine nachhaltige Entwicklung. In: lernen & lehren 90/2008, S. 54–60.

Vollmer, T.; Cirulies, N. (2009): Globalität, Interkulturalität und nachhaltige Entwick- lung in der Automobilindustrie. Sektoranalyse Industrielle Produktion. Hamburg: un- veröffentlichter Bericht (in Druck; erscheint im dritten Quartal 2009).

ZVEI – Zentralverband Elektrotechnik- und Elektronikindustrie (Hrsg.) (2006): Energiesparen mit elektrischen Antrieben – Einsparpotentiale in Milliardenhöhe. Frankfurt a. M.: Eigenverlag.

Personalentwicklung mit An- und Ungelernten an der Schwelle zur Facharbeit – Forschungsergebnisse aus dem Geschäftsfeld der Verarbeitung von Faserverbundwerkstoffen

Bernd Haasler

1 Ausgangslage des Forschungs- und Entwicklungsvorhabens

Im Zuge der Veränderungen von Arbeitsabläufen gliedern Großunternehmen die Herstellung von Bauteilen aus Faserverstärkten Kunststoffen (FVK) verstärkt an Zulieferbetriebe aus. Sie verlassen sich zunehmend auf die Fähigkeiten von spezialisierten Betrieben aus dem regionalen Umfeld. Diese Zulieferer sind vor allem den handwerklich orientierten kleinen und mittleren Unternehmen zuzuordnen. Am Untersuchungsstandort des Forschungsprojektes (Bundesland Bremen und Umland) existiert beispielsweise ein starker Bezug zu den Branchen Luftfahrt-, Automobil-, Marine- und Schiffstechnik sowie dem Bau von Windenergieanlagen. Die Branche der Kunststoffverarbeiter ist im Vergleich zu anderen Berufsgruppen sehr jung, die domänenspezifischen handwerklichen Wurzeln der Fachkräfte auf Werkstattebene fehlen. Strukturen, die eine den hohen Anforderungen gerechte, einschlägige Berufsausbildung ermöglichen, sind in der Breite noch nicht vorhanden. So beträgt der Anteil der An- und Ungelernten, die in der Herstellung von FVK-Bauteilen tätig sind, rund 50 Prozent; die Fachkräfte rekrutieren sich aus verwandten Berufen (z. B. Bootsbauer, Tischler, Modellbauer, Lackierer) (Haasler/Eckebrecht 2008).

2 Fragestellung des Forschungs- und Entwicklungsvorhabens

Die Bewältigung von anspruchsvollen Aufgaben der Facharbeit ist für an- und ungelernte Mitarbeiter eine besondere Herausforderung. Die Personalentwicklung der Unternehmen ist daher mehrfach gefordert: Einerseits werden der Belegschaft mittlerer und höherer Qualifikationsebenen besondere Integrationsleistungen bezüglich der An- und Ungelernten abverlangt. Es gilt, die Lern- und Anpassungsprozesse an anspruchsvolle Facharbeit, oftmals ohne berufspädagogische Expertise, quasi neben dem laufenden Tagesgeschäft, zu organisieren und zu realisieren. Gleichzeitig muss der recht hohen Fluktuation unter den An- und Ungelernten in der FVK-Branche begegnet und entgegengewirkt werden. Wie diese Gemengelage in kleinen und mittleren Unternehmen praktisch angegangen wird und welchen beruflichen Anforderungen An- und Ungelernte gegenüberstehen, waren die forschungsleitenden Ausgangsfragen des Vorhabens.

3 Forschungs-/Entwicklungsmethode, Ansatz und Durchführung

Im Forschungsvorhaben wurden Fallstudien durchgeführt, die methodisch durch teilnehmende Beobachtungsinterviews realisiert wurden (Oesterreich/Volpert 1987; Haasler 2004). Dabei wurden die Werker an ihren Arbeitsplätzen von einem Team aus zwei Forschern begleitet und während ihrer Alltagsarbeit beobachtet und ergänzend interviewt. Dieses methodische Vorgehen stellt einen äußerst geringfügigen Eingriff in den Arbeitsalltag der Unternehmen und der Mitarbeiter dar. Der Forscher integriert sich dabei weitgehend in den Arbeitsalltag und versucht das Handeln der Fachkräfte zu verstehen und gegebenenfalls durch gezieltes Nachfragen im Arbeitsprozess am Arbeitsplatz zu entschlüsseln. Ergänzt wurden die Beobachtungsinterviews der Werkerebene durch Workshops mit Führungskräften und Personalentwicklern.

4 Erkenntnisse und ihre wissenschaftliche Bedeutung

Aus den Forschungsarbeiten, welche in einem Schiffbauunternehmen durchgeführt wurden, sollen nachfolgend einige Auszüge angeführt werden: Das Unternehmen der Betriebsgrößenklasse von 300 Mitarbeitern ist international ausgerichtet in vier Geschäftsbereichen tätig: Schiffbau, Rettungsbootsbau, Anlagenbau und Faserverbundtechnik. Das Herstellen von Kunststoff-Rettungsbooten und Tendern in Einzelteilfertigung und Kleinserien erfolgt dort im personalintensiven Handauflegeverfahren. Dabei wird das Laminat auf das Urmodell manuell aufgebracht und die Überstände des Materials anschließend besäumt (siehe Abbildung 1). Aus den Arbeitsprozessstudien konnte als Teilergebnis festgehalten werden, dass das Besäumen von den einzelnen Werkern höchst unterschiedlich gehandhabt wird. Zum Einsatz kommen sowohl Schleifmaschinen, pneumatisch betriebene Stichsägen als auch Cutter(-messer).

Im Führungskräfteworkshop mit den Meistern kommentierten diese folgendes: *„Das Besäumen mit handgeführten Bearbeitungsmaschinen könnte man sich zum größten Teil sparen, wenn man das Laminat, wenn es noch nicht ausgehärtet ist, einfach mit dem Messerschnitt besäumt. Wenn man das nass ab-*

Abb. 1: Werker beim Besäumen eines Bauteils mit handgeführter Maschine

schneidet, erspart man sich später eine Menge: Es geht viel schneller und es entstehen beim Messerschnitt auch keine Schleifstäube, wie beim Besäumen mit Schleifmaschine oder Stichsäge."

Ein anderer Werkstattmeister ergänzt kritisch: *„Es liegt an unserer eigenen Arbeitsorganisation, dass die Laminierer oft nicht auch den Arbeitsschritt des Besäumens ausführen. Da denkt jeder nur an sich und nicht an die, die den nächsten Arbeitsschritt übernehmen sollen. Da so eine Herstellung eines Tenders oder Rettungsbootes aus Faserverbundstoffen ein recht langtaktiger Prozess ist und sich auch das Laminieren über mehrere Schichten erstrecken kann, muss die Arbeit der Schichten optimal abgestimmt sein, und vor allem muss die Mannschaft auch mitziehen. Im Normalfall sprechen die Schichtkolonnen sich auch ab, in welchem Stadium des Arbeitsfortschritts übergeben wird. Man könnte prinzipiell mit flexiblen Arbeitszeiten solche oft unnötigen Arbeitsgänge, z. B., dass ausgehärtetes Laminat besäumt werden muss, vermeiden. Dann könnte die eine Schicht entweder mal eher Schluss machen und die Laminierung auf den nächsten Tag verschieben oder andererseits auch mal das Arbeitsende nach hinten verlegen. Das wird bei uns aber nicht gehen. Das wird dann nur ausgenutzt, die Werker sagen sich dann: ‚Dann rolle ich beim Laminieren eben etwas langsamer,* *das bringt dann Überstunden.' (...) Das würde schamlos ausgenutzt, da wir in der Mannschaft ja kaum Mitarbeiter haben, die selbstständig arbeiten."*

Das Problem, qualifizierte motivierte Mitarbeiter für die Werkstattebene zu finden, beschreibt ein Meister drastisch: „*Von den Leiharbeitern kann man leider nur rund 10 Prozent für die Arbeit bei uns wirklich gebrauchen. Die sind motiviert und können mit unseren Prozessen was anfangen – diese wenigen sind auch für unsere Stammbelegschaft geeignet. Leider haben wir mit den An- und Ungelernten und vielen Leiharbeitern wenige in der ganzen Mannschaft, die selbstständig arbeiten können oder wollen. Den meisten ist es egal, was sie machen. Zudem liegt der Lohn bei uns da, wo grad der Mindestlohn für Postzusteller vereinbart wurde (9,80 Euro/Stunde). Für die Bezahlung gibt es sonstwo bessere Arbeitsbedingungen als bei uns zu laminieren und im Schutzanzug zu schleifen. Vielen ist es so egal, was sie machen, die würden genauso mit dem Besen den ganzen Tag die Pier fegen. Hauptsache, es ist pünktlich Feierabend, und sie müssen nicht viel denken.*"

Der Auszug aus dem empirischen Datenmaterial des Forschungsvorhabens verdeutlicht, dass ein Blick allein auf fertigungstechnische Optimierungspotenziale nicht ausreicht, um hier zu fundierten Lösungen für die Personal- und Organisationsentwicklung zu kommen. Fertigungstechnik isoliert, ohne eine Einbettung im Kontext der Personalentwicklung der Unternehmen optimieren zu wollen, wird daher wenig wirksam sein.

Die Erkenntnisse des Forschungsvorhabens können anwendungsnah im Unternehmen genutzt werden, um künftig die Arbeit mit handgeführten Bearbeitungsmaschinen transparenter und zielgerichteter zu gestalten. So konnten bereits für verschiedene Arbeitsaufgaben musterhaft Arbeitsablaufschritte formuliert werden, die gleichzeitig Qualitätsstandards berücksichtigen und definieren, wie vorgegangen wird. Ebenso konnten erfahrungsbasierte Bearbeitungshinweise fixiert werden, die künftig dem Unternehmen als Informationspool zur Verfügung stehen. Dieses Erfahrungswissen war bislang oftmals an einzelne Mitarbeiter gebunden; eine Situation, die Unternehmen vor Probleme stellen kann (z. B. durch Abschottung von Expertenwissen, Fluktuation von Wissens- und Erfahrungsträgern). Vor allem für die Aus- und Weiterbildung von Mitarbeitern, die künftig mit handgeführten Bearbeitungsmaschinen kompetent und wertschöpfend tätig werden sollen, können auf Basis derartiger Erkenntnisse fundierte Personalentwicklungsmaßnahmen initiiert werden. Dies professionalisiert die Belegschaft auf Werkstattebene und kann entscheidende Qualitäts- und Kostenvorteile im Wettbewerb bedeuten. Eine gut ausgebildete und motivierte Belegschaft (auch mit professionell agierenden An- und Ungelernten) bietet hier die notwendige Basis – gerade in den letztendlich direkt wertschöpfenden Arbeitsprozessen der Werkstattebene.

5 Schlussfolgerungen für künftige Forschungsinitiativen

Einfache Arbeit wird am deutschen Arbeitsmarkt quantitativ zunehmend zu einer Restgröße werden. Gleichzeitig ist bei detaillierter inhaltlicher Erschließung der Aufgaben festzustellen, dass vermeintlich einfache Arbeit zunehmend anspruchsvoller wird und von den an- und ungelernten Mitarbeitern vielschichtige Kompetenzen abverlangt, die oftmals dem Niveau von Fachkräften entsprechen (Zeller u. a. 2004). Die Berufliche Bildung hat sich bislang eher wenig mit der Weiterbildung dieser Klientel beschäftigt. Den traditionell eher bildungsfernen An- und Ungelernten müssen daher adäquate berufspädagogische Angebote unterbreitet werden, die ihren Bedürfnissen gerecht werden. Didaktische Konzepte zum Lernen im Arbeitsprozess existieren zwar seit vielen Jahren, fokussieren aber vorrangig die Qualifikationsebene der Fachkräfte. Künftige Forschungsprojekte werden speziell für die Zielgruppe der An- und Ungelernten weitere Entwicklungsarbeit leisten müssen.

Literatur

Haasler, B.; Eckebrecht, J. (2008): Erfahrungsbasierter Umgang mit handgeführten Bearbeitungsmaschinen als Schlüssel zum Erfolg – Forschungsergebnisse aus Arbeitsprozessstudien im Geschäftsfeld der Herstellung von Bauteilen aus faserverstärkten Kunststoffen. In: Gesellschaft für Arbeitswissenschaft (GfA) (Hrsg.): Produkt- und Produktions-Ergonomie – Aufgabe für Entwickler und Planer. Bericht zum 54. Kongress der Gesellschaft für Arbeitswissenschaft (GfA) vom 09. bis 11. April 2008, Technische Universität München (S. 647–650). Dortmund: GfA-Press.

Haasler, B. (2004): Hochtechnologie und Handarbeit – eine Studie zur Facharbeit im Werkzeugbau der Automobilindustrie. Bielefeld: wbv.

Oesterreich, R.; Volpert, W. (1987): Handlungstheoretisch orientierte Arbeitsanalyse. In: U- Kleinbeck; J. Rutenfranz, J. (Hrsg.): Arbeitspsychologie – Schriftenreihe Enzyklopädie der Psychologie, Themenbereich D, Serie III, Band 1 (S. 43–73). Göttingen: Hogrefe-Verlag.

Zeller, B.; Richter, R.; Dauser, D. (2004): Zukunft der einfachen Arbeit – von der Hilfstätigkeit zur Prozessdienstleistung. Bielefeld: wbv.

Kompetenzen für hybride Produkte

Alexander Egeling

1 Einleitung

Hochwertige Sachgüter sind Kennzeichen vieler deutscher Unternehmen. Um sich im globalen Wettbewerb behaupten zu können, werden derartige Angebote aber immer öfter um weitreichende Dienstleistungen ergänzt (vgl. z. B. Wise/Baumgartner 1999). Die so entstehenden kundenindividuellen Produkte werden in der Praxis meist als *Lösungen* (vgl. Wienhold/Egeling 2008), in der wissenschaftlichen Literatur als *hybride Produkte* (vgl. Burianek u. a. 2007) bezeichnet. Es bestehen aber noch diverse Probleme der konkreten Integration von Sach- und Dienstleistungen zu hybriden Produkten (vgl. Spath/Demuß 2006). So ergeben sich unter anderem neue Anforderungen an das Personalmanagement (vgl. Galbraith 2005) und insbesondere an die Kompetenzen der Mitarbeiter (vgl. Jung-Erceg 2005). Dies soll im Folgenden aufgegriffen und dabei herausgestellt werden, dass sich die Betrachtung von Fragen des Personalmanagements bei hybriden Produkten vor allem auf zwei Ebenen stützen sollte: Produktkomplexität und Beziehungskomplexität. Diese werden zu einem Bezugsrahmen zusammengeführt, der es Unternehmen erleichtert, abzuleiten, welche Kompetenzen für hybride Produkte benötigt werden. Wesentliche Erkenntnisse wurden aus einer qualitativen Befragung mit 14 Unternehmen der hybriden Wertschöpfung gewonnen (vgl. Wienhold/Egeling 2008). Die Untersuchung war Teil des BMBF-Verbundprojektes HyPriCo (für ausführlichere Herleitungen und Hintergründe zu diesem Beitrag vgl. Egeling/Nippa 2009).

2 Ein Bezugsrahmen für hybride Produkte

In der erwähnten Befragung sollten sich Experten dazu äußern, was erfolgsentscheidend für den Verkauf hybrider Produkte bzw. Lösungen sei und welche Kompetenzen man dazu benötige. Dabei zeigte sich, dass die Antworten tendenziell in zwei Gruppen einzuteilen waren: Aussagen, die die Kombination aus Sach- und Dienstleistungen betreffen, und Aussagen, die die menschlichen Beziehungen im Team zur Bearbeitung der hybriden Produkte thematisieren. Aus diesen beiden Gruppen wird eine Differenzierung in eine Produkt- und eine Beziehungsorientierung abgeleitet. Dies findet in fachverwandter Literatur seine Entsprechung. So z. B. in der Strategieforschung, wo Penttinen/Palmer (2007) neben einer Produktbetrachtung explizit auf die Anbieter-Käufer-Beziehung eingehen. Direkt auf die Qualifikation von Mitarbeitern im Bereich produktbegleitender Dienstleistungen bezogen, findet sich ein ähnliches Schema bei Jung-Erceg (2005, S. 160). Sie gibt zur

„Segmentierung von Dienstleistungen" ein Kontinuum von „Aufgabenorientierung" bis „Beziehungsorientierung" an. Im Gegensatz dazu wird im Folgenden aber vereinfachend davon ausgegangen, dass es sich bei den Kategorien Produktorientierung und Beziehungsorientierung um zwei unabhängige Dimensionen handelt. Wichtig ist vor allem, dass beide Dimensionen betrachtet werden müssen, wenn eine umfassende Beurteilung hybrider Produkte entstehen soll.

2.1 Produktkomplexität

Bislang wurde aber hauptsächlich die Produktdimension wissenschaftlich untersucht. Nach Burianek u. a. (2007) sind hybride Produkte als ein System zu verstehen. Anstelle einer trennscharfen Abgrenzung hybrider gegenüber anderen Produkten wird die Komplexität der hybriden Leistungserbringung betrachtet. Es zeigt sich, dass es „...nicht die Extrema einer geringen bzw. einer hohen Komplexität gibt, sondern es sich vielmehr um ein Kontinuum handelt, das sich von ‚gering' bis ‚hoch' erstreckt" (ebd. S. 11). Wie dies genauer zu fassen ist und wo auf dem angesprochenen Kontinuum ein hybrides Produkt genau verortet werden kann, hängt demnach von der Ausprägung folgender Merkmale ab: „Art des Kundennutzens", „Umfang des Leistungsangebots", „Anzahl/Heterogenität der Teilleistungen", „Grad der technischen Integration", „Grad der Integration in die Wertschöpfungsdomäne des Kunden", „Grad der Individualisierung" und „Zeitliche Dynamik/Veränderlichkeit der Leistungserbringung". Für diese Variablen wird hier zusammenfassend der Begriff *Produktkomplexität* eingeführt.

2.2 Beziehungskomplexität

Für die ebenfalls erkannte Beziehungsorientierung fehlen konzeptionalisierende Vorarbeiten. Auch hier eignet sich das Denken in Komplexitäten nach Maßgabe der Systemtheorie. Dabei wird die Betrachtung der Systemelemente anhand eines Vorschlags von Kieser spezifiziert (Kieser 1974, S. 302). Er unterscheidet die Anzahl der Elemente im System, die Verschiedenheit dieser Elemente und ihre Verteilung in verschiedenen Systemsegmenten. Unter Hinzuziehung der Verknüpfungen dieser Elemente erhält man vier Merkmale, die Komplexität beschreiben und anhand derer eine Konzeptionalisierung von *Beziehungskomplexität* vorgenommen werden kann. Die Anzahl der Systemelemente operationalisiert sich bei hybriden Produkten durch die *Anzahl der Projektteilnehmer*. Dazu zählen diejenigen Mitarbeiter der Anbieter- und Kundenunternehmen, die an Verkauf, Konzipierung, Erbringung und Betrieb des hybriden Produkts beteiligt sind. Die Verknüpfung der Systemelemente untereinander ergibt sich aus der *gegenseitigen Abhängigkeit der Projektteilnehmer*. Eine solche Abhängigkeit beginnt für einen Projektteilnehmer schon in der einfachen Notwendigkeit, mit einem anderen in Kontakt treten zu müssen. Die Verschiedenheit der Systemelemente manifestiert sich als die *Verschiedenheit der Projektteilnehmer*. Diese wird in der Literatur unter team diversity diskutiert. Die Verteilung in verschiedenen Systemsegmenten schließlich kann als die *geografische und organisationale Verteilung der Projektteilnehmer* gedeutet werden (für Hintergrundliteratur zu diesen Konzeptionalisierungen vgl. Egeling/Nippa 2009).

2.3 Zusammenführung zu einem Bezugsrahmen

Aus der Gegenüberstellung der als unabhängig betrachteten Dimensionen Produkt- und Beziehungskomplexität ergibt sich ein Bezugsrahmen, in den die (typischen) hybriden Produkte von Unternehmen eingeordnet werden können (vgl. Abb. 1, links). Dabei wird der Argumentation von Tuli u. a. (2007) gefolgt, wonach sich ein hybrides Produkt in seinem Erstellungsprozess konstituiert. Dementsprechend werden die vier generischen Prozessschritte hybrider Wertschöpfung im Bezugsrahmen verortet. Dazu wird jeder Prozessschritt auf seine Produkt- und Beziehungskomplexität hin untersucht, wobei alle vier Prozessschritte dieselbe Produktkomplexität haben, da es sich ja immer um das gleiche Produkt handelt. Die Beziehungskomplexität kann unterschiedlich ausfallen.

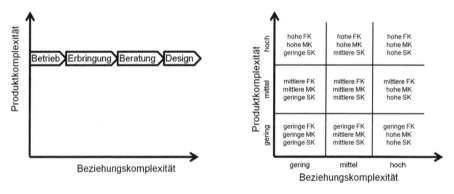

Abb. 1: Bezugsrahmen mit eingeordneten Prozessschritten (links) und grundsätzlichen Kompetenzzuordnungen (rechts)

Quelle: eigene Darstellung

Im Folgenden soll aufgezeigt werden, wie der entwickelte Bezugsrahmen genutzt werden kann, um zu analysieren, welche Kompetenzen Mitarbeiter für den Umgang mit den speziellen hybriden Produkten ihres Unternehmens benötigen. Dabei soll der Forderung von Fletcher „a competence framework [...] must be business-led" nachgekommen werden (Fletcher 1997, S. 69).

Es wird davon ausgegangen, dass eine höhere Komplexität eines Projektes ein Mehr an Kompetenz verlangt um sie zu bewältigen (vgl. z. B. Bullinger u. a. 2003). Kompetenz lässt sich unterteilen in die Kompetenzarten Fach-, Methoden-, Sozial- und Metakompetenzen. Zur Vereinfachung der Analyse werden folgende Zusammenhänge angenommen: Steigt die Produktkomplexität, benötigt man vor allem mehr Fachkompetenz. Steigt die Beziehungskomplexität, stellt dies höhere Ansprüche an die Sozialkompetenz. Methodenkompetenz wird sowohl zur Bewältigung von Produktkomplexität als auch von Beziehungskomplexität benötigt. Diese Zusammenhänge sind im rechten Teil von Abb. 1 dargestellt. Dort wurden der besseren Übersicht wegen die beiden Komplexitätsdimensionen sowie die zugeordneten Fachkompetenz (FK), Methodenkompetenz (MK) und Sozialkompetenz (SK) in nur drei Ausprägungen unterschieden: gering, mittel und hoch. Würde in einem Unternehmen z. B. ein hybrides Produkt angeboten, das eine mittlere Produkt- und eine geringe Beziehungskomplexität aufweist, dann würden dafür bei den Mitarbeitern Fach- und Methodenkompetenzen mittlerer und Sozialkompetenzen geringer Ausprägung benötigt werden.

3 Kompetenzempfehlungen

Außerdem sollen einige konkrete Ausprägungen dieser Kompetenzen aufgelistet werden. Diese stellen aber nur einige von vielen Möglichkeiten dar und sollen Unternehmen lediglich Anregungen und Orientierungsmöglichkeiten liefern, um sich intensiv mit dem eigenen Kompetenzbedarf auseinanderzusetzen. Aufgrund der Platzbeschränkungen werden hier auch nur sehr wenige Beispiele aufgeführt (für mehr Beispiele und eine ausführlichere Herleitung vgl. Egeling/Nippa 2009).

3.1 Meta- und Fachkompetenzen

Metakompetenzen – Ausgangsdispositionen, die die Herausbildung von Kompetenzen erst fundieren oder ermöglichen (für diese und die folgenden Kompetenzdefinitionen vgl. z. B. North/Reinhardt 2005) – sind in Abb. 1 da allgemeine Metakompetenzen wie *Neugier* oder *Lernbereitschaft* als Vorstufe zum Kompetenzerwerb immer benötigt werden. Über allgemeine Metakompetenzen hinaus ist zudem *Technologie- bzw. Dienstleistungsaffinität* zu berücksichtigen.

Da Fachkompetenz als Kompetenz, eine gestellte Aufgabe unter Einbezug von professionsspezifischen Fähigkeiten, Fertigkeiten und Kenntnissen zu lösen, verstanden wird, können an dieser Stelle keine Empfehlungen abgegeben werden. Jedes Unternehmen weiß wohl am besten, was die eigenen Angestellten für Fachkompetenzen besitzen müssen (zur Ermittlung benötigter Fachkompetenz vgl. Niermeyer 2008, S. 43f).

3.2 Methodenkompetenzen

Unter Methodenkompetenzen fallen Kompetenzen, die unabhängig von Branche und Angebot (und den dazu benötigten Fachkompetenzen) in jedem Unternehmen wichtig sind, also Kompetenzen, eine gestellte Aufgabe unter Einbezug von fach-übergreifenden Methodiken zu lösen. Aufgrund der im Projekt HyPriCo erkannten besonderen Schwierigkeit eines erfolgreichen Preis- und Vertragsmanagements für hybride Produkte (vgl. den Abschlussbericht des BMBF-Projekts HyPriCo) werden die Methodenkompetenzen im Folgenden noch einmal in *Preiskompetenzen*, *Vertragskompetenzen* und *allgemeine Methodenkompetenzen* unterschieden.

Als Beispiel für eine Preiskompetenz kann *Kompetenz zur Durchsetzung neuartiger Erlösmodelle beim Kunden* genannt werden. Sie wird bei hoch komplexen Lösungen relevant, da dort oft Ergebnisgarantien verkauft werden.

Bei Vertragskompetenzen genügt z. B. auf einem geringen Komplexitätsniveau die Arbeit mit Standardverträgen, die nur richtig ausgewählt werden müssen. Steigen Produkt- und Beziehungskomplexität, muss zunächst zusätzlich die *Kompetenz zur Anpassung von Standardverträgen* und später die *Kompetenz zur selbständigen Formulierung von Individualverträgen* entwickelt werden.

Bezüglich darüber hinausgehender *allgemeiner Methodenkompetenzen* ist etwa ab mittlerem Komplexitätsniveau *Prozessmanagementkompetenz* besonders wichtig, da die Projekte mit steigendem Komplexitätsniveau immer stärker in die Prozesse des Kunden eingreifen und auch die eigenen Prozesse immer komplexer werden.

3.3   Sozialkompetenzen

Sozialkompetenz befähigt eine Person dazu, in Kooperation mit anderen eine gestellte Aufgabe zu lösen. Gerade bei hybriden Produkten ist spätestens ab einer mittleren Beziehungskomplexität eine langwierige und intensive Arbeit in Gruppen nicht mehr zu vermeiden. So gibt es Projekte, in denen über ein Jahr vor Vertragsabschluss verhandelt wird, und zwar unter Einbezug unterschiedlicher Charaktere und Kompetenzen. Dementsprechend ist unter anderem *Teamfähigkeit* sehr relevant.

Literatur

Bullinger, H.-J.; Warnecke, H.-J.; Westkämper, E. (2003): Neue Organisationsformen im Unternehmen. Berlin, Heidelberg: Springer.

Burianek, F.; Ihl, C.; Bonnemeier, S.; Reichwald, R. (2007): Typologisierung hybrider Produkte. Arbeitsbericht des Lehrstuhls für Betriebswirtschaftslehre, Nr.1.

Egeling, A.; Nippa, M. (2009): Kompetenzbedarfe im Kontext hybrider Wertschöpfung. In: Abschlussbericht des BMBF-Projekts HyPriCo (in Vorbereitung).

Fletcher, S. (1997): Competence and Organizational Change. London: Kogan Page.

Galbraith, J. (2005): Designing the customer-centric organizations. San Francisco: Jossey-Bass.

Jung-Erceg, P. (2005): Qualifikation für produktbegleitende Dienstleistungen. In: G. Lay; M- Nippa (Hrsg.): Management produktbegleitender Dienstleistungen (S. 155–174). Heidelberg: Physica.

Kieser, A. (1974): Der Einfluss der Umwelt auf die Organisationsstruktur der Unternehmung. In: Zeitschrift für Organisation, 43, S. 302–313.

Niermeyer, R. (2008): Teams führen. 2.Aufl. Freiburg: Haufe Verlag.

North, K.; Reinhardt, K. (2005): Kompetenzmanagement in der Praxis. Wiesbaden: Gabler.

Penttinen, E.; Palmer, J. (2007): Improving firm positioning through enhanced offerings and buyer-seller relationships. In: Industrial Marketing Management, 36, S. 552–564.

Spath, D.; Demuß, L. (2006): Entwicklung hybrider Produkte. In: Bullinger, H.-J.; Scheer, A.-W. (Hrsg.): Service Engineering (S. 463–502). Berlin, Heidelberg: Springer.

Tuli, K. R.; Kohli, A. K.; Bharadwaj, S. G. (2007): Rethinking Customer Solutions. Journal of Marketing, 71, S. 1–17.

Wienhold, D.; Egeling, A. (2008): Vermarktung von Lösungen. Verfügbar unter http://hyprico.de/publikationen/Auswertung%20 Hyprico-Befragung%20TUBAF.pdf.

Wise, R.; Baumgartner, P. (1999): Go Downstream. Harvard Business Review, 77(5), S. 133–141.

Der Passivhaus-Standard als Zukunftstechnologie des energieoptimierten Bauens – Konsequenzen für die Facharbeit und die berufliche Bildung

Hans-Jürgen Holle

1   Ausgangslage: Der Baustandard

Der Passivhaus-Baustandard beruht auf Entwicklungen der 1980er Jahre und führte in Deutschland 1991 zu einem ersten Experimentalbau in Darmstadt-Kranichstein. Die positiven Ergebnisse aus nun 18-jähriger Nutzung und Messung wurden auf der Internationalen Passivhaustagung dargestellt (Feist 2009). In den letzten fünf Jahren hat der Umfang derartiger Bauvorhaben erheblich zugenommen. Über 8000 Passivhäuser sind in Deutschland, Österreich und der Schweiz bewohnt. Der Baustandard hat sich auf den Gewerbe-, Büro- und den Bildungsbau mit Passivhausschulen, Passivhausturnhallen und -kindergärten erweitert. Beim jährlichen „Tag des Passivhauses" im November öffnen Auftraggeber und Bauherren für ein interessiertes Publikum ihre Gebäude.

Von Deutschland ausgehend hat sich dieser Baustandard in einer Reihe weiterer europäischer Länder sowie in Übersee durch entsprechende Netzwerkaktivitäten verbreitet.

Mit der ersten Norddeutschen Passivkonferenz in Hamburg im März 2009 wurde auch in unserer Region ein Schwerpunkt für diese Zukunftstechnologie gesetzt (Holle 2009).

2   Ausgangslage: Der Qualifikationsstand der Baubeteiligten

Die als Planer von Passivhäusern tätigen Architekten und Fachingenieure sind heute erst in geringer Anzahl für diese Anforderungen qualifiziert. Durch eine Reihe von Lehrgängen, die über das Passivhausinstitut Darmstadt, die Architekten- und Ingenieurkammern der Länder sowie Weiterbildungsinstitutionen organisiert und durchgeführt wurden, sind in den letzten 5 Jahren „Zertifizierte Passivhausplaner" ausgebildet worden.

Für die Bau- und Ausrüstungsfirmen, ihre Meister und Facharbeiter gibt es bisher keine gezielte Qualifikation in dieser Richtung. Die Qualitätssicherung auf den Baustellen deckt durch moderne Kontrollverfahren wie der Thermografie (zur Prüfung auf Wärmebrücken) und dem Drucktest (mit der „Blower Door", engl. für Gebläse-tür, zur Prüfung der luftdichten Hülle eines Gebäudes) alle Mängel schonungslos auf. Das führt zu immensen Anpassungs- und Lernprozessen auf den Baustellen, mit all ihren – z. T. existenziellen – Problemen für die Betriebe.

Die Auftraggeber – private wie institutionelle Bauherren – sind wenig informiert und angesichts der Vielfalt von energiesparenden Begriffen (Niedrigenergiehaus, Nullenergiehaus, Plusenergiehaus) und Förderungen (z. B. KfW-40/KfW-60-Stan-dard, dena-Standard) verunsichert.

3   Fragestellung: Was ist das bautechnisch Neue an dieser Technologie?

Das Passivhauskonzept ist auf die Minimierung der Wärmeverluste und auf die möglichst effektive Nutzung von solaren Wärmegewinnen angelegt. Auch im Pas-sivhaus muss ein Restwärmebedarf gedeckt werden – es ist kein Nullheizenergie-haus. Es erreicht eine wesentliche Verbesserung der Energieeffizienz – das heißt bei Wohngebäuden in Mitteleuropa vor allem sehr guter Wärmeschutz, Luftdichtheit, hocheffiziente Lüftung, Haustechnik mit niedrigen Aufwandszahlen und stromspa-rende Geräte. Dadurch wird nicht nur der Energieverbrauch verringert, sondern auch die thermische Behaglichkeit erhöht und der Schutz der Bausubstanz verbes-sert.

Für die Facharbeit auf der Baustelle sind damit folgende Anforderungen verbunden:

- absolute Sorgfalt bei der Ausführung der wärmedämmenden Hülle

- Vermeidung sämtlicher Wärmebrücken, insbesondere an den Anschlüssen und Bauteilübergängen sowie Fenster- und Türeinbauten

- Sicherung der Luftdichtheit der Hülle („der Elektriker ist der geborene Feind der Luftdichtheit")

- Einbau einer geregelten Wohnungslüftung mit Wärmerückgewinnung

- Kenntnis neuer Materialien und Komponenten mit ihren Verarbeitungsbedin-gungen

- gewerkeübergreifendes Denken und Arbeiten

Aufseiten der Architekten und Fachplaner setzt dies eine wesentlich detailliertere Ausführungsplanung als bisher voraus. Ferner ist die „integrale Planung" zwischen den Planungsdisziplinen ein zwingendes Erfordernis.

4 Fragestellung: Wie sind diese Änderungen in der beruflichen Aus- und Weiterbildung umsetzbar?

Erforderlich ist, das für die Facharbeiter in ihrem Arbeitsprozess beim Passivhausbau relevante Wissen und vor allem die für diese Facharbeit erforderlichen Fähigkeiten und Fertigkeiten zu ermitteln. Das erfordert eine kleinschrittige technologische (Fein-) Analyse in jedem Gewerk. Sie schließt Materialien und dazugehörige Komponenten mit ihren spezifischen Verarbeitungsbedingungen ein. Die Ergebnisse aus diesem speziellen Feld der Berufsbildungsforschung sind dann in die jeweiligen Bildungsprozesse einzubinden.

Für die Erstausbildung gibt die Struktur der Lernfelder ohne Probleme diese Einbeziehung her – eine formelle Veränderung ist nicht erforderlich. Jedoch sind die Lehrer und Ausbildungsmeister entsprechend weiterzubilden.

In der Weiterbildung sind hingegen neue Schritte erforderlich, die insbesondere gewerkeübergreifend angelegt sein müssen. Zudem ist zwischen der Weiterbildung der Facharbeiter auf der einen Seite und der Weiterbildung der Meister/Poliere auf der anderen Seite zu unterscheiden, um den unterschiedlich komplexen Verantwortungen gerecht zu werden.

In beiden Feldern sind also Veränderungen in der curricularen Ebene vorzunehmen.

5 Gegenwärtig vorhandene Antworten

Im „Zentrum für zukunftsorientiertes Bauen" Hamburg sind insgesamt sieben 1:1-Modelle von Neubauten und Bauten im Bestand der verschiedenen Nutzungen und Baukonstruktionen in den letzten fünf Jahren entstanden (Holle 2008, Palm/Stein 2008, Holle/Lund 2007, Holle 2006, Holle/Struve 2005).

Im Rahmen des EU-Projekts „smart life" konnten hier Entwicklungen befördert werden (siehe www.smartlife-project.net). Zusätzlich wurden Informationsmöglichkeiten für potenzielle Bauherren geschaffen – z. B. Bauherrenstammtische, Bauführerschein (siehe www.zzb-hamburg.de).

Im Modell „Passivhaus" sind die obengenannten bautechnischen und anlagetechnischen Komponenten dargestellt. Ein „Lehrpfad" mit 5 Stationen führt hindurch.

Mit Studierenden der Fachrichtung Bautechnik wurden Lehr-Lernsituationen für und an diesen ZzB-Modellen erarbeitet (vgl. Holle/Kuhlmeier 2008). Das Passivhausmodell dient bereits seit zweieinhalb Jahren sowohl als Anschauungsmaterial für die Erstausbildung im Ausbildungszentrum Bau Hamburg als auch für die Gewerbelehrerausbildung.

Für die Weiterbildung an den Gewerkeschnittstellen wurden im Jahre 2008 im Rahmen der Fortbildungsinitiative „Handwerk und Energieeffizienz" nach einer Analyse und Priorisierung der typischen Gewerkeschnittstellen des Hochbaus drei Schnittstellen ausgewählt und in Kurzlehrgängen (ein bis zwei Tage) abgebildet.

Es handelt sich um:

- Fenstereinbau – Schnittstelle der Gewerke Maurer und Tischler

- Einbau von Solarthermieanlagen – Schnittstelle der Gewerke Dachdecker und Sanitär-Heizung-Klima (SHK)

- Einbau der Lüftungsanlage – Schnittstelle der Gewerke Trockenbau und Lüftungsbau.

Im 1. Quartal 2009 wurden diese Weiterbildungsaktivitäten experimentell für Meisterschüler bzw. Auszubildende des zweiten Lehrjahres durchgeführt.

Das EU-INTERREG IVB-Programm „Build with CaRe" (BwC) verfolgt mit insgesamt 18 Partnern, darunter 7 im norddeutschen Raum, das Ziel, den Passivhausstandard europaweit zu verbreiten (siehe www.buildwithcare.eu).

Es wurde begonnen, in einem der Arbeitspakete innerhalb der Hamburger Lernortkooperation zwischen Überbetrieblichem Ausbildungszentrum, Staatlicher Gewerbeschule für Bautechnik, der Technischen Universität und der Universität Hamburg als Teil eines Konzepts für die Aus- und Weiterbildung von Facharbeitern, die Qualifizierung der Ausbilder (Gewerbelehrer, Meister) vorzubereiten.

6 Ausblick

Ein nächster Schritt ist die Vorbereitung einer „Lern-Werkstatt" im Jahre 2010 (in der Art einer Sommerschule). Zielgruppe sind Studierende des Lehramtes Bautechnik sowie Meisterschüler. Es ist beabsichtigt, in einer Mischung von Lehrvermittlung und praktischer Tätigkeit Passivhauskonstruktionen auf der Ebene der Facharbeit zu vermitteln und zu erstellen bzw. zu testen.

In Analogie zu den Erfahrungen, die am Staatlichen Bauhaus (90 Jahre Gropius-Bauhaus-Manifest 1919) in Weimar mit den Bauhauswerkstätten und der Einbeziehung der Studierenden schon praktiziert wurden, soll auch dieser Erfahrungsschatz genutzt werden (Baabe-Meijer 2006).

Im Weiteren ist es erforderlich, mit Blick auf das Bauen im Bestand den Einsatz von Passivhaus-Komponenten einzubeziehen. Dies wird ein folgender Schritt 2010/2011 sein.

Auf der Grundlage dieser Erfahrungen wird es möglich, in die Lernfelder der Erstausbildung der entsprechenden Fachgewerke die oben genannten Komponenten einzubringen.

7 Bilanz

Mit diesen Hamburger Aktivitäten sind wir also auf dem Weg der Umsetzung der Passivhaus-Bautechnologie in die kleinschrittige Aus- und Weiterbildung. Dabei handelt es sich um punktuelle Vertiefungen und Erweiterungen vorhandener baukonstruktiver Strukturen. Schwerpunkt ist das Deutlichmachen der Notwendigkeiten aus der technologischen Innovation (Wärmebrückenfreiheit, Luftdichtheit, Haustechnik), die Erreichung entsprechender Fähigkeiten und Fertigkeiten im Gewerk und das Einüben von gewerkeübergreifenden und gewerkekooperierenden Tätigkeiten.

Mit den jetzt im Studium befindlichen Jahrgängen des Gewerbelehramtes der Bautechnik und den einbezogenen Fachlehrern und Meistern wird vor Ort eine personelle Basis für die Umsetzung dieser Ziele gewonnen.

Im EU-Projekt BwC erfolgt die Überprüfung und Weiterentwicklung dieser Ansätze über die lokale Ebene hinaus.

Literatur

Baabe-Meijer, S. (2006): Berufliche Bildung am Bauhaus. Paderborn: Eusl-Verlagsgesellschaft.

Feist, W. (2009): Aufbruch in ein neues Zeitalter: der Beitrag des Passivhauses. In: Tagungsband der 13. Internationalen Passivhaustagung (S. 493–502). Frankfurt a. M. Darmstadt: Passivhaus Institut.

Holle, H.-J. (2006): Kooperation mit den Lernorten der Beruflichen Bildung als Element des Hamburger Studiums der Gewerblich-Technischen Wissenschaften. In: J. Schlattmann (Hrsg.): Ingenieurpädagogik, Bd. 1. (S. 63 – 67). Marburg: Der Andere Verlag.

Holle, H.-J. (2008): Energieeffizientes, nachhaltiges Bauen in der Aus- und Weiterbildung. In: Tagungsband Berufliche Bildung (S. 252 – 257). Nürnberg.

Holle, H.-J (2009): Aus- und Weiterbildung für die Baugewerke. In: 1. Norddeutsche Passivhauskonferenz Hamburg. http://www.zebau.de/projekte/phkonferenz2.html.

Holle, H.-J.; Lund, E. (2007): Nachhaltiges Bauen bedingt nachhaltige Bildung. In: Berufsbildung in Wissenschaft und Praxis, 36(5), S. 40–43.

Holle, H.-J.; Kuhlmeier W. (Hrsg.) (2008): Innovative Wege der Bildung für ein nachhaltiges Bauen – Ergebnisse. Hamburg: Universität.

Holle, H.-J.; Struve K. (Hrsg.) (2005): Planung von Berufsbildungsprozessen für angehende Facharbeiter in den Berufsfeldern Bautechnik, Holztechnik, Farbtechnik und Raumgestaltung. Band 1: Das didaktische Konzept und das Arbeiten mit modellierten Bauvorhaben. Hamburg: Universität.

Palm, R.; Stein B. (2008): Verbindungen schaffen – Studieren und Ausbilden im Zentrum für zukunftsorientiertes Bauen in Hamburg. In: F. Eicker (Hrsg.): Perspektive Berufspädagoge?! Neue Wege in der Aus- und Weiterbildung von betrieblichem und berufsschulischem Ausbildungspersonal (S. 344 – 348). Bielefeld: wbv.

Der neue Ausbildungsberuf Produktionstechnologe/-in

Alexander Maschmann

1   Einleitung

Zum 1. August 2008 ist die Verordnung über die Berufsausbildung zum/zur Produktionstechnologen/-in in Kraft getreten. Der neue Ausbildungsberuf für den Bereich der industriellen Produktion – maßgeblich vom Verband Deutscher Maschinen- und Anlagenbau e. V. (VDMA) initiiert – soll dazu beitragen, die Zukunftsfähigkeit der Produktion im internationalen Wettbewerb und die Gewinnung von höher qualifiziertem Nachwuchs sicherzustellen. Ausgangspunkt der Entwicklungen in der Produktionstechnologie ist der zunehmende Wettbewerbsdruck, neue Produkte immer schneller erzeugen zu müssen und dabei spezielle Kundenwünsche zu berücksichtigen (vgl. Müller 2005, S. 42 f.). Der Schlüssel zur Bewältigung dieser Herausforderungen wird in einer größtmöglichen Flexibilisierung der Produktion und dem Angebot von attraktiven Karrieremöglichkeiten für hochqualifizierte Facharbeiter gesehen. Die Einführung des neuen Berufs soll zum Anlass genommen werden, zunächst einmal die Bedeutung der Berufsbezeichnung begrifflich aufzuklären und anschließend die wesentlichen zur Begründung der Notwendigkeit des neuen Berufs genannten technologischen Entwicklungen darzustellen. Im Weiteren werden einige vormals durchgeführte Untersuchungen und neue Erkenntnisse zur Veränderung von industrieller Facharbeit betrachtet. Bisher durchgeführte Anpassungsmaßnahmen der Qualifizierung von Facharbeitern werden in Beziehung zum Potenzial des neuen Berufs gestellt. Dabei stellt sich insbesondere die Frage, ob die Einführung des neuen Ausbildungsberufs Ergebnis einer neuen Denkweise im Bereich der gewerblich-technischen Berufsbildung ist und ob diese geeignet ist, den Wandel in der industriellen Produktion zu unterstützen.

2   Technologe: Ein neuer Trendbegriff?

Für den Begriff „Technologe" als Berufsbezeichnung (im Vergleich z. B. zum Mechaniker oder Elektroniker) bleibt die assoziierte Bedeutung hinsichtlich eines beruflichen Tätigkeitsfeldes aus Sicht eines potenziellen Ausbildungsplatzbewerbers oder -anbieters zunächst eher offen und unbestimmt. Ein Technologe beherrscht eine **„Technologie**[, d. h. die] ... Gesamtheit der Kenntnisse, Fähigkeiten und Möglichkeiten auf dem Gebiet der Produktionstechnik." (Müller 1985, S. 633). Aus den Ordnungsmitteln ergibt sich als Gemeinsamkeit der technologischen Ausbildungsberufe, dass diese Produktions- bzw. Wertschöpfungsprozesse planen, gewährleisten und optimieren sollen. Während ein Papiertechnologe, ein Mikrotechnologe und ein Bergbautechnologe leicht einem Wirtschaftszweig zugeordnet werden können, verstärkt hingegen die Komposition „Produktionstechnologe" die Unbestimmtheit der Berufsbezeichnung. Einerseits kann es sich bei dem Begriff „Produktion" um den konkreten Herstellungsprozess von Erzeugnissen handeln, wobei hier jede Art von Produkt denkbar wäre, andererseits ist **Produktion** auch „... die Gesamtheit wirtschaftlicher und organisatorischer Maßnahmen, die unmittelbar mit der Herstellung von Produkten zusammenhängen" (Hiersig 1995, S. 771). Gemäß einer wissenschaftlichen Definition ist u. a. „... die praktische Anwendung des gesamten Spektrums ingenieurwissenschaftlicher, informationstechnischer, betriebswirtschaftlicher und organisatorischer Tätigkeiten zur Herstellung innovativer Produkte" (Hochschule Bremerhaven 2009) Inhalt der Produktionstechnologie. Dies, transformiert auf die Ebene von Facharbeit, beschreibt umfassend die Vielfältigkeit der möglichen Einsatzbereiche eines Produktionstechnologen. Einerseits reiht sich somit die neue Berufsbezeichnung in die Gruppe der bisherigen „Technologen" ein, andererseits ist sie aber auch Ausdruck einer besonders offenen Berufsbildgestaltung.

3 Produktionstechnologische Entwicklungen

In Anlehnung an Müller (2005, 2008) werden im Folgenden die drei für die Einführung des neuen Berufs ausschlaggebenden Entwicklungen dargestellt:

- **Komplexe Produktionstechnik:** Einerseits wurden neue Fertigungsverfahren entwickelt, die es ermöglichen, Bauteile in einem Arbeitsgang fast komplett herzustellen. Als Beispiele können hier die Lasertechnik, Near-Net-Shape Verfahren und Innenhochdruck-Umformung genannt werden. Andererseits werden immer komplexere Produktionsanlagen und -systeme konstruiert, die in einem umfassenden Herstellungsprozess das bereits vertriebsfertige Produkt liefern.

- **Digitale Vernetzung:** Der konsequente Einsatz moderner Informationstechnik in der Produktion hat zur Entwicklung umfassender Produktlebenszyklusmanagement-Systeme (PLM-Systeme) und der „digitalen Fabriken" geführt. PLM-Systeme ermöglichen die digitale Nutzung aller relevanten Produktdaten von der Entwicklung bis hin zum Service. Die „digitale Fabrik" hat u. a. die Planung und Optimierung von Strukturen und Prozessen der realen Fabrik zum Ziel.

- **Prozessorientierte Organisationsstruktur:** Die Organisation der Produktionsaufgaben in hierarchische (horizontale) und fachbezogene (vertikale)

Strukturen hat im Zuge der zunehmenden Automatisierung und Integration von Fertigungsschritten ihre Effektivität verloren. Um ein effizientes Zusammenwirken der Produktionsanlagen und den in der Produktion Handelnden zu erreichen, sind Organisationsstrukturen zunehmend am Produktionsprozess orientiert.

4 Produktionstechnologie und Facharbeit

Die interdependenten Elemente des Innovationsdreiecks der Produktionstechnologie: komplexe Produktionstechnik, digitale Vernetzung der Produktion und prozessorientierte Produktionsorganisation bestimmen die Anforderungen an die Facharbeit im Kontext der industriellen Produktion (Abb. 1).

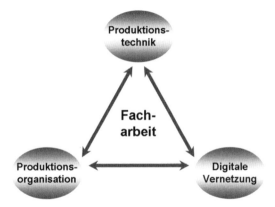

Abb. 1: Innovationsdreieck Produktionstechnologie

Quelle: BIBB u. a. 2009, S. 8

Im Folgenden werden einige Untersuchungen und Ergebnisse zu den Einflüssen dieser Elemente auf die Anforderungen an die Facharbeit dargestellt.

In der Veröffentlichung „Flexibilisierung durch Technologieeinsatz?" stellen Kleine, Kinkel und Jäger den Einfluss von Technologien der Digitalen Fabrik (PPS/ERP und SCM) und der Produktionstechnik (CAM und IR) auf Flexibilitätsgrößen, wie Liefertreue und Kapazitätsauslastung (Kleine/Kinkel/Jäger 2007, S. 1 ff.), dar. Dabei wird ein signifikantes und differenziertes Flexibilisierungspotenzial durch Technologieanwendung nachgewiesen. Darüber hinaus wird, hier von besonderer Bedeutung, festgestellt: „Notwendig sind immer auch entsprechende organisatorische Konzepte" (ebd., S. 11).

Die Untersuchung des Einflusses der Informatisierung von Produktion und Service auf die Qualifikationsprofile von Facharbeitern der Automobilindustrie (vgl. Becker/

Spöttl 2005, S. 27) hat ergeben, dass die meisten Arbeitsaufgaben einen Einsatz von IT-Technologien erfordern, aber einen klaren Domänenbezug zur Automobilproduktion aufweisen. Empfohlen wird eine Erstaus- und Weiterbildung mit domänenbezogenen Querschnittskompetenzen im Bereich der IT-Technologien (vgl. Becker/Spöttl 2005, S. 29ff.). Die Notwendigkeit eines neuen Ausbildungsberufs aufgrund der zunehmenden Digitalisierung der Fach-Arbeitswelt wird hier nicht gesehen. Es sollte demnach kritisch mit der These umgegangen werden, „ob die Einführung neuer Technologien notwendigerweise zu neuen Ausbildungsprofilen führt" (Becker/Spöttl 2005, S. 35).

Weiter wurde die „Bedeutung von Dienstleistungsaufgaben im Fertigungsbereich der Metallbranche" (Spöttl u. a. 2003, S. 13) im Rahmen eines Forschungsprojekts untersucht. Die zunehmende Bedeutung von Dienstleistungstätigkeiten für den Facharbeiter wird hier u. a. als Folge der Umstrukturierung der Arbeitsorganisation und der eingesetzten Technik gesehen (ebd., S. 12f.). Die festgestellte erhebliche Anreicherung der Facharbeitertätigkeit um Kompetenzen, wie z. B. selbstständige Erledigung von Arbeitsaufgaben, Übernahme von mehr Verantwortung und Prozesskompetenz (ebd., S. 188ff.), sind Kennzeichen der vielfach diskutierten vertikalen und horizontalen Erweiterung der industriellen Facharbeit. Empfohlen wird die Neugestaltung prozessorientierter Berufsbilder, die diese Dienstleistungsaufgaben berücksichtigen. Ergänzend notwendig, so die Schlussfolgerung der Autoren, sei ein Konzept zur Qualifizierung der Facharbeiter nach der Erstausbildung, auch wegen des Umfangs der zu vermittelnden Kompetenzen (ebd., S. 196f.).

Die angeführten Untersuchungen bestätigen grundsätzlich die auch vom VDMA festgestellten Entwicklungen. Allerdings sieht der VDMA darüber hinaus die Notwendigkeit der Etablierung eines neuen Berufs. Gespräche mit Experten über den neuen Ausbildungsberuf ergaben, dass dieser Beruf möglicherweise eine Lücke schließt. Es wird hierbei u. a. davon gesprochen, dass der Produktionstechnologe die Funktion einer Schnittstelle zwischen Entwicklung und Produktion übernimmt oder er derjenige sei, der auf Facharbeiterebene den Überblick über das Einrichten, Anfahren und Optimieren von Produktionsanlagen oder Produktionsprozessen insgesamt hat. Das BIBB kommt in der Untersuchung zum Vorverfahren für die Verordnung über die Berufsausbildung zum Produktionstechnologen/-in u. a. zu dem Ergebnis, dass es keine Aus- oder geregelte Fortbildung insbesondere für den Bereich der Produktionsanläufe gibt. Es werden bisher in diesem Bereich überwiegend erfahrene und betrieblich qualifizierte Metall- oder Elektrofacharbeiter eingesetzt (vgl. BIBB 2007, S. 1).

5   Neue Denkweisen?

Bereits die Bezeichnung des neuen Ausbildungsberufs weist auf einen Wandel der bisherigen Denkweise bei der Gestaltung von neuen Ausbildungsberufen hin. Die beschriebene Unbestimmtheit der Bezeichnung geht einher mit einer großen Vielfalt möglicher Einsatzbereiche und einer offenen Ausgestaltung der Ordnungsmittel, sodass der neue Beruf bereits im ersten Jahr seines Bestehens in sehr verschiedenen Wirtschaftbereichen und Unternehmen realisiert wurde.

Die Anpassung der Qualifizierung von industriellen Facharbeitern (insb. die der industriellen Metall- und Elektroberufe) an die sich verändernden Anforderungen der Produktionstechnologie ist ein periodischer Prozess. In den letzten Jahren wurde im Wesentlichen die Notwendigkeit gesehen, diese Anpassung durch Erweiterung der Handlungskompetenz des Facharbeiters um übergreifende Fach-, Dienstleistungs- und Managementaufgaben zu erreichen. Möglicherweise ist aber das Maximum der Erweiterbarkeit der Qualifikationsprofile der industriellen Ausbildungsberufe erreicht. Die für die Berufsausübung relevanten fachtechnischen Inhalte reduzierten sich sonst so weit, dass sie ihre Profil gebende Funktion verlieren oder die Aufgabenfülle und ihre Vielfalt wären so umfangreich, dass sie von ein und derselben Person nicht mehr beherrsch- und leistbar sind. Ohne Zweifel haben sich die Anforderungen an den Facharbeiter in der industriellen Produktion erheblich gewandelt. Aber scheinbar erfordert der Wandel auch Produktionsmanager mit technischem Verständnis und nicht nur Techniker mit Managerqualitäten. Ob sich solche im Rahmen der beruflichen Weiterbildung auf Dauer sinnvoll und effizient qualifizieren lassen, ist fraglich. Dagegen bietet der neue Beruf des Produktionstechnologen nun von Beginn an eine zielgerichtete Qualifizierung für diese neu identifizierten Tätigkeitsprofile innerhalb der industriellen Produktion (Abb. 2).

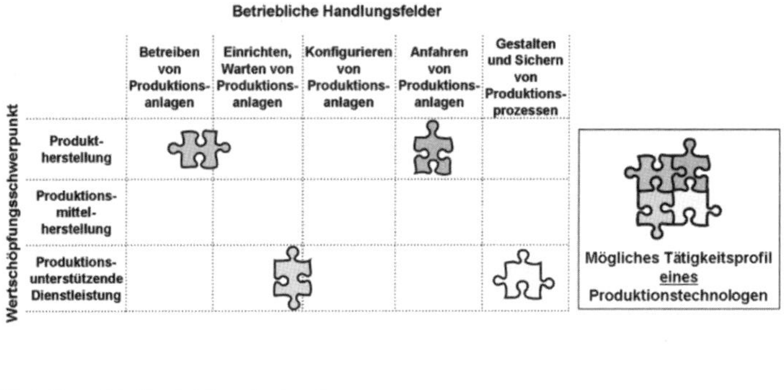

Betriebliche Handlungsfelder

	Betreiben von Produktions-anlagen	Einrichten, Warten von Produktions-anlagen	Konfigurieren von Produktions-anlagen	Anfahren von Produktions-anlagen	Gestalten und Sichern von Produktions-prozessen
Produkt-herstellung					
Produktions-mittel-herstellung					
Produktions-unterstützende Dienstleistung					

Wertschöpfungsschwerpunkt

Mögliches Tätigkeitsprofil eines Produktionstechnologen

Abb. 2: Tätigkeitsmatrix Produktionstechnologe

Quelle: in Anlehnung an Becker 2008, S. 4

Literatur

Becker, M.; Spöttl, G. (2005): IKT Qualifikationsprofile für Facharbeiter in der Europäischen Automobilindustrie durch die Informatisierung von Produktion und Service? In: J- Pangalos; G. Spöttl; S. Knutzen; F. Howe u. a. (Hrsg.): Informatisierung von Arbeit, Technik und Bildung (S. 27–36). Münster: Lit Verlag.

Becker, M. (2008): Kompetenzmatrix für den Sektor Elektronik/Elektrotechnik. Arbeitspapier im Rahmen des Projektes VQTS II – Vocational Qualification Transfer System. Flensburg: Universität.

BIBB (2007): Abschlussbericht zum Vorhaben 4.0.819. http://www2.bibb.de/tools/fodb/pdf/eb_40819.pdf (18.02.2009).

BIBB u. a. (2009): Produktionstechnologe/in – Ein neuer Beruf geht in die Praxis (Foliensatz). Verfügbar unter http://www.produktionstechnologe.info/files/pt_praesentation.pdf (18.02.2009).

Hiersig, H. M. (1995): Lexikon Produktionstechnik Verfahrenstechnik. Düsseldorf: VDI Verlag.

Hochschule Bremerhaven (2009): Produktionstechnologie – Was ist das eigentlich? Verfügbar unter http://www1.hs-bremerhaven.de/pt/ueber_1.htm (12.03.2009).

Kleine, O.; Kinkel, S.; Jäger, A. (2007): Flexibilität durch Technologieeinsatz? In: Fraunhofer Institut System- und Innovationsforschung (Hrsg.): Mitteilungen aus der ISI-Erhebung zur Modernisierung der Produktion, Nr. 44. Karlsruhe. Verfügbar unter http://www.isi.fraunhofer.de/i/dokumente/pi44.pdf (20.01.2009).

Müller, K.-H. (2005): Berufliche Bildung flexibel gestalten. In: Kuratorium der Deutschen Wirtschaft für Berufsbildung (Hrsg.): Fit für den globalen Wettbewerb (S. 42–43). Bonn.

Müller, K.-H. (2008): Neue Berufskonzepte für die M + E-Industrie. In: Kuratorium der Deutschen Wirtschaft für Berufsbildung (Hrsg.): Qualifizieren heißt Zukunft sichern (S. 45). Bonn.

Müller, W. (Hrsg.) (1985): DUDEN Bedeutungswörterbuch. 2., völlig neu bearb. u. erw. Auflage (Reihe Der Duden in 10 Bänden Bd. 10). Mannheim: Dudenverlag.

Spöttl, G.; Hecker, O.; Holm, C.; Windelband, L. (2003): Dienstleistungsaufgaben sind Facharbeit. Bielefeld: wbv.

Vermittlung automatisierter verfahrenstechnischer Prozesse

Walter E. Theuerkauf & Klaus Kronberger

1 Einführung

Nahezu alle Prozesse, die uns in der Industrie und im Hausbereich begegnen, sind heute ohne eine Automatisierung undenkbar. In der Prozessindustrie findet man daher eine breite Palette an Produkten, die die verschiedensten Lebensbereiche wie Gesundheit, Umwelt und Ernährung betreffen. Zu dieser Prozessindustrie gehören neben der Chemie- und Pharmaindustrie auch die Branchen der Biotechnologie, Papier- und Nahrungsmittelherstellung, die im besonderen Maße zur Herstellung ihrer Produkte von der Automatisierung beeinflusst worden sind.

In diesem Beitrag soll nun eine Vermittlung von verfahrenstechnischen Prozessen erfolgen. Dabei wird ein zu steuernder und zu regelnder Prozess herangezogen, weil Prozesse immer mit Handeln insbesondere zur Gestaltung von technischen Anlagen verbunden sind. Diese Orientierung ist auch deshalb notwendig, weil die Mehrzahl der Prozesse ein ganzheitliches Verständnis über die einzelnen Disziplinen hinaus erfordert, da sie transdisziplinär sind. Für das transdisziplinäre Denken und Handeln sind daher unterrichtlich neue Wege der Vermittlung im Lernprozess und der Gestaltung von Lernumgebungen zu beschreiten. Mit dem collaborativen Lernen wird in diesem Beitrag ein möglicher Weg aufgezeigt, der nach den ersten Erfahrungen auf seine Effektivität vertiefend zu untersuchen ist.

2 Prozess – disziplinübergreifende Basis

Grundlage für disziplinübergreifendes Lernen ist die Erarbeitung von Strukturen von Prozessen. Der Prozess stellt eine definierte oder wahrscheinliche Aufeinanderfolge von Zuständen in Abhängigkeit von Vorbedingungen und äußeren Einflüssen dar. Der Ablauf eines Prozesses kann vorgegeben sein, aber auch gestaltet werden. Es können Prozesse in natürliche, wie sie in der Natur vorgegeben sind, oder in künstliche, die in Technik, Wirtschaft, Gesellschaft usw. gestaltet werden, unterteilt werden. Alle diese Prozesse sind Steuer- und Regelungen unterworfen und darüber hinaus bei technisch geprägten Prozessen der Automatisierung. Damit kommt dem Mechatroniker, insbesondere für die Gestaltung von disziplinübergreifenden Prozessen, eine besondere Aufgabe dahingehend zu, dass er zur Gestaltung einer Anlage Kenntnisse nicht nur über fertigungs- oder verfahrenstechnische, sondern auch nichttechnische Prozesse, wie u. a. den Prozess für die Herstellung von Nahrungs-mitteln, von Medikamenten usw., besitzen müsste.

Die Abbildung 1 zeigt am Beispiel der Biotechnologie das Zusammenwirken meh-rerer Disziplinen, was natürlich Konsequenzen nicht nur bei der Gestaltung von An-lagen sondern auch bei der Vermittlung hat. Die Beziehungen der ingenieurwissen-schaftlichen Disziplinen bestehen einerseits zu den Wirkprinzipien der Operationen der Prozesse und andererseits zu dem jeweiligen Anwendungsfeld.

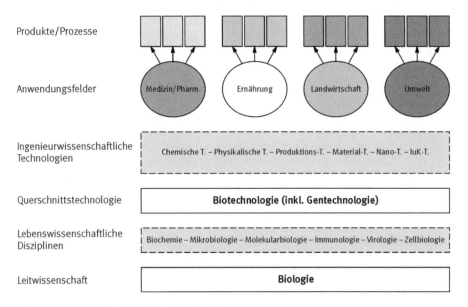

Abb. 1: Zusammenwirken verschiedener Disziplinen

In einer Pilotuntersuchung mit dem flexibel gestaltbaren, modularen Projektbau-kasten MPS® EduKit PA (Fa. FESTO/ADIRO) hat sich in einer Berufsschulklasse ge-zeigt, dass die fehlende Kenntnis der Mechatroniker von verfahrenstechnischen Operationen ihre negativen Auswirkungen auf die Gestaltung von Steuerungen und Regelungen hatte.

Das Ergebnis ergab sich aus der Untersuchung, in deren Zusammenhang die Auf-gabe darin bestand, eine Füllstandsanlage zu entwerfen, zu bauen und zu optimie-ren. An diesem relativ einfachen Beispiel traten insbesondere Probleme bei der Op-timierung der Regelung auf, da das Verhalten des Mediums Wasser nicht bekannt war, um einen optimierten Ablauf herbeizuführen. Transferiert man diese Erkennt-nis z. B. auf die Automatisierung in der Medizintechnik, so wird eine Kommunikation mit Medizinern, also mit Spezialisten der betroffenen Disziplin, zwingend erforder-lich sein. Um diese notwendige Kommunikation erfolgreich unterrichtlich zu gestalten, sind nicht nur die Lernenden sondern auch die Lehrenden entsprechend unseren Untersuchungen zu einem collaborativen Lernen zu qualifizieren.

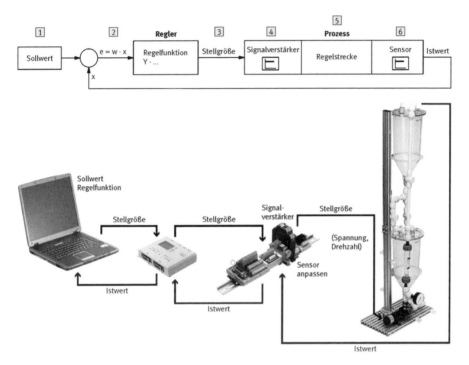

Abb. 2: Konfiguration einer Füllstandsanlage

Quelle: ADIRO

3   Ganzheitliches Denken und Handeln

Die Planung von Anlagen, auch die Erhaltung der Funktionsfähigkeit dieser, bedingt strukturelles und funktionsorientiertes Prozesswissen. Für das ganzheitliche Denken und Handeln kann das Produkt Life Circle Management als die theoretische curriculare Basis angesehen werden. Der Produktlebenslauf bildet mit den Funktionsbereichen sämtliches Handeln bei der Erstellung eines Produktes ab. Es ist also eine holistische Betrachtung, die das Zusammenwirken der unterschiedlichen Phasen im Lebenslauf eines Produktes verdeutlicht. Bei der Orientierung am Produkt Life Circle Management handelt es sich um den Austausch von Daten und damit auch von Wissen, also dem Zusammenwirken von Spezialisten. Aus der Abbildung 3 werden über die Funktionen der einzelnen Bereiche auch der Zusammenhang der im Produktionsablauf beteiligten Berufe und der Bezug zu dem Erfahrungswissen der jeweiligen Mitarbeiter transparent. Dieses Faktum bedeutet für die Ausbildung, dass bei der Durchführung von Projekten der Automatisierungstechnik eine disziplinübergreifende Zusammenarbeit erforderlich ist. Auf die Ausbildung bezogen sind sowohl die Lerner und als auch die Lehrenden der verschiedenen Berufsfelder und Berufe in einem gemeinsamen Lernprozess zusammenzuführen. Nur mit dem collaborativen Lernen (Mandl 2001) kann dabei bei der Durchführung von Projekten der industriellen Realität, also der Praxis, in der Schule nähergekommen werden.

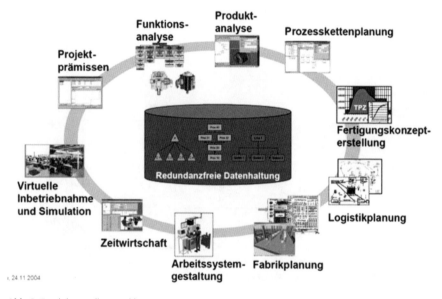

Abb. 3: Produkterstellungszyklus

Quelle: Karras 2005

4   Kommunikation – Voraussetzung für ein collaboratives Lernen

Nicht nur Teamwork ist die Voraussetzung für eine erfolgreiche Zusammenarbeit, sondern die Kompetenz zu kommunizieren, die in den wenigsten Fällen geübt wird. Untersuchungen in der Weiterbildung zeigen, dass große Defizite bei der Durchführung kommunikativer Prozesse vorliegen, insbesondere dann, wenn collaboratives Lernen stattfindet (Köster 2004).

Für die Durchführung einer erfolgreichen Kommunikation wurde die Theorie von Schulz von Thun (Thun 2005) herangezogen. Das bedeutet, dass nicht nur der

Sachinhalt im Kommunikationsprozess eine entscheidende Rolle spielt, sondern auch die emotionale Beziehung den Stellenwert für die Animation zum gemeinsamen collaborativen Lernen besitzt. Daher ist auch die Kommunikation von Personen und Gruppen untereinander bestimmten Regeln zu unterwerfen, die in dem Leitfaden „Kommunikationsorientiertes Handeln bei Störungen in Anlagen" einschl. Übungsaufgaben (Theuerkauf et al. 2007) detailliert dargestellt wurden und mit als Grundlage für collaboratives Lernen anzusehen ist.

5 Automatisierung als berufsübergreifender Inhalt

Es ist in der beruflichen Ausbildung davon auszugehen, dass die Lehrpläne mit Inhalten überfrachtet sind und folglich wenig Raum für disziplinübergreifendes Lernen lassen. Daher wurde ein Inhalt gesucht, der für mehrere Berufsfelder von Bedeutung ist. Wie eine Analyse zeigt, ist die Steuerungs- und Regelungstechnik in vielen Lernfeldern von Berufen (Schellenberger et al. 2008) ein wichtiger Inhalt. Insofern bietet sich die Vermittlung der „Automatisierung von Anlagen" als disziplinübergreifender Inhalt an.

Berufsfeldübergreifendes bedingt eine ortsunabhängige Lernumgebung, insbesondere dann, wenn die zu beteiligenden Berufsfelder nicht in derselben Schule angesiedelt sind. Um die Lösung der Aufgabe der Optimierung der in Abbildung 2 dargestellten Füllstandsanlage mit Lernenden unterschiedlicher Berufsfelder zu erreichen, wurde ein Lernortverbund mit einem erweiterbaren Baukastensystem geschaffen, der u. a. das Internet einbezieht (Mager 2003). Die Pilotuntersuchungen haben gezeigt, dass mit dieser Konfiguration eines Lernortverbundes unter Beachtung von Regeln der Kommunikation collaboratives Lernen realisiert werden kann.

6 Fazit

Durch die komplexeren und vernetzten Anlagen wird insbesondere im Wartungsbereich die Kommunikation zwischen verschiedenen technischen und nichttechnischen Disziplinen notwendig. Auf diese Zusammenarbeit sind einerseits primär die Lehrenden und andererseits die Lernenden vorzubereiten.

In diesem Beitrag werden notwendige Voraussetzungen, die in langjährigen Forschungs- und Entwicklungsarbeiten geschaffen wurden, zum die Disziplinen übergreifenden Lernen am Beispiel der Automatisierungstechnik vorgestellt. Die Ergebnisse von Pilotuntersuchungen haben gezeigt, dass das innovative Konzept der Vermittlung eines transdisziplinären Denkens und Handelns durch das collaborative Lernen zukunftsweisend ist. Um validere Ergebnisse über die Effektivität dieses Unterrichtsverfahrens zu erhalten wird, unter Berücksichtigung der die Sprachgrenzen überschreitenden Kommunikation, das collaborative Lernen in zwei EU-Projekten empirisch untersucht.

Literatur

Mandl, H.; Krause, U. (2001): Lernkompetenz für die Wissensgesellschaft. Forschungsbericht 145. München: Ludwig Maximilians-Universität, Lehrstuhl für empirische Pädagogik und Psychologie.

Hermann, R. (2003): Zur Qualität der Ingenieurausbildung am Beispiel der Laborarbeit. Dissertation. Frankfurt a. M.: Peter Lang.

Köster, A. K. (2004): Kollaboratives Lernen am Beispiel einer verteilten computergestützten Projektarbeit an der Volkswagen AutoUni. Diplomarbeit. Braunschweig: Technische Universität.

Mager, W. (2003): Fernbetrieb und Fernwartung einer Anlage in der Ausbildung. Diplomarbeit. Braunschweig: Technische Universität.

Schulz von Thun, F. (2005): Miteinander Reden (1). Reinbek: Rowohlt.

Schellmann, B.; Kaufmann, H. u. a (2008): Arbeitsbuch zum Projektbaukasten MPS® EduKit (Fa. Festo Didactic GmbH & Co.KG /ADIRO Automatisierungstechnik GmbH).

Theuerkauf, W. E.; Funke, S.; Graube, G. (2006): Kommunikationsorientiertes Handeln bei Störungen in Anlagen – Leitfaden für die Ausbildung. Festo Didactic GmbH.

Experten–Workshops zur Validierung Beruflicher Handlungsfelder

Michael Reinhold

1 Ausgangslage des Forschungs- und Entwicklungsvorhabens

Die Gegenstände domänenspezifischer beruflicher Facharbeit im Kontext mit dessen Organisation, den Werkzeugen und Methoden, insbesondere aber auch hinsichtlich der facettenreichen Anforderungen an dieselbe sind einem permanenten Wandel unterworfen, der einerseits aus den technologischen Entwicklungen in nahezu allen Lebensbereichen erwächst und andererseits durch Anpassungsprozesse bei gesetzlichen Regelungen und Vorgaben im Rahmen insbesondere der europäischen Gesetzgebung hervorgerufen wird. Beides wirkt sich auf die Facharbeit in Industrie und Handwerk aus.

Sind die Ordnungsmittel für einen Beruf entwickelt, so können sich aus unterschiedlichen Perspektiven Fragen nach der Validität, insbesondere auch nach der Prospektivität der darin sich manifestierenden Ziele und Inhalte der Berufsausbildung stellen. Die Beantwortung solcher Fragen gewinnt an Bedeutung, wenn es – wie zum Beispiel bei der Entwicklung einer Lernsoftware im Rahmen des Projekts „Kompetenzwerkst@tt Elektrohandwerk" – darum geht, sich nicht nur auf die aktuellen Gegenstände der Facharbeit im Kontext der betreffenden Arbeits- und Geschäftsprozesse zu beziehen, sondern darüber hinaus auch zukünftige, die Facharbeit betreffende technologische und arbeitsorganisatorische Entwicklungen in die Ausgestaltung der Produkte einzubeziehen.

In der ersten Phase des genannten Projekts ging es bei der Durchführung von Experten-Workshops um die Validierung der zentralen Beruflichen Handlungsfelder des Elektronikers für Energie- und Gebäudetechnik mit dem Anspruch, darüber hinaus Informationen über zukünftige Entwicklungen in diesem Handwerkszweig zu erhalten.

2 Leitende Fragestellungen bei der Anwendung des Instruments „Experten-Workshops"

Im Kontext der hier in Rede stehenden Experten-Workshops geht es primär um die Beantwortung folgender Fragestellungen:

- Eignen sich Experten-Workshops, um verlässliche Aussagen hinsichtlich der Validität von Beruflichen Handlungsfeldern zu erhalten, wenn diese primär auf der Basis geltender Ordnungsmittel formuliert worden sind?

- Sind Experten-Workshops geeignet, verlässliche Informationen über zu erwartende technologische Innovationen und Entwicklungstrends zu generieren?

- Können die damit verbundenen Auswirkungen auf die Arbeits- und Geschäftsprozesse – insbesondere auf die Gegenstände der Facharbeit und auf die sich verändernden Anforderungen - beschrieben werden?

Zur Beantwortung dieser Fragen wird Bezug genommen auf das oben erwähnte, vom BMBF geförderte Projekt „Kompetenzwerkst@tt Elektrohandwerk". Im Rahmen der Entwicklungsarbeiten sind drei Experten-Workshops durchgeführt und die dabei gewonnenen Ergebnisse ausgewertet worden.

3 Forschungs-/Entwicklungsmethode, Ansatz und Durchführung

Eine elementare Zielsetzung berufswissenschaftlicher Qualifikationsforschung ist die Generierung verwertbaren Wissens über Berufe, das i. w. S. für die Weiterentwicklung und Unterstützung der beruflichen Ausbildung nutzbar gemacht werden kann. Einen Fokus stellen die beruflichen Arbeits- und Geschäftsprozesse mit den darin inkorporierten Komponenten des impliziten und expliziten Wissens sowie die damit auf das engste verknüpften Fähigkeiten und Fertigkeiten der Facharbeiter dar. Diese entwickeln sich in einem nicht endenden und teilweise sehr dynamischen Prozess kontinuierlich weiter. Um vertiefte Einsichten in diese Prozesse zu bekommen und die komplexen Implikationen zu erhellen, bieten neben Fall- und Arbeitsprozessstudien Experten-Workshops eine Möglichkeit, entsprechende Antworten auf die o. g. Forschungsfragen zu finden (Spöttl 2009).

Neben der sorgfältigen Planung und Durchführung von Experten-Workshops bestimmt die durchdachte Auswertung der darin gewonnenen Informationen im Kontext der jeweiligen Zielsetzungen die Qualität der Ergebnisse.

4 Erfahrungen aus den Experten-Workshops der „Kompetenzwerkst@tt Elektrohandwerk"

4.1 Validierung der Beruflichen Handlungsfelder

Der Input für die Experten–Workshops bestand aus einer im Vorhinein erarbeiteten Handlungsfeldmatrix (siehe Abbildung 1). Diese weist vorformulierte Berufliche

Handlungsfelder aus, die sich im Prinzip aus einer an den Arbeits- und Geschäfts-prozessen ausgerichteten, sinnstiftenden Verknüpfung der vertikal angeordneten „zentralen Arbeitshandlungen" mit den horizontal dargestellten „zentralen Arbeits-gegenständen" des Elektronikers für Energie- und Gebäudetechnik ergeben. Aus-gangpunkte für deren Identifizierung waren die geltenden Ordnungsmittel, Lehr-gangsunterlagen für die Überbetriebliche Ausbildung sowie einschlägige For-schungsergebnisse. Auf der Grundlage dieser Matrix haben die Akteure die Validierung vorgenommen.

		zentrale Arbeitsgegenstände									
		Einfache Elektroanlagen	Anlagen der Informations- und Kommunikationstechnik	Energieversorgungsanlagen	Elektrische Geräte	Motorsteuerung	Anlagensteuerung	Sicherheitsanlagen	Gebäudesystemtechnik	Anlagen zur regenerativen Energieerzeugung	Anlagen und Geräte zur rationellen Energieverwendung
zentrale Arbeitshandlungen	Installieren	1	3	4	5	6	7	8	9	11	12
	Inbetrieb-nehmen										
	Warten und Reparieren										
	Erweitern und Optimieren	2							10		

Berufliche Handlungsfelder des Elektronikers Fachrichtung Energie- und Gebäudetechnik:

1. Installieren und Inbetriebnehmen von einfachen Elektroanlagen
2. Erweitern und Optimieren von einfachen Elektroanlagen
3. Installieren und Inbetriebnehmen Erweitern und Optimieren von Anlagen der Informations- und Kommunikationstechnik
4. Installieren und Inbetriebnehmen, Erweitern und Optimieren von Energieversorgungs-anlagen
5. …

Abb. 1: Beispiel für eine Handlungsfeldmatrix

Handlungsleitend waren dabei die Überprüfung der zentralen Arbeitshandlungen sowie der zentralen Arbeitsgegenstände vor dem Hintergrund realer Aufträge aus den verschiedenen handwerklichen Betrieben. Dabei hatten die Akteure in dem ersten Schritt die Aufgabe, Angaben zu streichen, zu ersetzen, zu ergänzen oder auch neue hinzuzufügen und im Ergebnis zu einer revidierten Liste Beruflicher Handlungsfelder zu gelangen. Insbesondere bei der Diskussion der Ergebnisse im Plenum haben die Einschätzungen der Experten zur zukünftigen Entwicklung hinsichtlich bestimmter zentraler Arbeitsgegenstände breiten Raum eingenommen. Während die Bedeutung des ersten Beruflichen Handlungsfelds selbsterklärend unstrittig war, gingen die Ansichten in Bezug auf die zukünftige Bedeutung bestimmter zentraler Arbeitshandlungen im Kontext entsprechender Arbeitsgegenstände zum Teil weit auseinander. Der Stellenwert der Beleuchtungstechnik wird sich nach Ansicht einiger Experten noch weiter erhöhen, sodass dieser Entwicklung in einem ausgewiesenen Beruflichen Handlungsfeld Rechnung zu tragen ist.

Diese und weitere Aussagen der Experten haben im Ergebnis zu regionalen Listen Beruflicher Handlungsfelder geführt, die in einem weiteren Schritt analysiert und schließlich zu einer Liste zusammengeführt worden sind. Dabei wurden weitere Hinweise zu der gegenwärtigen sowie zur zukünftigen Bedeutung der Handlungsfelder für den Beruf berücksichtigt, die die Fachleute auf der Basis eines entsprechenden Fragebogens gegeben hatten. Im Ergebnis ist die hier erwähnte Liste dem methodischen Ansatz der Triangulation folgend nochmals mit den Ordnungsmitteln, Forschungsergebnissen, Fachbüchern und weiteren Lernmitteln abgeglichen und reformuliert worden.

4.2 Entwicklungstrends im Kontext der Beruflichen Handlungsfelder

Nachdem die Beruflichen Handlungsfelder ausformuliert waren, sind die Experten in den Workshops gebeten worden, sich im Hinblick auf zukünftige Entwicklungen zu bestimmten Schlüsselbegriffen entweder ganz allgemein oder mit Bezug auf die einzelnen Handlungsfelder zu äußern. Die Begriffe sind aus Abbildung 2 ersichtlich.

Aus den entsprechenden Angaben in den drei durchgeführten Workshops lassen sich Schlussfolgerungen sowohl für die Gestaltung der Inhalte der Lernsoftware ziehen als auch für die Ausbildung generell. Hinsichtlich der Anforderungen an die Facharbeit wird beispielsweise zum einen auf die Notwendigkeit erhöhten Wissens und Könnens verwiesen, zum anderen auch darauf, dass in Zukunft der Umgang mit PC-gestützten Systemen weiter an Bedeutung gewinnen wird. Weitgehende Übereinstimmung herrscht in diesem Zusammenhang in der Bewertung von Weiterbildungsmaßnahmen, deren Stellenwert zukünftig weiter steigen wird. Die Instandsetzung von Komponenten wird zurückgehen zugunsten des Austauschs von Teilen. Aber auch die Zusammenarbeit mit anderen Gewerken und anderen Betrieben wird sich enger gestalten müssen, da die Anforderungspalette bei Kundenaufträgen immer breiter wird.

Entwicklungstrends

9. Installieren, Inbetriebnehmen + Übergeben, Messen + Prüfen von Anlagen der Gebäudesystemtechnik	
Technische Innovationen:	•Abstimmung zwischen allen Gebäudetechnologien und Gewerken
Veränderungen bei den Kundenwünschen:	•mehr Komfort, Fernbedienbarkeit und Wartung •Energieeinsparung
Neue Vorschriften und Gesetze:	•Arbeitsplatzverordnungen
Veränderungen bei den Anforderungen an die Facharbeit:	•hohes techn. und ökologisches Verständnis •ständige Weiterbildung durch Produktfortschritt
Ökonomische Entwicklungen/ Europäisierung:	•Energiekosten senken
Ökologische Entwicklungen:	•Ressourcenschonung

Abb. 2: Einschätzung zukünftiger Entwicklungen

Im Zusammenhang mit Hinweisen zu den „Technischen Innovationen" wird deutlich, dass die Experten den Trend zu mehr Dienstleistungen im Rahmen der zu leistenden Facharbeit ebenso sehen wie die Hinwendung zu Technologien wie Photovoltaik, Biogasanlagen, Kleinwindkraftwerken und Brennstoffzellen. Die fortschreitende Europäisierung wird nach Ansicht der Fachleute dazu führen, dass sich Elektroinstallationen zukünftig verteuern werden, u. a. aufgrund fortschreitender Normierungen sowie wegen der steigenden Zahl von Vorschriften und Verordnungen, die erfüllt werden müssen. Mit dem Schlüsselbegriff „Veränderung der Kundenwünsche" werden vor allem Wünsche nach vermehrter Energieeinsparung in Verbindung gebracht, aber auch „mehr Komfort, Fernbedienbarkeit und Wartung" sowie ein „höheres Schutz- und Sicherheitsbedürfnis".

Die bei diesem Arbeitsschritt gewonnenen Erkenntnisse aus den Angaben der Experten, die hier lediglich ansatzweise dargestellt werden können, dürften ebenso wie deren Hinweise zu den Beruflichen Handlungsfeldern die Struktur wie auch die

Inhalte der Lernsoftware Kompetenzwerkst@tt Elektrohandwerk erheblich beeinflussen. Insofern lassen sich die eingangs aufgeworfenen Fragestellungen eindeutig positiv beantworten.

5 Schlussfolgerungen für künftige Forschungsinitiativen

Die Ergebnisse der Experten-Workshops haben die positiven Erfahrungen, die bereits mit diesem Instrument berufswissenschaftlicher Qualifikationsforschung gemacht wurden, abermals bestätigt.

Anlass genug, um u. a. auch bei der Entwicklung oder der Revision von beruflichen Ordnungsmitteln darüber nachzudenken, ob mit diesem methodischen Ansatz den vor allem interessengeleiteten bisherigen Verfahrensweisen eine weitere Komponente hinzugefügt werden sollte, um die Qualität der Produkte zu erhöhen. Das sollte zumindest ernsthaft in Erwägung gezogen werden. Und dies auch dann, wenn z. B. seitens des BIBB auf die umfangreichen Forschungsarbeiten in diesem Kontext verwiesen wird (vgl. Weiß 2009).

Literatur

Bremer, R.; Jagla, H.-H. (Hrsg.) (2000): Berufsbildung in Geschäfts- und Arbeitsprozessen. Dokumentation und Ergebnisse der Fachtagung vom 14. und 15. Juni 1999 in Hannover. Bremen: Donat.

Heidegger, G. (2006): Evaluationsforschung. In: F. Rauner (Hrsg.): Handbuch Berufsbildungsforschung. 2., aktualisierte Aufl. (S. 413–121). Bielefeld: wbv.

Howe, F.; Knutzen, S. (2007): Die Kompetenzwerkst@tt. Ein berufswissenschaftliches E–Learning–Konzept. Göttingen: Cuvillier.

Kleiner, M. (2005): Berufswissenschaftliche Qualifikationsforschung im Kontext der Curriculumentwicklung. Beschreibung der Facharbeit des Industriemechanikers anhand von beruflichen Arbeitsaufgaben zur Entwicklung von Lernfeldern (Studien zur Berufspädagogik, 18). Hamburg: Kovac.

Reinhold, M. (2003): Entwickeln von Lernfeldern. Von den beruflichen Arbeitsaufgaben zum Berufsbildungsplan (Berufsbildung und Innovation, 2). Konstanz: Christiani.

Spöttl, G. (2009): Arbeitsprozessbezogene Forschung und deren Methoden. In: M. Fischer; G. Spöttl (Hrsg.): Forschungsperspektiven in Facharbeit und Berufsbildung. Strategien und Methoden der Berufsbildungsforschung (S. 156–183). Frankfurt a. M.: Peter Lang.

Weiß, R. (2009): Forschung für und über Berufe. In: Berufsbildung in Wissenschaft und Praxis (BWP), 38(3), S. 3–4.

Internet der Dinge – eine Zukunftstechnologie und deren Konsequenzen für die Facharbeit

Lars Windelband

1   Hintergrund

Derzeit sehen Experten das „Internet der Dinge" als eine Zukunftstechnologie, die es ermöglicht, dass sich Objekte vernetzen, Informationen austauschen und mit ihrer Umgebung interagieren (vgl. Bullinger/ten Hompel 2007; Yan u. a. 2008). Bis zur endgültigen Perfektion wird diese Entwicklung allerdings noch eine Weile auf sich warten lassen. Tatsache ist jedoch, dass das „Internet der Dinge" in immer mehr Bereichen Einzug hält.

Das „Internet der Dinge" ermöglicht dabei die Kopplung von Informationen an eindeutig identifizierbare, individuelle Produkte und eröffnet somit vielfältige Potenziale, sowohl für die Wertschöpfung als auch für den nachhaltigen Umgang mit begrenzten Ressourcen. So können einem Kunden während der Gebrauchsphase eines Produktes eine Vielzahl von Diensten auf der Basis produktinhärenter Informationen angeboten werden.

Die Ansätze des „Internets der Dinge" im Bereich der Logistik reichen von einer weit verbreiteten Anwendung der Radiofrequenzidentifikation über digitale Produktgedächtnisse[1], über intelligente Vernetzung von Produkten und selbständiges Handeln mittels spezieller Softwareagenten- und Assistentsysteme, über logistische Steuerungen und Trackingsysteme bis hin zum selbstorganisierten Transport logistischer Objekte durch inner- und außerbetriebliche Transportnetze (vgl. Bullinger/ten Hompel 2007). Damit bietet das „Internet der Dinge" zahlreiche Möglichkeiten, um die Effizienz und Effektivität logistischer Prozesse und damit gesamter Geschäftsprozesse zu verbessern. Sehr schwierig ist dabei die Abschätzung, was noch Forschungsstand und was schon Realität in den Unternehmen ist. Ein weiterer Aspekt, welche Konsequenzen aus diesen neuen Entwicklungen für die Arbeitsprozesse und die Beschäftigten in den Unternehmen resultieren, bleibt bisher genauso offen. Diese offenen Fragen sollen in der im Folgenden beschriebenen Studie beantwortet werden.

---

[1]   Hier werden Objekte mit „Smart Label" ausgestattet, die RFID (Radio Frequency Identification) mit eigener Stromversorgung und unterschiedlicher Sensorik kombinieren. Dadurch wird es möglich, dass die Produkte selbst Daten aus ihrer Umgebung sammeln. So können Warenzustand, Frischegrad, Lagertemperatur, Herkunft etc. überwacht und jederzeit ausgelesen werden (vgl. Brand u. a. 2009, S. 106f.).

2 Forschungsvorhaben

Im Auftrag des Bundesministeriums für Bildung und Forschung (BMBF) sollen das Institut Technik und Bildung (ITB) und das Bremer Institut für Produktion und Logistik GmbH (BIBA) der Universität Bremen untersuchen, welche zukünftigen Qualifikationsanforderungen bei beruflichen Tätigkeiten auf mittlerer Qualifikationsebene bei der Nutzung des „Internets der Dinge" im Bereich der Distributionslogistik zu erwarten sind. Neben der Klärung der Frage, welche beruflichen Tätigkeiten von der Nutzung des „Internets der Dinge" betroffen sind, sollen im Rahmen der durchzuführenden Studie „QinDiLog" vor allem die mit der Einführung der neuen Technologie sich verändernden Qualifikationserfordernisse für betroffene Zielgruppen vorhergesagt werden. Dazu muss an erster Stelle der aktuelle Entwicklungstand des „Internets der Dinge" in Forschung und Praxis (Anwendung in Unternehmen) im Bereich der Distributionslogistik erhoben werden.

Das Vorhaben ist eingebettet in die Früherkennungsinitiative des BMBFs. In deren Rahmen soll vor allem die Früherkennungsforschung in den Bereichen gefördert werden, in denen sich mögliche Qualifikationsentwicklungen auf Fachkräfteebene unmittelbar im Anschluss an neue Forschungsergebnisse ergeben und in denen keine oder nur eine geringe Berufsbildungstradition besteht. Dabei wird davon ausgegangen, dass bei der Entwicklung von neuen Produkten oder Verfahren häufig nicht an die später benötigten Qualifikationen der Fachkräfte gedacht wird, und zwar insbesondere dann, wenn diese Innovationen ausschließlich von Forschungs- und Entwicklungslaboren ausgehen (vgl. Czerwinka 2008, S. 2).

Der Forschungsansatz besteht aus qualitativen Erhebungen. Dabei werden vor allem berufswissenschaftliche Früherkennungsinstrumente (Expertengespräche, Fallstudien, Zukunfts-Experten-Workshops) (vgl. Windelband 2006) angewandt. Mithilfe des Instrumentariums sollen neben der Analyse von aktuellen Forschungsentwicklungen auch Unternehmen bezüglich des Standes zur Anwendung des „Internets der Dinge" untersucht werden. Bei den innovativen Unternehmen soll außerdem das Wissen ausgewiesener Experten genutzt werden, um zuverlässige Aussagen zu zukünftigen Qualifikationserfordernissen auf der mittleren Beschäftigungsebene treffen zu können.

Zielgruppe der Studie sind Mitarbeiter und Mitarbeiterinnen der mittleren Beschäftigungsebene aus dem Bereich Logistik. Diese schließt neben den Fachkräften mit Abschlüssen in einem der bundesweit staatlich anerkannten Ausbildungsberufe oder ländergeregelten schulischen Ausbildungsgänge auch Absolventen mit Weiterbildungsabschlüssen, z. B. auf Meister- bzw. Technikerniveau, mit ein. Hinsichtlich dieser Zielgruppen sollen Aussagen zu folgenden Fragestellungen getroffen werden: Für welche beruflichen Tätigkeiten wird die Nutzung des „Internets der Dinge" von besonderer Bedeutung sein? Inwiefern wäre hiervon die mittlere Qualifikationsebene betroffen? Welche Art von neuen oder veränderten Qualifikationserfordernissen könnte die Einführung des „Internets der Dinge" nach sich ziehen?

3 Anwendungsbereiche

Die Studien werden hauptsächlich auf zwei Sektoren fokussiert: die Lebensmittelindustrie und die Automobilindustrie. In jedem dieser zwei Sektoren werden die Prozesse in der Distributionslogistik betrachtet und analysiert.

Lebensmittelindustrie

Ein großer Teil der Distributionslogistik in der Transportbranche, die auch in der Lebensmittelindustrie von großer Bedeutung ist, besteht aus dem gekühlten Transport von sensiblen und verderblichen Waren wie eben dem Transport von Lebensmitteln (z. B. Obst und Gemüse), bei denen eine Qualitätsänderung während der Transportphase zu möglichen Problemen führen kann. Da bei manchen dieser Transportgüter die Haltbarkeit im Bereich der Transportdauer liegt, ist eine Optimierung der Transportbedingungen notwendig. Eine solche Optimierung beinhaltet die Überwachung der Umweltbedingungen des Transportgutes, um Störungen frühzeitig zu erkennen und Gegenmaßnahmen einleiten zu können. (Einsatz des intelligenten Containers). Betroffene Zielgruppen in diesem Sektor sind vor allem Berufskraftfahrer und Disponenten.

Automobilindustrie

Logistische Prozesse in der Automobilindustrie stellen oft komplexe Dienstleistungen für Neu- und Gebrauchtwagen dar. Häufig werden die Güter überregional transportiert, was eine besondere Berücksichtigung der Zollbestimmungen und der länderspezifischen Gesetzgebung erfordert. Beispiele hierfür sind Länder (oftmals Schwellenländer), die extrem hohe Einfuhrzölle für Komplettfahrzeuge vorgeben, wohingegen wesentlich geringere Zölle für teilzerlegte (Partly Knocked Down) oder komplett zerlegte (Completely Knocked Down) Fahrzeuge anfallen. Solche Besonderheiten müssen in den logistischen Prozessen berücksichtigt werden. Das kann u. a. durch den Einsatz von Automatisierungstechnologien unterstützt werden. Weiterhin ist in der Automobilindustrie oft eine effiziente Ersatzteilversorgung von großer Bedeutung, was ebenfalls hohe Anforderungen an die Distributionslogistik stellt. Diese Entwicklungen ziehen vor allem Auswirkungen auf die Zielgruppen der Berufskraftfahrer, der Disponenten oder der Lagerarbeiter nach sich.

4 Forschungshypothesen

Das Projekt befindet sich derzeit in der Startphase, sodass sich Aussagen zu neuen Qualifikationserfordernissen noch recht schwierig gestalten. Aus diesem Grund sind die aufgestellten Forschungshypothesen noch sehr allgemein gehalten und sollen im Projekt weiter präzisiert werden. Der Grundgedanke des „Internets der Dinge" mit der elektronischen Vernetzung von Gegenständen und Objekten schließt den Menschen aus, da die Objekte und Gegenstände autonom agieren sollen. Jedoch müssen die Systeme/Technologien entwickelt, implementiert, ständig optimiert und umgesetzt werden, was erhebliche Folgen auf die Arbeitsprozesse und damit auf die Qualifikationsanforderungen der Beschäftigten hat.

Daraus folgernd lassen sich drei erste Forschungshypothesen für die Studie ableiten:

1. **Durch die Vereinfachung der Arbeit gehen die Anforderungen zurück.**
   Durch die Umsetzung neuer Technologien kommt es in einigen Teilbereichen zu einer Vereinfachung der Arbeit. Tätigkeiten werden automatisiert und von den Maschinen selbst durchgeführt. Beispiele hierfür sind die Übernahme von Qualitätschecks durch Computerprogramme oder eine automatische Veränderung der Routenführung bei Störungen in der Ladung bzw. bei Verkehrsstaus im Speditionsbereich. Der Fahrer kann im zweiten Beispiel nicht in den Prozess eingreifen, da er diesen nur ausführt.

2. **Durch die Umsetzung des „Internets der Dinge" kommen neue Aufgaben für die mittlere Beschäftigungsebene hinzu, die zu einem Anstieg der Anforderungen führen.**
   Konsequenz durch die Umsetzung des „Internets der Dinge" ist oftmals eine Veränderung in den Arbeits- und Geschäftsprozessen und das Entstehen von ganz neuen Lieferanten-Hersteller-Kunden-Endkunden-Prozessketten. Ein Beispiel aus dem Bereich der Verkehrstelematik soll diesen Wandel verdeutlichen. Durch die Einführung von Telematiksystemen im Speditionsbereich verändern sich Arbeits- und Geschäftsprozesse erheblich. Auf der einen Seite ist ein höherer Datentransfer möglich, denn Aufträge können z. B. direkt dem Fahrer auf das Fahrzeug übertragen werden, dieser kann sich zum Ziel navigieren lassen oder kann spezifische Kundendaten (Anfahrtsbedingungen oder Besonderheiten) abfragen. Auf der anderen Seite ermöglichen einige Telematiksysteme ein stärkeres Eingreifen des Fahrers. Je nach Informationsstand kann der Fahrer auf Grundlage der zur Verfügung stehenden Informationen (Verkehrssituation, Auftragssituation) den Prozess optimieren. Diese Veränderungen im Arbeitsprozess bedingen neue Qualifikationserfordernisse der Arbeitskräfte für einen nachhaltigen Erfolg am Markt.

3. **Die Technologie des „Internets der Dinge" führt zur Optimierung von Abläufen/Organisation der Arbeit mit veränderten Arbeitsanforderungen.**

   Durch die Technologie des „Internets der Dinge" wird in Echtzeit Wissen über Identität, Zustand und Aufenthaltsort von Objekten aus der realen Welt zur Verfügung stehen. Damit stehen eine Vielfalt von Daten zur Optimierung der Prozessketten zur Verfügung. Gleichzeitig wird die Kommunikation zum Kunden und Kooperationsmöglichkeiten zwischen den Beschäftigten verbessert. Dieses führt häufig zu einer Optimierung der Abläufe in den Unternehmen. Das verdeutlicht, dass die Gestaltung des Gesamtsystems in den Unternehmen immer mehr an Bedeutung gewinnt. Die mittlere Beschäftigungsebene könnte dabei eine entscheidende Rolle spielen, da die einfachen Arbeiten durch die Einführung des „Internets der Dinge" zurückgehen werden (Maschinen übernehmen einfache Dateneingaben) und sich die Mitarbeiter auf andere Schwerpunkte konzentrieren können.

Diese drei Hypothesen zeigen ganz unterschiedliche Entwicklungsstränge, die diverse Konsequenzen für Beschäftigte nach sich ziehen. Die erste Hypothese würde zu einer Abwertung des benötigten Qualifikationsniveaus des Beschäftigten führen. Die Prozesse werden automatisierter und können mithilfe der Technologie auch von Geringqualifizierten durchgeführt werden. Die zweite Hypothese hätte wiederum eine Aufwertung des Beschäftigten zum Ergebnis. Bezogen auf den Fahrer im o. g. Beispiel würde dieser Aufgaben der Disposition übernehmen. Damit würde eine stärkere Verzahnung zwischen tourenbezogenem Prozesswissen und dispositionalem Planungswissen angestrebt. Die dritte Hypothese würde zu einer Optimierung der Prozessabläufe führen mit der Konsequenz, dass der Beschäftigte in der Ausübung von einfachen Tätigkeiten unterstützt wird und somit seine Energie auf die Herausforderungen seiner Tätigkeit lenken kann.

Bei der Entwicklung und Umsetzung der Technologien zum „Internet der Dinge" wurde der Anwender und Nutzer bisher nicht mit einbezogen. Bei einer Nutzung des „Internets der Dinge" z. B. als Kooperationsmedium bei der Mensch-Maschine-Schnittstelle müssten die Arbeitskräfte in die Gestaltung, Umsetzung und Implementierung der Technologie in den Arbeits- und Geschäftsprozessen einbezogen werden, um diese optimal implementieren und nutzen zu können.

5   Ausblick

Die meisten Anwendungen im industriellen Bereich zum „Internet der Dinge" befinden sich noch im Forschungsstadium. Erste Pilotanwendungen im Bereich Logistik werden in Forschungsvorhaben mit Unternehmen derzeit getestet und umgesetzt.

Die zukünftigen Weiterentwicklungen für die Praxis sind sehr schwer vorherzusagen. Weiterhin ist festzuhalten, dass bei einer Entwicklung in Richtung der zweiten und dritten Hypothese die Unternehmen gezwungen sein werden, die Kompetenzen ihrer Mitarbeiter in diesem Bereich und im Hinblick auf die Anwendung der neuen Technologie auf- und auszubauen. In diesem Zusammenhang kommt der beruflichen Qualifizierung ein deutlicher Stellenwert zu, denn die Unternehmen der Logistikbranche (und u. U. auch ihre Kunden) müssen auf diese Änderungen vorbereitet werden, wollen sie konkurrenzfähig bleiben. Die zu erwartende Arbeitszunahme, sich ändernde Arbeitsinhalte, aber auch eine verstärkte Einführung neuer Arbeitsorganisationen und eine erhöhte Arbeitsdichte führen zu der Notwendigkeit einer Anpassung der Kompetenzen und Qualifikationen der Arbeitskräfte. Erste Erkenntnisse dazu soll die Studie geben.

Literatur

Brand, L.; Hülser, T.; Grimm, V.; Zweck, A. (2009): Internet der Dinge – Perspektiven für die Logistik (Zukünftige Technologien, 80). Düsseldorf.

Bullinger, H.-J.; ten Hompel, M. (Hrsg.) (2007): Internet der Dinge. Berlin: Springer.

Czerwinka, C. (2008): Zur Neuausrichtung der BMBF Früherkennungsinitiative. In: H. J. Bullinger (Hrsg.): FreQueNz-Newsletter 2008 (erschienen: 2009), S. 1–3.

Windelband, L. (2006): Früherkennung des Qualifizierungsbedarfs in der Berufsbildung. Dissertation. Bielefeld: wbv.

Yan, L.; Zhang, Y.; Laurence T.; Huansheng Ning Y. (Hrsg.) (2008): The Internet of Things: From RFID to the Next-Generation Pervasive Networked Systems. Boca Raton, New York: Auerbach Publications.

B: Lernen in „gemischten Welten"

Didaktische Parallelität und Lernortflexibilisierung (DiPaL) – Praxisbeispiel kfz4me.de

Dirk Dittmann & Tobias Zielke

1 Didaktische Parallelität als institutionelle Mangelware

1.1 Situation/Ausgangslage

Das Reproduktionssystem der Bundesrepublik Deutschland war seit jeher von „Veränderungswellen" betroffen und ist es auch zum jetzigen Zeitpunkt (sozialer Wandel, cultural lags etc.). Ein konstitutiver Effekt dieser Veränderungen ist, dass trotz derartiger Umwälzungen „alte" Wertmuster, Mentalitäten und Strukturen (institutionell) erhalten bleiben oder zumindest aber nachwirken. Offensichtlich „passt" gegenwärtig der historisch gewachsene strukturelle, institutionelle und inhaltliche Zuschnitt des Reproduktions- und darin des Bildungssystems mitsamt seinen vielfältig zu besichtigenden Erstarrungs- und Verselbstständigungstendenzen nicht mehr zu veränderten Erziehungs- und Sozialisationsrealitäten unserer Gesellschaft.

Im System der beruflichen Erstausbildung entstehen aufgrund der Struktur der Lernorte und der damit zu entwickelnden Theorie-Praxis-Kopplung Problem- und Risikolagen, die durch die oben skizzierten Veränderungen mit ausgelöst, beeinflusst und verstärkt werden. Durch gesetzliche, administrative oder informelle Regelungen konnten sie bislang nicht befriedigend aufgelöst werden.

Die organisatorische Trennung der dualen Ausbildung in die Vermittlung eher theoretischer Grundlagen (Berufsschule) und deren eher praktischen Anwendung (Ausbildungsbetrieb) ist und war Basis des Erfolges des deutschen Ausbildungssystems. Zugleich wird hier aber auch die ganz spezielle Problematik deutlich: Der einzelne Lernende muss für sich selbst die Verbindung zwischen Theorie und Praxis schaffen, die praktische Arbeit vor dem theoretischen Hintergrund reflektieren und zugleich die Theorie auf seine (Betriebs-) praktischen Kontexte anwenden (können). Eine Lernortkooperation von Betrieb, Berufsschule und ggf. Bildungsstätte soll dieses unterstützen, indem von gemeinsamen Absprachen bis hin zu übergreifenden Curricula die Kommunikation und Kooperation der Ausbildungsorte gefördert werden soll.

Die Ausbildung im realen Kontext aber ist zwar formal transparent, wird im Detail jedoch oftmals inhaltlich aufgrund des relativ hohen Koordinierungsaufwands und des Fehlens bzw. der unzureichenden Implementierung notwendiger Kommunikationsstrukturen nicht konkret genug abgestimmt. Darüber hinaus verhindern nicht selten lernortspezifisch geprägte Interessen und deren enggeführte Verfolgung letztlich genau das, was eigentlich das die gemeinsame Arbeit verbindende Ziel sein sollte: die *Entwicklung der Persönlichkeit* des Auszubildenden (vgl. Pätzold/Drees/ Thiele 1993, S. 25). Im ungünstigsten Fall schafft eine fehlende Kooperation hinsichtlich didaktischer Ziele lediglich Anlässe – wenn nämlich Steuerungsprobleme auftauchen – zu einem Kontakt bzw. zu einer Zusammenarbeit zwischen den beteiligten Institutionen, der jedoch ausschließlich auf die Beseitigung von ebendiesen gerichtet ist – Kooperationen finden in aller Regel also nur dann statt, wenn Auszubildende als Problem- oder Verwaltungsfall wahrgenommen werden (vgl. Euler 2003, S. 30). Diese Form von Kooperation könnte man als reaktiv oder nachlaufend bezeichnen, wohingegen aktive Kooperationen präventiven und fördernden Charakter besäßen.

1.2 Problemlagen aufgrund von Strukturinsuffizienzen

Insofern handelt es sich also um hochkomplexe gesellschaftliche Faktorengefüge, die, ebenso wie die latente Ungewissheit der Prozessverläufe innerhalb von Lehr-/ Lernprozessen, nach einem individuellen und gesellschaftlichen Zukunftsbezug verlangen, sollen sie optimiert und soll die gesellschaftliche Reproduktion wie auch die individuelle Existenz gesichert werden. Verkompliziert wird dieses Ansinnen dadurch, dass es unterschiedliche Interessen gibt, die befriedigt werden müssen und die sich als dreifach gelagertes Problem der Passung zwischen Wirtschaftssystem, allgemeinem Bildungssystem und beruflichem Bildungssystem in Form von inhaltlichen, zielbezogenen, methodischen und zeitlichen Insuffizienzen zeigen können. Kumuliert treten die zuvor benannten Strukturinsuffizienzen als Kernproblem in Erscheinung bei dem Versuch, didaktische Parallelität mittels Lernortkooperation zu erreichen. Didaktische Parallelität wird hier also definiert als die Abstimmung der unterschiedlichen Lernorte im Hinblick auf curriculare Vorgaben.

Diese Problemlagen führen letztlich dazu, dass die theoretisch notwendige Lernortkooperation in der praktischen Umsetzung überholungsbedürftig, wenn nicht gar erst zu implementieren ist. Die Problemlagen der didaktischen Parallelität ergeben sich insbesondere durch

- Ungleichzeitigkeiten in ort- und zeitstruktureller Hinsicht (betriebliche Arbeitsorganisation versus schulische Unterrichtsorganisation),

- Ungleichzeitigkeiten in inhaltlicher Hinsicht (Differenz zwischen betrieblichen Produktions- und schulischen Lernprozessen) und

- Probleme der individuellen Transferleistung (theoretische Reflexion der praktischen Arbeit).

Die durch diese drei Problemlagen provozierten Missmatches in Ausbildungsprozessen erfordern einen überproportional hohen Aufwand an institutionellen wie individuellen Ressourcen zur Erlangung gewünschter didaktischer Parallelität und Lernortkooperation.

2 Der entgrenzende Ansatz von DiPaL

Im Rahmen des bmbf-Forschungsprojekts DiPaL wird nach Möglichkeiten gesucht, mithilfe spezieller Schemata innerhalb IT-basierter Konzepte die angesprochenen Problemlagen innerhalb der Lernortkooperation optimierend in Richtung einer Lernortflexibilisierung aufzulösen.

Es soll der Fragestellung nachgegangen werden, ob und wie mithilfe digitaler Medien eine kommunikative und didaktische Entgrenzung zwischen den Lernorten durch die Entwicklung und Entfaltung des Humanvermögens in Lehr-/Lernprozessen zu erreichen ist. Denn – so die Hypothese – das Problem der Theorie-Praxis-Kopplung in seinen vielfältigen Erscheinungsformen in der beruflichen Bildung lässt sich *nicht* institutionell (gleichsam statisch), wie viele Versuche zeigen, zufriedenstellend bewältigen, sondern nur über dynamische Subjektbildungsprozesse, welche auf eine Selbstorganisation des Lernens ausgerichtet sind.

Erkenntnisse und Erfahrungen aus dem laufenden DiPaL-Referenzprojekt *kfz4me.de* bilden hierbei die Ausgangsbasis der Forschungsarbeit.

3 Das Referenzprojekt *kfz4me.de*

Im Rahmen der dualen beruflichen Erstausbildung im Kfz-Gewerbe haben Auszubildende gemeinsam mit ihrem Fachlehrer Unterrichtsprozesse und -ergebnisse unter Einsatz digitaler Medien aufbereitet und dokumentiert. Die Idee dazu resultierte aus dem Mangel an adäquaten digitalen Medien für den Unterricht: Entweder entsprachen die Inhalte den didaktischen Vorstellungen nicht hinreichend oder die Kosten für professionell erstellte Materialien waren nicht tragbar. Die Lösung lag dementsprechend nahe: Die Produktion *eigener* digitaler Medien.

Dabei werden innerhalb von handlungsorientierten Lehr-/Lernszenarien interaktive Bausteine zu verschiedenen Lernfeldern des Ausbildungsberufes von Auszubildenden selbst produziert. Diese Bausteine werden im Internet veröffentlicht und stehen den Auszubildenden, ihren Ausbildern und den Ausbildungsbetrieben, anderen Fachlehrern am Berufskolleg sowie fremden Personen für das informelle Lernen und für den Einsatz in formalen Bildungsangeboten zur Verfügung. Über die Bausteine kann eine Lernortflexibilisierung erfolgen, da diese online an allen Lernorten genutzt werden können.

Bislang kommen zwei „(Produktions-) Unterrichtsvarianten" zum Einsatz:

Variante 1: Die Schüler produzieren unter Anleitung Bausteine unmittelbar im Unterricht.

Die Inhalte der produzierten Bausteine basieren auf dem im Vorfeld erteilten Unterricht. Die Umsetzung in einen digitalen Baustein erfolgt mittels Autorenwerkzeuge (Software Lecturnity, Camtasia u. a.). Für die technische Erstellung eines solchen Bausteins wird am Ende einer Unterrichtseinheit ein spezieller Zeitraum eingeplant. Die Inhalte ergeben sich aus dem Unterricht selbst. So kann beispielsweise eine Motorzeichnung an der Tafel als Grundlage für einen Baustein dienen, wenn diese mit einer digitalen Kamera fotografiert und anschließend mit den gegebenen technischen Möglichkeiten der Autorenwerkzeuge (Sprache und Zeigefunktionen) am Computer weiter bearbeitet wird.

Als Hilfsmittel für den gesamten Produktionsprozess wird während des gesamten Unterrichtsverlaufs stets ein sog. Storyboard ausgefüllt und weitergeführt. Dieses nutzt der produzierende Lernende dann als Leitfaden bei der technischen Erstellung des Bausteins mittels der Autorenwerkzeuge am Ende der Unterrichtseinheit.

Variante 2: Die Schüler erarbeiten einen Beitrag auf kfz4me.de.

Der Unterschied zu Variante 1 liegt in der technischen Limitierung der Plattform im Internet. Hier ist in der Regel nur eine begrenzte Anzahl an technischen Möglichkeiten verfügbar. So ist es bislang z. B. nicht möglich, Sprache aufzuzeichnen. Allerdings kann ein solcher Produktionsprozess auch an einem anderen Lernort, und damit ohne entsprechende Autorenwerkzeuge, erfolgen.

Erste Reaktionen der Auszubildenden und Betriebe zu diesem Ansatz lassen auf eine Interaktion und damit eine Beschäftigung zumindest über die Inhalte der Bausteine schließen. Es wurde zudem der Wunsch geäußert, unmittelbar auf der Plattform aktiv werden zu können, auch wenn sich der Lerner nicht am Lernort Schule befindet.

Bildungstheoretisch ist das Referenzprojekt *kfz4me.de*, wie auch das darauf aufbauende Verbundprojekt DiPaL, subjektbildungsorientiert im Sinne der Arbeitsorientierten Exemplarik von Lisop/Huisinga (2004) begründet. Die Auszubildenden werden als Subjekte wahrgenommen, die sich mitsamt ihres persönlichen Fundus an – auch außerschulisch – erworbenen Kompetenzen (Selbst-, Sach-, Fachkompetenz, Sprach- und Kommunikationsfähigkeiten, sachgerechter Umgang mit Medien etc.) in den Unterrichtsprozess einbringen. Über den Einsatz IT-gestützter Unterrichtsverfahren können, so die These, „die unterschiedlichen Denk-, Wert-, Urteils- und Wahrnehmungsmuster der Lernenden in den Lehr- und Lernprozess [...]" (vgl. Lisop/Huisinga 2004, S. 17) integriert werden und zur interpersonellen Verarbeitung der Strukturinsuffizienzen beitragen.

4   Subjektorientierung und web2.0: Ein Ausblick

Die bisherigen technischen Möglichkeiten grenzen die Potenziale eines solchen Unterrichts stark ein. So ist die Nutzung der Bausteine z. B. für eine Lernortflexibilisierung gegenwärtig nur in Ansätzen durchführbar. Es besteht u. a. noch nicht die Möglichkeit, an einem anderen Lernort außerhalb der Schule aktiv Veränderungen an den Bausteinen vorzunehmen. Viele weitere wünschenswerte aktive Kommunikations- und Produktionsprozesse können bisher nicht medial realisiert werden. Aus diesem Grund wird gegenwärtig eine Online-Plattform entwickelt, die den oben skizzierten Ansatz optimiert, indem sie die Integration aktiver Kommunikationsmöglichkeiten des Internets (kollaborative Methoden) ermöglicht. Dabei wird insbesondere auch auf die Bedingungen in der gewerblichen Berufsbildung Rücksicht genommen. Ein einfaches und klares systemisches Design einer solchen Plattform ist notwendige Voraussetzung, um zu vermeiden, dass der praktische Nutzen des komplexen Systems hinter der Einarbeitungszeit zurückfällt (Folge: es würden nur vereinzelt Ergebnisse produziert).

Diese angestrebten Lern- und Produktionsprozesse sind auf ihren Subjektbildungsgehalt hin zu überprüfen, um darüber eine angestrebte didaktische Parallelität sichern und notwendige Abstimmungsprozesse in dualen Ausbildungsgängen problemlösend initiieren zu können.

Die bisher ungelösten Probleme der Theorie-Praxis-Kopplung in der beruflichen Bildung können zugunsten einer kontinuierlichen und nachhaltigen Verbesserung der Lernortkooperation – wie bereits ausgeführt – *nicht* institutionell und nicht lediglich mittels dem rein instrumentellen Einsatz von Informationstechnologien, wohl aber über entfaltete Humanvermögen im Sinne der Subjektorientierung *in Verbund* mit informationstechnologisch basierten Schemata (web2.0-gestützte Verfahren) überwunden werden.

Zusammenfassend kann als Ziel des Forschungsprojekts DiPaL die subjektbildende Bewältigung von Sachthemen sowie von zeitlichen und organisatorischen Dilemmastrukturen in der Ausbildung mittels digitaler Medien (auch an verschiedenen Lernorten) festgehalten werden. Es untersucht die Wirksamkeit dieses Ansatzes und zudem die Übertragbarkeit des schon jetzt in der Kfz-Ausbildung erprobten Ansatzes *kfz4me.de* auf andere Gewerke der gewerblichen Ausbildung, um auch dort über entsprechende Authoringprozesse eine effektivere und effizientere Lernprozessgestaltung initiieren zu können.

Literatur

Euler, D. (2003): Handbuch der Lernortkooperation. Bd. 1: Theoretische Fundierung. Bielefeld: Bertelsmann.

Huisinga, R.; Lisop I. (1999): Wirtschaftspädagogik. München: Vahlen.

Lisop, I.; Huisinga R. (2004): Arbeitsorientierte Exemplarik. Subjektbildung – Kompetenz – Professionalität. Frankfurt a. M.: GAFB.

Pätzold, G.; Dress G.; Thiele H. (1993): Lernortkooperation – Begründungen, Einstellungen, Perspektiven. In: Berufsbildung in Wissenschaft und Praxis, 22 (2), S. 24–32.

Lernen und Lehren mit Lernplattformen – ein mediendidaktischer Ansatz zur handlungsorientierten Gestaltung der betrieblichen Ausbildung

Nadine Möhring-Lotsch, Sigrid Salzer & Manuela Geese

1   Ausgangslage und Problemstellung

Der vorliegende Beitrag befasst sich mit der Frage, wie die Orientierung an beruflichen Handlungen und Arbeitsprozessen in der betrieblichen Berufsausbildung in den Umgang mit Neuen Medien integriert und so sowohl die berufliche Handlungskompetenz (vgl. Bader/Müller 2002) von Auszubildenden als auch deren Medienkompetenz weiter entwickelt werden kann. Der Fokus des in diesem Spannungsfeld angesiedelten Forschungsprojektes „effekt"[1] liegt insbesondere auf der Entwicklung und Erprobung einer Lernplattform zur verknüpfenden Vermittlung von Fach- und Medienkompetenzen.

Der Umgang mit digitalen Medien ist in den letzten zehn Jahren ein immer selbstverständlicherer Teil des Alltags geworden. Das gilt nicht nur für den privaten, sondern vor allem auch für den beruflichen Bereich. Dabei nimmt die Informationsbeschaffung einen großen Umfang ein. Der Umgang mit dem Internet birgt jedoch nicht nur Chancen sondern auch Risiken, derer sich viele Nutzer nicht bewusst sind. Dazu zählen vor allem datenschutzrechtliche Aspekte. Um den verantwortungsvollen Umgang mit dem Internet zu erlernen, bedarf es der Entwicklung von Medienkompetenz. „Das Internet ist (...) fester Bestandteil unserer Informations- und Kommunikationsinfrastruktur geworden und der Zugang zum Internet sowie die Kompetenz zu seiner Nutzung werden heute weltweit als notwendige Vorraussetzung zu gesellschaftlicher Teilhabe und Beschäftigungsfähigkeit anerkannt." (Expertenkommission Bildung mit neuen Medien 2007, S. 2) Wie aber können nun Handlungs- und Arbeitsprozessorientierung und der verantwortungsvolle Umgang mit Neuen Medien miteinander kombiniert werden? Einen möglichen Ansatz bietet die Verwendung von Lernplattformen.

---

1   „effekt – Verknüpfende Vermittlung von Fach- und Medienkompetenzen – Entwicklung und Erprobung eines mediengestützten Qualifizierungskonzeptes für die betriebliche Ausbildung am Beispiel der neugeordneten Berufe Elektroniker für Betriebstechnik und Fachkräfte im Fahrbetrieb. Das Verbundvorhaben wird aus Mitteln des BMBF und dem Europäischen Sozialfonds der Europäischen Union gefördert.

2 Forschungsansatz – Handlungs- und Prozessorientierung mittels Einsatz von Lernplattformen in der betrieblichen Ausbildung

2.1 Handlungs- und Arbeitsprozessorientierung in der betrieblichen Ausbildung

Bekanntermaßen stellt die Orientierung an beruflichen Handlungen einen wesentlichen Anspruch an die Durchführung von Berufsausbildung dar. „Die ordnungspolitisch festgeschriebene Umsetzung des Prinzips der Handlungsorientierung leitete eine „didaktische Wende" und damit einen deutlichen Bezug zu den Prozessen und Organisationsformen der Arbeit (...) ein. Berufliche Didaktik ist seitdem unabdingbar auch berufswissenschaftlich orientiert." (Meyser/Uhe 2006, S. 152) Die entsprechende Verwendung von arbeitsprozessorientierten Lern- und Arbeitsaufgaben findet im Großteil der betrieblichen Ausbildung Eingang. Dabei erfolgt die Bewältigung der Aufgaben beispielsweise im betrieblichen Alltag oder auch in betrieblichen bzw. überbetrieblichen Ausbildungsstätten. Die Vermittlung von Kenntnissen zur Entwicklung von Medienkompetenz wird dabei weitestgehend vernachlässigt. Pabst und Zimmer verstehen unter Medienkompetenz „ (...) nicht nur die versierte Handhabung des Mediums, dessen richtige Einordnung in den didaktischen Handlungsprozess und die Meisterung des darauf bezogenen Kommunikationsprozesses, sondern auch die Ergänzung und Gestaltung der Multi-Medien durch die Lehrenden selbst sowie die multimediale Präsentation von Lern- und Arbeitsergebnissen durch die Lernenden" (Pabst/Zimmer 2006, S. 408). Medienkompetenz ist die Fähigkeit entscheiden zu können, wann wir Medien wofür nutzen und wie wir sie in technischen, praktischen, kommunikativen und kreativen Möglichkeiten einsetzen, die Medien zu beherrschen und zu wissen, wann man sie nicht gebraucht (vgl. Kahmann 1999, S. 13). Weiterhin: „Medienkompetenz umfasst die Fähigkeit, Medien und die durch Medien vermittelten Inhalte den eigenen Zielen und Bedürfnissen entsprechend effektiv nutzen zu können (...)". (Kopp/Mandl 2006, S. 11) Dies erfordert die verknüpfende Vermittlung von Fach- und Medienkompetenzen orientiert an beruflichen Handlungen und Arbeitsprozessen.

2.2 Einsatz von Lernplattformen

Die Verwendung von Lernplattformen zur Entwicklung von Medienkompetenz hat bereits seit einigen Jahren Tradition. Die Erfolge der einzelnen Lernplattformen sind dabei sehr unterschiedlich zu bewerten. Die Anforderungen, die im Rahmen des aufgeführten Modellprojektes an die zu entwickelnde Lernplattform gestellt werden, gestalten sich mannigfaltig. Zum einen sollen die im Berufsalltag existierenden Arbeitsaufgaben in die Lernplattform Eingang finden. Zum anderen soll die Lernplattform als Informations- und Kommunikationsplattform sowohl für die Auszubildenden als auch für die Ausbilder dienen. Nicht zuletzt soll sie die betriebliche Berufsbildung nicht ersetzen, sondern die Ausbilder bei ihren Bemühungen unterstützen und die betriebliche Ausbildung sinnvoll ergänzen.

3 Integrative Vermittlung von Fach- und Medienkompetenzen

3.1 Mediendidaktischer Ansatz und Berücksichtigung von Blended Learning

Handlungsorientierung ist eng mit der Arbeitsprozessorientierung verbunden, da sie als Bestandteil bzw. als Merkmal dessen zu betrachten ist (vgl. Storz 2006, S. 163). Das bedeutet, dass die betrachtete Lernplattform zu Handlungen anleiten sowie Aufgaben beinhalten muss, die an Arbeitsprozessen orientiert sind. Da die Bearbeitung von v. a. technischen Arbeitsprozessen innerhalb von Lernplattformen, die keine virtuellen Realitäten enthalten, nicht ausschließlich virtuell umsetzbar ist, müssen zum einen gemäß des Blended-Learning-Ansatzes Präsenzveranstaltungen, die in der betrieblichen Praxis stattfinden, mit virtuellen Phasen kombiniert werden. Zum anderen besteht die Möglichkeit, dass die Lernplattformen über Funktionen verfügen, welche die Auszubildenden bei der Bewältigung von an Arbeitsprozessen orientierten Lern- und Arbeitsaufgaben unterstützen. Unter Blended-Learning ist die Integration verschiedener Lernorte und -methoden in einem Lernkonzept zu verstehen, bei der die jeweiligen Vorteile des Lernortes/der Lernmethode genutzt werden. Es „verbindet virtuelle Lernphasen mit Präsenzphasen und versucht dadurch, die Potenziale von E-Learning mit den Potenzialen von traditionellen Lehrveranstaltungen zu verbinden" (Mandl/Kopp/Dvorak 2004, S. 58).

3.2 Expertenbefragung als didaktischer Ansatz zur handlungsorientierten Gestaltung betrieblicher Ausbildung

Eine Möglichkeit, Auszubildende bei der Bewältigung von arbeitsprozess- und handlungsorientierten Lern- und Arbeitsaufgaben zu unterstützen, besteht in der Verwendung der Methode der Expertenbefragung. Dabei handelt es sich um eine von Pahl empfohlene Unterrichtsmethode für berufsbildende Schulen, die aus unserer Sicht jedoch ohne Weiteres auch auf die betriebliche Ausbildung übertragbar ist (vgl. Pahl 2005, S. 91ff.). Zudem gaben die im Projekt „effekt" im Rahmen der Anforderungsanalyse befragten Ausbilder und Auszubildenden an, dass sie sich ein Instrument wünschen, welches das Austauschen über bestimmte ausbildungsrelevante Fragestellungen untereinander und mit Experten ermöglicht. Ein geeignetes Instrument stellt dabei eine sog. „virtuell communitiy" dar. Dort können feste Termine vereinbart werden, an denen sich Auszubildende und ausgewählte Experten beteiligen, und so eine virtuelle, synchron kommunikative Expertenbefragung durchgeführt wird. Dieses Instrument ist allgemein u. a. als „Chat" bekannt. Die Vorteile dabei sind u. a. die folgenden: Die Expertenbefragung an sich ist eine hervorragende didaktische Methode zur Aneignung impliziten Wissens, da mit diesem Ausbildungs- und Unterrichtsverfahren die Fachkompetenz durch sachkundige Auskunft gezielt gefördert wird. „Der besondere didaktische Stellenwert liegt vor allem in der Erfahrungsorientierung, weil die Expertenbefragung dazu geeignet ist, theoretische Inhalte unmittelbar mit berufspraktischem Erfahrungswissen zu verbinden. Die Auszubildenden lernen authentisches Fachwissen kennen, das sich auf reale Situationen bezieht. Der didaktische Schwerpunkt der Methode liegt außerdem in dem konstruktivistischen Element, weil es den Lernenden ermöglicht, das zu erfragen, was sie an dem zu untersuchenden Sachverhalt interessiert. Mit dem Verfahren können die Fach-, Methoden-, Sozial- und Personalkompetenz der Lernenden gefördert werden" (Pahl 2005, S. 93). Weiterhin führt Pahl auf, dass die Expertenbefragung selbstgesteuerte Lernprozesse ermöglicht sowie die kommunikativen Fähigkeiten der Lernenden fördert (vgl. Pahl 2005, S. 93), was insbesondere in der virtuellen Kommunikation als eine Herausforderung gesehen wird.

Die virtuelle Expertenbefragung fördert zudem die Entwicklung von Medienkompetenz. Die Auszubildenden müssen sich beispielsweise in Vorbereitung auf die Befragung mit den technischen Gegebenheiten vertraut machen und erlernen, welche Möglichkeiten bestehen, virtuell Informationen und Wissen zu erwerben. Zudem müssen sie sich, um sich die Informationen und das damit verbundene implizite Wissen zu beschaffen, entscheiden, wann sich die Nutzung dieses Elementes der Lernplattform für ihren Lernweg eignet. Diese Umstände führen gemäß der bereits aufgeführten Definition des Begriffes der Medienkompetenz zur Entwicklung derselben.

Ein wesentlicher Vorteil der Nutzung von neuen Medien im Allgemeinen sowie von Lernplattformen und darin integrierten Expertenbefragungen liegen in dem Umstand, dass bisherige einschränkende Bedingungen, wie das Zusammenkommen an einen Ort, überwindbar werden. Bei der Bereitstellung eines Archivs mit bereits durchgeführten Online-Expertenbefragungen besteht zudem der Vorteil, dass auf das übermittelte implizite Wissen bedarfsgerecht zugegriffen werden kann und die Beschränkung, sich zur selben Zeit Wissen erwerben zu müssen, überwunden wird. So erfolgt neben der Förderung der Entwicklung von Medienkompetenz auch die Förderung selbstgesteuerten Lernens. Das so ermittelte Wissen kann von den Lernenden bei der praktischen und theoretischen Bewältigung von Lern- und Arbeitsaufgaben verwendet werden. Dabei erfolgt die Integration von Handlungsorientierung in den Blended-Learning-Ansatz.

4 Relevanz des Forschungsansatzes und Schlussfolgerungen für künftige Forschungsinitiativen

Neben der Integration von arbeitsprozess- und handlungsorientierten Lern- und Arbeitsaufgaben sowie virtuellen Expertenbefragungen sieht der im Projekt „effekt" verfolgte Ansatz weitere Instrumente für die Lernplattform und die zu realisierenden Präsenzveranstaltungen vor. Um die virtuellen Expertenbefragungen nachhaltig zu verwenden, besteht zum einen die oben angeführte Möglichkeit, diese zu archivieren und anderen Auszubildenden auch in späteren Jahren zur Verfügung zu stellen. Neben der Expertenbefragung wie sie hier skizziert wurde, ist zum anderen die Integration von auf Filmsequenzen befindlichen Triadengesprächen vorgesehen. Mit der Verwendung dieser Methode wird der Ansatz verfolgt, implizites Wissen zu generieren, zu dokumentieren und für die Bearbeitung von Lern – und Arbeitsaufgaben nutzbar zu machen. Weiterhin ist die Erstellung einer Online-Bibliothek vorgesehen, die gemäß des Web 2.0-Ansatzes von den an der Lernplattform beteiligten Akteuren aktualisiert und gepflegt wird. Die Garantie korrekter Inhalte wird von den beteiligten Ausbildern übernommen.

Im Bezug auf die Präsentation von Ergebnissen der Lern- und Arbeits(teil)aufgaben haben die Auszubildenden die Möglichkeit, ihre Präsentation auf die Lernplattform zu stellen und dem Ausbilder virtuell nutzbar zu machen. Weitere Funktionen betreffen das individuelle Zeitmanagement, die Aufgabenverwaltung und die Möglichkeit der Bewertung von Teilleistungen der Auszubildenden.

Zusammenfassend lässt sich festhalten, dass die Verwendung einer Lernplattform und von Präsenzveranstaltungen gemäß des Blended-Learning-Ansatzes zu einer integrativen Vermittlung von Fach- und Medienkompetenzen führt. Die Integration von virtuellen Expertenbefragungen als ein Teil der Informationsbeschaffung zur Bewältigung arbeitsprozessorientierter Lern- und Arbeitsaufgaben hat die Weitergabe impliziten Wissens zur Folge. Dies ist durch bisherige Lernplattformen (noch) nicht möglich und stellt einen innovativen Bestandteil des mediendidaktischen Konzeptes des Verbundprojektes „effekt" dar. Die Evaluation des Konzeptes erfolgt fortlaufend in den nächsten zwei Jahren.

Literatur

Bader, R.; Müller, M. (2002): Leitziel der Berufsausbildung: Handlungskompetenz. Anregungen zur Ausdifferenzierung des Begriffs. In: Die berufsbildende Schule (BbSch) 54 (6), S. 176–182.

Kahmann, U. (1999): Handbuch Medien: Medienkompetenz. Eine Einführung. In: D. Baacke, u. a. (Hrsg.): Handbuch Medien. Medienkompetenz. Modelle und Projekte (S. 13–14). Bonn: Bundeszentrale für politische Bildung.

Expertenkommission Bildung mit neuen Medien (2007): Web 2.0: Strategievorschläge zur Stärkung von Bildung und Innovation in Deutschland. Online: http://www.bmbf.de/pub/expertenkommission_web20.pdf (24.02.2008).

Kopp B.; Mandl, H. (2006): Selbst gesteuert kooperativ lernen mit neuen Medien. Praxisbericht Nr. 33. München: Ludwig-Maximilians-Universität.

Mandl, H.; Kopp, B.; Dvorak, S. (2004): Blended-Learning als neues E-Learning-Konzept. In: DIE – Deutsches Institut für Erwachsenenbildung (Hrsg.): Aktuelle theoretische Ansätze und empirische Befunde im Bereich der Lehr-Lern-Forschung – Schwerpunkt Erwachsenenbildung (S. 55–59). Verfügbar unter http://www.die-bonn.de/esprid/dokumente/doc-2004/mandl04_01.pdf (27.05.2009).

Meyser, J.; Uhe, E. (2006): Bautechnik, Holztechnik, Farbtechnik und Raumgestaltung. In: F. Rauner (Hrsg.): Handbuch Berufsbildungsforschung. 2. aktualisierte Ausgabe (S. 150–155). Bielefeld: wbv.

Pabst, A.; Zimmer, G. (2006): Medienforschung und Medienentwicklung. In: F. Rauner (Hrsg.): Handbuch Berufsbildungsforschung. 2. aktualisierte Ausgabe (S. 404–412). Bielefeld: wbv.

Pahl, J.-P. (2005): Ausbildungs- und Unterrichtsverfahren. Ein Kompendium für den Lernbereich Arbeit und Technik. Bielefeld: wbv.

Storz, P. (2006): Chemietechnik. In: F. Rauner (Hrsg.): Handbuch Berufsbildungsforschung. 2. aktualisierte Ausgabe (S. 155–163). Bielefeld: wbv.

Einsatz und Akzeptanz digitaler Medien in der Ausbildung der Bauwirtschaft

Johannes Meyser

1   Ausgangslage

Der Einsatz digitaler Medien in der Berufsausbildung ist je nach Wirtschaftszweig sehr unterschiedlich weit fortgeschritten. Für die Bauwirtschaft ist eine sogenannte „digitale Kluft" gegenüber anderen Wirtschaftszweigen auszumachen, d. h. entsprechende Medien werden noch zu wenig im Berufsalltag und in der Ausbildung einbezogen. Das vom Bundesministerium für Bildung und Forschung (BMBF) und dem Europäischen Sozialfonds (ESF) geförderte Projekt FAINLAB (Förderung der Akzeptanz und Integration von netzbasierten, multimedialen Lehr- und Lernangeboten in der Ausbildung der Bauwirtschaft) soll eine dahingehende Entwicklung unterstützen.

2   Digitale Steuerung der Arbeitsprozesse

Alle Phasen der Bautätigkeit können heute elektronisch gesteuert werden. Dies gilt sowohl für die Planung und Überwachung der Arbeitsprozesse wie für die Sicherung der Produktqualität und den Personaleinsatz (vgl. Syben u. a. 2005). Die gesamte Baustellenlogistik ist durch Computerprogramme zu kontrollieren. Dies reicht von der Disposition von Personal, Material und Geräten bis hin zur Kontrolle der Verbräuche von Baustoffen und Energie, der Einrichtung der Baustelle, dem Einsatz von Großgeräten, der Erfassung der Arbeitszeiten und dem Schreiben von Tagesberichten. Auch die Bautätigkeiten selbst können heute elektronisch unterstützt werden. Anhand digitaler Geländemodelle werden Großgeräte über GPS gesteuert, der Einbau von Fertig- und Halbfertigteilen sowie die Schalung von Baukörpern werden vorgeplant, die Diagnose von Abläufen und die Einhaltung von Terminen werden elektronisch überwacht. Ebenso erfolgen das Aufmaß der Baukörper, die bildliche Dokumentation von Bauabläufen und Arbeitsfortschritten digital. Es haben sich auch die Möglichkeiten der Kommunikation des Poliers auf der Baustelle mit dem Baubüro, den Vor- und Facharbeitern, den Zulieferern, Behördenvertretern und Kunden verändert. Es zeigt sich jedoch für die Bauwirtschaft kein einheitliches Bild, wie stark diese technischen Neuerungen verbreitet sind und welche Betriebe sie nutzen. Vor allem sind das Auftragsvolumen und die Größe eines Bauunternehmens bestimmend. Je kleiner ein Unternehmen ist und je geringer die Auftragssummen sind, desto weniger werden die Abläufe und Prozesse digital begleitet. Zudem erfolgt der Einsatz dann eher in technischen Planungsbüros und für die Arbeitsvorbe-reitung. Das Ausführungspersonal auf der Baustelle wird bislang nur sehr begrenzt in den Umgang mit elektronischen Medien einbezogen. Diese "digitale Kluft" zwi-schen den Möglichkeiten und der tatsächlichen Umsetzung zeigt sich für die ge-samte Branche. Die Bauwirtschaft und ihre Beschäftigten haben dabei im Vergleich zu anderen Industriezweigen einen Nachholbedarf. Die Optimierung der Geschäfts-prozesse, der Einsatz moderner Technologien, die Verarbeitung neuer Baustoffe, die Anwendung fortschrittlicher Arbeitsverfahren, vor allem auch eine zunehmende Ausdehnung des Dienstleistungsbegriffs sowie die gestiegenen Anforderungen an die Qualität der Bauprodukte erfordern eine entsprechende Kompetenz der Be-schäftigten, die bereits in der Ausbildung vorbereitet und entwickelt werden muss. Hier setzt das von 2004 – 2007 durchgeführte Projekt FAINLAB an.

3 Lernmodule für die Ausbildung

In mehr als 40 Kick-off-workshops bestimmten zunächst Ausbilder, Berufsschulleh-rer und Auszubildende punktuell und ergänzend zu anderen Medien 32 Modulthe-men, die alle 15 Berufe der Stufenausbildung der Bauwirtschaft einbeziehen. Die Entwicklung der Module übernahmen eigens dafür geschulte Ausbilder der Berufs-förderungswerke der Bauindustrie und den Bildungszentren des Baugewerbes. Die mediendidaktische Begleitung des FAINLAB-Projektes erfolgte durch die TU Berlin. Insgesamt umfassen die Module ein breites Spektrum von Fragestellungen, Schwie-rigkeitsgraden und Abstraktionsniveaus, um eine möglichst hohe Akzeptanz des Mediums bei allen Beteiligten sicherzustellen. Einige Module konzentrieren sich auf die Vermittlung von Fachwissen, andere thematisieren stärker einen Arbeitsprozess. Auch werden dezidiert Themen wie Arbeits- und Verkehrssicherung oder Fehlerver-meidung auf Baustellen angeboten. Neben solchen Querschnittthemen werden fachmathematische und fachwissenschaftliche Schwerpunkte gesetzt, abstrakte Begriffe (z. B. Biegespannung in Bauteilen) und Verfahren (z. B. Nivellement) bear-beitet oder ganz konkrete Handlungsaufgaben gestellt (z. B. Herstellen einer Mul-denrinne).

Die Komplexität und der Schwierigkeitsgrad der Module variieren ebenfalls. So wer-den z. B. die Arbeiten zur Absperrung von unter Druck stehenden Gasrohren mit einem Zweifachblasensetzgerät ebenso als Modulthema vorgestellt wie das Erneu-ern einer Silikonfuge oder der Transport von Mauersteinen.

Tab. 1: Modulthemen der Lern-DVD FAINLAB

Bauindustrie	Baugewerbe
Mauern eines Türanschlages im Fußpunktbereich	Herstellen eines Küchenfliesenspiegels
Herstellen eines Betonfertigteilbalkens	Herstellen eines Verbundestrichs
Biegespannung im Bauteil	Belegen einer Stufenanlage
Frischbetonprüfung	Standardbeton auf der Baustelle – Mischungsberechnung
Festbetonprüfung	Planen und Anreißen einer geraden Betontreppe
Errichten einer Trennwand in Trockenbauweise	Herstellen einer Gips-Putzfläche
Deckenaufbau nach Bauklassen	Ziehen eines Stuckprofils
Setzen von Absperrblasen	Herstellen einer Pflasterdecke aus künstlichen Steinen
Bezeichnen von Rohrleitungen	Herstellen einer Muldenrinne aus Natursteinen
Verlegen einer Entwässerungsleitung aus Betonrohren	Herstellen eines geraden Rohres mit Längsnaht
Dichtigkeitsprüfung von Kanalrohren	Herstellen eines Kopfbandes
Herstellen eines Schleifennivellements und eines Rasternivellements	Herstellen der Gratsparren für ein gleich geneigtes Vordach
Verfüllen von Arbeitsräumen	Herstellen einer Mauerecke
Austausch einer defekten Holzschwelle	Herstellen einer abgehängten Decke
Erkennen von Gefahren und Vermeidung von Arbeitsunfällen auf Baustellen	Erneuern von Silikonfugen
Absichern von Baustellen	Transport von Mauersteinen

4 Mediendidaktische Umsetzung

Die Module wurden so gestaltet, dass möglichst die arbeitsweltliche Realität reflektiert und ganzheitliche Aufgabenstellungen bearbeitet werden können. Die Aufgaben weisen deshalb je nach Lernanforderung einen angepassten Grad an Komplexität auf (vgl. Meyser/Uhe 2006). Zudem folgen die Module einer Handlungssystematik, die immer die Phasen: *Situation – Grundlagen – Vorbereitungen – Durchführung – Extras* umfasst.

In der Phase *Situation* wird eine Arbeitsaufgabe, ein zu lösendes Problem oder eine Fragestellung vorgelegt.

Abb. 1: Ausgangssituation

Abb. 2: Grundlagenvermittlung

In *Grundlagen* werden Kenntnisse zur Aufgabe vermittelt, die dann in der Phase *Vorbereitungen* wieder auf die Handlungsaufgabe reflektiert werden. Gleiches gilt für die *Durchführung*, die häufig sehr konkret und durch Videos gestützt auf den Arbeitsprozess und die Handlungsabläufe eingeht. Zudem stehen für die Bearbeitung der Aufgaben Hilfen und Werkzeuge wie z. B. Glossar, Taschenrechner, pdf-

Dateien etc. zur Verfügung. In allen Modulen werden *Test- und Übungsaufgaben* durchgeführt, die dem Lernenden den eigenen Lernfortschritt verdeutlichen.

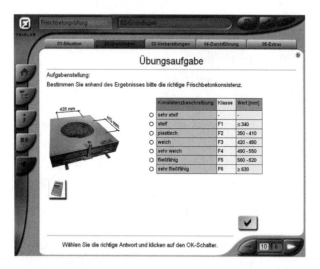

Abb. 3: Berechnung zum Ausbreitversuch

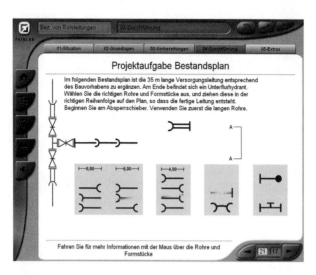

Abb. 4: Testaufgabe

Das Erscheinungsbild aller 32 Module ist konsistent, möglichst nutzerfreundlich aufgebaut und am tatsächlichen Ausbildungsbedarf und den Bedürfnissen der Auszubildenden orientiert. Dies bestätigten auch Erhebungen, die in nachgelagerten Anwendungsworkshops zum Ende der Projektlaufzeit durchgeführt wurden.

5 Erwartete Akzeptanz

Der Akzeptanzbegriff kann bezogen auf das FAINLAB-Projekt in mehrfacher Weise gedeutet werden:

- Akzeptanz in den Unternehmen zur Unterstützung und Steuerung der Bauarbeit,
- Akzeptanz durch die Arbeitnehmer,
- Akzeptanz der Branche bei der Berufswahl der Jugendlichen,
- Akzeptanz digitaler Medien an den Lernorten der Berufsbildung,
- Akzeptanz digitaler Medien durch die Auszubildenden selbst.

Es ist davon auszugehen, dass derzeit nur eine Minderheit der Auszubildenden der Bauwirtschaft in der Ausbildung oder der Freizeit E-Learning-Angebote nutzt. Dies erklärt sich zum Teil mit ihrer Bildungsbiografie. Es ist seit langem bekannt, dass die Nutzung digitaler Lernangebote neben dem verfügbaren Einkommen auch vom Bildungsgrad abhängt (vgl. Mahrin/Meyser 2007). Der unmittelbare Zugriff auf eine Lern-DVD stellt ein niederschwelliges Lernangebot dar. Die Nutzer können ohne eine besonders ausgebildete Medienkompetenz die Module bearbeiten. Der Entwicklung des Mediums kommt dabei zugute, dass von Anfang an die späteren Nutzer einbezogen wurden.

Die besonderen Produktionsbedingungen der Bauwirtschaft, die durch eine hohe Zahl an Kleinbetrieben (fast 90 % aller Baubetriebe haben weniger als 20 Beschäftigte, vgl. Statistisches Bundesamt 2005), durch nicht werkstattgebundene Arbeitsabläufe und die Herstellung von Unikaten geprägt werden (vgl. Meyser 2003), beeinflussen den Einsatz moderner Technologien und elektronischer Medien zur Steuerung der Abläufe erheblich... Viele der heutigen Beschäftigten der Bauwirtschaft haben den Einsatz von Computern weder in ihrer Ausbildung kennengelernt noch in der betrieblichen Praxis angewendet. Der Nachholbedarf ist deshalb groß.

Ein weiterer Akzeptanzaspekt bezieht sich auf die Berufswahl der Jugendlichen. Die Attraktivität eines Berufes hängt nicht unwesentlich davon ab, ob dort der Umgang mit elektronischen Medien und digital gesteuerten Arbeitsabläufen, Prüfverfahren und Maschinen üblich und erforderlich ist. Es kann auch gefragt werden, für welche Jugendliche mit welchem Schulabschluss eine Ausbildung in der Bauwirtschaft interessant ist und ob dieses Interesse vom Einsatz moderner Technologien beeinflusst wird. Hierzu müssten besondere Untersuchungen angestellt werden, um Zusammenhänge zwischen Image, technischer Anforderung des Berufes, Anwendung digitaler Steuerung der Arbeitsprozesse, Einsatz von Computern, der Integration moderner Medien in der Ausbildung und der Berufswahl aufzudecken. Es kann aber davon ausgegangen werden, dass die Akzeptanz eines Berufes auch davon beeinflusst ist.

Die Akzeptanz digitaler Medien an den Lernorten ist vor allem abhängig von der Bereitschaft, der Fähigkeit sowie den finanziellen und technischen Möglichkeiten der Schulen und überbetrieblichen Ausbildungsstätten. Auch hier ist noch ein erheblicher Nachholbedarf festzustellen. Dennoch besteht heute Konsens darüber, für alle Berufe der Bauwirtschaft den Umgang mit Lernsoftware einzubeziehen. Die FAINLAB-Module stellen kein vollständiges Angebot dar, sondern greifen punktuell einzelne Themen auf. Sie können beispielhaft und Ausgangspunkt weiterer Angebote an Lernsoftware sein und dazu beitragen, dass die Akzeptanz und Integration solcher Medien in der Ausbildung der Bauwirtschaft bei Ausbildern und Ausbildungsträgern zunimmt.

6 Praxiserprobung

Nach der Fertigstellung wurden die erarbeiteten Module einem ersten Test durch die späteren Nutzer unterzogen. In mehr als 40 Erprobungsworkshops konnten wie bei der Themenfindung zu Beginn des Projektes Auszubildende, Berufsschullehrer, Ausbilder und Betriebsleiter die Qualität des Materials im direkten Umgang prüfen. Ihre Anregungen wurden für die Erstellung der endgültigen FAINLAB-DVD berücksichtigt. Seit dem Jahr 2008 ist das Lernmaterial frei zugänglich. Damit kann es in den Berufsschulen und Ausbildungszentren eingesetzt werden und muss hier seine Praxiseignung und Akzeptanz bei den Nutzern beweisen.

Anmerkung: Die FAINLAB-DVD kann bezogen werden über das Berufsförderungswerk e. V. der Bauindustrie NRW, Ausbildungszentrum der Bauindustrie, Humboldtstraße 30–36, 50171 Kerpen, Tel.: 02237/5618–18 E-Mail: b.mueller@fainlab.de, Internet: www.berufsbildung-bau.de

Literatur

Mahrin, B.; Meyser, J. (2007): Multimediale Lehr- und Lernangebote in der Ausbildung der Bauwirtschaft. Konzepte, Projekte, Beispiele. In: S. Baabe-Meijer, J. Meyser, K. Struve (Hrsg.): Innovation und Soziale Integration. Bielefeld: wbv.

Meyser, J. (Hrsg.) (2003): Kompetenz für die Baupraxis. Konstanz: Christiani.

Meyser, J.; Uhe, E. (2006): Handelnd Lernen in der Bauwirtschaft. 3. Auflage. Konstanz: Christiani.

Statistisches Bundesamt (2005): Bauhauptgewerbe/Ausbaugewerbe. Lange Reihe der jährlichen Betriebserhebungen. Wiesbaden.

Syben, G.; Gross, E.; Kuhlmeier, W.; Meyser, J.; Uhe, E. (2005): Weiterbildung als Innovationsfaktor. Handlungsfelder und Kompetenzen in der Bauwirtschaft – ein neues Modell. Berlin: Edition Sigma.

Lernortkooperation im Kopf durch E-Portfolios in der Ausbildung

Uwe Elsholz & Sönke Knutzen

1 Vorüberlegungen: Lernortkooperation als klassisches Thema der Berufsbildung

Die Kooperation der Lernorte ist in der beruflichen Bildung ein geradezu klassisches Thema, das sich seit Jahrzehnten in wissenschaftlichen und berufsbildungspolitischen Diskussionen findet (vgl. u. a. Euler 2003). Dabei ist allerdings zu konstatieren, dass sich gelungene Beispiele von langfristiger Kooperation zwischen den Lernorten äußerst selten finden. Der Begriff Lernort wurde in den 1970er Jahren in die Bildungsreformdiskussion eingeführt (vgl. Deutscher Bildungsrat 1974). Lernortkooperation wird danach vorrangig als institutionelle Kooperation von Lernorten verstanden, i. d. R. zwischen Betrieb und Berufsschule. Die Lernortkonzeption wurde in der Folgezeit vielfach diskutiert, kritisiert und weiter entwickelt. Sie stellt einen wichtigen disziplinären Bezugspunkt in der Berufsbildungsforschung dar (vgl. Dehnbostel 2002, S. 356). Die institutionelle Lernortkooperation stößt jedoch angesichts unterschiedlicher Funktionslogiken und Ordnungsmittel von Berufsschule und Betrieben an enge Grenzen. Zudem finden sich etwa im Handwerk häufig Auszubildende aus bis zu 25 Betrieben in einzelnen Berufsschulklassen, sodass eine verbesserte Abstimmung der Ausbildungsinhalte zwischen Schule und allen Betrieben schwerlich möglich erscheint.

Es stellt sich damit weiter die Herausforderung, wie das an den unterschiedlichen Lernorten Gelernte miteinander in Verbindung gebracht werden kann. Die fehlende Verzahnung von Theorie und Praxis stellt sich für Ausbildende als großes Problem dar, da die Erfahrungen in der Schule und im Betrieb häufig nicht in Beziehung zueinander gesetzt werden können. Daher geht es im Folgenden darum, Lernortkooperation nicht institutionell zu denken, sondern eine – wenn man so will – „Lernortkooperation im Kopf" zu ermöglichen.

2 Lernortübergreifende Handlungsfelder als Basis für Lernortkooperation im Kopf

Die „Lernortkooperation im Kopf" wird im dargestellten Beispiel mithilfe eines E-Portfolios angeleitet und unterstützt. Mit diesem Ansatz wird versucht, die Art der Lernortkooperation entscheidend zu ergänzen, indem Auszubildende in die Lage versetzt werden, die Erfahrungen an den unterschiedlichen Lernorten miteinander zu verbinden. Die konzeptionelle Umsetzung dieser Leitidee erfolgt im Rahmen des Projekts „Kompetenzwerkst@tt Elektrohandwerk", das die Erstellung einer Lernsoftware für Elektroniker der Fachrichtung Gebäude- und Systemtechnik zum Ziel hat (vgl. Knutzen/Howe in diesem Band). Die Lernsoftware nimmt das berufswissenschaftlich begründete E-Learning-Konzept der Kompetenzwerkst@tt (vgl. Howe/Knutzen 2007) auf und erweitert es durch die Integration eines elektronischen Ausbildungsportfolios.

Das verbindende Element der Aktivitäten in Berufsschule, Betrieb und (da es um einen Handwerksberuf geht) Überbetrieblicher Bildungsstätte sind die *beruflichen Handlungsfelder* (vgl. Bader/Sloane 2000). Dazu wurde im Projekt in einem mehrstufigen Verfahren eine lernortübergreifende Struktur von beruflichen Handlungsfeldern für den Elektroniker entwickelt. In einem ersten Schritt wurden die vorhandenen Ordnungsmittel analysiert und ein erster Entwurf erarbeitet. Dieses Zwischenergebnis wurde in Anlehnung an die Methode des Experten-Facharbeiter-Workshops (vgl. Spöttl 2006) im Rahmen von drei Workshops mit erfahrenen Gesellen im Hinblick auf die realen beruflichen Handlungsfelder von Elektronikern validiert. Das Ergebnis dieser Workshops wurde erneut mit den Ordnungsmitteln abgeglichen, sodass als Resultat zwölf berufliche Handlungsfelder identifiziert werden konnten, die den Beruf repräsentieren.

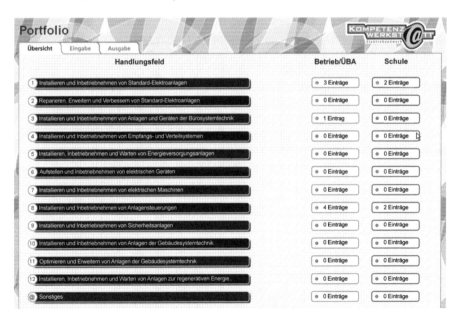

Abb. 1: Einstiegsseite des Ausbildungsportfolios

Diese *lernortübergreifenden* beruflichen Handlungsfelder bilden die Module der Lernsoftware und strukturieren die Lern- und Arbeitsaufgaben als Kernelement der Kompetenzwerkst@tt. Das elektronische Ausbildungsportfolio nimmt diese Struktur ebenfalls auf und stellt sie in der Startseite dar. Daneben sind die Lernorte Betrieb (und Überbetriebliche Bildungsstätte ÜBA, die rechtlich zum Lernort Betrieb zählt) und Schule zu sehen.

3 Portfolioarbeit zur Verbindung von Theorie und Praxis

Bei der Gestaltung des Ausbildungsportfolios wurde vor allem auf Arbeiten von Häcker Bezug genommen, der sich eingehend mit der Entwicklung von Portfolioarbeit – vor allem im Bereich allgemeinbildender Schulen – auseinandergesetzt hat. Zwei Grundideen sind entsprechend für die Umsetzung im Rahmen des Projekts „Kompetenzwerkst@tt Elektrohandwerk" leitend:

- „Portfolios dienen der mehr oder weniger selbstbestimmten *Darstellung* des eigenen Könnens (Kompetenzdarstellung) und der eigenen Entwicklung..." (Häcker 2008, S. 34; Hervorhebung durch Verf.).

- „Gezielte *Reflexionen* über das eigene Lernen sind das Herzstück des Portfolioprozesses" (Häcker 2005, S. 6; Hervorhebung durch Verf.).

Diesen Maximen folgend ist das Portfolio auf die Dokumentation und Reflexion des Ausbildungsverlaufs ausgerichtet. Der Auszubildende hält alle seine Tätigkeiten im Betrieb, Lehrgangsinhalte in der Überbetrieblichen Bildungsstätte und Unterrichtsinhalte in der Berufschule fest, wobei vier Leitfragen in einer Eingabemaske dabei unterstützen. Die Fragen unterscheiden sich je nach Lernort in der Wortwahl, folgen aber der gleichen Struktur. Zwei Fragen nach dem Inhalt der Tätigkeit („Wie lautete der Auftrag?"; „Was war dabei meine Aufgabe?") dienen vornehmlich der *Dokumentation* des Ausbildungsverlaufs. Die Antworten auf diese Fragen stellen in der Folge auch das Berichtsheft dar (s. u.). Zwei weitere Fragen („Was habe ich Neues gelernt oder erfahren?"; „Wo gab es Schwierigkeiten und Probleme?") dienen stärker der *Reflexion* der Ausbildungsinhalte. Die Einträge werden jeweils einem beruflichen Handlungsfeld zugeordnet, wobei diese Zuordnung bereits ein wichtiger Teil der Reflexion ist.

Es können entsprechend den Ausgangsmaximen im Wesentlichen zwei unterschiedliche Funktionen des Portfolios unterschieden werden:

- Das Ausbildungsportfolio ermöglicht einen chronologischen Ausdruck, der den formalen Vorgaben eines Berichtshefts entspricht. Mit dieser Funktion wird ein stark motivierendes Moment zur Führung und Nutzung des Portfolios angelegt.

• Im Gegensatz zu der reinen Dokumentation ermöglicht das Portfolio auch eine inhaltlich orientierte Reflexion. Mit Blick auf die Zielsetzung der „Lernortkooperation im Kopf" werden für jedes berufliche Handlungsfeld die unterschiedlichen Einträge an den einzelnen Lernorten abgebildet. Eine solche Ansicht ermöglicht es, Aktivitäten, die in der Berufsbildungspraxis weitgehend separat erfolgen, stärker miteinander in Verbindung zu bringen. Bereits bei der Erstellung eines neuen Eintrags werden die bereits getätigten Einträge lernortübergreifend sichtbar. Der Auszubildende hat so die Möglichkeit, sich an bereits Gelerntes zu erinnern und den Transfer von theoretischem Wissen auf praktische Anwendungen herzustellen.

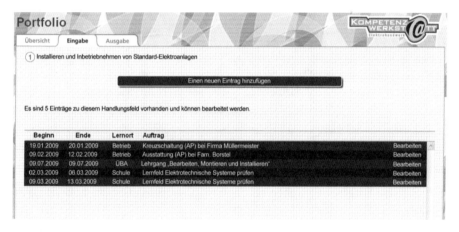

Abb. 2: Überblick über die Einträge eines Handlungsfelds (Ausschnitt)

4 Wissenschaftliche Einordnung

Die dargestellten konzeptionellen Überlegungen und Zielsetzungen befinden sich derzeit in der technischen Entwicklung und Erprobung. Dabei erfolgt ein zyklisches Vorgehen von theoretisch-konzeptioneller und empirisch-praktischer Umsetzung. Mit diesem Vorgehen wird eine doppelte Anschlussfähigkeit sowohl an die Berufsbildungspraxis als auch an die wissenschaftliche Diskussion gewährleistet (vgl. Moser 1995, S. 73).

Auf theoretisch-konzeptioneller Ebene werden vor dem Hintergrund der Konzeption der Kompetenzwerkst@tt bisher vorliegende Ausarbeitungen und Erkenntnisse zu Portfolios, die insbesondere aus dem Bereich der allgemeinbildenden Schulen und aus Einsatzszenarien an Hochschulen stammen, für die berufliche Bildung fruchtbar gemacht.

Seitens der empirisch-praktischen Ebene werden zum einen technische Fragen hinsichtlich der Umsetzung der konzeptionellen Überlegungen geklärt (die Programmierung erfolgt mittels mySQL und php). Zum anderen werden über die Präsentation von Entwicklungsständen im Rahmen von Projekttreffen mit Praktikern vielfach Rückmeldungen aus der Berufsbildungspraxis aufgenommen und damit kommunikative Validierungen vorgenommen. In der weiteren Erprobung und Umsetzung erfolgt eine formative Evaluation, sodass sich ein zyklischer Entwicklungs- und Forschungsprozess ergibt.

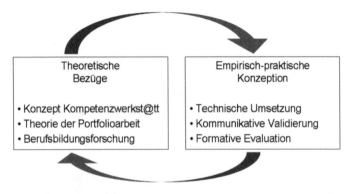

Abb. 3: Zyklischer Prozess der Entwicklung und Erprobung des E-Portfolios

Folgende Fragestellungen stehen bei der formativen Evaluation des E-Portfolios im Fokus:

- Wie stark sollte das Portfolio strukturiert sein durch Leitfragen und Hilfestellungen?
- Wie kann eine „Lernortkooperation im Kopf" durch das Ausbildungsportfolio unterstützt werden?
- Wie kann mit dem Portfolio Reflexion über den Ausbildungsverlauf angeregt werden?

Schließlich geht es aber auch um die Frage:

- Welche äußeren Rahmenbedingungen fördern oder behindern den Einsatz von E-Portfolios in der Ausbildung an den unterschiedlichen Lernorten?

Der Einsatz des Ausbildungsportfolios und seine Erprobung liefern zum einen konkrete Hinweise für die Ausgestaltung von E-Portfolios, werden aber auch Möglichkeiten und Grenzen dieses Instruments im Rahmen der dualen Ausbildung aufzeigen.

5   Fazit und Ausblick

Der Einsatz von E-Portfolios wird im dargestellten Fall in einem speziellen Beruf und Projekt erprobt. Mit diesem Vorgehen wird das Instrument „Portfolio", das derzeit in allgemeinbildenden Schulen, an Hochschulen und in der Lehrerbildung große Aufmerksamkeit erfährt, für die berufliche Bildung adaptiert und erweitert. Es gilt zu prüfen, inwieweit Portfolios die institutionelle Lernortkooperation ergänzen und zur Verbesserung der Ausbildungsqualität beitragen können. Die Potenziale, die sich mit dem Einsatz von E-Portfolios für die berufliche Bildung ergeben, sind bisher weitgehend ungenutzt und sowohl praktisch auch als theoretisch weiter zu erschließen.

Literatur

Bader, R.; Sloane, P. (Hrsg.) (2000): Lernen in Lernfeldern. Theoretische Analysen und Gestaltungsansätze zum Lernfeldkonzept. Markt Schwaben: Eusl.

Dehnbostel, P. (2002): Bilanz und Perspektiven der Lernortforschung in der beruflichen Bildung. In: Zeitschrift für Pädagogik, 48 (3), S. 356–377.

Deutscher Bildungsrat (1974): Zur Neuordnung der Sekundarstufe II. Konzept für eine Verbindung von allgemeinem und beruflichem Lernen. Stuttgart: Klett.

Euler, D. (Hrsg.) (2003): Handbuch der Lernortkooperation. Band 1: Theoretische Fundierungen. Bielefeld: wbv.

Häcker, T. (2005): Portfolio als Instrument der Kompetenzdarstellung und reflexiven Lernprozesssteuerung. Verfügbar unter http://www.bwpat.de/ausgabe8/haecker_bwpat8.pdf (13.08.2008).

Häcker, T. (2008): Vielfalt der Portfoliobegriffe. Annäherung an ein schwer fassbares Konzept. In: I. Brunner; T. Häcker; F. Winter (Hrsg.): Das Handbuch Portfolioarbeit. 2. Aufl. (S. 33–39). Seelze-Velber: Klett.

Howe, F.; Knutzen, S. (2007): Die Kompetenzwerkst@tt – Ein berufswissenschaftliches E-Learning Konzept. Göttingen: Cuvillier-Verlag.

Knutzen, S.; Howe, F. (2009): Rapid-E-Learning – Gestaltbare Lernsoftware in der gewerblich-technischen Ausbildung (in diesem Band).

Moser, H. (1995): Grundlagen der Praxisforschung. Freiburg im Breisgau: Lambertus.

Spöttl, G. (2006): Experten-Facharbeiter-Workshops. In: F. Rauner (Hrsg.): Handbuch Berufsbildungsforschung. 2. akt. Aufl. (S. 611–615). Bielefeld: wbv.

Rapid E-Learning – Gestaltbare Lernsoftware in der Berufsbildung

Falk Howe & Sönke Knutzen

1 Einleitung

Seit den Anfängen der Computertechnologie stellt sich auch immer wieder die Frage, wie mithilfe von digitalen Medien Lernprozesse unterstützt und Kompetenzen gefördert werden können. Als besondere Möglichkeiten werden diskutiert, dass Interaktionen Nutzer individuell und aktiv involvieren, Videos und Animationen Zusammenhänge, Abläufe usw. anschaulich und authentisch illustrieren und Hyperstrukturen komplexe und stark vernetzte Themen nachvollziehbar systematisieren könnten. In einer aktuellen bundesweiten Online-Befragung von Berufsschullehrkräften (vgl. den Beitrag von Schmitz-Justen/Howe in diesem Sammelband) bestätigte sich diese grundsätzliche Einschätzung des Potenzials digitaler Medien auch für den Bereich der gewerblich-technischen Berufsbildung. Insbesondere der Visualisierung und Beschreibung von Arbeitsprozessen, der Darstellung von technischen Funktionen, der Unterstützung beim Erwerb von Fach- und Handlungswissen, der Darstellung von Lernsituationen sowie dem Angebot von Downloads und Internet-Links messen Lehrkräfte eine hohe Bedeutung bei. Allerdings schränken die Befragten ihre Wertschätzung digitaler Medien in einem entscheidenden Punkt ein: Die Nutzbarkeit im berufsbildenden Unterricht hängt nach ihrem Urteil ganz wesentlich davon ab, dass die Medien von ihnen anpassbar sind.

Der vorliegende Beitrag setzt seinen Fokus genau auf diesen Aspekt der Anpassbarkeit von digitalen Medien. Im Konzept der Kompetenzwerkst@tt und dem aktuellen Projekt Kompetenzwerkst@tt Elektrohandwerk (Howe/Knutzen 2007) wird im Sinne des sogenannten „Rapid E-Learning" eine gestaltbare und damit „individualisierbare" Lernsoftware entwickelt und erprobt.

2 Vom E-Learning zum Rapid E-Learning

Die Bezeichnung „E-Learning" steht grundsätzlich für das Lernen und Lehren mithilfe von elektronischen bzw. digitalen Medien. E-Learning hat sich inzwischen als Oberbegriff für alle Arten dieser Medienstützung durchgesetzt und schließt lokale Lernprogramme auf CD-ROM, webbasierte Lernangebote, Lernplattformen im Internet sowie alle IT-gestützten kommunikativen und kooperativen Aktionen von Lernenden mit ein (vgl. z. B. Reinmann 2007).

Nachdem die E-Learning-Euphorie der 1990er Jahre verflogen war, setzte sich in der Diskussion über die didaktisch-methodische Nutzung von Informations- und Kommunikationstechnologien – auch in der gewerblich-technischen Berufsausbildung und im Berufsschulunterricht – zunehmend die Erkenntnis durch, dass Phasen des mediengestützen Lernens mit Phasen der selbstständigen Arbeit und des Lernens in sozialen Kontexten miteinander zu verbinden sind. In diesem Zusammenhang wurde auf eine neue Lernkultur verwiesen, die dadurch gekennzeichnet sei, dass beim E-Learning weniger die Technik als vielmehr die Didaktik im Vordergrund stehe.

Mit der stärkeren Ausrichtung auf die Didaktik wird zugleich ein weiterer Aspekt augenfällig: Didaktisches Know-how der die Medien anwendenden Lehrkräfte fließt naturgemäß nicht in die Entwicklung der digitalen Medien ein, Lehrer und Ausbilder werden i. d. R. vielmehr mit fertigen Medienprodukten konfrontiert, an denen sie ggf. ihre Unterrichts- bzw. Ausbildungsmaßnahmen ausrichten können. Eine Anpassung im Sinne einer Umgestaltung, Erweiterung oder Modifizierung der Medien ist i. d. R. nicht intendiert und damit auch nicht implementiert. Da mangelnde „Passgenauigkeit" von digitalen Medien auch zu ihrer Ablehnung führen kann, gewinnen Überlegungen an Gewicht, wie sich eine kontinuierliche Einbindung der Mediennutzer in die Mediengestaltung realisieren lässt. Die Idee des „Rapid E-Learning" greift solche Überlegungen auf. Rapid E-Learning steht für Lernsoftwaresysteme, die

- schnell und ohne hohe medientechnische Kompetenz entwickelt werden können,

- kostengünstig erstellt werden können,

- ohne besondere Hard- und Softwareausstattung gepflegt werden können,

- eine geringe Einarbeitungszeit für den Autoren erfordern,

- dem Anwender einen einfachen Zugang gewähren und

- multimediale und interaktive Elemente aufnehmen können (Payome 2006, 2.8–1).

Wegen des hohen Verbreitungsgrads, der einfachen Bedienung und der weitreichenden Möglichkeiten zur Gestaltung, Medieneinbindung und Verlinkung werden Rapid E-Learning-Lernprogramme oftmals mit MS-PowerPoint umgesetzt (vgl. ebd., 2.8–3). Neben der Tatsache, dass sich mit PowerPoint die Anforderungen an Rapid E-Learning einlösen lassen, besteht ein weiterer Vorteil darin, dass Lehrer und Ausbilder oft auf einen großen Fundus von Folien zurückgreifen können, die sie im Laufe ihrer Tätigkeit angefertigt haben. Technische Beschreibungen, Diagramme, Erläuterungen usw. liegen damit bereits in elektronischer Form vor und können dementsprechend unkompliziert ausgetauscht bzw. eingefügt werden.

3   Rapid E-Learning mit der Kompetenzwerkst@tt

Die Kompetenzwerkst@tt (Howe/Knutzen 2007) ist ein umfassendes, berufswissenschaftlich begründetes Lehr-Lernkonzept für den gewerblich-technischen Bereich. Sie bietet Lehrern und Ausbildern Instrumente, Hilfestellungen und Anregungen für die Gestaltung von projektförmiger und lernsoftware-gestützter Ausbildung. Das berufliche Lernen wird als aktiver, individueller und konstruktiver Prozess aufgefasst, der durch die Bereitstellung von anwendungsbezogenen Inhalten und Materialien, Bearbeitungs- und Lösungsstrategien, Strukturvorgaben sowie weitergehenden Lernangeboten zu unterstützen ist. Einen zentralen Bestandteil der Kompetenzwerkst@tt bildet eine selbst konzipierte Lernsoftware. Sie ist keine Stand-Alone-Software im Sinne des CBT, sondern eine interaktive, multimediale Lernumgebung, die sich in eine Lern- und Arbeitsaufgabe einbinden lässt.

Um den Anforderungen an eine arbeitsprozessbezogene Ausbildung gerecht zu werden, wurde für die Kompetenzwerkst@tt-Lernsoftware ein Kriterienkatalog definiert:

- Für ein situiertes Lernen muss sich die Lernsoftware auf berufstypische Aufgaben, Aufträge und Arbeitsprozesse beziehen.

- Die Lernsoftware muss die relevanten Aspekte des jeweiligen Arbeitsprozesses beinhalten und typische Arbeitsprozessabläufe (multi)medial nachbilden.

- Die Lernsoftware muss die Inhalte und Materialien klar strukturiert zur Verfügung stellen, die zur Bewältigung der Aufgaben bzw. Aufträge notwendig oder hilfreich sind.

- Die Lernsoftware muss die technologische Vielfalt in den gewerblich-technischen Anwendungsfeldern aufnehmen und abbilden können.

- Wegen der hohen technischen Innovationsgeschwindigkeit im gewerblich-technischen Bereich müssen neue oder geänderte Inhalte in der Lernsoftware leicht nachgepflegt oder ergänzt werden können.

- Die Lernsoftware muss an die spezifischen Bedingungen des jeweiligen Lernorts, insbesondere hinsichtlich der technischen Ausstattung, angepasst werden können.

- Die Lernsoftware muss so offen gestaltet sein, dass Lehrer, Ausbilder und Auszubildende sie individuell einrichten können.

- Die Lernsoftware muss den Auszubildenden Raum bieten, um den Verlauf und Ergebnisse der Lehr-Lernprozesse zu dokumentieren.

Mit Einlösung dieses Anforderungsprofils nutzt die Kompetenzwerkst@tt-Lernsoftware die Vorteile des Rapid E-Learning, sie vermeidet zugleich durch das erprobte und evaluierte Gesamtkonzept die Gefahr der unzureichenden didaktischen Fundierung.

Die folgenden Darstellungen und Abbildungen beziehen sich auf das vom BMBF und vom ESF geförderte Projekt Kompetenzwerkst@tt Elektrohandwerk (www.kompetenzwerkstatt.net), bei dem das Konzept beispielhaft für den handwerklichen Ausbildungsberuf des Elektronikers der Fachrichtung Energie- und Gebäudetechnik umgesetzt wird. Als Grundlage für die Softwaregestaltung und die Contententwicklung dienen die in Arbeitsprozessanalysen und Experten-Workshops identifizierten und entfalteten Beruflichen Handlungsfelder des Elektronikers. Zu jedem dieser Handlungsfelder sieht die Lernsoftware ein eigenes Modul vor, wobei die einzelnen Module grundsätzlich den gleichen Aufbau aufweisen.

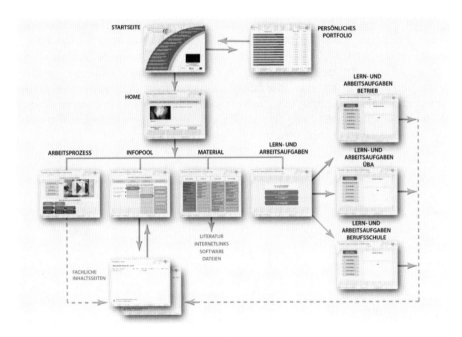

Abb. 1: Struktur der Kompetenzwerkst@tt-Lernsoftware

Auf dem Start-Bildschirm können die unterschiedlichen Module angewählt werden. Die Module starten mit einer HOME-Seite, über die ein Einstieg in das jeweilige Softwaremodul aufbereitet ist und ein Bezug zu den jeweiligen Ordnungsmitteln der Ausbildung hergestellt wird. Durch Mausklick auf die Schaltflächen der Hauptnavigation gelangt der Nutzer zu den Hauptelementen. Das Hauptelement AR-

BEITSPROZESS bietet die Video-Darstellung eines repräsentativen Arbeitsprozesses. Das Video dient einem ersten Überblick über die beruflichen Herausforderungen und der Schaffung einer Vorstellung, wie sich diese Herausforderungen grundsätzlich meistern lassen. Gleichzeitig sind die einzelnen Arbeitsprozessphasen mit relevanten Elementen aus dem INFOPOOL verlinkt. Der INFOPOOL hält die Inhalte vor, die für die Bearbeitung von Aufträgen bzw. Aufgaben, die dem dem jeweiligen Modul zugrunde liegenden Handlungsfeld zuzuordnen sind, erforderlich oder hilfreich sind. Mit seinen Kategorien „Handlung", „Überblick", „Funktion und Struktur" sowie „Vertiefung" ist er so aufgebaut, dass er den Auszubildenden hilft, prozessförmig Erlerntes fachlich zu strukturieren und umgekehrt fachlich Strukturiertes in einem Arbeitsprozess anzuwenden. Unter MATERIAL findet der Auszubildende Internet-Links, Dokumente, Datei- und Programmdownloads und Literaturempfehlungen. Der Bereich AUFGABEN bietet dem Auszubildenden – nach dem Konzept der Lern- und Arbeitsaufgaben – Aufgabenstellungen für die schulische, betriebliche und überbetriebliche Ausbildung. Hier werden Informationen zu den Zielen und Inhalten sowie zum Ablauf der Aufgabe und zu den Teilaufgaben angeboten. Außerdem sind für die Bewältigung der Aufgabe hilfreiche Elemente aus INFOPOOL und MATERIAL verlinkt. Im PORTFOLIO kann der Auszubildende die bei seiner Lern- und Arbeitsaufgabe gewonnenen berufspraktischen Erfahrungen und theoretischen Kenntnisse beschreiben und ablegen. Das Portfolio unterstützt so die Reflexion und Zusammenführung des schulisch, betrieblich und überbetrieblich Gelernten und übernimmt gleichzeitig die Funktion eines rechnergestützten Berichtsheftes (vgl. den Beitrag von Elsholz/Knutzen in diesem Sammelband).

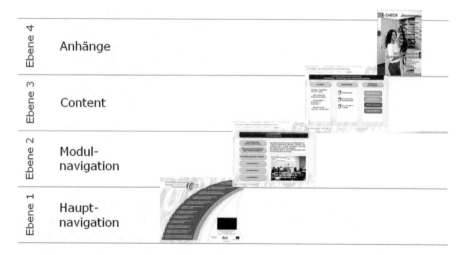

Ebene 4	Anhänge
Ebene 3	Content
Ebene 2	Modul-navigation
Ebene 1	Haupt-navigation

Abb. 2: Hierarchie der Kompetenzwerkst@tt-Lernsoftware

Die Lernsoftware ist so aufgebaut, dass sie lediglich mit Powerpoint(PPT)-Kenntnissen und ohne großen Aufwand modifiziert oder erweitert werden kann. Sie weist eine sich auf vier Ebenen erstreckende Modulstruktur auf (vgl. Abb. 2). Jede Hierarchieebene wird jeweils durch einzelne Dateien repräsentiert. Mit dem Start der Lernsoftware öffnet sich eine PPT-Datei, die allein der Hauptnavigation dient. Von hier aus werden – wie bereits beschrieben – die einzelnen Softwaremodule angewählt. Mit dem Anwählen eines Moduls öffnet sich die nächste Datei und liegt gewissermaßen auf der Startfolie. Die Datei der Ebene 2 dient der Navigation innerhalb eines Moduls. So lassen sich hier zunächst die Hauptelemente anwählen, anschließend innerhalb eines Hauptelements der gewünschte Content. Mit Klick auf einen Inhaltsbutton öffnet sich eine weitere Datei über den beiden Navigationsdateien. Hier findet der Anwender jetzt die gewünschten Inhalte, ggf. lassen sich von hier – dann auf Ebene 4 – auch weitere externe Dateien (z. B. .doc, .pdf) starten. Während die Dateien der Ebenen 1 und 2 also der Navigation dienen, halten die Ebenen 3 und 4 den Content vor. Mit dem „Zurück"-Button schließt der Anwender die Datei und gelangt so auf die jeweils niederigere Navigationsebene.

Die Realisierung in PowerPoint und die skizzierte Modularisierung der Lernsoftware bieten hinsichtlich des Rapid E-Learning entscheidende Stärken. So lassen sich z. B. Änderungen, Erweiterungen usw. durch Korrekturen innerhalb einer einfachen PPT-Datei, umfangreichere Updates durch ein schlichtes Ersetzen von Dateien realisieren.

4   Fazit und Ausblick

In der dualen gewerblich-technischen Ausbildung bietet das durch digitale Medien gestützte Lernen ein großes Potenzial, auch mit Blick auf die besonderen Anforderungen durch technologische Innovationen und die Heterogenität der Lernorte. Die im Rahmen des BMBF-/ESF-Projekts „Kompetenzwerkst@tt Elektrohandwerk" entwickelte Lernsoftware erfüllt die diesen Anforderungen gerecht werdenden Charakteristika des Rapid E-Learning. Mit Fertigstellung des Referenzmoduls ist aktuell eine wichtige Zwischenetappe erreicht, sodass jetzt softwaregestützte Lern- und Arbeitsaufgaben erprobt werden können. Die Projektbeteiligten sind von den Vorzügen des Rapid E-Learning überzeugt: Mithilfe von auf der Basis dieser Philosophie entwickelten E-Learning-Systemen lassen sich die Lernfeldumsetzung an Beruflichen Schulen, aber auch die betriebliche und überbetriebliche Ausbildung anforderungsgerecht unterstützen und damit die Qualität der Ausbildung an allen Lernorten steigern.

Literatur

Howe, F.; Knutzen, S. (2007): Die Kompetenzwerkst@tt. Ein berufswissenschaftliches E-Learning-Konzept. Göttingen: Cuvillier.

Payome, T. (2006): Marktübersicht Rapid E-Learning – aus Powerpoint-Folien werden Lernprogramme. In: A. Hohenstein; K. Wilbers (Hrsg.): Handbuch E-Learning. 17. Erg.-Lfg. Köln: Dt. Wirtschaftsdienst.

Reinmann, G. (2007): Wissen-Lernen-Medien: E-Learning und Wissensmanagement als medienpädagogische Aufgaben. In: W. Sesink; M. Kerres; H. Moser (Hrsg.): Jahrbuch Medien-Pädagogik 6 (S. 179–197). Wiesbaden: VS Verlag für Sozialwissenschaften.

Medien- und internetgestütztes Lernen in den Berufsfeldern Elektrotechnik und Informationstechnik: Ergebnisse einer bundesweiten Online-Befragung von Berufsschullehrkräften

Felix Schmitz-Justen & Falk Howe

1   Einleitung

Wie stellt sich die aktuelle Berufssituation der Berufsschullehrkräfte in den Berufs-feldern Elektrotechnik und Informationstechnik dar und worin bestehen ihre be-sonderen Herausforderungen? Unter diesen Leitfragen führte die Bundesarbeits-gemeinschaft Elektrotechnik-Informatik (BAG ET-I) in Zusammenarbeit mit der Ab-teilung „Informationstechnik und Bildungsprozesse" des Instituts Technik und Bildung (ITB) der Universität Bremen vom 01.10.2008 bis zum 15.02.2009 eine bundesweite anonyme Erhebung durch. Die Befragung untergliederte sich in drei Themenblöcke: Themenblock I: Besondere Herausforderungen; Themenblock II: Unterrichtspraxis; Themenblock III: Medien- und internetgestütztes Lernen.

Der vorliegende Beitrag fokussiert auf den dritten Themenblock „Medien- und in-ternetgestütztes Lernen". Detaillierte Darstellungen, Auswertungen, Analysen und Interpretationen der Daten für jeden der Themenblöcke sind im Rahmen weiterer Publikationen geplant.

2   Eckdaten der Umfrage

Um dem Anspruch gerecht zu werden, Auswertungen und Interpretationen zu er-möglichen, die über den Charakter explorativer, hypothesengenerierender Unter-suchungen hinausgehen, wurde auf die Gewinnung repräsentativer Daten abge-hoben. Der Aspekt der Repräsentativität stellt in der Forschungspraxis eher eine theoretische Zielvorgabe als ein Attribut konkreter Untersuchungen dar (Bortz/Dö-ring 2003), sodass üblicherweise – wie auch im vorliegenden Fall – eine Stichprobe im Sinne des „hergestellten Zufalls", welche für jedes Untersuchungsobjekt die glei-che Auswahlwahrscheinlichkeit garantiert, erstellt wird (ebd.).

Die Befragung wurde als Online-Umfrage konzipiert. Um Verzerrungen in der Selbst-selektion aufgrund des Grades der Internet-Affinität auszuschließen, erfolgte die Rekrutierung der Teilnehmer ausschließlich in schriftlicher und nicht in digitaler Form. Hierzu wurden den schriftlichen Einladungen an die Schulleitungen Informationsschreiben beigefügt, die an die in den Berufsfeldern Elektrotechnik und Informationstechnik unterrichtenden Berufsschullehrkräfte weitergeleitet wurden und insbesondere auch den Link zum Online-Fragebogen enthielten. Aus methodischen Gründen wurde dieser Link an anderer Stelle im Internet nicht veröffentlicht.

Insgesamt konnten 567 Teilnehmer für die Befragung gewonnen werden, 323 schlossen den Fragebogen vollständig ab. Von den befragten Berufsschullehrkräften waren 92 % männlichen Geschlechts, die Hälfte der Teilnehmer war zwischen 35 und 45 Jahre alt.

3 Medien- und internetgestütztes Lernen

Zentrales Erkenntnisinteresse im Themenblock III war die Klärung der Fragen, welche Potenziale Berufsschullehrkräfte im Einsatz von medien-/internetbasierten Systemen für den berufsschulischen Unterricht sehen, inwieweit sie diese Potenziale bereits nutzen und wie diese Medien zukünftig ggf. noch besser eingesetzt werden können.

3.1 IT-Kompetenz

Fragen: „Wie schätzen Sie Ihre eigene IT-Kompetenz/die IT-Kompetenz Ihrer Auszubildenden beim Einsatz folgender Software/Systeme ein?
Skalierung: sehr schlecht (1) bis sehr gut (5)

Der erste Fragenkomplex zielte auf die IT-Kompetenz von Auszubildenden und Berufsschullehrkräften. Hierzu wurden die Berufsschullehrkräfte um die Selbsteinschätzung ihrer IT-Kompetenz sowie um die Einschätzung der IT-Kompetenzen ihrer Auszubildenden gebeten.

Von besonderer Auffälligkeit bei der Datenauswertung ist die Selbsteinschätzung der Berufsschullehrkräfte, die ihre IT-Kompetenz als weit überdurchschnittlich gut beurteilen. Die IT-Kompetenz ihrer Auszubildenden wird dagegen lediglich als mäßig eingestuft. Der Unterschied ist mit einer um den Faktor 1,18 höheren Einstufung eklatant (aggregierter Mittelwert über die sieben abgefragten Programme/Systeme, vgl. Tab. 1). Am ausgeprägtesten ist diese Diskrepanz bei klassischer Bürosoftware, bei der Berufsschullehrkräfte ihre persönliche IT-Kompetenz um den Faktor 1,31 über derjenigen ihrer Auszubildenden einstufen. Gleiches trifft mit Werten von 1,29 respektive 1,21 auf klassische Lernsoftware sowie Programme zur Internetrecherche zu. Lediglich im Bereich von Programmen/Systemen mit Web 2.0-Charakter (Wiki, Podcast, Blog sowie Programme zur Online-Kommunikation) gestehen die Berufsschullehrkräfte ihren Auszubildenden eine im Verhältnis zum genannten aggregierten Mittelwert weitaus höhere IT-Kompetenz zu, sehen sich jedoch absolut betrachtet mit einem Faktor von 0,96 auf gleicher Augenhöhe mit ihren Auszubildenden.

Tab. 1: IT-Kompetenz: sehr schlecht (1) bis sehr gut (5)

Software/Systeme	Auszubildende	Lehrkräfte	Faktor
Klassische Bürosoftware	3,2	4,2	1,31
Klassische Lernsoftware	3,1	4,0	1,29
Programme zur Internetrecherche	3,6	4,3	1,21
Web 2.0-Charakter	3,7	3,6	0,96
Aggregierte Mittelwerte	3,4	4,0	1,18

Bei obiger Interpretation ist eine gewisse Verzerrung der Daten aufgrund mangelnder Neutralität im Fall der Selbsteinschätzung zu berücksichtigen. Relativ gesehen verdeutlichen die Ergebnisse unabhängig davon eine generationentypische Klaffung zwischen klassischer Software und Software/Systemen mit Web 2.0-Charakter. Dies deckt sich mit weiteren bundesweiten Datenerhebungen wie der ARD/ZDF-Onlinestudie sowie dem (N)Onliner Atlas (vgl. Eimeren/Frees 2008; (N)Onliner Atlas 2007/2008).

Resümee: Den Berufsschullehrkräften ist bewusst, dass Auszubildende eine hohe Kompetenz in der Nutzung von Programmen/Systemen mit Web 2.0-Charakter besitzen. Es stellt sich die weitergehende Frage, inwieweit dies für den Berufsschulunterricht genutzt wird.

3.2 Einsatz medien-/internetbasierter Systeme

Frage: „Welche medien-/internetbasierte Systeme setzen Sie im Rahmen des Unterrichts ein (Mehrfachauswahl möglich)?"
Skalierung: überhaupt nicht (1) bis sehr häufig (5)

Die sich im vorigen Fragenkomplex abzeichnenden Möglichkeiten, die die spezielle IT-Kompetenz der Auszubildenden für den Unterricht bieten, werden derzeit offensichtlich nicht genutzt. Medien-/internetbasierte Systeme werden im Unterricht kaum eingesetzt. Von den abgefragten Systemen (a) Foren, E-Mail, (b) Virtuelle Klassenzimmer, Chat, (c) Blended Learning, (d) Klassische Lern-CDs/DVDs, WBT sowie (e) Dateiverwaltung (Schulserver) kommen lediglich Systeme zur Dateiverwaltung (Schulserver) überdurchschnittlich zum Einsatz. Web 2.0-Elemente wie Chats oder Foren, aber auch längst etablierte Kommunikationsformen wie E-Mail, werden nur sehr selten eingesetzt, auch CBT und WBT haben lediglich eine sehr geringe Verbreitung.

Dieser geringe Einsatz lässt sich allerdings nicht auf veraltete Computerausstattungen oder eingeschränkte Computer- und/oder Internetzugänge zurückführen. Laut Aussagen der Berufsschullehrkräfte sind über 80 % der Computerausstattung der Fachräume weniger als vier Jahre alt und für das Lehrpersonal und die Auszubildenden besteht Zugang größtenteils ohne oder mit nur geringen zeitlichen Einschränkungen. Auch Berührungshemmungen gegenüber dem Web 2.0-Einsatz (aufgrund ihrer im Verhältnis zu ihrer sonstigen IT-Kompetenz niedrigeren Einschätzung) können keine Begründung liefern: Die Aufgeschlossenheit der Berufsschullehrkräfte gegenüber neuen Medien spiegelt sich in der von 62 % der Befragten angegebenen grundsätzlichen Bereitschaft zum Austausch von Unterrichtsentwürfen und Lernsituationen über das Internet wider.

Resümee: Trotz der vorhandenen infrastrukturellen Voraussetzungen werden medien-/internetbasierte Systeme im Unterricht kaum eingesetzt. Es drängt sich die Frage auf, ob Berufsschullehrkräfte im Einsatz von Lernsoftware keinen Nutzen sehen.

3.3   Bedeutung von Lernsoftware

Frage: „Wie schätzen Sie die Wichtigkeit folgender Elemente einer Lernsoftware ein?"
Skalierung: völlig unwichtig (1) bis sehr wichtig (5)

Die durch die Ergebnisse des vorigen Abschnitts naheliegende Interpretation, dass Lernsoftware keine Bedeutung für den Berufsschulunterricht besitzt, lässt sich durch die Auswertung der Antworten zu dieser Frage nicht bestätigen. Im Durchschnitt gesehen werden alle Komponenten, die eine Lernsoftware umfassen kann – sei sie als klassische Lern-CD/DVD oder Programm/System mit Web 2.0-Charakter (wie WBT) umgesetzt -, als wichtig bis sehr wichtig erachtet. Insbesondere die Darstellung von technischen Funktionen, die Darstellung von Fachwissen und die Visualisierung von Arbeitsprozessen werden als besonders bedeutsam herausgestellt.

Resümee: Mit der durchgängigen Einschätzung zu den Elementen einer Lernsoftware als überdurchschnittlich wichtig kann davon ausgegangen werden, dass Berufsschullehrkräfte grundsätzlich nicht am Nutzen des Einsatzes von Lernsoftware zweifeln.

Tab. 2: Elemente einer Lernsoftware: völlig unwichtig (1) bis sehr wichtig (5)

Element	Einstufung
Darstellung von technischen Funktionen	4,4
Darstellung von Fachwissen	4,3
Visualisierung von Arbeitsprozessen (Videos und Fotos)	4,3
Beschreibung von Handlungswissen	3,9
Darstellung von Lernsituationen	3,8
Angebot von Downloads	3,8
Beschreibung von Arbeitsprozessen (Texte)	3,8
Angebot von Internet-Links	3,7
Portfolio (Elektronische Dokumentationen von Erfahrungswissen)	3,5
Literaturempfehlungen	3,4
Online-Forum oder Chatrooms	2,7

Eine mögliche Auflösung dieses Widerspruchs zwischen der Einschätzung der Wichtigkeit von Lernsoftware und ihrem sehr geringen Einsatz bieten die Ergebnisse zu einer weiteren Frage.

Frage: „Wie wichtig wäre es Ihnen, Inhalte einer Lernsoftware eigenständig anpassen zu können?"
Skalierung: völlig unwichtig (1) bis sehr wichtig (5)

Die Auswertung der Antworten der Berufsschullehrkräfte zu dieser Frage zeigt eine sehr deutliche Ausprägung: Über drei Viertel der Berufsschullehrkräfte erachten die Möglichkeit zur eigenständigen Anpassbarkeit von Inhalten einer Lernsoftware als wichtig bis sehr wichtig (56 % wichtig, 21 % sehr wichtig).

Resümee: Um Lernsoftware im Unterricht angemessen einsetzen zu können, erwarten Berufsschullehrkräfte nachdrücklich eine Anpassbarkeit der Softwareinhalte.

4 Zusammenfassung und Ausblick

Berufsschullehrkräfte erachten die Möglichkeiten, die die verschiedenen Elemente einer Lernsoftware bieten, grundsätzlich als wichtig für den Berufsschulunterricht. In der Praxis eingesetzt werden medien-/internetbasierte Systeme im Unterricht jedoch kaum, obgleich keine Berührungsängste der Berufsschullehrkräfte bestehen, die den Einsatz behindern würden. Auch vonseiten der Infrastruktur steht dem Einsatz von Lernsoftware nichts entgegen. Eine mögliche Erklärung scheint darin zu bestehen, dass die Anpassbarkeit der auf dem Markt vorhandenen Produkte an die jeweils spezifischen Rahmenbedingungen einer Schule – die Fachraumausstattung, die inhaltlich-technischen Schwerpunkte, die Unterrichtsorganisation usw. – nur relativ beschränkt ist. Dies deckt sich mit den Ergebnissen einer Evaluation einer Lernplattform für die Ausbildung im Elektrohandwerk (Klaffke u. a. 2007). Auch hier bestand ein Akzeptanzproblem in der Tatsache, dass Änderungen oder Erweiterungen des Content nicht individuell durchgeführt werden konnten sondern über eine zentrale Verwaltung der Plattform erfolgten. Konsequenz war, dass ein Teil des Content nicht genau auf die Bedingungen der Ausbildungsstätten passte und dies letztendlich zum „Nicht-Einsatz" führte.

Als Konsequenz aus solchen Erfahrungen und Befunden geht die Idee des Rapid E-Learning einen grundlegend anderen Weg als eher „klassische" E-Learning-Ansätze. Lernsoftware wird so konzipiert, dass Änderungen am Content von den Anwendern – im Fall gewerblich-technischer Ausbildung also von Lehrern, Ausbildern und Auszubildenden – ohne besonderes medientechnisches Know-how problemlos möglich sind. Ziel ist eine „individuelle Lernsoftware", die auf die jeweils besonderen Bedingungen und Ansprüche zugeschnitten ist. Mit dem vom BMBF und dem ESF geförderten Projekt Kompetenzwerkst@tt Elektrohandwerk (www.kompetenz-werkstatt.net) wird aktuell ein solcher Rapid E-Learning-Ansatz erprobt (vgl. auch den Beitrag von Howe und Knutzen in diesem Band). Die nach einem Jahr Laufzeit gewonnenen ausgesprochen positiven Erfahrungen ermutigen, die Idee der anpassbaren Lernsoftware konsequent weiterzuverfolgen, um das vonseiten der Berufsschullehrkräfte in der Online-Befragung grundsätzlich bestätigte große Potenzial digitaler Medien zukünftig viel stärker in der gewerblich-technischen Berufsbildung nutzen zu können.

Literatur

Bortz, J.; Döring, N. (2003): Forschungsmethoden und Evaluation: für Human- und Sozialwissenschaftler. Berlin: Springer Lehrbuch Verlag.

Eimeren, B. van; Frees, B. (2008): Ergebnisse der ARD/ZDF-Onlinestudie 2008. Bewegtbildnutzung im Internet. media perspektiven 7/2008, S. 350–354.

Klaffke, H.; Howe, F.; Knutzen, S. (2008): Evaluation der ELKOnet-Lernplattform für die überbetriebliche Ausbildung im Elektrohandwerk: In: F. Howe; J. Jarosch; G. Zinke (Hrsg.): Innovative Ausbildungs- und Medienkonzepte in der überbetrieblichen Berufsbildung (S. 228–240). Bielefeld: wbv.

(N)Onliner Atlas (Hrsg.) (2007/2008): Eine Topographie des digitalen Grabens durch Deutschland. Nutzung und Nichtnutzung des Internets. Verfügbar unter http://www.nonliner-atlas.de.

Die Bedeutung moderner Informations- und Kommunikationstechnologien in Bildungsangeboten und Transferprozessen überbetrieblicher Kompetenzzentren

Bernd Mahrin

1 Ausgangslage und Ziele

Überbetriebliche Bildungsstätten erfüllen wichtige Aufgaben in der Ergänzung der betrieblichen Ausbildung, in der Meistervorbereitung und in der Weiterbildung und werden dafür von Bund und Ländern gefördert (BMBF 2005). Die Förderung wendet sich in den letzten Jahren verstärkt der fachlichen Spezialisierung und der Herausbildung spezieller, anwendungsbezogener Expertise zu, namentlich der Entwicklung von Kompetenzzentren. Damit verbindet sich der Anspruch, das aufgebaute und zur Nutzung in Facharbeit und Berufsbildung aufbereitete Know-how durch laufendes Monitoring zu aktualisieren und es Interessenten auch überregional verfügbar zu machen. Nachhaltigkeit und Transfer sind die entscheidenden Zielgrößen bei der Entwicklung der dazu erforderlichen Geschäftsmodelle. Neben der Erweiterung fachlicher Expertise spielt die Weiterentwicklung der Zentren in Querschnitts-Handlungsfeldern wie Netzwerkbildung, Wissensmanagement, Nutzung von Informationstechnologien, Lernen in Netzen, Qualitätsentwicklung, Organisations- und Personalentwicklung, Marketing und Monitoring eine entscheidende Rolle (Kielwein 2005).

Informations- und Kommunikationstechnologien (IKT), insbesondere lernunterstützende Online-Technologien können und müssen diese Prozesse unterstützen (Noske 2008). Die Kompetenzzentren verfolgen dabei verschiedene Ansätze mit unterschiedlichem Erfolg. Die Untersuchung will aus deren Analyse Empfehlungen für die überbetriebliche, betriebliche und schulische Berufsbildung sowie für Beratungsdienstleistungen ableiten.

2 Forschungsfeld, Fragen und Methoden

An ausgewählten Beispielen federführender, durch das Bundesinstitut für Berufsbildung BIBB geförderter Kompetenzzentren aus der Bauwirtschaft und affinen Branchen (Tab. 1, weitere Informationen unter www.komzet-netzwerk-bau.de) werden die Bedeutung dieser Technologien für die Bildungs- und Transferprozesse in den Einrichtungen skizziert sowie erste Erfahrungen, Akzeptanz- und Erfolgskriterien dargelegt. Die Bau-Kompetenzzentren wurden aus drei Gründen für die Studie ausgewählt:

- Die Branche gilt als zurückhaltend beim Einsatz von IKT in Lernprozessen und in originären Arbeitsprozessen, befindet sich aber mit zunehmendem Einzug der Computertechnologien auf Baustellen, an Baumaschinen und in der Prozesssteuerung in einer massiven Umbruchsituation (vgl. Mahrin/Meyser 2007) – es besteht also dringender Handlungsbedarf.

- Die breite Streuung der fachlichen Spezialisierungen der Zentren innerhalb der Branche lässt zumindest tendenzielle Hinweise erwarten auf einen Zusammenhang zwischen der Bedeutung von IKT in Arbeitsprozessen und ihrem Einsatz in Bildungsprozessen.

- Die Bau-Kompetenzzentren befinden sich in der Gründungsphase eines bundesweiten Netzwerks, in dem der Austausch über die IKT-Nutzung und gemeinsame Anstrengungen zur Verbesserung der diesbezüglichen Situation zentrale Anliegen sind (Mahrin/Meerten 2009).

Die Angaben werden über schriftliche, telefonische und persönliche Befragungen bei den Bildungsstätten erhoben und mit vorliegenden Berichten und Veröffentlichungen sowie mit eigenen exemplarischen Begutachtungen der Medien, Instrumente, Plattformen usw. abgeglichen. Zwei komplexe Fragen leiten die Recherchen:

- Wie, in welchem Umfang, mit welchen Medien und Instrumenten und unter welchen Bedingungen ergeben sich für Kompetenzzentren durch die IKT-Nutzung die besten Erfolge für Nachhaltigkeit und überregionalen Know-how-Transfer bzw. -Austausch?

- Wie und in welchem Umfang bietet die Nutzung moderner IKT Chancen, die fachliche, didaktische und organisatorische Zusammenarbeit mit berufsbildenden Schulen, Ausbildungsbetrieben, Bildungs- und Forschungseinrichtungen, Fachverbänden und Organisationen der Wirtschaft zu verbessern?

Die Ergebnisse der Befragungen werden einer Plausibilitätsprüfung anhand von Ergebnissen aus Stichprobenbefragungen anderer beruflicher Kompetenzzentren unterzogen. Auch damit sind zwar keine verallgemeinerungsfähigen Aussagen möglich, aber grobe Fehleinschätzungen dieser qualitativen Forschung können vermieden und tendenzielle Aussagen als Basis für breiter angelegte Untersuchungen getroffen werden.

Tab. 1: Kompetenzzentren Bau

Fachgebiete und Standorte der Kompetenzzentren Bau
Baumaschinentechnik *Walldorf*
Leitungs- und Kanalbau und -sanierung *Leipzig*
Neue Medien und Lernen im Netz *Dresden*
Bau und Energie *Münster*
Elementiertes Bauen *Bühl*
Holzbau und Ausbau *Biberach (Riß)*
Nachhaltiges Bauen *Cottbus*
Nachhaltiges Renovieren und Sanieren *Trier*
Nachhaltiges Bauen und Leitungstiefbau *Hamburg*
Nachhaltiges Handwerk *Rudolstadt*
Personalentwicklungskonzepte *Kerpen*
Restaurierung, Denkmalpflege, Holztechnik *Wriezen*
Sicherheitssysteme *Erfurt*
Stuckateurshandwerk *Rutesheim/Stuttgart*
Versorgungstechnik *Osnabrück*
Zimmerer- und Ausbaugewerbe *Kassel*

3 Stand und Perspektive, erste Ergebnisse

In den vergangenen Jahren hat im Zuge der Weiterentwicklung von überbetrieblichen Bildungsstätten zu Kompetenzzentren der IKT-Einsatz einen Schub erhalten, allerdings in zweierlei Hinsicht begrenzt: Überwiegend ging es um die Unterstützung von Bildungsprozessen – weniger um Transferprozesse – und es waren überwiegend IKT-affine Branchen daran beteiligt. Der kürzlich erschienene Sammelband „Ausbildungskonzepte und Neue Medien in der überbetrieblichen Ausbildung" (Howe/Jarosch/Zinke 2008) schildert in verschiedenen Beiträgen einige sehr eindrucksvolle und offenbar nachhaltige Entwicklungen. Besonders hingewiesen sei hier auf zwei Beispiele, die punktuell Parallelen zu den Aktivitäten der hier untersuchten Kompetenzzentren aufweisen:

- Im Kompetenznetzwerk ELKOnet (Jarosch/Gross 2008) haben die beteiligten Partner aus der Elektrobranche u. a. gemeinsam Online-Lernmodule entwickelt, die sie über die Plattform http://ueba.elkonet.de austauschen und gemeinsam nutzen.

- Das Rapid E-Learning Konzept Kompetenzwerkst@tt (Knutzen/Gross 2008) bietet ein sehr einfach handhabbares Werkzeug zur Erstellung von Lernsoftware, die der Struktur von auftragsorientierten Lern- und Arbeitsaufgaben folgt.

Solche Entwicklungen sind auf die Optimierung von Lernprozessen ausgerichtet und darin beispielgebend. Sie setzen aber IKT-geleitete interne Abläufe voraus, die in der Bauausbildung nur punktuell gegeben sind, und erfordern Medienkompetenzen der Ausbilder, die nicht im nötigen Umfang vorhanden sind. Projekte wie FAINLAB (PT-DLR 2007) sind zwar in technischer und mediendidaktischer Hinsicht über etablierte Standards multimedialer Produkte kaum hinausgekommen, haben aber einen wichtigen Beitrag zur Medienqualifizierung der Ausbilder und zur Akzeptanzsteigerung bei den Nutzern geleistet.

4   Erste Erkenntnisse und Schlussfolgerungen

Die Erfassung der Daten ist noch nicht abgeschlossen, doch es zeichnen sich erste Hinweise auf förderliche und hinderliche Einflüsse und Rahmenbedingungen ab. Lernprogramme, Online-Plattformen mit Dokumentenaustausch, Nutzerforen usw. werden stärker nach – nicht selten überladenen und überfordernden – technischen Funktionalitäten beurteilt als nach didaktischen Potenzialen. Deshalb werden sie kaum zum integrativen, verpflichtenden Bestandteil der Bildungs- und Beratungsangebote gemacht. Ein sicheres Zeichen dafür ist die Tatsache, dass sie in den Geschäftsmodellen der Bau-Kompetenzzentren nur selten auftauchen und keine Refinanzierungsmodelle für den Entwicklungs- und Pflegeaufwand existieren. Wenngleich auf absehbare Zeit die Entwicklung aufwendiger Medienprodukte in diesem Bereich teilweise auf Fördermittel angewiesen bleiben wird, so muss doch der Finanzierungsanteil, der sich mit dem Einsatz dieser Produkte erwirtschaften lässt, sukzessive gesteigert werden. Andernfalls wird auch das vielversprechendste mediendidaktische Konzept an den wirtschaftlichen Erfordernissen scheitern und methodisch-didaktische Forschung und Entwicklung werden obsolet. Marketing- und Vertriebskonzepte in Verbindung mit konzeptionellen und strukturellen Veränderungen der Lehrgänge und Seminare zu entwickeln, ist deshalb ein gemeinsam formuliertes Ziel der Partner im Netzwerk der Bau-Kompetenzzentren.

Im Folgenden werden holzschnittartig die in den Recherchen erkannten förderlichen und hinderlichen Einflüsse auf einen IKT-Einsatz in Bau-Kompetenzzentren benannt. Eine differenzierte Darstellung, konkrete Benennung und Beschreibung von Einzelbeispielen und wertende Analyse werden nach Abschluss der Untersuchung erfolgen.

- Schneller, orts- und zeitunabhängiger Informations- und Datenaustausch sowie bessere Dokumentation, Qualitäts- und Ergebnissicherung werden häufig als Argumente genannt, aber mangels geeigneter Strukturen und Erfahrungen unzureichend realisiert.

- Ausgereifte Autoren-Software, Plattformen und Werkzeuge zum Wissens- und Dokumentenmanagement sind verfügbar aber nicht ausreichend bekannt – die überbordende Vielfalt von Informationen bremst die Entscheidungsfähigkeit.

- Multimediale und Online-Angebote werden als Instrumente zur Entwicklung neuer Geschäftsfelder und Kundenkreise sowie zum Export von Bildungsdienstleistungen gesehen, aber Geschäftsmodelle und Vermarktungsideen bzw. -konzepte fehlen.

- Die Notwendigkeit zu enger Zusammenarbeit zwischen den Kompetenzzentren ist erkannt, aber Modelle für Kostenteilung und Ausgleich von Leistungen befinden sich noch in der Anfangsphase der Entwicklung.

- Didaktische Konzepte für den Medieneinsatz und Materialien und Empfehlungen zur handlungsorientierten Gestaltung beruflicher Lernprozesse stehen häufig unvermittelt nebeneinander und es fehlt eine hinreichende Verbindung zu etablierten Abläufen überbetrieblicher Ausbildung.

- Es gibt Angebote zur medientechnischen und -didaktischen Weiterbildung, die aber oft nicht ausreichend auf die Bedürfnisse des Ausbildungspersonals zugeschnitten sind und nicht in wünschenswertem Maße angenommen werden.

- Die neuen Chancen, die mobile learning Ansätze gerade im von Ortswechseln geprägten Baubereich bieten können, sind noch nicht im Blick der Verantwortlichen.

Als entscheidende Erfolgskriterien für die IKT-Integration in Bildungs- und Transferprozesse in den Bau-Kompetenzzentren werden am häufigsten genannt:

- eine feste Einbindung der multimedialen Instrumente in die eigenen Lehrgänge und Seminare mit ausgewiesener Intention und klaren Vorgaben und Nutzungshinweisen für die Lernenden in Präsenzveranstaltungen, Vor- und Nachbereitung,

- eine angemessene, ausgewiesene Gebühr für die Nutzung der medialen Angebote,

- die möglichst genaue Verfolgung des Verhältnisses von Aufwand und Nutzen im Sinne einer formativen Evaluation, die rechtzeitige Kurskorrekturen erlaubt,

- die Möglichkeit zur Erfahrungsbildung durch Austausche zwischen den Zentren,

- die Verwendung kleiner und kleinster Bildungs-/Medienbausteine, die vielfältig einsetzbar sind, anstelle komplexer Lernprogramme und multifunktionaler Plattformen und vor allem anderen

- die engagierte Arbeit einzelner oder kleiner Gruppen von Ausbildern, die sich für den IKT-Einsatz besonders engagieren und ihre Erfahrungen im eigenen Hause weitergeben – sie bilden oft den entscheidenden Nukleus zum erfolgreichen Einstieg in die effektive IKT-Nutzung in Lern- und Transferprozessen.

Nach dem Vorliegen der vollständigen Untersuchung sollte in Vergleichsstudien geklärt werden, wieweit die Ergebnisse verallgemeinerbar sind und daraus Empfehlungen für andere Bildungseinrichtungen abgeleitet werden können.

In vertiefenden Untersuchungen mit breiterer Datenbasis sollten ferner Zusammenhänge zwischen Lerner aktivierenden Methoden, Selbststeuerung von Lernprozessen und handlungsorientierten didaktischen Konzepten und dem Einsatz von digitalen Lern-, Informations- und Austauschwerkzeugen an beruflichen Lernorten im Bausektor und in arbeitsplatznahen/arbeitsintegrierten Lernprozessen eingehender erforscht werden.

Literatur

BMBF – Bundesministerium für Bildung und Forschung (2005): Richtlinien vom 15.09.2005 zur Förderung überbetrieblicher Ausbildungsstätten und ihrer Weiterentwicklung zu Kompetenzzentren, BanZ Nr. 190 vom 07.10.2005.

Howe, F.; Jarosch, J.; Zinke, G. (Hrsg.) (2008): Ausbildungskonzepte und Neue Medien in der überbetrieblichen Ausbildung. Bielefeld: wbv.

Jarosch, J.; Gross, J. (2008): Kompetenznetzwerk zur Qualitätssicherung in der ÜBS – das Beispiel ELKOnet. In: F. Howe; J. Jarosch, G. Zinke (Hrsg.): Ausbildungskonzepte und Neue Medien in der überbetrieblichen Ausbildung (S. 109–132). Bielefeld: wbv.

Kielwein, Kurt (2005): 30 Jahre Planung und Förderung überbetrieblicher Berufsbildungsstätten. Von der überbetrieblichen Ausbildungsstätte zum Kompetenzzentrum für berufliche Bildung. Bielefeld: wbv.

Knutzen, S.; Howe, F. (2008): Rapid E-Learning in der gewerblich-technischen Ausbildung – Gestaltbare Lernsoftware nach dem Konzept der Kompetenzwerkst@tt. In: F. Howe; J. Jarosch; G. Zinke (Hrsg.): Ausbildungskonzepte und Neue Medien in der überbetrieblichen Ausbildung (S. 133–156). Bielefeld: wbv.

Mahrin, B; Meerten, E. (2009): Beratung, Qualifizierung, Innovationstransfer – Das Netzwerk „Kompetenzzentren Bau und Energie". In: BWP 02/2009, S. 36–37.

Mahrin, B.; Meyser, J. (2007): Multimediale Lehr- und Lernangebote in der Ausbildung der Bauwirtschaft – Konzepte, Projekte, Beispiele. In: S. Baabe-Meijer; J. Meyser; K. Struve (Hrsg.): Innovation und soziale Integration. Fachtagung 02, Hochschultage Berufliche Bildung 2006 (S. 67–90). Bielefeld: wbv.

Noske, C. (2008): Neue Lernmethoden zur Motivation der Auszubildenden in Unternehmen: gestiegenen Anforderungen Rechnung tragen. In: Wirtschaft und Berufserziehung (W & B), 60 (1), S. 18–22.

PT-DLR – Projektträger im Deutschen Zentrum für Luft- und Raumfahrt (2007): FAINLAB – Förderung von Akzeptanz und Integration von netzbasierten, multimedialen Lehr- und Lernangeboten in der Ausbildung der Bauwirtschaft. Verfügbar unter http://www.dlr.de/pt/desktopdefault.aspx/tabid-3181/4874_read-7091/ (30.05.2009).

Selbstgesteuertes Lernen mit Neuen Medien in der Fachschulausbildung

Michael Martin

1 Entwicklung beruflicher Handlungskompetenz als leitendes Ziel Selbstgesteuerten Lernens

Die berufliche Praxis fordert von Fachschulabsolventen ein hohes Maß an beruflicher Handlungskompetenz. Einen Beitrag zur Entwicklung ausgewählter Elemente beruflicher Handlungskompetenz können Unterrichtseinheiten nach dem Konzept des Integrativen Fachunterrichts (IF) leisten (vgl. Abb. 1). Dieses Konzept basiert auf der Annahme, dass die Kompetenz, Fachwissen selbstgesteuert zu erwerben und einzusetzen untrennbar mit dem Gebrauch der zu diesem Zweck verwendeten (Neuen) Medien verwoben ist. Fach-, Methoden- und Medienkompetenzen sollten deshalb in modernen beruflichen (Fachschul-) Bildungsgängen gleichzeitig und gleichberechtigt ausgebildet werden. Der Computer steht innerhalb eines solchen Konzepts nicht als Lerngegenstand im Mittelpunkt, sondern ist Mittel zum Zweck in einem selbstgesteuerten Lernprozess. An ausgewählten gartenbaulichen Fachschulen wurde Selbstgesteuertes Lernen (SgL) mit Neuen Medien nach dem Konzept des IF bereits umgesetzt (vgl. Martin 2008).

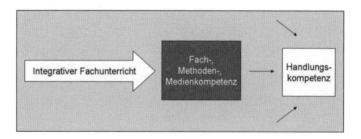

Abb. 1: Integrativer Fachunterricht zielt auf Handlungskompetenzentwicklung

Quelle: Martin 2008

2 Mediengestützte Lehr-Lernarrangements ermöglichen Selbstgesteuertes Lernen

Unter dem Begriff „Selbstgesteuertes Lernen" finden sich inzwischen vielfältige Definitionen, abhängig vom jeweiligen Kontext und den unterschiedlichen Systematisierungsansätzen. Im Folgenden wird SgL als eigenverantwortliches Lernen verstanden, wobei Bezug und Grad der Eigenverantwortlichkeit für jede Lernsituation unterschiedlich sein kann. Dabei ist SgL Weg (Mittel) im Lernprozess und Ziel des Lernprozesses zugleich (vgl. Huber 1999). „Selbststeuerung" als methodische Kompetenz der Lernenden wird hier schrittweise aufgebaut. Lehr-Lernarrangements (LLAs) zum Zwecke der Entwicklung des SgL enthalten daher instruktionale und konstruktivistische Elemente in einem der Zielgruppe angemessenen Verhältnis. Die Studierenden an Fachschulen besitzen dabei schon basale Methoden- und Medienkompetenzen. Sie verfügen zudem über ein relativ hohes Maß an Selbstdisziplin und sind i. d. R. sowohl motiviert als auch in der Lage, innerhalb geeigneter LLAs über einen längeren Zeitraum selbstgesteuert mit dem Computer zu arbeiten.

Die Umsetzung des SgL mit Neuen Medien erfolgt innerhalb handlungsorientierter LLAs. Diese bieten optimale Rahmenbedingungen für einen selbstgesteuerten Aneignungsprozess der Lernenden (vgl. Bräuer 2004). Zeitgemäße didaktisch-methodische Herangehensweisen sind für deren Erstellung leitend (vgl. Abb. 2).

Den genannten Prämissen folgend wurden zwei LLAs zu den Themenbereichen „Photosynthese" (LLA PS) und „Grüne Gentechnik" (LLA GG) ausgearbeitet. Die Studierenden werden hier nach einer kurzen Einführung über ein Szenario in eine realitätsnahe Lernsituation versetzt und erhalten einen gemeinsamen, komplexen Arbeitsauftrag. Der Auftrag wird anhand von Leitfragen in arbeitsteiligen Kleingruppen bearbeitet. Jede Arbeitsgruppe setzt sich aus „Computerprofis" und „Computerlaien" zusammen, die sich ihre Teilthematik selbst aussuchen, ihre Arbeitsweise selbst bestimmen und sich gegenseitig unterstützen. Als Bearbeitungshilfe erhalten die Gruppen je eine Mappe mit Hintergrundinformationen. Zur Informationsbeschaffung, Informationsaufbereitung und Ergebnisdarstellung dienen vernetzte Computer mit Internetzugang und Peripheriegeräten (Drucker, Beamer) sowie ausgewählte Software (Browser, Textverarbeitung, Präsentationsprogramm, Media-Wiki). Die Lehrkraft übernimmt während der gesamten Erarbeitungsphase die Rolle eines Lernberaters. Hierdurch wird den Studierenden die selbstgesteuerte Arbeit am Unterrichtsgegenstand ermöglicht. Die Ergebnisse der Gruppenarbeiten werden im Plenum präsentiert, überprüft, diskutiert und bewertet. Die Teilergebnisse werden zu einem Gesamtergebnis, das sich auf den gemeinsamen Arbeitsauftrag bezieht, zusammengeführt. Aufgrund der vorgestellten Artikulation bietet es sich an, ein LLA projektorientiert innerhalb eines Schultages (4

Abb. 2: Didaktisch-methodische Herangehensweisen im Lehr- Lernarrangement

Quelle: Martin 2008

Blöcke = 8 Schulstunden) durchzuführen. In Abb. 3 sind planerisch schon Reserven von einigen Minuten zwischen den Blöcken berücksichtigt.

25 Minuten (im 1. Unterrichtsblock)	**Erläuterungen** zum Unterrichtstag
65 Minuten (im 1. Unterrichtsblock)	**Informationsbeschaffung** zur Thematik
85 Minuten (der gesamte 2. Unterrichtsblock)	**Aufbereitung** der ermittelten Informationen
85 Minuten (der gesamte 3. Unterrichtsblock)	**Präsentation** und **Überprüfung** der Gruppenergebnisse
40 Minuten (im 4. Unterrichtsblock)	**Einschätzung / Bewertung** der Gruppenergebnisse
40 Minuten (im 4. Unterrichtsblock)	**Zusammenführung** der Teilergebnisse zu einem Gesamtergebnis

Abb. 3: Artikulation für ein LLA zur Entwicklung des Selbstgesteuerten Lernens

Quelle: Martin 2008

3   Integrierter Fachunterricht führt nachweislich zu Kompetenzentwicklungen

Ob die Studierenden tatsächlich Selbststeuerungskompetenzen entwickelt haben, wurde über die Erprobung der LLAs im pädagogischen Experiment festgestellt. Hierbei wurden kriteriengeleitet verschiedene Erhebungsinstrumente vor, während und nach der Durchführung der LLAs eingesetzt (vgl. Abb. 4) und die ermittelten Daten qualitativen wie quantitativen Auswertungsmethoden unterzogen. Für die Erprobung konnten sechs Fachschulklassen mit insgesamt 81 Studierenden aus fünf verschiedenen Bundesländern gewonnen werden. Außerdem wurden insgesamt 12 Lehrkräfte der Fachschulen in die Erhebungen einbezogen. Zu allen untersuchten Kompetenzbereichen (ausgewählte Kriterien für SgL aus den Bereichen Fach-, Methoden- und Medienkompetenzen) liegen positive Ergebnisse vor. Die fachlichen Testarbeiten sind im Durchschnitt mit guten Noten absolviert worden. Dies ist ein deutliches Indiz dafür, dass die im Rahmen der LLAs formulierten kognitiven Lernziele erreicht und entsprechende Fachkompetenzen entwickelt wurden.

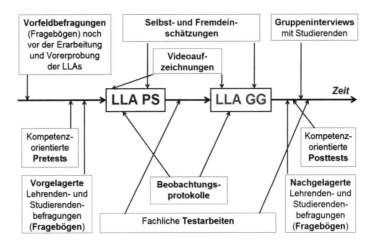

Abb. 4: Erhebungsintrumente mit ihren Einsatzzeitpunkten (unskalierte Zeitachse)

Quelle: Martin 2008

In Abb. 5 wird exemplarisch ein Ergebnis aus der Studierendenbefragung zum Kompetenzbereich Methodenkompetenz vorgestellt. Anhand dieser Grafik wird deutlich, dass – zumindest aus der subjektiven Sicht der Befragten – die nachzuweisenden Fähigkeiten nach der Durchführung beider LLAs (nachgelagerte Befragung) klar höher ausgeprägt waren als vor dem Durchlaufen der LLAs (vorgelagerte Befragung). Dieses Ergebnis stimmt mit den Resultaten aus den anderen Erhebungsinst-

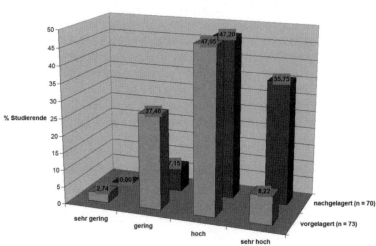

Wie schätzen Sie Ihre Fähigkeit ein, Ihre Arbeit am Unterrichtsgegenstand und die dabei zu bewältigenden Arbeitsschritte selbstständig planen und organisieren zu können?

Abb. 5: Studierendeneinschätzung zur Methodenkompetenz (schriftl. Befragung)

Quelle: Martin 2008

rumenten überein, sodass eine echte (Weiter-) Entwicklung der Methodenkompetenzen in der untersuchten Gruppe angenommen werden kann.

Mittels kompetenzorientierter Pre- (vor der Durchführung der LLAs) und Posttests (nach der Durchführung beider LLAs) wurden verschiedene Kriterien des SgL objektiv überprüft. Hierfür sind die ermittelten Daten in mehreren Schritten aufbereitet und u. a. die Ausprägungsgrade der überprüften Kompetenzen in „nicht-mäßig" und „häufig-stets" vorhanden unterteilt worden. Auf diese Weise konnte sowohl ein Eindruck zum Ausgangsniveau der Studierenden gewonnen als auch die Richtung der Kompetenzentwicklung für den untersuchten Bereich veranschaulicht werden. In Abb. 6 ist die Entwicklung der Studierenden hinsichtlich ihrer Medienkompetenzen dargestellt. Die Datenpunkte in der Grafik sind mit Linien verbunden um zu verdeutlichen, dass für einen Großteil der Studierenden maßgebliche Kompetenzzuwächse zu verzeichnen sind. Durch Triangulation mit Ergebnissen aus anderen Erhebungsinstrumenten kann der Schluss gezogen werden, dass die Studierenden auch ihre Medienkompetenzen nach Durchlaufen der LLAs weiter entwickelt haben.

Die meisten Studierenden arbeiteten auffällig diszipliniert und engagiert, sie haben nahezu alle gesetzten fachlichen und methodisch-medialen Ziele erreicht. Bei den

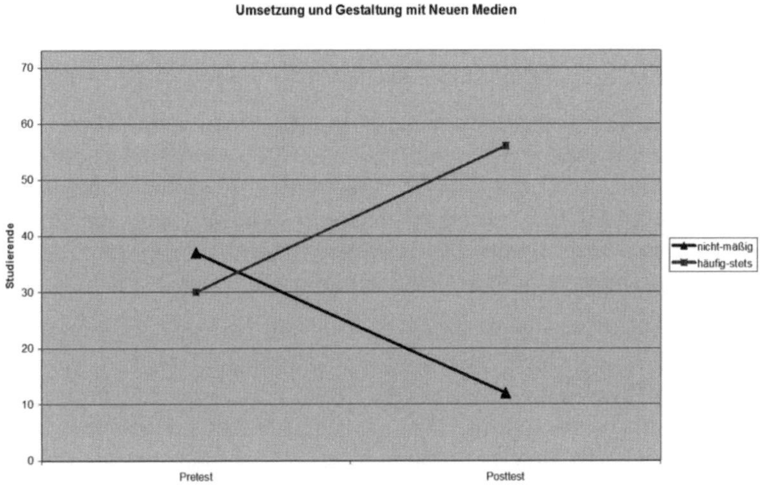

Umsetzung und Gestaltung mit Neuen Medien

Abb. 6: Entwickelung von Medienkompetenzen (Prä- und Posttests)

Quelle: Martin 2008

Studierendenbefragungen kristallisierten sich jedoch auch kritikwürdige Aspekte heraus. So wurde bemängelt, dass mithilfe entsprechender Lehrbücher wohl schneller zum Erfolg zu kommen sei als mit dem Computer. Offensichtlich realisierten einige Studierende (noch) nicht, dass sie neben der Fachkompetenz auch andere Kompetenzen entwickelten. Sie stellten „ganz nebenbei" fest, welche Informationen im Internet valide sind und welche nicht, konnten sich in Vortragstätigkeit üben, haben ihre Fähigkeit zur Beurteilung von Leistungen geschärft und ihre Organisationsfähigkeit trainiert. Diese Kompetenzen sind Bausteine des Selbstgesteuerten Lernens und werden nicht nur für gartenbauliche Führungskräfte bei der täglichen Arbeit immer bedeutsamer.

4 Selbstgesteuertes Lernen kann in verschiedenen Kontexten realisiert werden

Selbstverständlich müssen nicht immer alle der in den vorgestellten LLAs angeführten Bausteine (Informationsbeschaffung, Informationsaufbereitung, Informationsdarstellung, Ergebnispräsentation, Ergebniseinschätzung, Ergebniszusammenführung) in den Unterricht einfließen. Denn die LLAs sind so aufgebaut, dass auch Sequenzen hieraus sinnvoll integriert werden können. So sind die zeitlichen und inhaltlichen Komponenten flexibel handhabbar. Es bleibt den Lehrenden überlassen, an welcher Stelle im Unterricht sie inhaltliche, methodische oder medientechnische

Schwerpunkte setzen. Auch der Lernort kann bei Bedarf angepasst werden. Beispielsweise könnten die Phasen der Informationsbeschaffung und -aufbereitung im Sinne des Blended Learning individuell am heimischen Rechnerarbeitsplatz erfolgen.

Will man eine curriculare Einbettung des IF weiter verfolgen, sollten vergleichende Studien auf der Mesoebene durchgeführt werden. Weiterhin wäre es von Interesse, die Möglichkeiten des SgL mit Neuen Medien auch im Zusammenhang mit der betrieblichen Weiterbildung zu untersuchen. Ferner ist die Nachhaltigkeit von Lernen in solchen Konzepten ein untersuchungswürdiger Gesichtspunkt. Auch der Genderaspekt könnte in einer weiterführenden Studie stärker in den Mittelpunkt rücken.

Abschließend bleibt festzustellen, dass das über die LLAs realisierte Unterrichtskonzept des IF eine gute Möglichkeit eröffnet, Selbstgesteuertes Lernen mit Neuen Medien als ein Element im fachschulischen Unterricht (weiter) zu entwickeln. Mit der Durchführung von ein bis zwei LLAs jährlich nach dem aufgezeigten Muster (zu vielfältigen denkbaren Unterrichtsthemen) kann, insbesondere vor dem Hintergrund des lebenslangen Lernens, zum beruflichen Erfolg der Absolventen beigetragen werden. Und dies vermutlich nicht nur in gartenbaulichen Fachschulbildungsgängen, sondern berufsfeld- und bildungsgangübergreifend.

Literatur

Bräuer, M. (2004): Handlungsorientiertes Lehr-Lern-Arrangement im Fachunterricht von Gärtnern und Landwirten. Hamburg: Verlag Dr. Kova.

Huber, L. (1999): Richtlinien zu den Gestaltungsprinzipien des Unterrichts; Vorwort aus dem Gutachten „Förderung des selbstständigen Lernens auf der Oberstufe". NRW. Verfügbar unter http://www.learnline.nrw.de/angebote/selma/medio/grundlegendes/vortraegeaufsaetze/huber/huber.pdf

Martin, M. (2008): Entwicklung des Selbstgesteuerten Lernens in der gartenbaulichen Fachschulausbildung durch den Einsatz moderner Methoden und Neuer Medien. Berlin: dissertation.de Verlag

Virtuelles Lernen in Arbeitsprozessen – Lernort Baustelle

Torsten Grantz, Sven Schulte,
Dennis Krannich & Eva-Sophie Katterfeldt

1 Ausgangslage des Forschungsvorhabens

Auf den ersten Blick mag es etwas erstaunlich erscheinen, einen eher handfesten und von Staub, Schmutz und Lärm geprägten Arbeitsplatz mit einem Lernkonzept zu verknüpfen, das auf moderner Informationstechnologie basiert. Insgesamt gibt es drei Argumentationslinien, die gemeinsam zur Entstehung des Projektes „Virtuelles Lernen auf der Baustelle – Vila-b" (welches durch das BMBF und den Europäischen Sozialfonds gefördert wird) geführt haben:

1. Arbeitsprozessorientierte Wende: Die Berufspädagogik hat sich durch einen Paradigmenwechsel der Berufs- bzw. Arbeitswelt in den 90er Jahren neu orientiert. Die Veränderungen der Produktions- und Arbeitsbedingungen führten dazu, berufliche Bildungsmaßnahmen zunehmend unter handlungsorientierten, selbstorganisierten und in lebenslangen Lernprozessen zu betrachten. Ziel dieser Ausrichtung ist es, auf individueller Ebene die geeigneten Kompetenzen zu entwickeln, um als Individuum in der immer komplexeren Arbeitswelt bestehen zu können.

2. Entwicklungen im Mobile-/E-Learning: Nach der anfänglichen Begeisterung für das Lernpotenzial der neuen bzw. digitalen Medien ist die Erkenntnis etabliert, dass die Einführung der Medien alleine keine Lernerfolge mit sich bringt. In der heutigen digitalisierten Welt, in der die Aus- und Weiterbildung – aber auch die Arbeitsprozesse – immer stärker von der PC- und Internetnutzung geprägt sind, ist es daher umso wichtiger, die Nutzung der Medien durch geeignete didaktische Konzepte vorzubereiten und zu unterstützen. Mobile Technologien erobern nicht nur unser tägliches Leben, sondern auch die Arbeitswelt und dienen als Unterstützung der Arbeit oder zu Kommunikationszwecken. Besonders die Einrichtung von Remote-Arbeitsplätzen bietet ein großes Anwendungspotenzial und stellt besondere Anforderungen an die didaktische und technische Umsetzung im Projekt.

3. Marktpotenzial des ökologischen Bausektors: Die Diskussion um neue Klima- und Energieziele betrifft nicht nur die energiepolitische Ausrichtung. Die zunehmende Verwendung nachhaltiger und nachwachsender Rohstoffe wird vermehrt durch umweltpolitische Programme mit ökonomischen Anreizen ge-

fördert. Gleichzeitig ist der Gebäudebestand in der Bundesrepublik Deutschland in einem Zustand, der für die nächsten Jahre einen enormen Bedarf an
Altbausanierungsmaßnahmen beschreibt, sodass sich den zahlreichen Klein-
und Mittelständischen Unternehmen (KMU) eine Chance bietet, sich struktu-
rell im Bauindustriesektor zu positionieren.

Durch die Kombination dieser Faktoren verfolgt das Projekt einerseits anwendungsorientierte Ziele, die in der Entwicklung einer Fortbildung zur „Fachkraft für ökologische und klimagerechte Altbausanierung" und der Etablierung dieser Fortbildung
in einem Kompetenzzentrum münden. Andererseits wird die theoretische Weiterentwicklung und Erprobung eines didaktischen Ansatzes vorgenommen, der sich
an realen Arbeitsprozessen orientiert und ein entsprechendes Curriculum sowie geeignete Lern- und Arbeitsaufgaben entwickelt. Mobile Technologien (wie z. B. Personal Digital Assistent (PDA)) sollen den im Projekt verfolgten Ansatz des virtuellen
Lernens unterstützen.

2   Fragestellung des Forschungsvorhabens

Die Forschungsfragen im Projekt Vila-b beziehen sich auf den didaktischen Ansatz
der Fortbildung und auf die Einbindung digitaler Medien in den Lern- und Arbeitsprozess:

1. *Was sind die didaktischen Grundlagen zum Lernen im Arbeitsprozess und
   wie kann das Lernen mit digitalen Medien im Arbeitsprozess realisiert werden?*
   Die Arbeitsprozessorientierung stellt das zentrale didaktische Element bei Vila-
   b dar. Gleichwohl lässt sich allein aus diesem Aspekt nicht automatisch eine
   didaktische Konzeption ableiten. Die Frage stellt sich also, welche didaktischen
   Elemente geeignet sind, um eine Fortbildung zu gestalten, die den Arbeitsprozess in den Mittelpunkt rückt und die dazu digitale Medien zur Unterstützung des Lernens im Arbeitsprozess einbindet. Es ist das Ziel, die Erkenntnisse
   und Antworten zu einem entwicklungslogischen didaktischen Konzept zusammenzuführen.

2. *Wie lässt sich betriebliche Weiterbildung durch den Einsatz von Informati-
   ons- und Kommunikationstechnologien (IKT) kontinuierlich im Arbeitsprozess verankern?*
   Die Konzeption von Vila-b bietet die Möglichkeit, selbstorganisiertes und kon-
   tinuierliches Lernen zu ermöglichen. Ungeachtet dessen ist die Einbindung der
   Medien in den Lernprozess durch geeignete organisatorische und didaktische
   Rahmenbedingungen zu unterstützen. Umso mehr ist im vorliegenden Fall

Forschungsarbeit zu leisten, da der Bausektor in dieser Hinsicht noch nicht erschlossen ist.

3. *Welchen Beitrag hat das zu entwickelnde Weiterbildungskonzept bei der Kompetenzentwicklung von Facharbeitern und bei der Unternehmensentwicklung?*
   Die Kompetenzforschung steht vor der Problematik zunehmender Rechtfertigungszwänge hinsichtlich des Outputs von Bildungsmaßnahmen. Eine Entwicklung von geeigneten Instrumenten in dieser Hinsicht ist – je nach dem Verständnis des Kompetenzbegriffs – langwierig und dazu abhängig von der Domäne. Eine zentrale Frage ist es daher zu klären, welche Instrumente für die Zielgruppen des Projektes zur validen und reliablen Erfassung der Kompetenzentwicklung beitragen können.

3 Forschungsansatz und Durchführung

Die Durchführung des Vorhabens basiert auf der inhaltlichen, an den realen Arbeitsprozessen orientierten Ausrichtung und auf der didaktischen Gestaltung und technischen Einbindung des Ansatzes des virtuellen Lernens.

Die inhaltliche Umsetzung wird mit der Anwendung der berufswissenschaftlichen Forschungsmethoden vorgenommen (vgl. Becker/Spöttl 2008; Becker/Spöttl 2006):

1. Sektorbeschreibung: Als inhaltliche Vorbereitung für die weiteren Schritte wird eine Analyse der beruflichen Domäne vorgenommen. Diese basiert auf Dokumentenanalysen, Fachliteratur, berufsbezogenen Statistiken, Marktanalysen etc. Auf der Makroebene entsteht damit eine Orientierung, die auch aktuelle Entwicklungen sowie die Aus- und Weiterbildung des Sektors beinhaltet.

2. Arbeitsprozessanalysen: In den Arbeitsprozessanalysen werden die durchgeführten Arbeitsprozesse beobachtet und dokumentiert. Das Forscherteam besteht dabei in der Regel aus 2–3 Personen, wobei zumindest eine Person die fachliche Expertise für die ökologische Altbausanierung aufweist. Die Arbeitsprozessanalysen werden mithilfe eines Beobachtungs- und Befragungsinstruments durchgeführt und haben das Ziel, die Kernarbeitsprozesse der Fachkräfte sowie die dafür notwendigen Kompetenzen zu identifizieren.

3. Fallstudien: Fallstudien sind vorgesehen, um die Strukturen beruflicher Arbeitsprozesse auf der Unternehmensebene zu analysieren. Dazu werden betriebliche Abläufe, Aufträge, Aufgabeninventare oder Kennzahlen beschrieben und ausgewertet. Im vorliegenden Projekt finden die Fallstudien mithilfe

eines Beobachtungs- und Befragungsinstrumentes und im Kontext der bei den Arbeitsprozessanalysen erwähnten Baustellenbesuche statt, sodass der zweite und dritte Schritt des Forschungsansatzes im Projekt Vila-b kombiniert durchgeführt werden.

4. Experten-Facharbeiter-Workshops: Die Ergebnisse der Arbeitsprozessanalysen werden in einem abschließenden Schritt einer inhaltlichen Validierung unterzogen und in eine logische Reihenfolge gebracht. Dazu werden Experten-Facharbeiter-Workshops durchgeführt, in denen fachliche Experten (Facharbeiter, Meister, Ausbilder etc.) sowohl inhaltliches Feedback geben als auch die Reihenfolge der Kompetenzen festlegen, welche die Entwicklung eines Novizen hin zu einem Experten abbildet.

5. Als letzter Schritt ist die Erstellung von Lerninhalten vorgesehen, die anhand der in den Arbeitsprozessanalysen identifizierten und in den Workshops entwicklungslogisch aufbereiteten Kernkompetenzen vorgenommen wird, sodass ein an realen Arbeitsprozessen orientiertes Curriculum für die Fortbildung entsteht.

6. Darüber hinaus wird in dem Projekt der Ansatz des „Virtuellen Lernens" verfolgt. Virtuelles Lernen unterscheidet sich von den bestehenden Blended-Learning-Ansätzen dadurch, dass neben der Einbindung digitaler Medien und der Lernortkombination auch explizit eine mobile Komponente enthalten ist (vgl. Abb. 1: Die didaktische Gestaltung Virtuellen Lernens; vgl. Grantz, Schulte, Spöttl, 2008). Gleichzeitig steht die didaktische Gesamtkonzeption mit ihrer Arbeitsprozessorientierung und der entwicklungslogischen Strukturierung im Vordergrund.

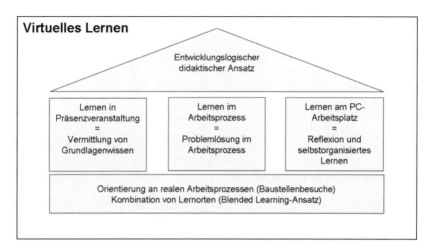

Abb. 1: Die didaktische Gestaltung des Virtuellen Lernen

Damit das Lernen im Arbeitsprozess umgesetzt werden kann, muss die Fachkraft möglichst schnell, intuitiv und problemlösungsorientiert an die benötigten Informationen gelangen. Ansätze wie Wikis oder reine Datensammlungen erscheinen im Kontext der Baustelle nicht nutzbar. Um das mobile Lernen praktikabel zu gestalten, wird daher auf eine Kontexterkennung mittels RFID-Technologie zurückgegriffen. In der Praxis wird ein Lernprozess auf einer Baustelle bspw. dadurch ausgelöst, dass ein Facharbeiter in einer Arbeits- oder Problemsituation mit dem mobilen Gerät einen dem Baustoff zugeordneten Strichcode scannt. Damit wird der Zugriff auf die Datenbank aktiviert, und der Facharbeiter hat Zugang zu kontextbezogenen Verfahrensanweisungen, Gefahrenhinweisen oder Inhaltsstoffe. Die Aufbereitung der Lerninhalte anhand einer explorativen, entwicklungslogischen Struktur wird mithilfe der Technik mobil zur Verfügung gestellt und bietet durch eine Synchronisierungsfunktion für die verschiedenen Lernorte auch im Nachhinein die Gelegenheit, tiefergehendes Lernen und Reflektieren der (Hintergründe der) ursprünglichen Problemsituation zu erfassen.

Die technische Umsetzung basiert auf einer Datenbankstruktur zur Verwaltung der Lerninhalte. Diese bestehen einerseits aus standardisierten, fachlichen Informationen (z. B. zu Produkten oder Vorschriften), andererseits aus Informationen, die durch Arbeitsprozesse und dem darin enthaltenen Erfahrungswissen der Fachkräfte gewonnen wurden. Das System basiert auf dem Open-Source Content Management System Typo3. Die Verwaltung der Lerninhalte erfolgt ausschließlich über das Internet, sodass eine möglichst problemlose Gestaltung der Schnittstellen garantiert ist. Damit ist die Umsetzung eines mobilen Lernens auf der Baustelle und das Ziel der Verknüpfung der Lerninhalte an den drei Lernorten umsetzbar. Dabei erfolgt die Entwicklung des Mobile Client (MC) in einem partizipativen Entwicklungsprozess, sodass die Fachkräfte direkt an der Entwicklung involviert sind und so optimaler auf deren Bedürfnisse eingegangen werden kann. Zum besseren Verständnis dieser Bedürfnisse wurden zusätzlich Contextual Inquires (vgl. Beyer/Holzblatt 1998) durchgeführt und in regelmäßigen Abständen Fokusgruppen und Workshops veranstaltet. Zur Gewährleistung der Gebrauchstauglichkeit werden Methoden verwendet, die besonders die Eigenschaften und Beschränkungen der mobilen Welt berücksichtigen (vgl. Krannich 2008).

4 Bisherige Erkenntnisse

Ein zentrales Forschungsanliegen ist die Weiterentwicklung und Anwendung des virtuellen Lernens entlang einer entwicklungslogischen Didaktik. Während die inhaltliche Erschließung der Fortbildung aufgrund der Arbeitsprozessanalysen als etablierte Methode angesehen ist, so ist die „didaktische Begründung" der daraus zu entwickelnden Lernaufgaben auf theoretischer Ebene noch nicht ausreichend.

Die Ergebnisse der bisherigen Arbeitsprozessanalysen haben zur Identifizierung von Kernarbeitsaufgaben geführt. Während die entsprechende Aufbereitung und Validierung der dazugehörigen, identifizierten Kernkompetenzen durchgeführt wird, entsteht gleichzeitig ein Prototyp, um das Konzept inhaltlich, technisch und realitätsbezogen mit Facharbeitern zu erproben. Darüber hinaus haben die ersten Analysen auch weitere, neben dem Fortbildungsaspekt für KMU und Facharbeiter bedeutsame Anwendungsfelder aufgezeigt: So hat sich in einem Unternehmensworkshop gezeigt, dass die mobilen Geräte sehr gut zu Informations- und Dokumentationszwecken geeignet sind, sodass für die weitere Umsetzung auch entsprechende Bedarfe der KMU und der Facharbeiter berücksichtigt werden.

5 Schlussfolgerungen für künftige Forschung

Die zentralen Fragestellungen des Projektes betreffen den didaktischen Ansatz, dessen Hauptmerkmale die Orientierung am Arbeitsprozess, die entwicklungslogische Aufbereitung der Inhalte und die Einbindung moderner digitaler Medien darstellen. Folgende Impulse ergeben sich für die Forschung:

1. Theoretische Fundierung des entwicklungslogischen didaktischen Ansatzes: Der didaktische Ansatz orientiert sich wie geschrieben anhand der Beobachtung der realen Arbeitsprozesse. Damit werden bei der Gestaltung der Lerninhalte handlungsorientierte Aspekte, aber auch Elemente des selbstorganisierten Lernens, des Konstruktivismus und des virtuellen Lernens integriert. Die dezidierte theoretische Begründung der Verwendung dieser didaktischen Ele-

mente, besonders in ihrem hier beschriebenen Zusammenspiel, ist noch zu leisten. Als Ergebnis entsteht ein entwicklungslogischer didaktischer Ansatz, der auch eine gute Ergänzung der berufswissenschaftlichen Forschungsmethoden darstellt, da hier die Basis für die Entwicklung von Lernaufgaben für ein arbeitsprozessorientiertes Curriculum liegt.

2. Evaluation der Kompetenzentwicklung: Eng verknüpft mit dem ersten Punkt ist die Frage nach der Lernwirksamkeit der entwickelten Fortbildung. In zwei Testgruppen wird der Lernerfolg summativ evaluiert, um entsprechende Erkenntnisse für die Optimierung zu nutzen. Damit wird ein wichtiger Beitrag für die Kompetenzforschung geleistet, da u. a. Fragen der informellen Lernzeiten und des impliziten Lernens, auch in Verbindung mit einer formalen Zertifizierung, behandelt werden.

Literatur

Becker, M.; Spöttl, G. (2006): Berufswissenschaftliche Forschung und deren Relevanz für die Curriculumentwicklung. In: bwp@ 11/2006. Verfügbar unter http://www.bwpat.de/ausgabe11/becker_spoettl_bwpat11.shtml.

Becker, M.; Spöttl, G. (2008): Berufswissenschaftliche Forschung – Ein Arbeitsbuch für Studium und Praxis. Frankfurt a. M: Peter Lang.

Beyer, H.; Holtzblatt, K. (1998): Contextual Design: Defining Customer-Centered Systems. San Francisco: Morgan Kaufmann.

Grantz, T.; Schulte, S.; Spöttl, G. (2008): Virtuelles Lernen auf der Baustelle. Berufswissenschaftliche Forschung und deren Relevanz für die Curriculumentwicklung. In: bwp@ 15/2008. Verfügbar unter http://www.bwpat.de/ausgabe15/grantz_etal_bwpat15.pdf.

Krannich, D. (2008): Ripcord: Prototyping und Usability-Testing im nativen Benutzungskontext. In: Mensch & Computer, S. 317–326.

Informatisierung und Entsinnlichung – Über Wirkungen des Wandels in der Arbeitswelt und Folgerungen für die Berufsbildung

Thomas Vogel

1 Ausgangslage, Fragestellungen und Methode des Forschungs- und Entwicklungsvorhabens

Der Einzug der Informations- und Kommunikationstechnologien hat auf zahlreiche Aspekte der Arbeits- und Produktionsprozesse Einfluss. Er verändert die Erfahrungswelt der arbeitenden Menschen, ihre Sinnlichkeit, und wirkt sich auf die Einfluss- und Steuerungsmöglichkeiten des Arbeitsprozesses aus. Dieser Wandel hin zu einer „informatisierten Produktionsweise" (Zimmer 2009) erfordert deshalb auch veränderte Qualifikationsanforderungen an die arbeitenden Menschen, die für die berufliche Bildung eine besondere Herausforderung darstellen.

Diese Veränderungen in der Arbeitswelt sind nur schwer quantitativ einzuschätzen. Dostal spricht zwar von einer „Revolution", die sich auf dem Arbeitsmarkt abzeichnet, stellt jedoch gleichzeitig fest, dass hierbei Strukturen aufgetaucht seien, „die den überkommenen statistischen Kategorien nicht mehr entsprechen und von diesen nicht mehr gespiegelt werden können" (vgl. Dostal 1998, S. 1). Alte, vertraute Kategorien, wie das Normalarbeitsverhältnis, die Homogenität der Sektoren, die inhaltliche Stabilität von Berufen, die normierende Bedeutung von Qualifikationsebenen, würden verschwimmen und sich neu formieren. Erwerbsarbeit zeige heute weit mehr Facetten als in der Industriegesellschaft, was zu neuen Allokationen in allen anderen Lebensbereichen führen müsse. „Zwischen den Polen Freizeit und Schlaf auf der einen Seite und der Erwerbsarbeit auf der anderen Seite zeigen sich vielerlei erwerbsähnliche Aktivitäten, die in unserer Gesellschaft immer wichtiger werden." (ebd., S. 6) Die Telearbeit ermöglicht eine zeitliche und räumliche Entkoppelung der Arbeitsvollzüge. Den Arbeitsplatz im traditionellen Sinne werde es in diesem Umfeld nicht mehr geben.

Im folgenden Beitrag werden zunächst die durch die IuK-Techniken hervorgerufenen sowie absehbaren Veränderungen in der Arbeitswelt beschrieben. Im Anschluss daran sollen diese Veränderungen im Hinblick auf ihre Auswirkungen auf die Lebens- und Arbeitssituation sowie insbesondere auf die sinnliche Wahrnehmung der arbeitenden Menschen hin kritisch reflektiert werden. Aus der kritischen Reflexion ergeben sich abschließend mögliche Antworten auf die Frage, wie in und durch berufliche Bildungsprozesse auf den Wandel zu reagieren wäre. Der Beitrag ist der

Grundlagenforschung zuzuordnen und setzt sich mit (industrie-)soziologischen, aber auch philosophischen Erklärungsansätzen und Perspektiven der Widersprüchlichkeit von technologischer, ökonomischer und gesellschaftlicher Entwicklung im Hinblick auf eine berufsbildungstheoretische Bearbeitung der Problematik auseinander.

2 Veränderungsprozesse in der informatisierten Arbeitswelt

Die informatisierte Produktionsweise ist durch eine zunehmende systemische Rationalisierung und Informatisierung der Produktionsabläufe gekennzeichnet (vgl. Zimmer 2009). Geistige Prozesse der Arbeit werden vom arbeitenden Menschen abgelöst und in informationstechnischen Prozessen vergegenständlicht. Eine bisher von den Arbeitskräften nach einem kybernetischen Handlungsmodell ausgeführte Steuerung der Maschinen wird durch den Einzug der IuK-Technologien „in Computerprogrammen sowie in Sensoren und Stellgliedern objektiviert" (ebd., S. 15) Durch die Digitalisierung wird ein integrierter Datenfluss über die gesamte Prozesskette vom Zulieferer bis hin zum Kunden einschließlich der neben dem eigentlichen Produktionsprozess verlaufenden Aktivitäten wie Marketing, Vertrieb, Forschung und Entwicklung sowie Finanzierung und Betriebsführung ermöglicht. Schmiede spricht deshalb von einer informatorischen „Dopplung" des Produktionsprozesses und seiner Gestaltung, Steuerung und Kontrolle (Schmiede 1992, 1996). Bezüglich der Arbeitsorganisation treten die Arbeitskräfte „neben" die automatisch ablaufenden Prozesse als ihre Organisatoren und Kontrolleure (Zimmer 2009, S. 15). Unternehmensintern ist eine Umorganisation der Strukturen hin zu Kooperation und interner Vernetzung zu beobachten. Die Unternehmen nutzen das enorme Flexibilitätspotenzial der Informationstechnik im Sinne der Beschleunigung der Kapitalakkumulation zur Verringerung des Widerspruchs von „Markt- und Zeitökonomie" (Baukrowitz u. a. 2000, S. 9). Baukrowitz u. a. sprechen von einem Organisationsmodell, das die horizontale Kooperation in den Unternehmen durch eine „Organisation um den Prozess herum" optimiert und durch „flache Hierarchien, Team Management, Kunden- und Marktorientierung, die Bezahlung nach Teamerfolg, die Maximierung der Kontakte mit Zulieferern und Kunden sowie die Information und Schulung der Beschäftigten auf allen Ebenen" gekennzeichnet sei (ebd., S. 7).

Die Chancen und Restriktionen für das arbeitende Subjekt sind innerhalb dieses Organisationsmodells höchst widersprüchlich. Einerseits scheint die Subjektivität der Arbeit, das „nicht standardisierbare und nicht algorithmisierbare Wissen der Arbeitenden" (Zimmer 2009, S. 16 f.), zuzunehmen. Informationsarbeit wird dabei zu „reflexiver Arbeit des denkenden und kommunizierenden Subjekts in der Wahrnehmung, Zusammenfassung, Analyse, Interpretation, Erzeugung und Umsetzung von

Informationen bzw. Wissen in die individuelle und kooperative Gestaltung und Steuerung von Arbeitsprozessen" (ebd., S. 17). Die Arbeitenden können dadurch eigene subjektive Perspektiven und Wertvorstellungen, eigene Kreativität und Phantasie in den Produktions- und Organisationsablauf einbringen. Andererseits bewegt sich aber das arbeitende Subjekt in einem Umfeld von Informationssystemen, die bereits vorab alle wesentlichen Aspekte der Produktion festlegen und dadurch der Einflussnahme des Subjekts enge Grenzen setzt. „Seine Weltwahrnehmung ist zunehmend von der Auseinandersetzung mit hochabstrakten, formalisierten Objekten bestimmt, die in ihrer Charakteristik nachhaltig durch die Verwertungserfordernisse, innerhalb derer sie fungieren, bestimmt sind." (Baukrowitz u. a. 2000, S. 14) So besteht neben den Chancen der informatisierten Produktionsweise die viel größere Gefahr einer weiteren Entsinnlichung der menschlichen Arbeit.

3   Informatisierung und Sinnlichkeit in den Produktionsprozessen

Der Zusammenhang zwischen der Informatisierung und ihren Auswirkungen auf die Sinnlichkeit und das Denken ist keine neue Einsicht. Schon der Einsatz eines einfachen Werkzeugs zur Bearbeitung von Gegenständen bedeutet, dass zwischen menschlicher Praxis und der Sinneswahrnehmung ein Medium eingeführt wird. In der Regel geht deshalb der Einsatz von Technik mit einem Prozess von Entsinnlichung einher, der aber keineswegs und grundsätzlich als negativ zu bewerten ist. Ohne einen solchen Entsinnlichungs- und Entfremdungsvorgang hätte der Mensch kaum seine Entwicklungspotenziale verwirklichen können. Die Entsinnlichung hat allerdings heute ein Ausmaß erreicht, dass die fehlenden Möglichkeiten zur sinnlichen Wahrnehmung der Wirkungen von Technik den Menschen zunehmend zum Problem werden. Die sinnliche Dichte der Welt sowie der Arbeit als materielle Tätigkeit verschwindet in der informatisierten Produktionsweise. Zu beobachten ist hier der endgültige Triumph dessen, was Edmund Husserl als die „Mathematisierung der Natur" definiert hat. Wahr ist in dieser informatisierten Welt nur noch, was quantifizierbar und in Zahlen ausgedrückt werden kann und Profit erzeugt. „Der gesamte Rest hat nur noch ‚subjektive' Existenzweise, d. h. er ist in gewisser Weise der wirklichen Welt durch die bloße ‚Subjektivität' hinzugefügt und muss vom wissenschaftlichen und ökonomischen Denken an den Rand gedrängt werden." (Gorz 1998, S. 127) Gorz diskutiert in diesem Zusammenhang die von Husserl aufgeworfene Frage, ob sich die Naturbeherrschung auf die abstrakte Wirklichkeit der mathematisierten Welt (wissenschaftliche Natur) oder auf die sinnliche Wirklichkeit der Lebenswelt (lebensweltliche Natur) bezieht. Die Relevanz dieser Fragestellung wird deutlicher in der von Gorz vorgenommenen Umformulierung und der Veränderung ihrer Perspektive: „Welche Beziehung zu sich selbst als sinnlich-leiblichem Wesen, das durch seinen Körper in der Welt ist, beherrscht die methodische Durchführung einer Technik?" (ebd.) In Anlehnung an Husserl beschreibt Gorz die Lebenswelt vor allem als die Welt in ihrer sinnlichen Schwere und Dichte, die wir leiblich an uns haben und zugleich mit unserem Leib sind. Die zentralen Fragen lauten dabei für Gorz, ob eine technische Kultur die leiblichen Möglichkeiten menschlicher Existenz zu Werten zu entwickeln vermag, ob die Kultur die Natur so forme, profiliere, stilisiere und modelliere, dass es die leiblichen Fähigkeiten der Menschen erfordert und befördert. Oder – andersherum gefragt – ob „die Umwelt durch ihre Anordnung, ihre materielle Verfassung und ihre Anforderungen das leibliche Dasein" vergewaltigt, „weil diese (materielle wie sozio-kulturelle) Umwelt selbst aus Aktivitäten entsprungen ist, in denen sich die Individuen selbst Gewalt antun" (ebd., S. 128). Gorz kommt zu dem Ergebnis, dass die Unfähigkeit der herrschenden Kultur, die Wirklichkeit in ihrem gelebten Vollzug überhaupt noch denken zu können, bereits für sich eine Antwort auf diese Frage sei. Er bezeichnet die technische Kultur, wobei er insbesondere als Gipfel der Technisierung die Informatisierung vor Augen hat, als „Unkultur all dessen, was nicht technisch ist" (ebd.). Arbeiten zu lernen – die Kernfrage beruflicher Bildung – bedeutet in solcher Welt für ihn gleichzeitig, „zu verlernen, einen Sinn in nichtinstrumentellen Beziehungen zur Umwelt und zu den Mitmenschen zu finden, ja einen solchen Sinn überhaupt zu suchen" (ebd.). In einer technisch dominierten Kultur laufe alles darauf hinaus und rege alles dazu an, „die Lebens-Umwelt instrumentell zu behandeln, die Natur zu vergewaltigen und unseren Körpern wie denen der anderen Gewalt anzutun" (ebd., S. 130).

Die negativen Auswirkungen der Technik auf die Fähigkeiten menschlicher Wahrnehmung wurde von der Kritischen Theorie bereits in den 30er und 40er Jahren des letzten Jahrhunderts reflektiert und kritisiert. Max Horkheimer und Theodor Adorno sahen in der Mathematisierung der Welt die Gefahr einer „Vereinheitlichung der intellektuellen Funktionen", die die Sinne beherrscht und um der „Herstellung der Einstimmigkeit" willen das subjektive, normative Denken resignieren lässt. Das Denken und die Erfahrung, Arbeit und Leben würden in der technischen Kultur getrennt und beide als beschädigte zurückgelassen. Denn: „Je komplizierter und feiner die gesellschaftliche, ökonomische und wissenschaftliche Apparatur, auf deren Bedienung das Produktionssystem den Leib längst abgestimmt hat, um so verarmter die Erlebnisse, deren er fähig ist." (Horkheimer/Adorno 1975, S. 36). In der Beschränkung der Erfahrung und der Sinnlichkeit durch Technik und Organisation lag für die kritische Theorie die Ursache für die Akzeptanz von Barbarei: in einer kritiklosen Unterwerfung unter die technischen Imperative jeder beliebigen Maschinerie.

Jede Technologie hat auf das Individuum und sein gesellschaftliches Umfeld unterschiedliche Wirkungen. Die Wirkungen der Informationstechnologie sind dabei keine Ausnahme, sind wie viele andere Technologien als höchst ambivalent zu bezeichnen. Man kann von der Technik verlangen, „die Effektivität der Arbeit zu steigern und ihre Dauer, ihre Mühsal zu mindern. Aber man muss wissen, dass die gewachsene Macht der Technik ihren Preis hat: Sie entzweit Arbeit und Leben und trennt die Berufskultur von der Alltagskultur; sie erfordert im Austausch gegen wachsende Beherrschung der Natur eine despotische Selbstbeherrschung; sie engt das Feld der sinnlichen Erfahrung und der existenziellen Autonomie ein; und sie trennt den Produzenten vom Produkt – bis zu dem Punkt, wo er nicht einmal mehr den Zweck seiner Tätigkeit kennt." (Gorz 1998, S. 131) Man muss angesichts der Entwicklungen der informatisierten Produktionsweise diese Kritik noch weiter führen: Die Produktionsweise trennt nicht nur die Berufskultur von der Alltagskultur. Vielmehr wird angesichts neuer Organisationsformen wie flexiblerer Arbeitszeiten und Arbeitsverhältnisse die Alltagskultur zunehmend von der Berufskultur perforiert, sodass die Menschen am Ende kaum noch den Unterschied zwischen Freizeit und Arbeitszeit empfinden können.

Die mit der Informatisierung verbundene Simulation von Produktionsabläufen hat nicht nur Folgen für das Subjekt, sondern führt auch zu Fehlentwicklungen in der Produktion. Der amerikanische Soziologe Richard Sennett kommt in seiner aktuellen Studie über das „Handwerk" zu dem Ergebnis, dass der Verlust der sinnlichen Erfahrung im Umgang mit der materiellen Umwelt bereits schwerwiegende ökonomische Verluste hervorgerufen hat. Am Beispiel der Architektur verdeutlicht er, dass Simulation ein unzureichender Ersatz für das unmittelbare Empfinden des Lichts, des Windes und der Hitze vor Ort sei. Der Einsatz von CAD-Software ziehe deshalb auf diesem Gebiet häufige Fehlplanungen nach sich, weil die „Simulation kein ausreichender Ersatz für taktile Erfahrung sein" könne (vgl. Sennett 2008, S. 58 ff.).

4   Schlussfolgerungen für die berufliche Bildung

Die Entsinnlichung durch Informatisierung erfordert eine Berufsbildung, die verstärkt wieder Erfahrung im unmittelbaren Umgang mit dem materiellen Substrat menschlicher Produktion ermöglicht. Ein Vorschlag, der Entsinnlichung durch Informatisierung entgegenzuwirken, läge in einer ästhetischen Berufsbildung, durch die die Sinne der auszubildenden beziehungsweise arbeitenden Menschen zielgerichtet geschult werden. Ein weiterer Lösungsansatz könnte – der Kritik Sennetts folgend – eine Reintegration des „Hand-Werks" in Prozesse beruflicher Bildung sein. Sennetts Untersuchung stellt ein bemerkenswertes Plädoyer dafür dar, sich durch das Handwerk wieder auf die Welt der Dinge einzulassen und den Menschen und die Welt der Arbeit angesichts zunehmend entfremdeter Arbeitsverhältnisse wieder miteinander zu versöhnen. Anleitung zum Handwerk als ein Aspekt beruflicher Bildung im Kontext der Informatisierung könnte zweierlei Zielsetzungen fördern: ein anderes, sinnlicheres und dadurch wertschätzenderes Verhältnis zu den Dingen und den natürlichen Lebensgrundlagen sowie die Entwicklung des Selbstbewusstsein der Subjekte.

Die weitere Ausgestaltung einer Reintegration des Handwerks in die Berufsbildung als auch die einer ästhetischen Berufsbildung bleibt weiteren Forschungsinitiativen vorbehalten. Im Hinblick auf die Vermeidung von Fehlproduktionen liegt solche Forschung im ökonomischen Interesse der Unternehmen und würde zugleich der Förderung technologischer Gestaltungskompetenz dienen. Was also zunächst abwegig und unmodern erscheinen mag, könnte sich auf den zweiten Blick sowohl pädagogisch als auch bildungsökonomisch als ausgesprochen sinnvoll erweisen.

Literatur

Baukrowitz, A.; Boes, A.; Schmiede, R. (2000): Die Entwicklung der Arbeit aus der Perspektive ihrer Informatisierung. Verfügbar unter http://www.soz.uni-frankfurt.de/ K.G/B5_2000_Baukrowitz.pdf (29.1.2009).

Dostal, W. (1998): Arbeit und Lernen in der Informationsgesellschaft. Beitrag für die virtuelle Konferenz „Lernen und Bildung in der Wissensgesellschaft" 11/1998. Verfügbar unter http://www.wissensgesellschaft.org/themen/bildung/arbeitundlernen.html (18.04.2009).

Gorz, A. (1998): Kritik der ökonomischen Vernunft: Sinnfragen am Ende der Arbeitsgesellschaft. 2. Auflage. Hamburg: Rotbuch Verlag.

Horkheimer, M.; Adorno, Th. W. (1975): Dialektik der Aufklärung – Philosophische Fragmente. Frankfurt a. M.: Fischer Taschenbuch Verlag.

Schmiede, R. (1992): Information und kapitalistische Produktionsweise. Entstehung der Informationstechnik und Wandel der gesellschaftlichen Arbeit. In: T. Malsch; U. Mill (Hrsg.): ArBYTE (S. 53–86). Modernisierung der Industriesoziologie? Berlin: Ed. Sigma.

Sennett, R. (2008): Handwerk. Berlin: Berlin Verlag.

Zimmer, G. (2009): Notwendigkeiten und Leitlinien der Entwicklung des Systems der Berufsausbildung. In: G. Zimmer; P. Dehnbostel (Hrsg.): Berufsausbildung in der Entwicklung – Positionen und Leitlinien – Duales System – Schulische Ausbildung – Übergangssystem – Modularisierung – Europäisierung. Bielefeld: wbv.

Ökonomisches Fahren mit LKW: Zur Gestaltung und Wirkung eines feedbackgestützten Lernsystems

Marc Schütte

1 Einleitung

Die Frage, wie Arbeit und Technik erfahrungs- (entwicklungs-, persönlichkeits-) förderlich gestaltet werden kann, nimmt in der arbeitswissenschaftlichen Forschung einen breiten Raum ein. Durch mobile und digitale Medien stehen für die erfahrungsförderliche Gestaltung von Arbeit und Technik neue, erhebliche Potenziale zur Verfügung. Ein interessantes Feld für die Erschließung dieser Potenziale sind sogenannte Fahrerassistenzsysteme, die nicht zuletzt auf dem Nutzfahrzeugmarkt eine immer größere Bedeutung gewinnen. Hinsichtlich ihrer Funktionalität lassen sich diese Systeme auf einem Kontinuum zwischen informierenden (z. B. Spurhalteassistent, Navigationssystem) und eingreifenden Systemen (z. B. automatische Notbremse, elektronisches Stabilitätsprogramm, Adaptive Cruise Control) verorten (vgl. van der Laan u. a. 1997). Weiterhin kann zwischen fahrzeugautonomen Systemen und solchen differenziert werden, die eine Kommunikation z. B. mit anderen Fahrzeugen oder der Verkehrsinfrastruktur beinhalten.

Assistenzsysteme sollen in erster Linie den Komfort und die Sicherheit verbessern. Diese Designziele werden überwiegend dadurch zu erreichen versucht, indem Technik menschliches Handeln vereinfacht oder ersetzt. Während diese Herangehensweise zur Beherrschung menschlicher Grenzbereiche durchaus angemessen ist, stellt sich die Frage, ob mithilfe der zugrunde liegenden Technik eine Kompetenzentwicklung im Hinblick auf bestimmte Anforderungen der Fahrzeugführung unterstützt werden kann. Diese Frage ist etwa durch die Vorstellung von Intelligenz als einer in Mensch-Maschine-Systemen verteilten, „emergenten" Qualität motiviert, die immer wieder zwischen menschlichen, sachlichen und informatorischen Instanzen ausgehandelt werden muss (vgl. Rammert 2007).

Im Folgenden wird ein Lernsystem vorgestellt, das die Aneignung einer ökonomischen Fahrweise mit LKW unterstützt. Im Unterschied zu herkömmlichen Designansätze zielt das System nicht darauf ab, die Fahrzeugführung technisch zu vereinfachen, vielmehr stellt das System ein Angebot zum Lernen im Fahrprozess dar. Der Prototyp des Systems wurde im Projekt "Human- und geschäftsprozessoptimierte Telematikplattform für die Speditionsbranche in Bremerhaven" (OPTILOG) entwickelt. Das Projekt wurde durch den Europäischen Fonds für regionale Entwicklung (EFRE) und das Bremer Landesprogramm Arbeit und Technik (FKZ: AuT 20622) gefördert. Die Umsetzung des Prototyps erfolgte durch die dbh Logistics IT AG.

2   Gestaltungskonzept

Das Lernsystem setzt auf Fahrer-Feedback. Als lern- und entwicklungstheoretischer Begründungsrahmen wurde diesbezüglich das *Deliberate-Practice*-Konzept in Anspruch genommen: Nach Ericsson u. a. (1993) stellt ein zeitnahes und informatives Feedback über Handlungseffekte eine notwendige Voraussetzung für die Expertiseentwicklung dar. Die Idee zur Realisierung eines lernhaltigen Feedbacks über den fahrweisenabhängigen Verbrauch ist dabei nicht neu. So entwickelte van der Voort ein feedbackbasiertes „fuel-efficiency support tool" für PKW (van der Voort u. a. 2001). Ein zusätzliches, differenziertes Feedbackangebot begründeten sie damit, dass vorhandenen Indikatoren (z. B. Tankanzeige) zu ungenau und mehrdeutig sind, um Auswirkungen von bewussten Variationen im Verhalten auf den Kraftstoffverbrauch beobachten zu können.

Sämtliche Daten für die Feedbackgenerierung erhält das hier vorgestellte System (fahrzeugautonom) auf der Basis des sogenannten Fleet Management System-(FMS) Protokolls, einem Industriestandard für schwere Nutzfahrzeuge. Dieser ermöglicht das Auslesen spezifischer Fahrzeugdaten (z. B. Gaspedalstellung, Drehzahl und Geschwindigkeit) über eine Datenschnittstelle. Verarbeitet werden diese Daten auf einem gängigen mobilen Endgerät.

Auf der Programmebene lassen sich drei Kernmodule unterscheiden, die ab Fahrtbeginn mehrfach zyklisch-sequenziell durchlaufen werden. (1) Im ersten Schritt erfolgt eine Identifikation von verbrauchsrelevanten Episoden im Fahrprozess. Dies sind genauer Beschleunigungs-, Verzögerungs-, Leerlauf- und Konstantphasen. (2) Im zweiten Schritt wird für jede erkannte Episode eine Effizienz-Bewertung vor dem Hintergrund des Verbrauchskennfeldes (Linien konstanten spezifischen Kraftstoffverbrauchs) vorgenommen, dessen fahrzeugspezifische Parameter mittels einer einmalig durchzuführenden Fahrsequenz bestimmt werden. (3) Im letzten Schritt generiert das System ein visuelles Feedback zur jeweiligen Episode, wie z. B. *„1 Gang herunterschalten, kein Gas"*, wenn beim Verzögern die Drehzahl leicht unter der Optimaldrehzahl lag und Gas gegeben wurde. Damit erhalten Fahrer ein zeitnahes Feedback im Sinne einer Anregung, wie sie sich in zukünftigen, ähnlichen Situationen optimaler verhalten können. Der Prototyp berücksichtigt mehr als 20 Feedbacks für die vier Episodenkategorien. Suboptimale Episoden werden zudem registriert und für ein summatives Feedback (Trip Report) herangezogen (siehe Abbildung 1).

Abb. 1: Mobiles Endgerät als Systemplattform. Links: Feedback im Fahrprozess. Rechts: Trip Report.

Eine zentrale Herausforderung des Systemdesigns stellte die Implementierung von adaptiven Eigenschaften dar. Seine Verwendung im Straßenverkehr erforderte Maßnahmen zur Vermeidung von Interferenzen zwischen Lernaktivitäten (z. B. eine Aufmerksamkeitsverlagerung auf das Display) und der Primäraufgabe des Fahrens. Die Feedbackdarstellung wird deshalb in sicherheitsrelevanten Situationen unterdrückt (z. B. Durchdrehen der Räder, starker Lenkeinschlag). Darüber hinaus wird ein Darstellungsintervall von 30 Sekunden gewährleistet, um die Ausführung von mehreren Blickbewegungen zur Informationsaufnahme zu ermöglichen. Schließlich wird die Feedbackdarstellung für 40 Sekunden unterdrückt, nachdem ein Feedback erfolgt ist, um eine Überlastung des Fahrers zu vermeiden.

3 Ergebnisse

3.1 Vorgehen

Die Entwicklung des Prototyps erfolgte sehr früh unter Beteiligung von LKW-Fahrern, wobei u. a. Usability- und Akzeptanzabschätzungen mittels Paper Mock-ups eingeholt wurden. Im Rahmen von städtischen Fahrversuchen hat sich bestätigt, dass die fahrzeugautonome Erkennung von Fahrepisoden eine 90 %ige Genauigkeit erreicht.

Die Erprobung der Wirksamkeit des Lernsystems erfolgte als Feldtest in Kooperation mit einem Speditionsunternehmen. Die Firma betreibt seit mehreren Jahren ein Prämiensystem für ökonomisches Fahren und führt regelmäßig Fahrerschulungen zum kraftstoffsparenden Fahren durch. Aus Firmensicht schließt das System als Alternative bzw. Ergänzung zu Fahrerschulungen eine Lücke zwischen dem Commitment zur Kraftstoffeinsparung und der Zielkontrolle.

In Absprache mit der Fuhrparkleitung haben in zwei Testphasen jeweils vier Fahrer mit mehrjähriger Berufserfahrung das System im Nah- und Fernverkehr benutzt. Das Lernsystem wurde jeweils für 2 Wochen installiert. Vor Beginn der Testphase erfolgte eine Einweisung in dessen Funktionsweise. Für die Wirkungsanalyse standen u. a. Aufzeichnungen von Episoden und Feedbacks auf einem internen Datenspeicher sowie des täglichen Verbrauchs (6 Wochen) über das Flottenmanagementsystem der Spedition zur Verfügung. Vollständige Datensätze liegen für 5 Fahrer vor; Datenverluste traten bei drei Fahrern auf und gehen auf kurzfristige Veränderungen der Einsatzplanung zurück.

3.2 Veränderungen des Fahrverbrauchs

Ausgehend von über drei, jeweils zweiwöchige Zeitabschnitte gemittelten Verbrauchsdaten können Effekte des Systems auf den Fahrverbrauch als Abweichungsprozente (explorativ) ermittelt werden.

Tab. 1: Abweichungseffekte beim Fahrverbrauch über 3X2 Wochen

Fahrer No.	Vorher (W1–2)	Während (W3–4)	Nachher (W5–6)
1	30,12 (5.03)	28.80 (5.55); -4,38 %	29.94 (4,06); -0,60 %
2	32,51 (1,62)	31,44 (1,53); -3,29 %	31,09 (1,64); -4,37 %
3	25,67 (2,54)	24,75 (2.34); -3,58 %	23,70 (2,93); -7,67 %
4	26,36 (2,77)	26,36 (2,40); ±0,00 %	26,86 (4,24); +1,90 %
5	25,44 (2.80)	25,93 (1,94); +1,61 %	23,67 (2,62); -6,96 %
Legende: Mittelwert in l/100km (Std.-Abweichung); Abweichungsprozent			

Laut Tabelle 1 nahm der durchschnittliche Fahrverbrauch während der Systembenutzung bei drei von fünf Fahrern ab (um 3,29 %, 3,58 % und 4,38 %). Die Abweichungsprozente nach der Systemnutzung (fünfte und sechste Woche der Datenaufzeichnung) lagen zwischen 0,6 % und 7,67 %, wobei vier Fahrer gegenüber dem Ausgangsniveau verbessert erschienen. Bemerkenswert ist, dass drei Fahrer bessere Ergebnisse als in der Nutzungsphase erzielt haben (Fahrer 2, 3 und 5): Die Nutzung des Systems hat hier eventuell zu einer Sensibilisierung für eine ökonomische Fahrweise beigetragen. Fahrer 4, bei dem im gesamten Zeitraum keine Verbesserung eingetreten ist, wechselte ab der vierten Woche vom Nah- in den Fernverkehr, welches möglicherweise Lerneffekte beeinträchtigt hat.

3.3 Veränderungen bei (kritischen) Episoden

Abbildung 2 zeigt die tageweise Entwicklung der relativen Häufigkeit von kritischen, d. h. negativ bewerteten Episoden in den Kategorien „Beschleunigen" (Acceleration), „Verzögern" (Deceleration) und Konstantfahrt (Constant) für die fünf Fahrer. Ebenfalls eingezeichnet sind die Anpassungsgeraden. Gut zu erkennen ist etwa eine kontinuierliche Fahrweisenoptimierung beim Beschleunigen und Verzögern von Fahrer 1, der die größten Verbesserungen während der Systemnutzung erzielte (siehe Tabelle 1). Mit Ausnahme von Fahrer 4 zeigen die überwiegend negativen Steigungen der Anpassungsgeraden durch das System bedingte Lerneffekte.

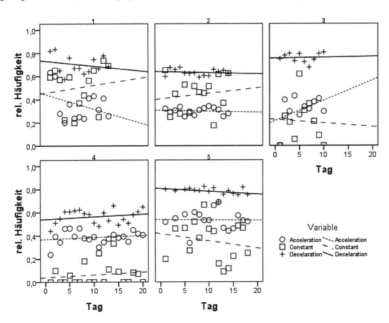

Abb. 2: Relative Häufigkeit kritischer Episoden in der Nutzungsphase

3.4 Fahrer-Reaktionen

Etwa drei Wochen nach Abschluss der Datenerhebungen wurden die Fahrer telefonisch zu ihren Erfahrungen mit dem Lernsystem befragt. Die Fahrer bewerteten die Darstellung und Verständlichkeit des Feedbacks überwiegend gut. Als negativ bewerteten die Fahrer vor allem den Sachverhalt, dass Empfehlungen des Systems oftmals nicht umsetzbar sind. In dieser Kritik kommt zum einen die Beschränkung des Systems zum Ausdruck, welches ausschließlich fahrzeugautonome Daten verwendet. Auf der anderen Seite äußert sich darin ein grundlegendes Verständnis-problem des *Lern*systems: Viele Fahrer sehen in ihm, generalisierend von ihren Er-fahrungen mit Feedbacks zu ihrer Arbeit, vorrangig ein *Bewertungs*system und er-leben – aus dieser Perspektive nachvollziehbar – das System als ungenau und unfair.

4   Schlussfolgerung und Ausblick

Fahrerassistenzsysteme können nicht nur die Sicherheit und den Komfort verbes-sern, sondern auch Fahrerfähigkeiten. Die vorliegenden (explorativen) Ergebnisse am Beispiel eines Lernsystems für ökonomisches Fahren mit LKW belegen das Po-tenzial für erfahrungs- und entwicklungsförderliche Gestaltungslösungen in diesem Bereich.

Ansatzpunkte für Verbesserungen des aktuellen Systems stellen die kontextsensiti-vere Identifikation der Episoden und die Ausdifferenzierung der Feedbacks dar. Da-rüber hinaus müssen die Erwartungen der Fahrer an das System adäquat adressiert werden. Da die Befunde an erfahrenen, in ökonomischem Fahren geschulten Fah-rern gewonnen wurden, erscheinen Einsparungen zwischen 4–8 Litern mit dem System erreichbar.

Literatur

Ericsson, K. A.; Krampe, R. T.; Tesch-Römer, C. (1993): The role of deliberate practice in the acquisition of expert performance. In: Psychological Review, 100, S. 363–406.

Rammert, W. (2007): Verteilte Intelligenz im Verkehrssystem: Interaktivitäten zwischen Fahrer, Fahrzeug und Umwelt. In: W. Rammert (Hrsg.): Technik – Handeln – Wissen. Zu einer pragmatistischen Technik- und Sozialtheorie (S. 125–131). Wiesbaden: VS Verlag für Sozialwissenschaften.

van der Laan, J. D.; Heino, A.; De Waard, D. (1997): A simple procedure for the assessment of acceptance of advanced transport telematics. In: Transportation Re-search, C5, S. 1–10.

van der Voort, M. C.; Dougherty, M. S.; van Maarseveen, M. (2001): A prototype fuel-efficiency support tool. Transportation Research, C9, S. 279–296.

C: Übergang Schule – Ausbildung – Beruf

Anmerkungen zum Berufsprinzip im Übergangssystem

Daniela Ahrens

1 Einleitung

Es ist mittlerweile ein Allgemeinplatz, dass das duale Ausbildungssystem an Integrationskraft eingebüßt hat und dass sich innerhalb des Ausbildungssystems strukturelle Verschiebungen vollziehen. Unterscheidet man im Anschluss an den 2006 erschienenen indikatorengestützten Bericht „Bildung in Deutschland" zwischen dem dualen System (BBiG, HWO), dem Schulberufssystem (vollzeitschulische Ausbildung in einem staatlich anerkannten Ausbildungsberuf) und dem beruflichen Übergangssystem ist es zu erheblichen Verschiebungen in der Gewichtung dieser drei Formen des beruflichen Ausbildungssystems gekommen. Die Relativierung der bislang dominierenden Rolle des dualen Ausbildungssystems wird insbesondere an zwei Entwicklungstrends manifest: an der drastischen Expansion des Übergangssystems sowie an dem Anstieg der vollzeitschulischen Ausbildung. In den vergangenen zehn Jahren hat sich die Teilnehmerzahl am Übergangssystem um 43 % erhöht (Bildung in Deutschland 2006, S. 80). Lediglich zwei Fünftel der Hauptschulabsolventen münden in das duale Ausbildungssystem und sogar rund ein Viertel der Realschulabsolventen landen zunächst im Übergangssystem (vgl. Baethge/Solga/ Wieck 2007), das in zunehmendem Maße auch zu einem „Auffangbecken" für marktbenachteiligte Jugendliche wird und mittlerweile angesichts der kapazitären Leistungsgrenze des dualen Systems maßgeblich zur politischen Stabilisierung des Ausbildungssystems beiträgt. Das sogenannte „Übergangs"system hat sich mehr und mehr als dritte Differenzierungsebene im beruflichen Ausbildungssystem etabliert, ohne dass es jedoch zu einem qualifizierten beruflichen Abschluss führt. Die Übergangsstudien des BIBB (www.bibb.de/de/wlk16029.htm) zeigen, dass hier vielfach unnütze Warteschleifen produziert werden. Dies vor Augen sowie die Tatsache, dass der Anteil der Altbewerber im Jahr 2007 bei über 50 % aller Bewerber (Nationaler Bildungsbericht 2006, S. 97) lag, mutet der Begriff Übergangssystem denn auch eher als eine „beschönigende Verlegenheitsbezeichnung für den sozialpolitisch skandalösen Dschungel von ‚Warteschleifen'" an (Greinert 2006, S. 2).

Mit Blick auf die vollzeitschulische Ausbildung stieg im Zeitraum zwischen 1995 und 2004 die Teilnehmerzahl um 17 %. Diese Entwicklung ist nicht zuletzt eine Folge des Missverhältnisses zwischen Ausbildungsplatzangebot und -nachfrage. Die Zunahme der vollzeitschulischen Ausbildung lässt sich aber nicht auf die Funktion des „Konjunkturpuffers" (Euler/Severing 2006, S. 29) beschränken, sondern ist auch eine Reaktion auf die Expansion personenbezogener Dienstleistungen. Hier zeigt sich zum einen, dass insbesondere im Dienstleistungsbereich Auszubildende in erster Linie als Schüler verstanden werden, zum anderen aber, dass sich im Dienstleistungsbereich keine Ausbildungstradition etablieren konnte wie im gewerblich-technischen Bereich.

Je nach bildungspolitischer Interessenlage wird die Entwicklung der dualen Ausbildung als temporäre Konjunkturkrise oder grundlegende strukturelle Krise des Ausbildungssystems interpretiert. Unstrittig jedoch ist der Modernisierungsbedarf. In Abgrenzung zu den medien- und öffentlichkeitswirksamen Diskussionen um eine Krise des dualen Systems, der sinkenden Ausbildungsbereitschaft der Betriebe oder aber der mangelnden Leistungsbereitschaft junger Erwachsener, nimmt der Beitrag diese Entwicklung zum Anlass, den Stellenwert der Berufskategorie an der Schnittstelle zwischen allgemein bildendem System und Berufsausbildung zu diskutieren[1]. Die zugrunde liegende Annahme ist, dass die der Berufsausbildung vorgelagerten Bildungsprozesse vielfach zu wenige Anschlüsse an das Ausbildungssystem und die Arbeitswelt bilden und infolgedessen im Bildungssystem qualifizierte Personen nicht auf der ökonomischen Seite des Berufs ankommen. Angeknüpft wird an die systemtheoretische Auffassung des Berufs als eine Form mit zwei Seiten: Ausbildung/Qualifikation und Arbeit/Erwerb. Jenseits kontextspezifischer Ausprägungen lässt sich die Grundform Beruf auf die Kreuzung ökonomischer und pädagogischer Rationalitäten zurückführen. Ausgehend vom Primat der funktionalen Differenzierung fungiert der Beruf als ein verschiedene Systemperspektiven koppelnder Mechanismus. Damit schließt sich die Frage an, „in welcher Art und Weise über die Form Beruf in der modernen Gesellschaft Verbindungen zwischen ausdifferenzierten gesellschaftlichen Teilbereichen ablaufen" (ebd., S. 101). Durch die „kategoriale Verbindung zwischen dem Beruf und der Gesellschaft" (Kurtz 2007, S. 301) öffnet sich der Blick für die je spezifischen Formbildungen des Berufs auch jenseits des dualen Ausbildungssystems. Der Beitrag geht der Frage nach, inwiefern die Zwei-Seiten-Form des Berufs sich im Übergangssystem manifestiert.

2 Der Beruf als Zwei-Seiten-Form

Kurtz bestimmt den Beruf über die Leitunterscheidung von Erziehung und Ökonomie. Diese Ausgangsunterscheidung bildet die Grundform, die sich zwar in jeder

---

1 Kritiker des Berufskonzepts verweisen darauf, dass das Berufskonzept nicht mehr in der Lage sei, eine angemessene Bezugnahme der Pädagogik auf die Arbeitswelt zu leisten und fordern neue Konzepte bei der Gestaltung pädagogischer Prozesse. Befürworter hingegen verweisen auf die empirische Evidenz des Berufskonzepts, insbesondere hinsichtlich der Strukturierung von Lebensläufen und der sozialen Bindungskraft. Für das Berufskonzept existiert bislang kein funktionales Äquivalent trotz der allgegenwärtigen Kompetenzdiskussion.

Erwerbstätigkeit finden lässt, aber – so Kurtz einschränkend – „keine dieser Tätigkeiten als ganze bezeichnet" (Kurtz 2005, S. 126)[2]. Diese Begriffsbestimmung ermöglicht es, verschiedene Systemperspektiven in Beziehung zu setzen und nach der daraus resultierenden Berufsform zu fragen. Vereinfacht lässt sich die Zwei-Seiten-Form des Berufs als eine Form beschreiben, die mit je spezifischer Schwerpunktsetzung gleichermaßen in die Programmatik des Erziehungssystems und der Wirtschaft eingelagert ist – es geht um die Kopplung von Wissensvermittlung und Wissensverwendung. Nicht die Analyse von Einzelberufen und deren gesellschaftliche Bedeutung, sondern die „Bedeutung der alle Einzelberufe verbindenden symbolisch generalisierbaren ‚Form Beruf'' für Individuen, Organisationen und die Gesellschaft bzw. die Funktionssysteme der Gesellschaft" stehen im Vordergrund seiner Analyse.

> *„In diesem Sinne ist der Beruf kein Komplex, der nur einem bestimmten Funktionssystem zugerechnet werden kann, sondern eine Form struktureller Kopplung, die verschiedene Funktionssysteme verbindet und trennt. Wir finden Berufe im Kontext sämtlicher Funktionssysteme der Gesellschaft, aber die allgemeine, alle diese Berufe symbolisierende Form steht zwischen den Systemen"* (Kurtz 2002, S. 29).

Die Berufsform steht zwischen den beiden sich grundlegend voneinander unterscheidenden Teilsystemen und kann diese Differenz nicht aufheben[3]. Diese Differenz ist insbesondere den unterschiedlichen Adressaten der Sozialsysteme geschuldet. Während für das Bildungssystem die Form Beruf in erster Linie für die Formung individueller Lebensläufe relevant ist, und es seine Leistungen damit an die Person adressiert und nicht daran, die Wirtschaft zufriedenzustellen, geht es der Wirtschaft um die Förderung betrieblicher Interessen, um Ertragssteigerung und Rentabilität. Die Form Beruf tritt hier in erster Linie als Frage der Verwertbarkeit von Qualifikationen in den Fokus. Adressaten sind die Betriebe. Die Berufsform entfaltet ihren Stellenwert durch die Art und Weise des In-Beziehung-Setzens der je spezifischen Logiken. Als eine Art „Brückenkonzept" liegt der Beruf in der „systemischen Zwischenwelt" (Kurtz 2007, S. 238) von Bildung und Ökonomie. Strukturelle Kopplungen sind keine freischwebenden Einrichtungen, sondern erfolgen auf der operativen

---

2 „Wenngleich zur Bestimmung der Berufsform (...) mehrere ineinander geblendete Unterscheidungen möglich sind, wird die hier getroffene Unterscheidung einer pädagogischen und einer wirtschaftlichen Seite als die auf jeden Beruf zutreffende Ausgangsform bezeichnet, aus der alle weiteren möglichen Formen abgeleitet werden können" (Kurtz 2005, S. 127, Hervorhebung i. O.).

3 Dass die über die Form Beruf hergestellte Kopplung zwischen den Teilsystemen Erziehung und Wirtschaft zu keiner Einheit führt, sondern vielmehr die Differenzen sichtbar macht, lässt sich mit Blick auf die Globalisierung veranschaulichen: Das Erziehungssystem bildet nach wie vor eher für den nationalen Arbeitsmarkt aus, während sich die Rekrutierungsmechanismen der Unternehmen wenn nicht international dann zumindest auf den europäischen Arbeitsmarkt erstrecken. Das Erziehungssystem greift diese Entwicklung auf und reagiert unter anderem mit neuen Ausbildungsformen und –inhalten, wie etwa Unterstützung der Mobilität in der Ausbildung, Förderung der Fremdsprachenkompetenz.

Ebene durch die jeweiligen Organisationen. Strukturelle Kopplungen sind ein notwendiger Mechanismus mittels derer die jeweiligen Funktionssysteme aufeinander Bezug nehmen[4]. Die Formbildung des Berufs geschieht auf der operativen Ebene in und durch die Vermittlung von Organisationen – Betrieb, Berufsschule, Bildungseinrichtungen. Wendet man diese Überlegungen auf die Berufsbildung an, dann lässt sich die duale Berufsausbildung als eine bis heute stabile institutionalisierte Kopplung beschreiben. Die Berufsform „pendelt das Verhältnis von ermöglichter Lernfähigkeit und geforderter Verwendungsnotwendigkeit aus" (ebd., S. 120). Den Beruf als gleichgewichtige Vermittlungsinstanz zwischen der Berufsschule als Adressat des Erziehungssystems und dem Ausbildungsbetrieb (Wirtschaft) zu positionieren, erfordert immer wieder aufs Neue Aushandlungsprozesse. Hier ließen sich die durch den Bologna-Beschluss initiierten Reformanstrengungen ebenso nennen wie die Einigung auf einen europäischen Qualifikationsrahmen. Für unseren Kontext jedoch stellt sich die Frage der Formbildung mit Blick auf die dem Berufsausbildungssystem vorgelagerten Bildungsprozesse. Die Berufsvorbereitung ist mittlerweile integraler Bestandteil des Berufsbildungsgesetzes (BBiG). Danach dient Berufsvorbereitung dem Ziel, „durch die Vermittlung von Grundlagen für den Erwerb beruflicher Handlungsfähigkeit an eine Berufsausbildung in einem anerkannten Ausbildungsberuf heranzuführen" (BBiG § 1). Diese Vermittlungsaufgabe scheint jedoch immer schwieriger einlösbar. Derzeit lässt sich eine Abschottung zwischen den verschiedenen Institutionen und Organisationen des Ausbildungssystems und des Übergangssystems beobachten, die nur punktuell und insbesondere durch Förderprogramme aufgebrochen wird. So erleben wir die Situation, dass im Bildungssystem qualifizierte Personen nicht auf der ökonomischen Seite des Berufs ankommen. Wir haben es hier sozusagen mit einer „halbierten Berufsform" zu tun, d. h. die pädagogische Formung des Berufs in der Berufsvorbereitung bildet keine oder nur sehr schwache Anschlüsse an die andere, wirtschaftliche Seite der Berufsform. Bildung avanciert so zu einem Alternativmodell zur Arbeit, ohne jedoch die damit verbundenen Integrationschancen einlösen zu können. Eine erfolgreiche Bildungslaufbahn ist jedoch nicht nur das Resultat guter schulischer Leistungen, sondern ebenso abhängig von der Art der Kooperationen zwischen Arbeitswelt und Bildung. Die institutionelle Segmentierung und Spezialisierung des Übergangssystems erweist sich in diesem Zusammenhang vielfach als dysfunktional.

Die von interessenpolitischen Kalkülen durchsetzte Kontroverse um Ausbildungsbausteine lässt sich unter Berücksichtigung der Zwei-Seiten-Form Beruf neu lesen. An dieser Stelle ist anzumerken, dass es hier nicht um eine Bewertung der Diskussion um die Einführung von Ausbildungsbausteinen geht, sondern einerseits um die stärkere Hinwendung zu der Frage nach den berufsbezogenen Inhalten in der zum

---

4   Im Rahmen dieses Beitrages kann auf den Begriff der strukturellen Kopplung nicht näher eingegangen werden. Vgl. Luhmann 1997.

Teil recht unübersichtlichen Landschaft der Berufsvorbereitung, andererseits um die Frage der interaktiven Balance zwischen der Vermittlung von Wissen und der Verwertung von Wissen in anschließenden Bildungsgängen. Als „abgegrenzte und bundesweit standardisierte Einheiten innerhalb der curricularen Gesamtstruktur eines Ausbildungsberufsbilds" (Euler/Severing 2006, S. 42) sollen Ausbildungsbausteine als Instrument zur Verbesserung der Durchlässigkeit an den institutionellen Schnittstellen fungieren. Hierbei geht es insbesondere um eine Verzahnung der dualen Ausbildung mit vorausgegangenen Bildungsmaßnahmen. Dies erscheint nicht zuletzt angesichts der Tatsache sinnvoll, dass es heute längst nicht mehr um die Frage geht, ob Modularisierung, sondern um das wie der Modularisierung. Im Sinne der anschlussfähigen Kopplung zwischen Ausbildung und Berufsvorbereitung können Ausbildungsbausteine einen wichtigen Beitrag leisten, indem sie erworbene Kompetenzen und Qualifikationen in vorab definierten und am Ausbildungsrahmenlehrplan orientierten Lernabschnitten anrechenbar machen. Nicht zuletzt vor dem Hintergrund der neuen Anforderungen durch die Wissensgesellschaft wird es notwendig, den Beruf als Brückenkonzept zwischen Bildung und Arbeit zu formulieren. Nicht das Ende des Berufs steht zu befürchten, sondern vielmehr verändert sich das Verhältnis von Ausbildung/Qualifikation und Arbeit/Erwerb und damit ein inhaltlicher Wandel der Zwei-Seiten-Form Beruf. Angesichts der potenziellen Exklusion von Altbewerbern spricht vieles dafür, auch in den Ausbildungsvorzeiten die zwei Seiten der Berufsform zu integrieren, denn Berufsfindung und das Erlernen einer beruflichen Tätigkeit sind entscheidende Entwicklungsaufgaben, die bereits vor Eintritt in das Ausbildungssystem virulent werden.

3   Fazit

Den Beruf als Schnittstelle zwischen Erziehung und Ökonomie zu betrachten, legt den Blick frei für die Frage, wie in Bildungseinrichtungen Veränderungen des Wirtschaftssystems aufgegriffen und in der Form Beruf zum Ausdruck kommen. Begreift man den Beruf als Zwei-Seiten-Form, geht es nicht darum, ausschließlich die Außenseite – Positionierung am Arbeitsmarkt – zu betrachten, sondern immer auch um die Innenseite – die Vermittlung verwertbaren Wissens. Dann stellt sich weniger die Frage, ob die Jugendlichen für eine Berufsausbildung geeignet sind, sondern „ob das duale System für Benachteiligte geeignet ist" (Paul-Kohlhoff/Zybell 2003, S. 3). Die Ausgestaltung der Berufsform durch die strukturelle Kopplung zwischen Erziehung und Wirtschaft entscheidet maßgeblich darüber, ob und wie gesellschaftliche Integration gelingt. Bereits der Zugang und Eintritt ins Ausbildungssystem fungieren als Mechanismus der Reproduktion sozialer Ungleichheit und nicht erst der Eintritt in das Erwerbssystem.

Literatur

Baethge, M.; Solga, H.; Wieck, M. (2007): Berufsbildung im Umbruch. Berlin: Friedrich Ebert Stiftung.

Euler, D.; Severing (2006): Flexible Ausbildungswege in der Berufsausbildung. Nürnberg, St. Gallen. Verfügbar unter http://www.bmbf.de/pub/Studie_Flexible_Ausbildungswege_in_der_Berufsbildung.pdf.

Georg, W.; Sattel, U. (2006): Berufliche Bildung, Arbeitsmarkt und Beschäftigung. In: R. Arnold; A. Lipsmeier (Hrsg.): Handbuch der Berufsbildung. 2. Aufl. (S. 125–152). Wiesbaden: VS Verlag.

Greinert, W.-D. (2006): Kernschmelze – Der drohende GAU unseres Berufsbildungssystems. Verfügbar unter http://www.ibba.tu-berlin.de/download/greinert/Kernschmelze.pdf.

Kremer, M. (2008): Flexibilisierung und Berufsprinzip: Antagonismus oder zwei Seiten einer Medaille? In: BWP, 4, S. 3–4.

Kurtz, T. (2005): Die Berufsform der Gesellschaft. Weilerswist: Velbrück Wissenschaft.

Kurtz, T. (2002): Zur strukturellen Kopplung von Erziehung und Wirtschaft. In: M. Wingens; R. Sackmann (Hrsg.): Bildung und Beruf. Ausbildung und berufsstruktureller Wandel in der Wissensgesellschaft (S. 23–37). Weinheim, München: Juventa.

Luhmann, N. (1997): Die Gesellschaft der Gesellschaft. Frankfurt a. M.: Suhrkamp.

Paul-Kohlhoff, A.; Zybell, U. (2003): Benachteiligtenförderung als Reformpotenzial für das Duale System. In: berufsbildung, 82, S. 3–7.

Solga, H. (2002): Bildungs- und Berufseinstiegsbiografien westdeutscher Jugendlicher ohne Schulabschluss, geboren zwischen 1930 und 1971. Working Paper 2. Berlin: Max Planck-Institut für Bildungsforschung.

Integrierte Berufsorientierung im Spannungsfeld von Allgemein- und Berufsbildung

Carolin Frank

1 Relevanz von Berufsorientierung

Der wachsende Bedarf an Personal im naturwissenschaftlich-technischen Sektor bleibt ungeachtet der Auswirkungen der Finanzmarktkrise bestehen. Eine aktuelle Umfrage des Institutes der deutschen Wirtschaft bestätigt dies. So will bis Ende 2009 jeder dritte Betrieb neues Personal einstellen. Mit Entlassungen rechnen dagegen lediglich 11 Prozent der Unternehmen. Weiterhin wird von 38 Prozent bereits jetzt ein spürbarer Mangel an Fachkräften und Akademikern beklagt. Dies spiegelt sich auch in der Tatsache wider, dass derzeit 37 Prozent der offenen Stellen im MINT-Bereich (Mathematik, Informatik, Naturwissenschaft, Technik) unbesetzt bleiben (vgl. Institut der deutschen Wirtschaft 2008). Die Ursachen hierfür liegen nicht nur in der geringen Anzahl an Bewerbern, sondern vor allem in den mangelnden Voraussetzungen dieser. Es besteht somit ein erheblicher Bedarf an qualifizierten Akademikern und Fachkräften im naturwissenschaftlich-technischen Sektor.

Fokussiert man die Gruppe potenzieller Auszubildender und Studierender bezüglich ihrer beruflichen Wünsche, zeichnet sich ein besorgniserregendes Bild ab. Diese Lernenden schätzen zwar die naturwissenschaftlichen Fächer als interessant und relevant für das eigene Leben ein, dennoch ist ihre Bereitschaft, einen Beruf innerhalb des naturwissenschaftlich-technischen Sektors zu ergreifen, gering (vgl. Elster 2009, S. 4). D. h. naturwissenschaftlicher Unterricht interessiert; Berufe in diesem Bereich werden jedoch nicht als eine Option für die weitere Gestaltung der Bildungs- und Berufsbiografie gesehen. Als Ursache hierfür wird vermutet, dass bei jungen Menschen lediglich ein vages Bild naturwissenschaftlich-technischer Berufsfelder vorliegt (vgl. Elster 2009, S. 10).

Vor dem Hintergrund, dass einerseits Fachkräfte und Akademiker im naturwissenschaftlich-technischen Bereich dringend benötigt werden, andererseits aber bei Jugendlichen nur ein geringes Interesse für diese Berufe besteht, ist eine effektive Berufsorientierung unerlässlich. Um den vorhandenen quantitativen und qualitativen Problemen entgegenzuwirken, hat Berufsorientierung hierbei eine Doppelfunktion zu erfüllen. Zum einen muss ein realitätsnahes Bild der MINT-Berufe vermittelt und zum anderen die Passfähigkeit des Übergangs Schule-Berufsausbildung bzw. Schule-Studium verbessert werden.

2 Ausgangslage und Entwicklungsansatz

2.1 Perspektiven und Formen von Berufsorientierung (Ist-Stand)

In Deutschland trägt die allgemeinbildende Schule in direkter Kooperation mit der Bundesagentur für Arbeit die Verantwortung für die Ausbildung von Berufs- bzw. Studienwahlkompetenz sowie für die Realisierung der Ausbildungs- bzw. Studierfähigkeit bei den Jugendlichen (vgl. KMK 2004, S. 2f.). Berufsorientierung bedeutet somit, dass die Lernenden bei der Erschließung des breiten Spektrums an Ausbildungs- und Studienmöglichkeiten sowie der damit verbundenen Tätigkeitsfelder unterstützt und letztlich dazu befähigt werden, selbstständig eine Berufswahl entsprechend ihrer Fähigkeiten und Interessen zu treffen.

Hierfür werden in der allgemeinbildenden Schule in Sachsen verschiedene Formen der Berufsorientierung genutzt: der Berufswahlunterricht, das Betriebspraktikum, die von der Bundesagentur für Arbeit angebotene Berufsberatung sowie die in den jeweiligen Fachunterricht integrierte Berufsorientierung. Die allgemeinbildende Schule versucht den Lernenden einen Einblick in die Arbeitswelt zur allgemeinen Orientierung zu geben und verfolgt somit einen generalistischen Ansatz der Berufsorientierung.

Neben diesen von der Schule koordinierten Formen der Berufsorientierung existieren Maßnahmen, die von Unternehmen, Berufsschulen oder auch Universitäten und Forschungseinrichtungen angeboten werden. Diese dienen meist dem Ziel der Gewinnung von Auszubildenden bzw. Studierenden und verfolgen somit einen speziellen Ansatz der Berufsorientierung. Im Idealfall werden die Angebote beruflicher und akademischer Bildungsgestalter mit den allgemeinbildenden Schulen koordiniert und somit in die schulischen Lehr- und Lernprozesse integriert. Oftmals erfolgt jedoch kaum eine Vernetzung.

2.2 Plädoyer für eine integrierte Berufsorientierung

Berufsorientierung ist ein langwieriger, komplexer und individueller Prozess, der sich über mehrere Lebensphasen erstreckt. Dieser Prozess wird von unterschiedlichen Faktoren beeinflusst, wie z. B. von der Arbeitsmarktsituation, von Vorbildern und eigenen Vorerfahrungen sowie dem Wissen über die Berufsbilder. Da scheinbar viele Jugendliche lediglich ein vages Bild von den MINT-Berufen (vgl. Abschnitt 1) haben, fehlt ihnen eine objektive Wissensbasis für die Entscheidung, ob ein solcher Beruf ihren Interessen und Wünschen entsprechen könnte. Vor dem Hintergrund, dass gerade diese Berufe in der Wirtschaft zunehmend benötigt werden, ist eine Berufsorientierung i. S. einer Aufklärung über die Berufe in Naturwissenschaft und Technik und den damit verbundenen Arbeitsaufgaben unbedingt notwendig.

Die vorhandenen Formen der Berufsorientierung: Berufswahlunterricht, Berufsberatung, Betriebspraktika oder auch die Angebote beruflicher und akademischer Bildungsgestalter sind hierfür ungeeignet. Denn diese verbleiben entweder nur auf einer allgemeinen Ebene oder es erfolgt bei Angeboten, die sich konkret einem Berufsfeld zuwenden, aufgrund ihrer Wahlfreiwilligkeit eine bereits vorgeschaltete Segregation. Somit werden diejenigen Lernenden nicht erreicht, die aufgrund falscher bzw. unzureichender Kenntnisse über die Berufsbilder im MINT-Bereich der Meinung sind, dass ein naturwissenschaftlicher oder technischer Beruf für sie ungeeignet ist. Integrierte Berufsorientierung birgt das Potenzial, bei diesen Lernenden ein realitätsnahes Bild der naturwissenschaftlich-technischen Berufe aufzubauen und somit eine objektive Entscheidungsgrundlage für die eigene Berufswahl zu schaffen. Denn diese Form der Berufsorientierung findet innerhalb des naturwissenschaftlichen Fachunterrichtes statt, den jeder Lernende besuchen muss. Integrierte Berufsorientierung ist somit ein wichtiger Ansatzpunkt für die Fachkräftesicherung im naturwissenschaftlich-technischem Bereich.

3 Gestaltung integrierter Berufsorientierung

3.1 Berufsorientierende Lehr- und Lernprozesse

Für die Gestaltung von berufsorientierenden Lehr- und Lernprozessen ist neben den zu vermittelnden Fachinhalten und den Interessen der Lernenden als weiteres Element die Arbeitswelt zu berücksichtigen. Für die Integration der Arbeitswelt in den allgemeinbildenden Fachunterricht können als theoretische Grundlagen typische Methoden der beruflichen Didaktik (z. B. das Konzept des arbeitsaufgabenbezogenen Lernens, vgl. Niethammer 2006) gewählt werden. Diese Ansätze sind den Zielen der Allgemeinbildung anzupassen. In den Fachunterricht sollen lediglich berufsorientierende Aspekte und keine vorgezogenen Berufsausbildungen implementiert werden.

Für eine berufsorientierende Unterrichtsgestaltung sind reale Arbeitsaufgaben als Bezugs- und Orientierungspunkt zu wählen. Die Arbeitsaufgaben werden hinsichtlich ihres zugrunde liegenden Sach- und Handlungswissens hinterfragt, um darauf basierend die inhaltliche und methodische Gestaltung der Lehr- und Lernprozesse abzuleiten (vgl. Abb. 1).

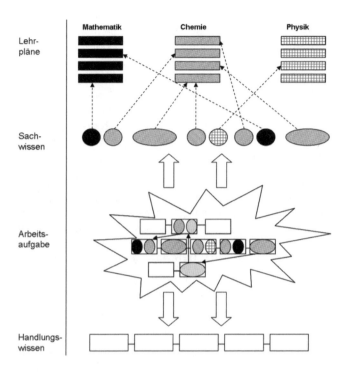

Abb. 1: Prozess der Planung von berufsorientierendem Unterricht

Das Sachwissen repräsentiert die (fach-)inhaltliche Seite. Bei der Analyse des mit der Arbeitsaufgabe verbundenen Sachwissens ist zu beachten, dass dieses meist nicht nur einer Disziplin zugeordnet werden kann, da Arbeitsaufgaben oftmals eine fachübergreifende Wissensgrundlage erfordern. Weiterhin ist das Sachwissen mit den jeweiligen Fachlehrplänen abzugleichen, um zu prüfen, an welchen Stellen im Unterricht sich die Arbeitsaufgabe eignet, nicht nur einen Einblick in die Arbeitswelt zu gewähren, sondern auch die durch die Lehrpläne vorgegebenen Inhalte abzudecken. Aus der Tatsache, dass das mit den Arbeitsaufgaben verbundene Sachwissen meist interdisziplinär ist, aber integrierte Berufsorientierung im Rahmen des Fachunterrichtes stattfindet, ergibt sich eine spezifische Herausforderung berufsorientierender Unterrichtsgestaltung. Einerseits wird das gesamte Sachwissen zur Lösung einer Arbeitsaufgabe von den Lernenden benötigt, andererseits ist lediglich die Erarbeitung des spezifischen Wissens des Faches, innerhalb dessen die Berufsorientierung stattfindet, notwendig.

Die einzelnen Handlungsschritte entlang der Aufgabenbearbeitung spiegeln den äußeren Ablauf der Arbeitstätigkeit wider. Zur Generierung dieser Schritte (innerer

Ablauf der Arbeitstätigkeit) ist das Handlungswissen in Reflexion zum Sachwissen notwendig. Je nach Art der Arbeitsaufgabe (Routineaufgabe, Anwendungsaufgabe, Gestaltungsaufgabe) und den im betrieblichen Kontext gegebenen Bedingungen zur Zielreichung stellt dies einen Problemlöseprozess dar oder nicht. In diesem Sinne verweisen die Rahmenbedingungen der Generierung der Handlungsschritte und somit die Bereitstellung des Handlungs- und Sachwissens auf die Auswahl der Unterrichtsmethoden. So sind je nach Art der Aufgabe und der Selbstständigkeit hinsichtlich der Arbeitsorganisation Lehr- und Lernschritte zu arrangieren und zu unterstützen, die Handlungsmuster und Sozialformen auszuwählen sowie Medien zur Erkenntnisunterstützung einzusetzen.

Durch die Orientierung an der Arbeitswelt wird diese zum Kontext für die Erarbeitung der Fachinhalte. Hierbei ist weiterhin abzusichern, dass die verwendeten Arbeitsaufgaben und die zugehörigen betrieblichen Kontexte einen Bezug zur Lebenswelt und günstigstenfalls zu den Interessen der Lernenden besitzen.

3.2 Organisation von Berufsorientierung

Neben der in den Fachunterricht integrierten Berufsorientierung bestehen zahlreiche weitere Maßnahmen. Aus der Perspektive der integrierten Berufsorientierung ist es unbedingt notwendig, diese mit den im Fachunterricht stattfindenden Lernprozessen zu koordinieren.

Das kann konkret bedeuten, dass in Betriebspraktika gewonnene Erfahrungen von Lernenden als Ausgangspunkt für die Gestaltung einer berufsorientierenden Phase im Fachunterricht genutzt werden oder dass zur Vertiefung bereits behandelter Themen Berufsorientierungsangebote von umliegenden Berufsschulzentren besucht werden.

Damit die Synergieeffekte der verschiedenen Maßnahmen erkannt und genutzt werden, ist eine Koordinierungsstelle an den Schulen notwendig, die das breite Angebot der unterschiedlichen Bildungsgestalter zwischen diesen, den Fachlehrern und den Lernenden kommuniziert und abstimmt.

4 Zusammenfassung und Handlungsaufforderung

Effektive Berufsorientierung, die sowohl Auswirkungen auf die Berufs- und Studienwahl hat als auch Effekte bezüglich der Berufsvorbildung i. S. einer besseren Passfähigkeit der Bildungsetappen bewirkt, ist integrativ zu gestalten. Integrativ im doppelten Sinne: Einerseits ist eine Berufsorientierung für naturwissenschaftlich-technische Berufe prozessbegleitend in den allgemeinbildenden Fachunterricht zu implementieren. Andererseits muss eine Verzahnung mit berufsorientierenden Maßnahmen beruflicher und akademischer Bildungsträger erfolgen.

Die Anforderungen, die mit einer solchen Unterrichtsgestaltung verbunden sind, können gegenwärtig durch die Lehrenden in der Allgemeinbildung zum Großteil nicht eingelöst werden. Zum einen fehlen den Lehrenden gewöhnlich Erfahrungen zur Arbeit in Unternehmen oder Forschungseinrichtungen, da sie von der Schule zur Universität und wieder zur Schule zurück gehen. Zum anderen wird dieser Praxisbezug auch im Rahmen eines klassischen Lehramtsstudiums nicht hergestellt.

Daher ist der hier vorgestellte Ansatz weiterzuentwickeln und in die Lehreraus- und -weiterbildung zu transferieren, sodass Lehrer im allgemeinbildenden Bereich zu einer an der Arbeitswelt orientierten, kontextbezogenen Unterrichtsgestaltung befähigt werden.

Literatur

Elster, D. (2009): Naturwissenschaftlicher Unterricht und Beruf. Die Einstellungen Jugendlicher. In: MNU 62 (1), S. 4–10.

Famulla, G.; Butz, B.; Deeken, S.; Michaelis, U.; Möhle, V.; Schäfer, B. (2008): Berufsorientierung als Prozess – Persönlichkeit fördern, Schule entwickeln, Übergang sichern. Ergebnisse aus dem Programm „Schule – Wirtschaft/Arbeitsleben". Baltmannsweiler: Schneider Verlag Hohengehren.

Institut der deutschen Wirtschaft (2008): IW-Beschäftigungsumfrage Firmen suchen Fachkräfte. Verfügbar unter http://www.iwkoeln.de/Portals/0/PDF/pm43_08.pdf (27.05.2009).

Kultusministerkonferenz; Bundesagentur für Arbeit (2004): Rahmenvereinbarung über die Zusammenarbeit von Schule und Berufsberatung zwischen der Kultusministerkonferenz und der Bundesagentur für Arbeit. Verfügbar unter http://www.arbeitsagentur.de/zentraler-Content/A03-Berufsberatung/A031-Berufseinsteiger/Publikation/pdf/Rahmenbedingungen-Schule-Berufsberatung.pdf (01.06.2009).

Niethammer, M. (2006): Berufliches Lehren und Lernen in Korrelation zur chemiebezogenen Facharbeit. Ansprüche und Gestaltungsansätze. Bielefeld: wbv.

Methodik der Berufsorientierung und ihre schulische Umsetzungsproblematik

Michael Köck

1 Problemstellung

Die berufsorientierende Vorbereitung der Schülerinnen und Schüler auf den Übergang in Ausbildung und Beruf wird mittlerweile in allen Schularten als wichtige Aufgabe erkannt. Berufsorientierung meint alle didaktischen Maßnahmen und individuellen Entwicklungsschritte zur Ausbildung unterschiedlicher Dispositionen, die einerseits eine rationale Wahl für eine berufliche Option und andererseits deren zielstrebige Realisierung ermöglichen. Die Ansätze der Berufsorientierung betonen unisono den Bildungswert der der Arbeitswelt entlehnten Arbeitsprozesse bzw. -aufgaben. Gerade an allgemeinbildenden Schulen besteht jedoch zum Teil erhebliche Unsicherheit darüber, was genau Berufsorientierung ausmacht und in welchem Umfang und in welcher Tiefe methodische Maßnahmen an der funktionalen Struktur beruflicher Arbeits- und Geschäftsprozesse auszurichten sind. Der Beitrag charakterisiert die Berufsorientierung allgemein und zeigt Faktoren auf, die bei einer aufgabenbezogenen methodischen Gestaltung berufsorientierender Maßnahmen berücksichtigt werden sollten.

2 Charakterisierung der Berufsorientierung

Ausgehend von einem idealisierten Entscheidungs- und Ablaufmodell kann der Prozess der Berufsorientierung und Berufswahl grundsätzlich in einzelne Schritte bzw. Phasen eingeteilt werden (z. B. Herzog/Neuenschwandner/Wannack 2006, S. 41ff.). Aufgabe schulischer Berufsorientierung ist es nun, im Verlauf dieses Prozesses durch geeignete didaktische Maßnahmen wie Information, Beratung, Interaktion, Diagnose, Kompetenzbewertung, praktische Erprobung sowie die Anbahnung von Fähigkeiten zur Entscheidungsfindung und zur Planung der beruflichen Laufbahn zu intervenieren. Erste praktische Arbeitserfahrungen am Anfang der Berufsorientierung sollten sowohl dem Einblick in die funktionale, organisatorische und auch soziale Struktur der Arbeit als auch der Förderung von Selbstwirksamkeitserfahrungen dienen. Der Prozess beruflicher Orientierung ist keine allein nach außen gerichtete Abfolge einzelner Schritte, wie sie die curricular festgeschriebene Chronologie von Praktika, Berufsberatung oder Bewerbungsvorgang nahelegen, sondern weist vor allem auch eine nach innen gerichtete, identitätsbildende Seite auf. Die Rolle des Jugendlichen sollte daher über den gesamten Verlauf berufsorientierender Maßnahmen nicht auf die eines unbeteiligten Betrachters seiner eigenen Entwicklung reduziert bleiben. Wichtig ist vielmehr, dass der Blick immer wieder auf die eigene Person, die Werthaltungen und Lebensperspektiven gelenkt wird (vgl. Härtel 2005, S. 81). Ein weiteres Grundprinzip der Berufsorientierung ist es, den Schülern möglichst lange vielfältige Orientierungs-, Analyse- und Erprobungsmöglichkeiten zuzugestehen. Inhaltlich verweist die Berufsorientierung das Individuum viel konkreter als die sinnvollerweise vorausgehende allgemeine Betrachtung der Erwerbsarbeit auf die Auseinandersetzung mit den typischen, im Konstrukt Beruf zusammenfließenden funktionalen Arbeitsverrichtungen, ihren Anforderungen und qualifikatorischen Voraussetzungen und auch ihrem sozialen Status. Hier gilt es zunächst, anhand vielfältiger Informationsmöglichkeiten ein Überblickswissen über verschiedene Berufsfelder zu schaffen und dann Einblicke in konkret erwogene Berufe zu ermöglichen. Wieder spielt die praktische Tätigkeit eine wichtige Rolle. Der gewünschte Effekt ist in diesem Fall der Aufbau eines kohärenten, zwischen beruflicher Wirklichkeit und eigenen Möglichkeiten der Person austarierten Selbstkonzeptes. Dieses wird gefördert durch Leistungsrückmeldungen und Erfolgserlebnisse im Praktikum, im schulischen Unterricht sowie in Gesprächen mit verschiedenen Bezugspersonen. Eine inhaltliche Fundierung erfahren solche Gespräche auch durch Kompetenzfeststellungen. Neben dem Bezug zu konkreten Berufen ist ein weiteres Kennzeichen der Berufsorientierung die antizipatorische Komponente, also die Berufswegplanung. Die definitive Wahl einer Berufsoption zwingt die Schülerinnen und Schüler in eine komplexe Entscheidungssituation, die, wenn sie nicht passiv und fatalistisch umgangen werden soll, für viele nur mit individueller Beratung und direkter pädagogischer Zuwendung gemeistert werden kann. Auch für die letzte Phase der Berufsorientierung, die Bewerbung mit ihren eignungsdiagnostischen Verfahren, bedarf es eingehender inhaltlicher und methodischer Vorbereitung.

3   Berufsorientierende Aufgaben – Anforderungen

Die Methodenfrage im Rahmen einer arbeits- und berufsorientierten Bildung erschließt sich ausgehend vom globalen Ziel der Handlungsfähigkeit in der Arbeits- und Wirtschaftswelt und deren Ausdifferenzierung in spezielle, den Lern- und Handlungsbereich berührende Kompetenzen. Eine besondere Bedeutung innerhalb der Methodik einer arbeits- und berufsorientierten Bildung kommt, ihrem Selbstverständnis folgend, den einem konkreten Handlungsprodukt dienenden, systematisch ablaufenden Arbeits-, Gestaltungs- oder Problemlösungsprozessen der Arbeits- und Wirtschaftswelt zu. Sie lassen sich zusammenfassend als Arbeitsaufgaben beschreiben. Ihre Entsprechung finden Arbeitsaufgaben im Rahmen der Arbeits- und Berufsorientierung beispielsweise in der schulischen Werkstattarbeit, im projektorientierten Unterricht oder an Praxistagen. Arbeitsaufgaben strukturieren auch das Geschehen im Betriebspraktikum. Neben den im Rahmen der Berufsorientierung oft dominierenden fertigungsbezogenen Aufgaben finden sich in der modernen Arbeitswelt eine ganze Fülle anderer Aufgabentypen: Exemplarisch können hier die Konstruktionsaufgabe, die Planungs- oder Gestaltungsaufgabe, die Montage-, Installations- oder Instandhaltungsaufgabe, die Kalkulations-, Präsentations-, die Verkaufs-, Beratungs- und die Betreuungsaufgabe genannt werden (vgl. z. B. Pahl/Ruppel 2008). Im Gegensatz zur Berufsausbildung steht hier aber nicht zwangsläufig die realen technischen oder wirtschaftlichen Zwängen geschuldete sach- und fachgerechte Umsetzung des Arbeitsergebnisses im Vordergrund. Zweck der Umsetzung von Arbeitsaufgaben im Rahmen der Arbeits- und Berufsorientierung ist einmal die Begegnung mit den unterschiedlichen sachlichen und menschlichen Erfordernissen für die Erstellung von Gütern und Dienstleistungen und die damit verbundene Orientierung in verschiedenen beruflichen Handlungsfeldern. Eine große Chance liegt auch in ihrem Erprobungscharakter begründet. Arbeitsaufgaben können zum Ausgangspunkt für die Reflexion und Artikulation beruflicher Anforderungen einerseits und den individuellen Fähigkeiten andererseits werden. Sie eröffnen Chancen zur Eigen- und Fremddiagnose und damit zur Kompetenzbewertung. Ein weiteres Ziel der Umsetzung von Arbeitsaufgaben ist die Anbahnung elementarer Regulationsgrundlagen wie sie bei der strategischen Planung von Teilzielen oder Problemlöseprozessen im späteren beruflichen Alltag notwendig werden. Außerdem sollen Einstellungen und soziale Verhaltensweisen trainiert sowie persönlichkeitsförderliche Selbstwirksamkeitserfahrungen ermöglicht werden. Es versteht sich von selbst, dass weder die inhaltlichen noch die prozessualen oder organisatorischen Aspekte der in der Arbeits- und Wirtschaftswelt zur Anwendung kommenden Arbeitsaufgaben eins zu eins in die Schule transformiert werden können. Aber auch die im Rahmen von Betriebspraktika übertragenen Arbeitsaufgaben sollten trotz der primär beabsichtigten Realerfahrung unterschiedlichen didaktischen Anforderungen genügen:

- *Exemplarität:* Aufgaben für die Berufsorientierung können durch einen didaktisch-methodischen Transformationsprozess aus der Identifizierung und Analyse von Arbeitsaufgaben gewonnen werden. Ein vorrangiges Auswahlkriterium stellt die Exemplarität der Aufgabe dar. Dem Prinzip des Exemplarischen wird dann Rechnung getragen, wenn die Aufgaben so weit wie möglich die soziotechnischen, sozioökonomischen sowie sozialen Realitaten berücksichtigen. Konkret bedeutet dies zum Beispiel für den gewerblich-technischen Arbeits- und Berufsbereich, dass der sich dort abzeichnenden Vernetzung von Planungs-, Steuerungs- und Fertigungssystemen entsprochen werden muss (Pahl/Ruppel 2008, S. 129f.). Sie zieht eine erhöhte Komplexität technischer Funktionen und Anlagen nach sich und führt damit zum Beispiel zu höheren Anforderungen beim technischen Problemlösen. In nahezu allen Berufsbereichen herrscht zudem eine prozess-, kunden- und qualitätsorientierte Arbeitsorganisation vor. Auf die sich dadurch ergebenden Leistungsanforderungen, Gruppenstrukturen und veränderten Kooperationsbeziehungen müssen sich die dort arbeitenden Menschen mit einem Zuwachs an sozialen Kompetenzen, beispielsweise auch in der Konfliktregelung, einstellen (vgl. Ott 2000, S. 110). Insgesamt gesehen muss bei der Auswahl von Aufgaben dem Bedeutungszuwachs der informatorischen Arbeitsbestandteile genauso Rechnung getragen werden wie den erhöhten sozialen Anforderungen.

- *Reduzierung der sachlichen und menschlichen Leistungsvoraussetzungen*: Die Schwierigkeit der Extraktion von berufsbezogenen Aufgaben im Betriebspraktikum wie im schulischen Unterricht aus dem Spektrum möglicher Arbeitsaufgaben besteht unter anderem darin, sie alters- und qualifikationsgerecht zu gestalten, also hinsichtlich ihrer menschlichen und sachlichen Leistungsvoraussetzungen zu reduzieren und trotzdem wesentliche Aspekte arbeitsorganisatorischer, technischer oder wirtschaftlicher Merkmale sowie psycho-physischer Anforderungen zu erhalten. Das vollständige Anforderungsprofil beruflicher Aufgabenstellungen kann hier nicht die Maßgabe sein. Insbesondere sind solche Arbeitsanteile, die spezifisch berufliche Arbeitskenntnisse und Fertigkeiten und damit eine berufliche Ausbildung voraussetzen, zu begrenzen. Dem altersgemäßen Entwicklungsstand sind ferner die allgemeinen körperlichen und mentalen Anforderungen, die Stellung im Verantwortungszusammenhang sowie die Umgebungsbedingungen anzupassen. Eine solche Elementarisierung setzt bei den arbeitsorganisatorischen Aspekten auf eine Verminderung des Umfangs der Arbeitsaufgaben und damit auf eine Reduzierung des zeitlichen und strukturellen Ablaufs, der inhaltlichen Komplexität sowie der Zahl der Arbeitsorte und Kontakte mit Mitarbeitern oder Kunden. Auch der Technisierungsgrad, also das Verhältnis der Gesamtzahl der im Rahmen einer Arbeitsaufgabe zu erfüllenden Funktionen zur Zahl derer, die mit Werkzeugen, Maschinen oder Automaten umgesetzt wird, wird nicht der Realität entsprechen können.

- *Reflexion und Kommunikation:* Während eine berufliche Arbeitsaufgabe, wie bereits ausgeführt, auf die Erreichung eines Arbeitsergebnisses ausgerichtet ist, soll durch eine Lerntätigkeit eine Veränderung der Kompetenzen und Einstellungen des Lerners – hier also des Berufswählers – erreicht werden. Um den vorrangig intendierten Effekten hinsichtlich der Einsichtnahme in die Arbeitswelt sowie der Selbsteinschätzung und Identitätsentwicklung gerecht zu werden, sind in den Ablauf Analysephasen zu integrieren, die die Anforderungen der Lernaufgabe aus zwei Perspektiven reflektieren und kommunizieren: Aus der Perspektive des Berufswählers und seiner vorgefundenen betrieblichen Bedingungen und aus der Perspektive betriebsübergreifender, der Überformung der konkreten Arbeitssituation durch das ökonomische System geschuldeter Arbeitsbedingungen (Feldhoff/Otto/Simoleit/Sobott 1985, S. 37).

- *Lernförderliche Aspekte:* Verschiedene Anforderungskriterien, die allgemein für eine persönlichkeitsfördernde berufliche Aufgabengestaltung genannt werden, können aber auch für Lernaufgaben im Rahmen der Arbeits- und Berufsorientierung gelten: Ganzheitlichkeit, Anforderungsvielfalt oder die Möglichkeiten zur sozialen Interaktion.

Projektorientierter Unterricht: Im schulischen Bereich bilden Arbeitsaufgaben in der Regel die Basis für die verschiedenen Formen projektorientierten Unterrichts. Der Aufgabenkern wird hier mit verschiedenen lernförderlichen methodischen Maßnahmen kombiniert, weil entweder Kenntnisse, Fertigkeiten oder Fähigkeiten für eine Lösung der Aufgabe seitens der Schüler (noch) nicht vorhanden sind oder aber der technische, wirtschaftliche oder organisatorische Hintergrund der Arbeitsaufgaben fokussiert werden soll. Ein Beispiel für eine lernförderliche Ergänzung einer Aufgabenstellung stellt die Leittextmethode mit ihren inhaltlichen oder prozessualen Lernhilfen dar. Eine speziell auf die arbeitsorganisatorische Bündelung unterschiedlichster Aufgaben sowie die Erschließung ihres technisch-wirtschaftlichen Hintergrundes abzielende Methode ist die Schülerfirma mit ihren realen Geld- und Warenströmen. Möglicherweise stellt sie den Idealfall einer arbeits- und berufsorientierten Methodik dar, da bei ihr die Barriere zwischen schulischem Schonraum und realer Wirtschaftswelt niedriger, der motivierende Ernstcharakter dagegen höher ist.

Betriebspraktika: Eine tragende Rolle im Rahmen der schulischen Berufsorientierung und des aufgabenbezogenen Lernens kommt den Betriebspraktika zu. Sie können, besonders dann, wenn sie von den Jugendlichen als hilfreich bewertet wurden, eine positive Rolle im Übergangsprozess einnehmen (Gaupp/Reißig 2006, S. 41). Neben der berufsorientierenden Erprobung können Betriebspraktika auch besondere inhaltliche und soziale Lernziele befördern, außerdem ermöglichen sie die Interaktion mit unterschiedlichen Akteuren des beruflichen Systems und das Kennenlernen von potenziellen Arbeitgebern. Damit Betriebspraktika ihre intendierten Wirkungen entfalten, ist die Vorbereitung, Durchführung und Bewertung nicht nur organisatorisch, sondern vor allem auch inhaltlich in den berufsorientierenden Unterrichtskontext zu integrieren. Die im Praktikum gemachten Erfahrungen entfalten ihre berufsorientierende Wirkung nämlich erst dann, wenn sie reflektiert und aus verschiedenen Perspektiven kommuniziert werden (Ahrens 2007, S. 196).

4 Ausblick

Weil nicht alle im Zuge der Berufsorientierung angestrebten Übergangskompetenzen über berufsnahe Arbeitsaufgaben, Projekte oder Betriebspraktika befördert werden können, ist eine Erweiterung des der Arbeitswelt entlehnten aufgabenorientierten methodischen Kerns notwendig. Besondere inhaltliche, lernpsychologische, zielgruppenspezifische, pädagogisch-psychologische oder auch organisatorische Ziele lassen den Einsatz eines breiten methodischen Repertoires sinnvoll erscheinen. Die Nachhaltigkeit dieser Methoden ist aber nur dann gewährleistet, wenn für sie in gleicher Weise wie für die aufgabenorientierten Methoden Anforderungen definiert werden. Solche Anforderungen bilden die Grundlage für die Entwicklung von Messinstrumenten zur Evaluation und Qualitätssicherung berufsorientierender Maßnahmen.

Literatur

Ahrens, D. (2007): Anspruch und Wirklichkeit von Betriebspraktika als Instrument schulischer Berufsorientierung. In: H. Kahlert; H. Mansel (Hrsg.): Bildung und Berufsorientierung. Der Einfluss von Schule und informellen Kontexten auf die berufliche Identitätsentwicklung (S. 185–203). Weinheim, München: Juventa Verlag.

Feldhoff, J.; Otto, K. A.; Simoleit, J.; Sobott, C. (1985): Projekt Betriebspraktikum. Düsseldorf: Schwann/Bagel.

Gaupp, N.; Reißig, B. (2006): Welche Lotsenfunktionen sind wann für wen notwendig? Bildungswege benachteiligter Jugendlicher. In: T. Lex; N. Gaupp; B. Reißig; H. Adamcyk (Hrsg.): Übergangsmanagement: Jugendliche von der Schule ins Arbeitsleben lotsen (S. 15–43). München: Verlag Deutsches Jugendinstitut.

Härtel, P. (2005): Berufsorientierung in der Schule im europäischen Vergleich. In: J. H. Prager; C. Wieland (Hrsg.): Von der Schule in die Arbeitswelt. Bildungspfade im europäischen Vergleich (S. 75–98). Gütersloh: Verlag Bertelsmann Stiftung.

Herzog, W.; Neuenschwandner, M. P.; Wannack, E. (2006): Berufswahlprozess. Wie sich Jugendliche auf ihren Beruf vorbereiten. Bern, Stuttgart, Wien: Haupt Verlag.

Ott, B. (2000): Grundlagen des beruflichen Lehrens und Lernens. Ganzheitliches Lernen in der beruflichen Bildung. 2. überarbeitete Auflage. Berlin: Cornelsen Verlag.

Pahl, J.-P.; Ruppel, A. (2008): Bausteine beruflichen Lernens im Bereich „Arbeit und Technik". Teil 1: Berufswissenschaftliche Grundlegungen, didaktische Elemente und Unterrichtsplanung. Bielefeld: wbv.

Schnittpunkte von „einfacher Arbeit" und Facharbeit – empirische Ergebnisse

Claudia Koring

1 Gesellschaftliche Konstruktion „einfacher Arbeit"

„Einfache Arbeit" ist ein gesellschaftliches Konstrukt, welches geprägt ist durch die Fähigkeiten und Kenntnisse, über die die Erwerbspersonen eines Landes ohne Berufsausbildung durchschnittlich verfügen und durch die Inhalte „einfacher Arbeit", die durch die Struktur der Arbeit und der Produktionsorganisation bestimmt werden. Im vorliegenden Beitrag wird die Tätigkeitsseite der „einfachen Arbeit" analysiert: „Einfache Arbeit" wird hier aufgefasst als Arbeitsbereich, der innerhalb der Produktionsorganisation unterhalb der Facharbeit angesiedelt ist und deren Beschäftigte sich überwiegend durch keine für den Einsatzbereich spezifische Qualifikation auszeichnen (An- und Ungelernte) (vgl. Weidig u. a. 1999).

Die Veränderungen der „einfachen Arbeit" ziehen ihren Vergleichspunkt aus einer langen Tradition der zergliederten Produktionsorganisation. Mit F. W. Taylor und H. Fayol rückte die betriebliche Arbeitsorganisation in den Mittelpunkt und führte zur „wissenschaftlichen Betriebsführung" und den vier Grundprinzipien des Taylorismus: Die Trennung von Kopf- und Handarbeit, eine weitgehende Zerlegung der ausführenden Tätigkeiten, die auf präzisen Anleitungen basieren (one-best-way Prinzip) und der Einsatz von Geld als Motivationsfaktor durch die Kopplung von Leistung und Lohn prägen die Arbeitsorganisation industrieller (Massen-)Produktion bis heute (vgl. Heidenreich 1997).

Die Grenzen des tayloristischen Leitbilds zeigen sich erstmals in den 1970er Jahren. Bis in die 1990er Jahre ist jedoch nur eine verhaltene Reorganisation der industriellen Arbeitsorganisation zu beobachten (vgl. Faust u. a. 1994). Erst ein deutlicher Strukturwandel Ende der 1990er Jahre, der höhere Anforderungen an die Flexibilität für Unternehmen mit sich bringt, stellt die Arbeitsorganisation vor Herausforderungen, die zu einer teilweisen Auflösung etablierter Muster hierarchischer und funktionaler Arbeitsteilung beitragen. „Moderne Produktionsorganisationen sind durch die Übernahme ganzheitlicher unternehmerischer Zielstellungen gekennzeichnet. [...] Die Anwendung von Fließprinzip, Dezentralisation und Gruppenarbeit bilden heute eine einheitliche Basis exzellenter Produktionen" (Wildemann 2004, S. 1182). Wesentliche Rahmenbedingungen für die Veränderungen „einfacher Arbeit" sind u. a. das Konzept der Fertigungssegmentierung und die „Lean Production" mit der Gruppenarbeit (vgl. ebd.).

2 Schnittpunkte von „einfacher Arbeit" und Facharbeit

Um die Schnittpunkte von „einfacher Arbeit" und Facharbeit bestimmen zu können, wird eine Analyse der Arbeitsprozesse an- und ungelernter Beschäftigter auf Tätigkeitsebene vorgenommen und die erhaltenen Aufgabenprofile Berufsprofilen gegenübergestellt.

2.1 Forschungsmethodik

Die Erhebung der Aufgabenprofile konzentrierte sich auf die An- und Ungelerntenebene innerhalb der Metall- und Elektroindustrie in Baden-Württemberg. Hier wurden im Rahmen eines vom Wirtschaftsministerium Baden-Württemberg geförderten Projektes insgesamt 23 Tätigkeitsfelder unterhalb der Facharbeiterebene analysiert[1]. Kern der Analyse war die Identifizierung, Sammlung und das Clustern von Aufgaben durch die Nutzung des Wissens der in den Arbeitsbereichen tätigen an- und ungelernten Fachkräfte. Das methodische Vorgehen lehnte sich an die Experten-Facharbeiter-Workshops (EFW) an (vgl. Rauner 1999).

2.2 Erkenntnisse und wissenschaftliche Bedeutung

Die im Bereich der „einfachen Arbeit" erstellten 23 Profile sind unternehmens- und bereichsspezifisch. Die inhaltliche Aufgabenanalyse zeigt jedoch, dass für den Bereich der „einfachen Arbeit" auf Basis von 19 der erstellten Profile[2] charakteristische Arbeitsaufgaben identifiziert werden können:

Tab. 1: Charakteristische Arbeitsaufgaben im Bereich „einfache Arbeit"

Nr.	Charakteristische Arbeitsaufgaben	Nr.	Charakteristische Arbeitsaufgaben
1.	Organisatorisch-planerische Tätigkeiten	2.	Rüsten, Einstellen und Bedienen von Maschinen
3.	Montagetätigkeiten	4.	Kontrollierende Aufgaben
5.	Wartungs- und Instandsetzungsarbeiten	6.	Datensicherung und Kommunikation
7.	Personalführungsaufgaben	8.	Optimierungsaufgaben
9.	Arbeitssicherheit- und Umweltschutzmaßnahmen		

---

1   Das Projekt WAP („Weiterbildung für an- und ungelernte Fachkräfte der Metall- und Elektroindustrie in Baden-Württemberg") mit einer Laufzeit von insgesamt 4,5 Jahren wurde vom Institut Technik und Bildung der Universität Bremen wissenschaftlich begleitet (vgl. Bauer/Koring/Röben/Schnitger 2007 und 2007a; www.wap.agenturq.de).

2   Drei Profile wurden nicht einbezogen, da diese unvollständig sind bzw. sich auf die Facharbeiterebene beziehen.

Aus Platzgründen sind nur die Titel der Arbeitsaufgaben aufgeführt, die dahinterstehenden Inhalte sind detailliert dokumentiert und bilden die Basis für die inhaltliche Analyse zur Einordnung und den Vergleich der Arbeitsaufgaben. Die Arbeitsaufgaben wurden in den folgenden vier betrieblichen Tätigkeitsfeldern von An- und Ungelernten identifiziert:

a. Gruppenkoordinator/-führer/Linienlogistiker (GK/GF)

b. Qualitätsfachkräfte in unterschiedlichen Einsatzbereichen (QFK)

c. Fertigungsfachkräfte/Montagefachkräfte in unterschiedlichen Einsatzbereichen (FFK)

d. Maschinen- und Anlagenführer mit unterschiedlichen Aufgabenzuschnitten (MAF)

Die Analyse der Arbeitsaufgaben und Tätigkeitsfelder zeigt, dass diese große inhaltliche Schnittmengen enthalten. Mit Ausnahme von drei Aufgabenprofilen im Tätigkeitsfeld FFK zeigen die meisten betrieblichen Profile innerhalb der „einfachen Arbeit" eine sehr heterogene Aufgabenstruktur (siehe Abb. 1). Der Faktor Komplexität als Vergleichskategorie verdeutlicht die inhaltlichen Schwerpunkte der Tätigkeitsfelder sowie die unterschiedliche Ausprägung der Arbeitsaufgaben.

In Abgrenzung zur tayloristisch-orientierten Arbeitsorganisation wird die Dimension Komplexität hier als Gegenpol zur Zergliederung von Arbeitsaufgaben, der Trennung von Kopf- und Handarbeit und dem „one-best-way Prinzip" aufgefasst. Hohe Komplexität innerhalb der „einfachen Arbeit" zeichnet sich demnach durch Dynamik und Unplanbarkeit sowie planerische und kontrollierende Anteile aus. Die Bewältigung komplexer Tätigkeiten erfordert eine selbstständige Vorgehensweise und Verantwortungsübernahme und enthält den Einsatz von prozessbezogenem und fachlichem Wissen sowie sozialen Kompetenzen.

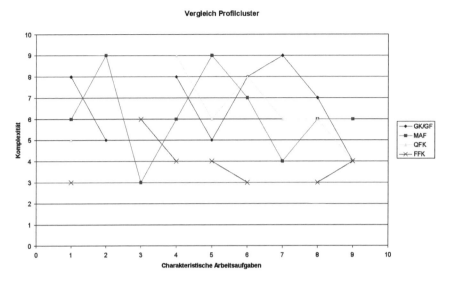

Abb. 1: Komplexitätsunterschiede innerhalb der charakteristischen Arbeitsaufgaben und zwischen den Tätigkeitsfeldern

Die in den Tätigkeitsfeldern GK/GF, MAF und QFK erstellten Profile weisen sowohl einfache Tätigkeiten als auch anspruchsvolle Arbeitsaufgaben auf. Das Tätigkeitsfeld der FFK zeigt dagegen sehr deutlich einen qualitativen Unterschied zu den anderen Tätigkeitsfeldern und weist eher in Richtung einer Segmentierung der „einfachen Arbeit" (siehe Abb. 1).

Um einen inhaltlichen Vergleich der Tätigkeiten auf Facharbeiter- und An- und Ungelerntenebene auf sehr geringer Abstraktionsebene zu ermöglichen, ist eine Gegenüberstellung der charakteristischen Arbeitsaufgaben des Tätigkeitsfelds Maschinen- und Anlagenführer (MAF wap) mit den Inhalten des zweijährigen Ausbildungsberufs des Maschinen- und Anlagenführers (MAF) zielführend[3]. Dabei zeigt sich, dass die charakteristischen Arbeitsaufgaben des MAF (wap) Lücken in Bezug auf die in der Ausbildungsordnung des MAF aufgeführten Inhalte „Berufsbildung, Arbeits- und Tarifrecht" sowie „Aufbau und Organisation des Ausbildungsbetriebes" aufweisen. Der Unterschied ist zum Teil auf die Erhebungsmethode zurückzuführen. Es wurden keine allgemeinen Fähigkeiten und Kenntnisse bzw. Arbeitsaufgaben mit erhoben, da diese als „selbstverständlich" in den Betrieben vorausgesetzt wurden. Wobei sicherlich fraglich ist, ob diese Einschätzung der Realität entspricht. Hier wird sehr deutlich, dass die Berufsausbildung Anteile erhält, die über den un-

---

3   Die Ergebnisse beruhen auf den Inhalten der Ausbildungsordnung des MAF gemäß Bundesgesetzblatt (Jahrgang 2004 Teil I Nr. 19) sowie auf den charakteristischen Arbeitsaufgaben, die im Bereich der „einfachen Arbeit" für das Tätigkeitsfeld des MAF identifiziert worden sind (s. Tabelle 1).

mittelbaren, individuellen Erfahrungs- und Anwendungshorizont hinausgehen. Im Bereich der An- und Ungelernten ist ohne Frage ausschließlich die konkrete Tätigkeit entscheidend für den Aufbau der Fähigkeiten und Kenntnisse.

Bei drei für das Tätigkeitsfeld des MAF (wap) aufgeführten Arbeitsaufgaben ergeben sich innerhalb der Ausbildungsordnung des MAF keine äquivalenten Inhalte. Bezüglich der Montagetätigkeiten, die vielfach für An- und Ungelernte auch zu dem Tätigkeitsfeld des MAF (wap) gehören, zeigt sich, dass im Bereich der „einfachen Arbeit" tatsächlich auch eher einfache, weniger anspruchsvolle Tätigkeiten vollzogen werden. Da die Montagetätigkeiten allerdings nicht den Schwerpunkt des MAF (wap) darstellen, liegt die Schlussfolgerung nahe, dass für den Bereich der „einfachen Arbeit" eine tendenziell heterogenere Aufgabenstruktur kennzeichnend ist, als der Ausbildungsberuf MAF bzw. die Ausbildungsordnung erkennen lassen. Die letzten beiden für den MAF (wap) aufgeführten charakteristischen Arbeitsaufgaben Personalführung und Optimierung scheint der Ausbildungsberuf MAF nicht vorzusehen. Hier liegen auf Grundlage der Ausbildungsordnung keine Hinweise vor, die eine Übernahme dieser Aufgaben durch die ausgebildeten MAF intendieren.

3   Schlussfolgerungen für künftige Forschungsinitiativen

Die innerhalb der „einfachen Arbeit" erstellten Aufgabenanalysen verweisen auf eine Veränderungstendenz in Bezug auf die Komplexität der Tätigkeiten im Untersuchungsfeld. Die Tätigkeiten, die unterhalb der Facharbeiterebene angesiedelt sind und in der Regel von an- und ungelernten Beschäftigten bewältigt werden, zeichnen sich durch komplexe Anforderungen bis hin zum Facharbeiterniveau aus. Allerdings ist auch eine große Heterogenität der Arbeitsaufgaben aufgefallen. Die Tätigkeiten umfassen oft sowohl einfache als auch komplexe Anforderungen. Hier wäre zu klären, in welchem Verhältnis einfache und komplexe Tätigkeiten zueinander stehen und welche zukünftige Entwicklung zu erwarten ist.

Sehr überraschend bei der Gegenüberstellung des Berufsprofils Maschinen- und Anlagenführer mit dem An- und Ungelernten-Profil des Maschinen- und Anlagenführers (wap) ist, dass zwei äußerst anspruchsvolle Arbeitsaufgaben, die empirisch in den Unternehmen identifiziert worden sind – die Personalführungsaufgaben und die Optimierungsaufgaben – innerhalb der Ausbildungsordnung nicht abgebildet werden. Auf Basis der vorliegenden Daten wird somit mit dem Ausbildungsberuf keine vollständig adäquate Voraussetzung für den Einsatz in einem Arbeitsbereich geschaffen, der eigentlich unterhalb der Facharbeiterebene liegt.

Literatur

Alda, H.; Bellmann, L. (2002): Organisatorische Änderungen und betriebliche Qualifikationseffekte 1999–2001. In: IAB (Hrsg.): Mitteilungen aus der Arbeitsmarkt- und Berufsforschung 4/2002. Nürnberg.

BLK – Bund-Länder-Kommission für Bildungsplanung und Forschungsförderung (2002): Zukunft von Bildung und Arbeit. Perspektiven von Arbeitskräftebedarf und -angebot bis 2015. Materialien zur Bildungsplanung und zur Forschungsförderung, Nr. 104.

Cedefop (2008): Future skill needs in Europe. Medium-term forecast: synthesis report [Zukünftiger Qualifikationsbedarf in Europa. Mittelfristige Prognose: Synthesebericht]. Luxembourg: Amt für amtliche Veröffentlichungen der Europäischen Gemeinschaften.

Dauser D.; Richter, R.; Zeller, B. (2004): Zukunft der einfachen Arbeit. Von der Hilfstätigkeit zur Prozessdienstleistung. Bielefeld: wbv.

Heidenreich, M. (1997): Arbeitsorganisation und Qualifikation. In: H. Luczak.; W. Volpert (Hrsg.): Handbuch für Arbeitswissenschaft (S. 696–701). Stuttgart: Schäffer-Poeschel.

Rauner, F. (1999): Entwicklungslogisch strukturierte Curricula: Vom Neuling zur reflektierten Meisterschaft. In: Zeitschrift für Berufs- und Wirtschaftspädagogik, 95 (3), S. 424–446.

Schnur, P.; Zika, G. (2007): Arbeitskräftebedarf bis 2025. Die Grenzen der Expansion. In: IAB Kurzbericht 1/2007. Nürnberg.

Weidig, I.; Hofer, P.; Wolff, H. (1999): Arbeitslandschaft 2010 nach Tätigkeiten und Tätigkeitsniveau. In: IAB (Hrsg.): Beiträge zur Arbeitsmarkt- und Berufsforschung Nr. 227. Nürnberg.

Wildemann, H. (2004): Produktionsorganisation. In: G. Schreyögg; A. v. Werder (Hrsg.): Handwörterbuch Unternehmensführung und Organisation (S. 1182–1189). Stuttgart: Schäffer-Poeschel.

Ausbildungslotse – Zur Arbeitsweise und Wirkung eines neuen Akteurs beim Übergang Schule/Beruf

Marc Schütte & Reiner Schlausch

1   Einleitung

Im Rahmen der Berufswahl sind Jugendliche mit Herausforderungen und Problemen konfrontiert, die für sie häufig kaum durchschaubar sind und für deren instrumentelle Bewältigung sie nicht ausreichend gerüstet scheinen. Die „Einfädelspuren" in das Berufs- und Erwachsenenleben sind vielfältiger und anspruchsvoller geworden; trotz des gesellschaftlichen Bemühens um eine verbesserte Beratung und Unterstützung stellt die Entscheidung für einen Beruf und die Implementierung der Berufswahl in modernen Ökonomien eine lebensabschnittliche Aufgabe dar, die wie kaum eine andere von den Gestaltungs- und Entwicklungskräften des Individuums abhängt.

Prozesse der Berufswahl und Berufswahlimplementierung resultieren aus einem komplexen und durchaus konfliktreichen Zusammenspiel unterschiedlicher Einflüsse innerhalb und außerhalb der Person wie z. B. eigenen Interessen und Erfahrungen, Empfehlungen von Erwachsenen oder Sympathien für Gleichaltrige und ältere Vorbilder. Entscheidungen sind in der Regel das Ergebnis eines „Bauchgefühls". Vertrauenspersonen, die den Übergangsprozess erstens kontinuierlich bewusst machen und zweitens als Handlungsgegenstand erschließen können, sind demgegenüber nur punktuell vorhanden. Eltern können diese Rolle immer seltener ausfüllen; für sie ist der Prozess nicht minder unüberschaubar. Auch Lehrkräfte können nur eingeschränkt Unterstützung leisten – für eine kontinuierliche, individuelle Begleitung sind sie weder vorbereitet noch stehen ihnen hierfür ausreichende Ressourcen zur Verfügung.

Vor dem Hintergrund dieses Defizits an sozialer Unterstützung, mit der u.E. eine wesentliche Ursache für das Nichtgelingen des Übergangs von der Schule in den Beruf vieler Jugendlicher benannt ist, wurde an jeweils zwei Haupt- und Realschulen ein zweijähriges (2007–2008) Projekt mit dem Titel „Ausbildungslotsen an allgemeinbildenden Schulen in Garbsen" durchgeführt und von den Autoren beraten und evaluiert, welches auf die Einführung eines neuen Akteurs und Interventionsansatzes abzielte (Schlausch/Schütte 2008). Die Projektleitung lag beim Schulamt der Stadt Garbsen. Initiiert wurde das Projekt durch das Ausbildungsnetzwerk „noah – Nachhaltige Optimierung der Ausbildungssituation in der Region Hannover" im Rahmen des Bundesprogramms „STARegio" des Bundesministeriums für Bildung und Forschung.

2 Arbeitsweise der Ausbildungslotsen

Als Ausbildungslotsen (AL) wurden Personen mit beruflicher Erstausbildung, Studium und Erfahrung in der Beratungsarbeit eingestellt; eine berufs- oder sozialpädagogische Qualifikation wurde nicht explizit gefordert. Zu Beginn des Projekts wurde gemeinsam mit den AL ein Leitbild entwickelt, um die Arbeit an den unterschiedlichen Schulstandorten auf einer gemeinsamen Grundlage zu gestalten. Ferner wurde die Zielgruppe auf Schülerinnen und Schüler der Abschlussklassen eingegrenzt, die sich 1) bisher erfolglos auf einen betrieblichen Ausbildungsplatz beworben haben, 2) den Besuch einer weiterführenden Schule anstreben, deren bisherige schulische Leistungen dies jedoch fraglich erscheinen lassen oder 3) auf den Besuch schulischer Maßnahmen der Berufsvorbereitung im sogenannten Übergangssystem orientiert sind. Für die Identifikation der Zielgruppe wurde ein Instrument zur Selbsteinschätzung entwickelt und in den Abschlussklassen eingesetzt.

Im Kontext des Leitbildes wurden die spezifischen Merkmale der Arbeitsweise in einem iterativen Prozess unter Beteiligung u. a. von Lehrkräften und Berufsberatern herausgearbeitet: Die AL

- sind für die Jugendlichen in hohem Maße im „Lotsenkontor" der Schule erreichbar,

- bieten vor allem praktische Hilfestellungen an, z. B. bei der Erstellung von Bewerbungsunterlagen oder der Vereinbarung von Terminen,

- stellen Kontakte zu Betrieben her und unterstützen das „Matching" Jugendlicher/Beruf/Betrieb,

- gehen direkt auf die Jugendlichen zu, fragen nach und bieten ihre Hilfe an,

- gehen ergebnisorientiert vor, d. h. jeder Kontakt endet mit einer Vereinbarung bezüglich nächster Schritte und eines Anschlusstermins zur Überprüfung der Zielerreichung,

- geben soziale und emotionale Unterstützung bei Rückschlägen,

- betreuen die Jugendlichen in den ersten drei Monaten der Ausbildung, um Abbrüche zu vermeiden und

- reduzieren ihr Engagement, wenn Jugendliche auf wiederholte Angebote nicht eingehen, ziehen sich aber nicht völlig zurück.

Die Arbeitsweise der AL geht über Beratung und Coaching hinaus. Im Vordergrund steht vielmehr die aktive Unterstützung bei der Absichtsrealisierung. In Anlehnung an die Selbstregulationstheorie von Kuhl/Beckmann (1994) kann die Arbeitsweise funktional genauer gefasst werden. Die Theorie postuliert zwei Modi der Handlungskontrolle: Lageorientierung vs. Handlungsorientierung. Ein Zustand der Lageorientierung äußert sich z. B. darin, dass Menschen durch (besorgte) Gedanken präokkupiert sind, lange zögern (grübeln) oder unbeständig zwischen Aktivitäten hin und her springen. Die Entstehung von Lageorientierung wird unter anderem durch das Erleben von wiederholtem Misserfolg angeregt. Auf der anderen Seite charakterisiert Handlungsorientierung einen Zustand, der auf die Umsetzung von Intentionen in Handlungen gerichtet ist, wie z. B. eine schnelle Ablösung von erfolglosen Zielbindungen, zügiges Voranschreiten und Ausdauer bei der Zielverfolgung.

3 Evaluationsbefunde

Im Folgenden werden ausgewählte Ergebnisse berichtet, die im Rahmen der Evaluation des Projekts ermittelt wurden.

3.1 Veränderung der Übergangsquoten

Ein zentrales Kriterium der Projektwirkung stellen Veränderungen der Übergangsquoten dar. In den Schuljahren 2004/05, 2006/07 und 2007/08 wurden die Übergangsquoten in eine betriebliche Ausbildung bzw. eine schulische Ausbildung mit Berufsabschluss durch schriftliche Befragungen in den Abschlussklassen erfasst. Im Schuljahr 04/05 konnte keine Vollerhebung realisiert werden; die Rücklaufquoten lagen zwischen 40 % und 73 % (N=270), wobei das Vorgehen der Datenerhebung die Erfassung von Jugendlichen begünstigte, die in das betriebliche Ausbildungssystem wechselten. Aus den beiden Schuljahren 06/07 (N=405) und 07/08 (N=383) liegen jeweils Vollerhebungsdaten vor.

Die Übergangsquoten in das duale System sind im ersten Jahr merklich angestiegen und haben sich im zweiten Jahr stabilisiert. In den beiden Hauptschulen haben sich die Quoten gegenüber dem Ausgangsniveau durchschnittlich mehr als verdoppelt (in einer Schule von 4 % auf 9 % und in der anderen Schule von 8 % auf 19 %). Auch die Realschulen verzeichneten merkliche Steigerungen (von 24 % auf 31 % bzw. von 18 % auf 29 %). Im Unterschied dazu wurde bei den Übergangsquoten in das Schulberufssystem – im Sinne der Projektausrichtung – kein solcher Effekt sichtbar.

3.2 Klientel-Beschreibung

In beiden Projektjahren wurden Jugendliche schriftlich befragt, die das Angebot der Ausbildungslotsen – auf freiwilliger Basis – genutzt haben. Für die Klientel-Beschreibung standen 83 (in 2007) und 96 (2008) ausgefüllte Fragebögen zur Verfügung, die sich etwa gleich über die vier Schulen verteilten. Die Befragungszeitpunkte wurden jeweils in die Mitte des Schuljahres gelegt. Die Befragungsteilnehmer mussten vorher mindestens zwei Termine mit dem AL absolviert haben. Im Weiteren werden ausgewählte Befunde aus dem zweiten Projektjahr referiert, Befunde aus dem ersten Projektjahr werden mitgeteilt, sofern es Abweichungen gibt.

3.2.1 Allgemeine Merkmale

Alter, Geschlecht, Migrationshintergrund. Das Alter der Stichprobe variierte in 2008 zwischen 15 und 18 Jahren (Mittelwert: 16 Jahre), wobei sich die Schulformen nicht unterschieden. Deutschland nannten 90 % der Hauptschüler und 80 % der Realschüler als Geburtsland, allerdings hatten mehr als 60 % der Befragten einen Migrationshintergrund, insofern wenigstens ein Elternteil nicht in Deutschland geboren wurde.

Übergangsziele der Jugendlichen. 69 % der Hauptschüler und immerhin 61 % der Realschüler gaben an, eine duale Ausbildung beginnen zu wollen. Demnach kann von einer erfolgreichen Adressierung bzw. Aktivierung von Jugendlichen gesprochen werden, für die eine duale Ausbildung eine ernsthafte Option darstellt. Jugendliche, die den Besuch einer weiterführenden Schule favorisierten, nutzten möglicherweise das Angebot, um sich für den Fall einer Nichtrealisierbarkeit dieses Zieles abzusichern.

3.2.2 Berufswahlreife und Handlungsorientierung

Handlungsorientierung. Der Fragebogen HAKEMP 90 (Kuhl 1990) wurde verwendet, um Handlungs- vs. Lageorientierung zu erheben. Der Fragebogen umfasst drei Subskalen: Handlungsorientierung nach Misserfolgen (HOM), bei der Handlungsplanung (HOP) und bei der Tätigkeitsausführung (HOT). Abbildung 1 zeigt die Verteilung der Skalenwerte in der Klientelstichprobe für die Schulformen. Bei der Skala HOT lässt sich feststellen, dass 50 % der Jugendlichen in den Wertebereich (0–9) fallen, bei dem eine Lageorientierung vorliegt. Es fällt ihnen also schwer, einen eingeschlagenen Handlungspfad zur Realisierung einer Intention ausdauernd und zielstrebig zu verfolgen.

Berufswahlreife. Zur Erhebung der Berufswahlreife wurde auf den „Fragebogen Einstellungen zur Berufswahl und beruflichen Arbeit" (EBwA; Seifert/Stangl 1986) zurückgegriffen. Im ersten Projektjahr bestand die Klientel der AL überwiegend aus Jugendlichen mit unzureichender Berufswahlreife, denen kaum Chancen auf eine selbst gesteuerte und bewusste Inangriffnahme und Bewältigung eingeräumt werden konnten. Demgegenüber haben wir im zweiten Projektjahr durchschnittlich hohe Ausprägungen gemessen. Diese markante Veränderung in der Nutzergruppe mag das Ergebnis einer gelungen Etablierung der AL sein: Der Umstand, dass diese im zweiten Jahr stärker als effektive Ressource wahrgenommen wurden, hatte sehr

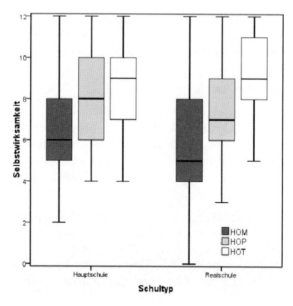

Abb. 1: Verteilung der Subskalen HOM, HOP und HOT in der Klientelstichprobe

wahrscheinlich eine überproportionale Nachfrage von Jugendlichen mit höherer Berufswahlreife zur Folge.

3.2.3 Wahrnehmung der AL durch die Jugendlichen

Wahrgenommene Unterstützung. Mittels fünfstufiger Ratingskalen sollten die Jugendlichen angeben, wie sehr sie sich durch die Ausbildungslotsen unterstützt fühlen. Schulformübergreifend haben 56 % der Befragten hier die Antwortkategorie mit der höchsten Ausprägung gewählt, weitere 27 % wählten die zweithöchste Kategorie.

Vorteile der AL. Weiterhin wurde gefragt, wo die Vorteile der Ausbildungslotsen für die Klientel liegen. Hier waren *maximal zwei* Vorteile aus einer Liste mit vorgegebenen Antwortalternativen anzukreuzen, um eine eindeutige Gewichtung der Vorteile zu provozieren. Vorteile der AL aus der Sicht der Jugendlichen existierten zum einen unabhängig von der Schulform, wie z. B. eine hohe Erreichbarkeit und Kontakte der AL zu Betrieben. Andererseits gibt es Vorteile, die stärker von Jugendlichen einer bestimmten Schulform wahrgenommen wurden. Hauptschüler benannten häufiger die Reduktion von Unsicherheit (Gefühl der Sicherheit) als Vorteil, was zur Erhaltung eines instrumentellen Bewältigungsstils beigetragen haben könnte. Umgekehrt benannten signifikant mehr Realschüler die Aufrechterhaltung der Motivation und Zielorientierung etwa angesichts von Barrieren oder Ablenkungen als einen Vorteil. Es stehen somit unterschiedliche Aspekte der Schaffung und Aufrechterhaltung von Handlungsorientierung im Prozess der Berufswahl und Ausbildungsplatzsuche im Zentrum.

4   Fazit und Ausblick

Geht man davon aus, dass sich viele Jugendliche am vermeintlichen Ende ihrer Schulzeit in einem Zustand der Lageorientierung befinden, nehmen AL die „Leerstelle" einer sozialen Instanz ein, die auf Handlungsorientierung drängt. Eltern, Lehrkräfte und Berufsberater können diese nur punktuell ausfüllen. Vermittelnde Prozesse der Handlungskontrolle sind etwa selektive Aufmerksamkeit, vertiefte Verarbeitung von intentionsrelevanten Informationen, Vergegenwärtigung von positiven Anreizen, sparsame Elaboration von Erwartungs- und Wertaspekten oder Bewältigung von Misserfolgen (Heckhausen 1989, S. 197). Mit dem im Februar 2009 bundesweit an allgemeinbildenden Schulen gestarteten Vorhaben „Berufseinstiegsbegleitung" nach § 421s SGB III wird eine ähnliche Zielstellung wie im Vorhaben „Ausbildungslotsen" verfolgt. Hier bietet es sich an, die vorliegenden Erfahrungen zu nutzen.

Literatur

Heckhausen, H. (1989): Motivation und Handeln. Berlin, Heidelberg, New York: Springer.

Kuhl, J. (1990): Der Fragebogen zur Erfassung von Handlungs- versus Lageorientierung (HAKEMP 90). Osnabrück: Universität.

Kuhl, J.; Beckmann, J. (1994): Volition and personality: Action versus state orientation. Göttingen, Seattle: Hogrefe.

Schlausch, R.; Schütte, M. (2008): Ausbildungslotsen – Lotsen für den Übergang von der Schule in den Beruf. In: berufsbildung, 62 (109/110), S. 62–65.

Seifert, K.-H.; Stangl, W. (1986): Der Fragebogen Einstellungen zur Berufswahl und beruflichen Arbeit. Diagnostica 32 (2), S. 153–164.

Fach- und Führungsnachwuchs als Herausforderung für Wirtschaft und Hochschulbildung

Sibylle Peters

1 Tertiärisierung und demografischer Wandel

Der Anstieg des Anteils von Dienstleistungen an den gesamtwirtschaftlichen Wertschöpfungsprozessen verändert zunehmend die Arbeits- und Lebensbedingungen sowie das gesellschaftliche Wertesystem. Die erhöhte Nachfrage nach Dienstleistungen aufgrund des Anwachsens des Handels-, Verkehrs- und Verwaltungssektors ist schon länger zu beobachten. Die letzten Jahre brachten Veränderungen insbesondere im Bildungs- und Gesundheitssektor mit sich. D. h. Forschung, Entwicklung und neue Qualitätsstandards verändern beruflich strukturierte Arbeitsmarktsegmente durch Kopplungen verschiedener Tätigkeiten, die nicht selten zu einer veränderten Struktur der Berufsausübung führen. Aber nicht nur die Berufsausübung und Tätigkeitsfelder ändern sich, auch die daraus neu entstehenden Übergänge zwischen sich verändernden Berufs- und Tätigkeitsfeldern stellen für Unternehmen und Hochschulen eine Herausforderung dar. Für neue Zielgruppen und ihre Tätigkeitsausübungen müssen neue Arrangements an organisationsspezifischen Regelungen (intern/extern) entwickelt werden, die die Vermittlung von Kommunikation, Steuerung, Planung und Abstimmungsprozessen betreffen. Teilweise müssen diesen Personenkreisen in sich wandelnden Tätigkeiten auch erweiterte und/oder höherwertige Bildungsprozesse durch entsprechende Hochschulbildungsprozesse angeboten werden. Beobachten lässt sich insgesamt eine Entwicklung zu einem Mehr an Kompetenzen und Ausbildungen, bzw. neue Berufs- und Tätigkeitsfelder erfordern höher qualifiziertes Personal. Infolge dieser Entwicklungen verdichten sich Aufgabenstruktur und Arbeitsorganisation, nicht zuletzt durch eine verstärkte Wissensorientierung, für die der Begriff der Tertiärisierung steht. Allgemein wird eine Anhebung von Berufstätigkeiten sowie eine Verwissenschaftlichung bisheriger Tätigkeiten verzeichnet. Infolge dieser Veränderungen werden bisherige standardisierte Berufstätigkeiten aufgebrochen und teilweise in kombinierte neue Tätigkeiten weiterentwickelt. Des Weiteren wird die Verzahnung von Beruflicher Bildung und Hochschulbildung begünstigt, d. h. durch Duale Studiengänge aufgegriffen. Diese umfassenden Veränderungen haben längst begonnen bzw. sind durch den Bologna-Prozess allgegenwärtig. Eine der Folgen ist, dass diese Entwicklungen auch veränderte Anforderungen an das Management und die Führungskräfte stellen. Durch diese Entwicklungen wird der Nachwuchsentwicklung von Fach- und Führungskräften z. Z. mehr Aufmerksamkeit entgegengebracht. Der demografische Wandel und seine fundamentale Veränderung der Altersstruktur der Bevölkerung stellen eine ebenso große Herausforderung dar, verstärken Tendenzen der Dualen Studiengänge. Es wird nicht möglich sein, Arbeitskräfte in bekannter Weise zu ersetzen, da quantitativ der Nachwuchs nicht mehr in hinreichendem Umfang verfügbar ist. Die Unternehmen sind in spezifischer Form darauf angewiesen, ihre Personalbedarfe über neue qualitative Verfahren zu decken. Über Anpassungs- und Übergangsvorgänge sollte der Nachwuchs direkt in Strategien der Organisation eingebunden werden bzw. sind die veränderten Bedarfe der Unternehmenspraxis durch neue Lösungen in Verbindung mit der Weiterbildung an Hochschulen zu suchen. Besonders intensiv verläuft dies innerhalb von Unternehmensentwicklungen, z. B. innerhalb von Projektmanagement und Führung von Projekten. Die Übernahme von Projekten als Projektleiter ist oft die erste Stufe der Nachwuchsentwicklung von Fach- und Führungskräften im Sinne einer Managementnachwuchsentwicklung. Die nötige Aus- und Weiterbildung im und durch Projektmanagement stellt differenzierte Angebote für die Fachkräfte der Beruflichen Bildung als auch für die Führungsnachwuchsentwicklung bereit. Nachwuchsentwicklung war zurückliegend eher eine Domäne des Managements, bietet jedoch nunmehr infolge doppelter Herausforderungen für die Wirtschaft als auch für das Hochschulsystem neue Optionen. Dieses wird aus der Perspektive der Nachwuchsentwicklung des Fach- und Führungskräftepersonals beobachtet, indem dem Management und der Führung in Entscheidungen dezentraler Bereiche mehr Aufmerksamkeit für veränderte Praxisanforderungen zuzuwenden ist, also neue Generationen von Nachwuchskräften neue Aufgabentätigkeiten wahrnehmen, die vorher gar nicht explizit gegeben waren.

2 Nachwuchs in neuen Tätigkeitsfeldern

Das Interessante an diesen neuen Entwicklungen ist, dass z. B. im Bereich höherer Tätigkeitsfelder das Anwendungswissen immer schneller aktualisiert wird. Das stellt für Fach- und Führungsnachwuchs neue Herausforderungen dar, einmal erworbenes Wissen sowie die jeweiligen Kompetenzen kontinuierlich zu erneuern. So suchen Individuen als auch Unternehmen und Berufsorganisationen die Kooperation mit dem Hochschulsystem zur Entwicklung von wissenschaftlicher Weiterbildung. Insofern geht es allgemein um die Weiterqualifizierung und die Erneuerung, Erweiterung und Vertiefung des erworbenen Wissens. Dieses kann sich dabei sowohl auf die zurückliegende Erstausbildung und das im Rahmen beruflicher Erfahrungen erworbene Wissen konzentrieren als auch um neues Wissen im Anschluss an ein Erststudium bemühen. Darüber hinaus kann sie auch auf eine Qualifizierung neben- und nachberuflicher Tätigkeit zielen. In diesem ganzen Spektrum liegen neue Entwicklungsoptionen für Fach- und Führungsnachwuchskräfte, d. h. deren Entwicklungen verlaufen als Steuerungen strategischer Übergänge in Varianten wie:

- über Bildungsübergänge im Anschluss einer Berufsbildung und beruflichen Tätigkeit zur Entwicklung von Nachwuchskräften in neuen Tätigkeitsfeldern,

- über Übergänge beruflicher Tätigkeit mit der Folge einer Höherentwicklung der gegenwärtigen Tätigkeiten gegenüber bisherigen Berufstätigkeiten; dies erfordert neue Aufgaben und Führungsverantwortung, die in der begonnenen Tätigkeit nicht vorgesehen waren, aber für den Führungsnachwuchs, z. B. durch Duale Bildungsgänge in Berufsbildung und Hochschulausbildung, antizipiert werden als auch neue Tätigkeiten, z. B. vorwiegend im Projektmanagement,

- über Übergänge beruflicher Tätigkeiten von Professionellen, d. h. Hochschulabsolventen mit Berufseinmündungen direkt, z. B. in Projektleitungen des Projektmanagements; dieser Personalkreis rekrutiert sich über die Nachwuchsentwicklung, z. B. direkt über Projektmanagement.

Für alle drei Formen der Nachwuchsentwicklung gilt, dass das bisherige erworbene berufliche Wissen oder im Studium erworbene Kompetenzen gezielter im Status als Nachwuchskraft während der Fach- und Führungsnachwuchsentwicklung entwickelt, sowie auch aufeinander bezogen werden sollen, damit Öffnungen des Tätigkeitsfeldes und Übergänge bzw. gezielte Personalentwicklung möglich werden. Arbeits- und Tätigkeitsfelder verdichten sich infolge der Generierung neuen Wissens in und für die Praxis und ziehen Öffnungen und Flexibilisierungen von bisher stabilen Tätigkeitsfeldern nach sich, indem bisherige Arbeitsstrukturen auf der Basis Beruflicher Bildung einem Wandel unterliegen. An zwei Bereichen lassen sich diese Veränderungen skizzieren: Tätigkeiten in Projektorganisationsstrukturen und damit in Teamstrukturen als auch die Entwicklungen im Gesundheitsbereich als neuen Dienstleistungssektor. Auf Ersteres wird im Folgenden eingegangen. Doch zunächst zur Skizzierung von wesentlichen Veränderungen in den Arbeitsstrukturen. Unternehmen stehen zunehmend vor der Herausforderung, die Aufrechterhaltung des beruflichen Erfahrungswissens als auch die in den Arbeitskräften eingebundene Expertise bei Hochqualifizierten aufrechtzuerhalten. Beide müssen innerhalb gegebener oder sich neu entwickelnder Tätigkeitsfelder entwicklungsfähig gehalten werden. Denn das in den Tätigkeitsfeldern erforderliche (Spezialisten-/Experten- sowie Professions-)Wissen speist sich nicht mehr wie in früheren Zeiten aus einer einmal entwickelten Berufsbildung noch allein aus der zurückliegenden Hochschulausbildung. Vielmehr bilden unterschiedliche Erstausbildung und Berufserfahrungen neue Kombinationen von Berufs- und Tätigkeitswissen sowie von Professionsentwicklungen. Diese Veränderungen betreffen zunehmend die Arbeitswelt allgemein. Führungsnachwuchs ist folglich eine breit gestreute Ziel- und Personalgruppe, die insgesamt auf neue Tätigkeiten vorzubereiten ist; bzw. Unternehmen und Hochschulen bieten ihnen Optionen, sich miteinander auf die Veränderungen als auch auf die

Zusammenarbeit auf der Basis verschiedener Berufskenntnisse und Erfahrungen vorzubereiten. Sie sollen als neue Zielgruppen von Weiterbildung und Personalgruppen zukünftig Personalverantwortung übernehmen und Mitarbeiter führen, deren Arbeitskontexte ja ständig Wandlungen und Veränderungen ausgesetzt sind.

3 Projektmanagement als Gestaltungsfeld

Fach- und Führungsnachwuchs findet derzeit besonderes innerhalb von Projekten und projektförmigen Strukturen als Projektmanagement statt. Es ist die „Übergangsphase" in Management- und/oder Expertisetätigkeiten. In diesem Bereich scheinen Entwicklungsbedarfe besonders gut steuerbar, weil Prozesse der Veränderung im Projektmanagement nicht an spezifische Berufs- und Professionsgruppen gebunden werden können. Am Beispiel des Projektmanagements wird z. B. der Prozess der Veränderung direkt in den spezifischen Anforderungssituationen innerhalb von Organisationsstrukturen zu steuern versucht. Dabei geht es im Kern darum, spezifische Berufserfahrungen und darin entwickelte Kompetenzbereiche in neuen komplexen Tätigkeitsstrukturen innerhalb von Fach- und Führungsnachwuchsentwicklung zu intensivieren sowie zu systematisieren. In diesen sich ausbreitenden Tätigkeitsformen innerhalb von Organisationen können besonders Anlässe für Veränderungsbewegungen als auch neue wissensintensive Tätigkeitsanforderungen aufgegriffen werden. Projektmanagement steht dafür, Routinen der Arbeitstätigkeit durch die Zusammensetzung von berufs- und professionsübergreifenden Teams aufzubrechen und einen neuen Umgang mit Ungewissheit und Unsicherheit als Bestandteil von Handlungsfähigkeit zuzulassen. Dahinter stehen Optionen, auftretende Ungewissheit nicht mehr nur allein durch die Bearbeitung von Routine innerhalb von Organisationsstrukturen der Linienstrukturen auffangen zu wollen, sondern die prospektive Innovationskraft von Projektstrukturen und Projektmanagement besser nutzen zu wollen, Wege zu finden, Ungewissheit zu bewältigen. Die Fach- und Führungsnachwuchsentwicklung eignet sich für solche Entwicklungen, da die Mitarbeiter als Absolventen verschiedener Bildungsgänge und mit unterschiedlichen Berufserfahrungen die über die Projektstrukturen gestellten Herausforderungen unterschiedlich aufgreifen und innerhalb ihrer gelernten Strukturen bearbeiten. Projektmanagement ist für die Fach- und Führungsnachwuchsentwicklung weniger ein neues Wissensfeld mit spezifischem Strukturwissen, sondern eher ein heterogenes Tätigkeitsfeld mit alltäglichen Herausforderungen einer sich verändernden Praxis. Das macht es erforderlich, allen im Projektmanagement arbeitenden Berufs- und Professionsgruppen Raum einzuräumen, Routine und Ungewissheit zuzulassen. Geht man davon aus, dass Projektmanagement sich zunächst mit bekannten und beherrschbaren Planungs- und Steuerungsprozessen befasst, um technische Systeme zu entwickeln, wird infolge der nicht zuletzt zunehmend heterogenen Besetzung von Stellen innerhalb von Projektmanagement durch vielfältige Gruppen des Fach- und Führungsnachwuchses die Organisation von Projektmanagement offener und unsicherer. Der Umgang mit Ungewissheit am Rande der durch Routine gegebenen Beherrschung erfordert einen höheren Steueraufwand in Interaktion und Kommunikation zwischen den Gruppen von Fach- und Führungsnachwuchskräften. Das gilt insbesondere für Projektleiter. Kam es – ganz allgemein gesprochen – zurückliegend im Projektmanagement eher darauf an, dass Projekte durch Projektmanagement, eben durch Zerlegung und Verteilung von Aufgaben durch die spezifischen Aufgabenträger, zu bewältigen sind, erscheint ein moderner Umgang mit Projektmanagement und das Zulassen von Ungewissheit als Projektsteuerung möglich. Dazu sind andere und flankierende Steuerungsansätze und -instrumente nötig, z. B. sind Interaktion und Kommunikation zwischen den heterogenen Bildungs- und Berufsgruppen mit unterschiedlichen Erfahrungen gefragt. Für die Fach- und Führungsnachwuchsentwicklung beinhaltet das, ihre Weiterbildung oder direkte Personalentwicklung kann auch nicht mehr allein in traditionellen Formen geschehen. Es geht folglich um eine neue Form des Umgangs mit Komplexität von Projektmanagement außerhalb der technisch induzierten Beherrschbarkeit der Prozesse. Dazu möchte ich, entlehnt aus Professionsentwicklungen, die Begriffe Routine und Ungewissheit etwas ausführen, um die komplexer werdenden Tätigkeiten der Berufspraxis in ihrer Wirkung für die Fach- und Führungsnachwuchsentwicklung näher zu beschreiben.

4   Routine und Grenzen im Projektmanagement

Spezifische Berufs- und Professionsentwicklungen haben die technische Beherrschbarkeit und Bearbeitung von Routine entwickelt. Dazu gehört auch die Wahrnehmung und Bearbeitung wiederkehrender Grenzfälle innerhalb der Berufspraxis. Berufspraxis stößt an die Grenzen der Routine, ruft Ungewissheit hervor. Diese tritt dann auf, wenn Routine ins Wanken gerät bzw. Umgang mit Ungewissheit auftritt. Zunächst wird innerhalb gegebener Berufs- und Professionspraxis versucht, Berufspraxis durch Routine (wieder) neu herzustellen, um Entlastung, Balance und Aufrechterhaltung des Berufs- und Professionswissens zurückzugewinnen. Ungewissheit erwartet zunehmend einen veränderten Umgang. Management und Professionsentwicklungen konzentrieren sich auf die Bewältigung von Unsicherheit und Ungewissheit durch Beherrschbarkeit technischer Regelwerke. Jedoch infolge der zunehmenden Komplexität von Tätigkeiten und das aufeinander bezogene Berufs- und Professionswissen, z. B. in Projektmanagementstrukturen, wird die Anwendung und Nutzung allein von technischen Regelwerken fraglich. D. h., es ist erforderlich, auf das jeweils spezifische Berufs- und Professionswissen in Interaktions- und Kommunikationsregeln zu rekurrieren. Diese Dimensionen werden in Projektmanagement-Krisen wichtig, d. h. es werden reflexive Fähigkeiten in Professionsentwicklungen wichtig, u. a. auch als Management 2. Ordnung benannt. Für die Nachwuchsentwicklung beinhaltet dies, dass Krisen produktiv Veränderungen aufgreifen können, denn ungewisse Situationen haben die Fähigkeit, neues Wissen zu generieren, d. h. zu entdecken und zu identifizieren und dieses reflexiv innerhalb der Nachwuchsentwicklung zu nutzen. Projektmanagement kann so gesehen eine Anleitung sein, Wissen und Erfahrungen aller am Projekt Beteiligten als Ressource durch Zulassen von Ungewissheit zu nutzen. Dafür stehen weder Weiterbildungsgänge noch bekannte Wege der Personalentwicklung zur Verfügung, aber diese Entwicklungen sowie der demografische Wandel erlauben, in neuer Weise die gegebenen heterogenen Wissensbestände außerhalb von gegebenen Routinen zu bearbeiten. Bewährte Methoden sind die Einrichtung sogenannter Talentkreise, die Anreicherung von Projektmanagement durch evolutionäres Projektmanagement, begleitende Workshops und Foren für Interaktion und Kommunikation etc. Hier wird darüber hinaus für die Einführung eines persönlichen Entwicklungsvertrages plädiert, um Entwicklungsschritte der Nachwuchspersonen als persönliche Entwicklungen im Kontext von Organisationsentwicklungen besser zu koppeln. Das verweist darauf, dass Führung durchaus neben Managen mehr Aufmerksamkeit entgegenzubringen ist, um Organisationen und Mitarbeiter zu führen. Basis des sich verändernden Verständnisses setzt voraus, angesichts von Komplexität der Führung als Steuerung von Unsicherheit mehr Raum zu geben und die Anforderungen in offenen Projektstrukturen zu kommunizieren. Führung ist für den reflexiven Umgang mit Strukturen innerhalb von Organisationen als Umgang mit Zeit und sozialem Raum mehr Raum zu geben.

Fazit: Das stellt Führungs- und Nachwuchsentwicklung vor neue Herausforderungen. Es gilt, weniger standardisierte Weiterbildungsprogramme zu bieten mit entsprechenden Handlungsoptionen, sondern in flankierenden Maßnahmen je nach Berufs- und Professionsgruppe gezielt Anforderungen, Potenziale, Erwartungshorizonte der Nachwuchskräfte, Wachstumsinteressen von Organisationen, Netzwerksupports etc. aufeinander abzustimmen als auch neue interaktive Professionsmuster zu analysieren.

Literatur

Mayer, Th.-L.; Wald, A.; Gleich, R.; Wagner, R. (Hrsg.) (2008): Advanced Projekt Management. Münster: LIT-Verlag.

Peters, S. (2008a): Führungs- und Fachkräfteentwicklung in Zeiten des demographischen Wandels. In: Th.-L. Mayer; A. Wald; R. Gleich; R. Wagner (Hrsg.): Advanced Projekt Management (S. 177- 194). Münster: LIT-Verlag.

Schnauffer, H. G.; Stieler-Lorenz, B.; Peters, S. (Hrsg.) (2004): Wissen vernetzen. Berlin, Heidelberg, New York: Springer Verlag.

Berufsausbildung im „Trialen System", Möglichkeiten und Hindernisse der Lernortkooperation in der Berufsausbildung in außerbetrieblichen Einrichtungen (BaE)

Jürgen Schmierer

1 Konzept und Rahmen der außerbetrieblichen Ausbildung

Die angespannte Situation auf dem Arbeits- und Ausbildungsplatzmarkt führt im zunehmenden Maße zu einer Verlagerung der beruflichen Ausbildung in außerbetriebliche Einrichtungen. Außerbetriebliche Einrichtungen sind Träger der freien Wirtschaft, die zumeist von den Arbeitsagenturen mit der Durchführung von Ausbildungsmaßnahmen beauftragt werden. Für diese Art der Berufsausbildung hat sich der Begriff *Berufsausbildung in außerbetrieblichen Einrichtungen (BaE)* etabliert.

Die Konzepte der außerbetrieblichen Ausbildungen verlaufen grundsätzlich dergestalt, dass der Auszubildende mit einem Bildungsträger der außerbetrieblichen Ausbildung einen Ausbildungsvertrag schließt. Der Auszubildende und der ausbildende Bildungsträger wiederum schließen einen dreiseitigen Kooperationsvertrag mit einem praktisch ausbildenden Betrieb im einschlägigen Berufsfeld. Deshalb könnte in diesem Zusammenhang der Begriff der *„Dualen Ausbildung"* auch zum Begriff der *„Trialen Ausbildung"* erweitert werden. Diese Ausbildungsform kennt zwei Grundmodelle: das *kooperative Modell* und das *integrative Modell*. Beim kooperativen Modell ist der Bildungsträger Ausbildungsvertragspartner, stellt jedoch nur Schulungsräume und Lehrkräfte zur Ausbildungsbegleitung zur Verfügung. Die berufliche Praxisvermittlung erfolgt ausschließlich im Kooperationsbetrieb. Beim integrativen Modell ist der Bildungsträger ebenfalls Ausbildungsvertragspartner, vermittelt die Ausbildungsinhalte jedoch in Schulungsräumen und Ausbildungswerkstätten mit eigenen Fachausbildern. Weitergehende betriebliche Praxis wird in Form von Fachpraktika in kooperierenden Betrieben vermittelt.

Die Rahmenbedingungen der dualen Ausbildung haben sich in den letzten Jahren in vielfältiger Weise verändert. Diese Veränderungen wirken sich entsprechend auch auf die außerbetriebliche Ausbildung aus. Grundsätzlich finden diese Veränderungen auf gesellschaftlicher, rechtlicher, individueller und betrieblicher Ebene statt. Auf *gesellschaftlicher Ebene* ändern sich das Ansehen und die Wertigkeiten der verschiedenen Ausbildungsberufe. Folgen sind u. a. die zunehmende Akademisierung ehemals dualer Ausbildungsberufe.

Auf *rechtlicher Ebene* ändern sich, meist als Reaktion auf gesellschaftliche Veränderungen, das Berufsbildungsrecht, ausbildungsrelevante Verordnungen, Rahmenlehrpläne, Ausbildungsordnungen und Ausbildungsrahmenpläne sowie Prüfungsordnungen für Aus- und Weiterbildungsprüfungen. Dadurch entwickeln sich bestehende Ausbildungsberufe weiter, oder es entstehen neue. Andere Berufe hingegen verschwinden.

Auf *individueller Ebene* verändern sich die Erwartungshaltungen und Ansprüche der Auszubildenden, die mit zunehmend höheren Bildungsabschlüssen in die betriebliche oder außerbetriebliche Ausbildung eintreten. Oft standen diese Auszubildenden zuvor vor der Wahl zwischen Hochschulstudium oder beruflicher Ausbildung. Nachdem sich außerbetriebliche Ausbildungsgänge zunächst nur der Zielgruppe *benachteiligte Jugendliche* widmete, treten heute die sogenannten *Marktbenachteiligten* hinzu, die trotz guter Voraussetzungen keine Ausbildungsstelle im Dualen System bekommen haben.

Auf *betrieblicher Ebene* ändern sich in den gewerblich-technischen Disziplinen die Kompetenzanforderungen an die zukünftigen Facharbeiter. Ursachen hierfür sind insbesondere der technologische Fortschritt und der Strukturwandel hin zur Dienstleistungsgesellschaft.

2 Möglichkeiten und Hindernisse

Die außerbetriebliche Ausbildung bietet zahlreiche Vorteile und Möglichkeiten für alle Beteiligten. Die Beteiligten sind insbesondere der Auszubildende, der kooperierende Ausbildungsbetrieb sowie der Bildungsträger. Außerdem seien auch noch die Auftraggeber der außerbetrieblichen Ausbildung genannt.

Für *Auszubildende* ist dabei zu bedenken, dass sie zunächst auf dem ersten Ausbildungsmarkt keine betrieblichen Ausbildungsstellen in ihren Wunschberufen gefunden haben. Die außerbetriebliche Bildungseinrichtung bietet ihnen einen Ausbildungsplatz in diesen Bereichen an. Bei der betrieblichen Ausbildung ist die Ausbildung in den ersten vier Monaten der Ausbildungszeit (Probezeit) eine unsichere Angelegenheit. Schließlich könnte der Betrieb dem Auszubildenden in dieser Zeit fristlos und ohne Angabe von Gründen kündigen. Letztendlich ist aber eine Fortsetzung der Ausbildung bis zur Abschlussprüfung i. d. R. im Interesse des Auszubildenden. Die außerbetriebliche Ausbildung bietet den Auszubildenden eine relative Ausbildungsplatzsicherheit. Sofern die Ausbildung im kooperierenden Betrieb nicht fortgeführt wird, besteht der Basis-Ausbildungsvertrag mit dem Bildungsträger weiter. Auch die Ausbildungszeit läuft regelmäßig weiter, sodass der Zeitpunkt der Zwischen- und Abschlussprüfungen nicht verzögert wird. Es ist lediglich ein neuer kooperierender Betrieb für die Ausbildungspraxis zu suchen.

Für *kooperative Ausbildungsbetriebe* bietet sich der Vorteil, dass der Betrieb geringe ausbildungsvertragliche Verpflichtungen eingeht. Der Kooperationsvertrag kann im Bedarfsfall flexibel aufgelöst, angepasst oder verlängert werden, da er nicht den strikten Vorgaben des Arbeits- oder Ausbildungsrechts unterliegt. Des Weiteren ist der Betrieb nicht für die Ausbildungs- und Ausbildungsnebenkosten verantwortlich.

Für einige *Bildungsanbieter* außerbetrieblicher Ausbildungsgänge ist das Angebot dieser Bildungsgänge, teilweise auch in Kombination mit Angeboten der Berufsausbildungsvorbereitung (BvB), zwischenzeitlich zum Hauptgeschäftsfeld geworden. Dies führte quasi zu der Entwicklung einer *„neuen Branche"* im *Dienstleistungssektor „Bildung"* und schafft zusätzliche Arbeitsplätze für Ausbilder und Lehrkräfte. Zahlreiche Lehrkräfte im Bildungsbereich sind Quereinsteiger aus der betrieblichen Praxis, z. B. Industrie- und Handwerksmeister, Techniker und Ingenieure.

Die praktischen und organisatorischen Probleme der *„Trialen Ausbildung"* sind allerdings vielschichtig. Innovative Ausbildungskonzepte und sich wandelnde Rahmenbedingungen werfen neue Fragestellungen auf, für die neue praxisgerechte Lösungen erforderlich werden. Das Durchschauen der Problematik des Wandels der Rahmenbedingungen und deren Auswirkungen auf die außerbetriebliche Ausbildung erfordert *„Interdisziplinarität"*. Als Ausgangsdisziplinen kommen hier berufspädagogische, juristische, ökonomische sowie gewerblich-technische Disziplinen in Betracht.

Die *berufspädagogischen Disziplinen* können u. a. neue Lehr- und Ausbildungsmethoden entwickeln. Man denke hier an die Lernprozessbegleitung, die Handlungs-, Lernfeld- und Geschäftsprozessorientierung der Ausbildung. Außerdem sind praxisgerechte Umsetzungskonzepte, individuelle Ausbildungspläne und didaktische Fahrpläne erforderlich.

Die *juristischen Disziplinen* haben arbeits- und berufsbildungsrechtliche Regelungen zu bedenken, insbesondere im Hinblick auf den arbeitsrechtlichen Status der betrieblichen und außerbetrieblichen Auszubildenden. Insbesondere sind anwendungsbezogene Ausbildungsvertragsarten zu entwickeln, die den derzeitigen Anforderungen standhalten. Dabei ist insbesondere auf eine angemessene Verteilung der Verantwortlichkeiten aller an der Ausbildung beteiligten Akteure zu achten.

Die *ökonomischen Disziplinen* haben die Berufsausbildung im Spannungsfeld von Qualität und Kostendruck zu betrachten. Die „Quasi-Nachfragemonopolstellung" der Auftraggeber außerbetrieblicher Ausbildungsangebote führt zu Preiskämpfen in der Branche. Kartellähnliche Strukturen von Anbietern, Lehrkräfte im Niedriglohnsektor sowie der Bedarf eines Mindestlohns für die Beschäftigten in der Aus- und Weiterbildung sind das Resultat. Der Preisdruck kann nur in mangelnde Qualität der Ausbildung münden. Die Ausbildungsqualität sollte am Lern- und Transfererfolg der Auszubildenden und nicht an der Dokumentenqualität eines QM-Systems gemessen werden. Dazu sind neue Mess- und Bewertungsverfahren erforderlich.

Die *gewerblich-technischen Disziplinen* haben die Anforderungen der Praxis an die zukünftigen Facharbeiter zu analysieren. Hier sind insbesondere Primärmethoden „vor Ort" in den Betrieben gefordert. Letztendlich entscheiden die Betriebe über die Arbeitsmarkttauglichkeit der Absolventen außerbetrieblicher Einrichtungen. Derartige Analysen müssen heute nicht mehr nur auf nationaler, sondern auch auf europäischer und globaler Ebene stattfinden.

3 Fazit für mögliche Lösungsansätze

Die außerbetriebliche Ausbildung führt zum Problem einer komplizierten und komplexen *Lernortkooperation*. Dabei sind die Interessen des Auftraggebers, des Auszubildenden, des Kooperationsbetriebes, der Bildungseinrichtung und ggf. des beteiligten Berufskollegs miteinander zu vereinen. Dies führt zwangsläufig zu *Ziel- und Interessenkonflikten*, die sowohl pädagogischer als auch juristischer Natur sein können.

Die Ausbildung in außerbetrieblichen Einrichtungen bedarf grundsätzlich innovativer Methoden zur Verbesserung der Lernortkooperation. Ausgangspunkte könnten hier sowohl *juristische* als auch *berufspädagogische Ansätze* sein. Grundsätzlich sollte hier m. E. den berufspädagogischen Ansätzen der Vorzug gewährt werden. Diese sollten jedoch einen starken Bezug zu den juristischen Ansätzen aufweisen. Schließlich bilden Gesetze, Verordnungen und andere Rechtsquellen den „rechtlichen Spielraum" dessen, was die Berufspädagogik leisten kann. Das Recht gibt quasi die Spielregeln des berufspädagogischen Handelns vor.

Aus berufspädagogischer Sicht ist eine *modularisierte Ausbildungsplangestaltung* denkbar, die flexibel auf Veränderungen der Rahmenbedingungen reagieren könnte. Diese müsste konform zu den Ausbildungsordnungen, Ausbildungsrahmenplänen und Konzepten der Auftraggeber gestaltet werden. Ferner sollten die innovativen berufspädagogischen Konzepte der Lernprozessbegleitung sowie der Handlungs- und Geschäftsprozessorientierung Eingang in die Ausbildung in außerbetrieblichen Einrichtungen finden.

Unter Berücksichtigung arbeits- und ausbildungsrechtlicher Normen zeigen sich gewisse Unsicherheiten hinsichtlich der im Vergleich zum „normalen" Arbeits- oder Ausbildungsvertrag immer komplexer werdenden Ausbildungs- und Kooperationsvertragsgestaltungen. Die Auslegung arbeits- und berufsausbildungsrechtlicher Normen wird dadurch sehr schwierig. Häufig fehlen entsprechende Rechtsquellen.

Hier ist eine *vertragliche Ausgestaltung* der Lernortkooperationen zur ausgewogenen Verteilung der Verantwortlichkeiten zwischen Auszubildenden, Bildungsträgern und kooperierenden Ausbildungsbetrieben zu entwickeln. Insbesondere ist der rechtliche Status der Teilnehmer (Auszubildender, Mitarbeiter oder Praktikant) an den jeweiligen Lernorten zu klären. Die Rechtsprechung ist diesbezüglich recht dürftig, sodass eindeutige vertragliche Vereinbarungen hier für Rechtssicherheit sorgen würden.

Literatur

Bauer, H. G.; Brater, M.; Büchele, U.; Dufter-Weis, A.; Maurus, A.; Munz, C. (Hrsg.) (2007): Lern(prozess)begleitung in der Ausbildung. Wie man Lernende begleiten und Lernprozesse gestalten kann. Ein Handbuch. Bielefeld: wbv.

Gohlke, P. (2007): Modul 1: Organisation und Planung beruflicher Bildungsprozesse. In: Christiani-Akademie (Hrsg.), Fernlehrgang Berufspädagoge (IHK), Konstanz.

Gohlke, P. (2007): Modul 4: Aus- und Weiterbildungsmarketing, Controlling, Qualitätsmanagement. In: Christiani-Akademie (Hrsg.), Fernlehrgang Berufspädagoge (IHK), Konstanz.

Gronau, D.; Kost, D.; Schmierer, J. (2004): Von der Fachschule zur Fachhochschule, ein Beitrag zur Selbstentwicklung angewandter Lehre und Forschung am Wirtschaftsstandort Hamm. Förderverein Fachhochschule Hamm e. V. (Hrsg.), Hamm: Eigenverlag.

Lakies, T. (2005): Rechte und Pflichten in der Berufsausbildung. Das neue Berufsbildungsrecht. Berlin: Erich Schmidt Verlag.

Malottke, A. (2005): Rechtsprobleme bei außerbetrieblicher Ausbildung. Düsseldorf.

Schmierer, J. (2008): Fallstudie: Lernprozessbegleitung von Umschülern in der kooperativen Umschulung zum/zur Gärtner/in, Fachrichtung: Garten- und Landschaftsbau, 1. Ausbildungsabschnitt, Fach: Pflanzenverwendung. Hamm, Potsdam.

Schmierer, J. (2008): Projektarbeit: Modernisierung des Berufsschulersatzunterrichts der Berufsausbildungsvorbereitung (BvB) mit den Inhalten Wirtschafts- und Sozialkunde für gewerblich-technische Ausbildungsberufe (KMK-Elemente). Hamm, Potsdam.

D: Kompetenzmodell – Kompetenzmodellierung – Kompetenzdiagnostik

Fehlkonzepte bei Berufsschülern

Rainer Bremer & Andreas Saniter

1   Das Problem

Large-Scale-Assessments als Schulleistungsuntersuchungen basieren auf dem Item-Response-Verfahren. Die Konnotation mit dem behavioristischen Basismodell eines Reizes (hier: Item), der eine Reaktion (Response) auslöst, kann man hinnehmen. Im Unterschied zu einer Konditionierung wird aber eine Reaktion auf ein Item in der Form einer Verarbeitung, genauer einer Abarbeitung an einem im Item gestellten Problem oder einer Frage, erwartet. Die Reaktion auf ein Item soll berechenbar dem korrespondieren, das in einem Bildungs- und Entwicklungsprozess jene Kompetenz geformt hat, die, im Augenblick der Messung provoziert, durch das Item angesprochen wird. Probanden reagieren auf ein Item, mit dem dessen Konstrukteur sich auf etwas bezieht, das als Fähigkeit an den nämlichen Anforderungen zuvor bei der Testperson sich gebildet hat.

Wie, was und warum sich dergleichen bildet, leitet sich primär aus dem Curriculum ab. Geht man von drei maßgeblichen literacies aus, der muttersprachlichen, der mathematischen und der naturwissenschaftlichen, dann kommen Systematiken der Stützung ihrer schulisch bewirkten Entwicklung in den Blick. Curricula streben einen systematischen Aufbau insofern an, als das aktuelle Gebiet beansprucht, für das Verständnis künftiger Inhalte ebenso eine Voraussetzung zu sein wie es seinerseits auf ein früher bewirktes Verständnis als die eigene Voraussetzung zurückgreifen können muss. Auch wenn keine strenge Konsekutivität herangezogen werden kann, liegt der Idee eines Curriculums eine Ordnungsvorstellung in minimaler Ausprägung dergestalt zugrunde, dass das Vorkommen eines Lehrgebiets nicht zufällig in der Reihe mit anderen platziert wurde. Je grober man die Gebiete z. B. in Epochen unterteilt, je zwingender wird die Ordnung. Niemand käme auf die Idee, Polygone oder stereometrische Berechnungen zu behandeln, ehe einfache Flächen berechnet wurden oder quantenmechanische Betrachtungen vor dem Abschluss der klassischen Mechanik anzustellen.

Die Beziehung zwischen Curriculum und Kompetenzentwicklung ist keine statische, sondern sie ändert sich mit dem Stand der Kompetenzentwicklung selbst. Je mehr jemand die Perspektive eines Fachs auf die Welt gelernt hat zu teilen, desto mehr kann er selbstständig in der Logik dieses Fachs denken. Das erschließt ihm die Erschöpfung von Fragen durch Antworten und die Unausweichlichkeit neuer Fragen auch angesichts unklarer und ungewisser Antworten. Auf diesem Niveau beginnt seit Humboldt Wissenschaftspropädeutik: „Der Zweck des Schulunterrichts ist die

Uebung der Fähigkeiten, und die Erwerbung der Kenntnisse, ohne welche wissenschaftliche Einsicht und Kunstfertigkeit unmöglich ist" (Humboldt 1809, S. 169).

Ganz weit davor liegt zu rechnen, zu lesen und zu schreiben. Das muss man beherrschen, um überhaupt lernend in Fächer sich hineinbegeben zu können. Zwischen Grundschule und Universität sozusagen liegen die literacies, deren Entfaltung fachlich am besten mit Konzeptaufbau bezeichnet werden kann. Den dynamischen Zusammenhang von Curriculum und Kompetenzentwicklung und die Herausbildung von literacies kann man als Entstehung fachlichen Denkens reformulieren. Das Curriculum setzt Inhalte, deren Bewältigung bildet, wobei dem, das sich bildet, bei der Bewältigung weiterer, in den kohärenten Dimensionen eines Faches anstehender Anforderungen eine immer größere Rolle zukommt. Fachliches – z. B. mathematisches – Denken entsteht im Zuge des Aufbaus von Konzepten, die für das Fach typisch sind. Jedoch, die Konzepte als Basis fachlichen Denkens sind nicht einfach curricular zu vermitteln, sie sind an ein Fachwissen zwar gebunden, aber in der Form einer Bedingung seines Verstehens, die über das unmittelbar explizierbare, curricular organisierte Wissen hinausreicht. Die zunächst wissensgebundenen Konzepte haben die Qualität von Operationen mit einem Wissen auf eine Frage, auf die das jeweilige Wissen eine Antwort darstellt. Um diese zu verstehen, muss ein Individuum mit dem vorhandenen Wissen problem- oder fragegemäß operieren.

2 Der Untersuchungsansatz

Mit Fragen und Problemen umgehen zu können, macht die operationelle Qualität des Wissens aus. Vom konkreten Wissen müssen sich Konzepte lösen können, um auf anderes angewandt zu werden. Taugen die bereits verfügbaren Konzepte nicht mehr, um neue – curricular eingeführte – Anforderungen zu bewältigen, müssen die Konzepte erweitert, in diesem Sinne ausgebaut werden. Operation mit Konzepten steht mithin für Assimilation, Konzeptaufbau für Akkomodation. Akkomodierte Konzepte assimilieren operationell wieder an ähnliche Anforderungen. Konzepte sind die Grundlage geistigen Arbeitens, zu dem das Lernen nach der Grundschule und vor der Universität zu rechnen ist. Literacies beschreiben die Effekte solchen Lernens als Potenzial, das sich in recht groben Grenzen einem fachlichen Hintergrund wie Muttersprache, Mathematik und Naturwissenschaften noch zurechnen lässt, aber über Schulfächer also solche hinausweist. Der Bildungsprozess junger Menschen zwischen 10 und 15 Jahren ist nicht nur auf Wissensakkumulation, sondern auch auf die Entwicklung der Operationalität des erzielbaren Wissens gerichtet. Individuen können einen Bildungsprozess, der im Medium des Allgemeinen beginnt, nur als Ausdehnung dieses Prozesses auf Spezielles fortsetzen – gleich ob dies wissenschaftspropädeutisch oder beruflich geschieht. Entwicklungstheoretisch aufgeklärte Untersuchungmethoden betrachten den aktuell erreichten Entwicklungsstand aus der Perspektive jener Anforderungen, die sich aus der Fortsetzung der Entwicklung ergeben. Dazu müssen aber Annahmen über die fortgesetzte Entwicklung in der Form von Anforderungen formuliert werden, die überhaupt einen Wechsel in den vorhandenen individuellen Orientierungen und Konzepten logisch und damit auch notwendig machen.

Der Beginn eines aussichtsreich verlaufenden Berufsbildungsprozesses kann nicht in beliebiger Entfernung von seinem Ziel angenommen werden. Wenn es Sinn macht, die politische Kategorie der Ausbildungsreife in diesem Zusammenhang zu zitieren, dann aus dem einfachen Grund, dass es eine solche Reife geben muss, wenn anders die Voraussetzungen, unter denen Berufsbildung gelingt, nicht beliebig niedrig angesetzt werden sollen. Eine bildungstheoretische Kategorie kann „Ausbildungsreife" aber erst durch forschungslogische Klärung werden. Diese erwarten wir durch Entwicklung und Einsatz von empirischen Untersuchungsmethoden zu Ergebnissen, Typen und Varianten von Lösungen zu der primären Entwicklungsaufgabe „Selbstoperationalisierung". In Anlehnung an Havighurst (1948) und Gruschka (1984) modellieren wir damit eine Entwicklungsanforderung, die in der zunehmenden Verschränkung von Lernen und Arbeiten entsteht. D. h. berufliches Lernen setzt nicht einfach Bildung fort, sondern verfolgt einen Zweck, der nicht aus Bildung, sondern Arbeit erwächst, die wiederum nur der zu leisten imstande ist, der sich gebildet hat. Es geht um die Operationalität von Wissen auf einem nicht-trivialen Niveau, d. h. jenseits der Zugänglichkeit unmittelbar durch Laien. Berufliche Fähigkeiten sind an einen Zustand jenseits der Reife gebunden, die mit dem Jugendalter erreicht werden kann. Um es in Piagetschen Kategorien auszudrücken: Mit der Stufe des formal-operationellen Denkens ist die „kognitive Entwicklung" „logisch" abgeschlossen: Es folgt darauf keine weitere Stufe, sowenig wie bei der Entwicklung moralischen Denkens auf die 3. Stufe postkonventioneller moralischer Beurteilung eine weitere folgt. Weil es keine „post-formale" Stufe kognitiven Denkens geben kann, ist entwicklungstheoretisch davon auszugehen, dass ein weiteres Moment eine nach Piaget in ihrer Logik finalisierte Entwicklung weiterführt. „Arbeit" setzt einen gewissen Grad an Dezentrierung des Bewusstseins als „Selbst" voraus (Blankertz 1986). Geht man von der kognitiven Entwicklung nach Piaget aus, dann wäre entwicklungstheoretisch das, was auf die Stufe des formal-operationellen Denkens folgt, nicht eine weitere Stufe, sondern die Enthindung des hier angelegten Potenzials an kognitiver Operationalität. D. h. Subjekte, die ab einem Alter von 16 Jahren für einen Beruf lernen, beginnen auch zu arbeiten, indem sie ihre Fähigkeiten operationalisieren zu Zwecken, die im Beruf, nicht in ihnen selbst liegen. Man kann daher von „Selbstoperationalisierung" als einer Aufgabe sprechen, die sich ab dem Jugendalter von 16 Jahren stellt.

Bildungs- als Entwicklungstheorie legt nahe, in empirischer Breite und Tiefe jene Konzepte und Muster, die in dem bevorstehenden Abschnitt vorausgegangenen

Bildungspassagen entstanden, an den Anforderungen zu überprüfen, für deren Bewältigung nichts anderes als diese Kompetenzen vorliegen. Für den Übergang von der Sekundarstufe I in die Berufsbildung können wir keine spezifischen, im Sinne von beruflich relevanten Kompetenzen voraussetzen – diese sollen ja erst erworben werden. Was jedoch im Milieu allgemeinen Lernens sich gebildet haben sollte, ist eine altersgemäße Operationalität von Wissen. D. h. man sollte prüfen, ob sowohl in nennenswertem Umfang fachliches Wissen – z. B. in der Form von expliziten literacies – aufgebaut wurde als auch, ob mit diesem Wissen konzeptbasierte Operationen möglich sind, also das, was die per Item gestesteten literacies funktional unterstellen, aber implizit lassen.

Dazu haben wir seit 2007 eine umfangreiche Untersuchung gestartet, die im Jahr 2008 mit 2.251 Bremer Schülern von 4 Schulzentren der Sekundarstufe II des Einstelljahrgangs 2008/09 (also allen 11. Jahrgangsstufen) in der gesamten Breite der Berufsfelder und Bildungsgänge (von der Berufsorientierung bis zur GyO) fortgesetzt wurde.

Bei dieser Untersuchung sind wir von einer Entwicklung ausgegangen, die zwischen den beiden Schwellen Sek. I (Schule-Ausbildung und Ausbildung-Arbeitsmarkt) verläuft und vom schulisch geprägten Lernen (Erwerb der Ausbildungsreife) über das berufliche zum Erwerb der Berufsfähigkeit (Berufsreife) führt.

- An der 1. Schwelle sollten brauchbare (tragfähige) Konzepte für die Berufsausbildung vorliegen (Ausbildungsreife).

- Um dies zu überprüfen, haben wir ein Testinstrument entwickelt, das einerseits in dem schulisch vermittelten, die Allgemeinbildung abdeckenden Wissen verwurzelt ist, das aber andererseits bereits auf eine Form der Operationalität von Wissen zielt, das für die Arbeit (in einem Beruf) typisch wird.

- Bei diesen Aufgaben gehen wir nicht von dem binären Muster „richtig" oder „falsch" aus, sondern rechnen in der Itemkonstruktion damit, dass es „abwegige" (konzeptfreie), „alltagstheoretische" (konzeptionell fehlgehende) und „richtige" (konzeptionell adäquate) Lösungen gibt.

Die Geltung dieser Ratingkriterien beziehen wir aus einer umfangslogischen Unterscheidung. Diskriminierbar bleiben sowohl

- richtig und

- falsch mit alltagstheoretisch und abwegig

als auch eingesetztes Konzept mit

- richtig für erfolgreiche Operation,

- alltagstheoretisch für falsche Operation und

- abwegig für konzeptfrei, weil keine Operation.

Die Aufgaben bestehen in einer Problemschilderung und anschließender Frage. Entscheidender als die Frage und der Gegenstand, auf den sie zielt, sind jedoch die Alternativen. So lautet z. B. eine Frage „Wie spät ist es am Nordpol?" Erst die (in diesem Falle vier) Items als Antwortmöglichkeiten provozieren und beeinflussen den Denkvorgang, den die Frage auslösen soll.

Für den Test haben wir 24 Aufgaben nach multiple choice-Art entwickelt, es ergaben sich Lösungswahrscheinlichkeiten von <10 % und >80 %. Die zentrale theoretische Annahme, dass in einem Testverfahren der Nachweis des Fachwissens – wenn vorhanden – von der Fähigkeit bzw. Bereitschaft zur Operation mit dem Wissen – wenn vorhanden – unabhängig geführt werden kann, sehen wir bislang bestätigt.

Mit Blick auf die Probandenreaktionen kann man nach unseren Resultaten, die sich, wie schon gesagt, erst auf 24 Aufgaben beziehen, sagen,

- dass bei Vorlage des fachlich korrekt einsetzbaren Wissens die mit „richtig" geratene Antwort gewählt wird,

- dass bei nicht vorhandenem Wissen, aber bei der Vorlage einer entsprechenden Bereitschaft, die mit „alltagstheoretisch" geratene Lösung gewählt wird und

- dass in einer nennenswerten Zahl der Fälle abwegige Antworten gewählt, d. h. absurde Kalküle eingesetzt wurden.

Die vier beteiligten Bremer berufsbildenden Schulen rekrutieren ihre Schüler aus einer großen Zahl allgemeinbildender Schulen, teilweise auch aus Niedersachsen. Die Ergebnisse möchten wir – auch in der hier gebotenen Kürze – als markant und typisch, in zwei Punkten jedoch auch als überraschend kennzeichnen. Zunächst bestätigen sich die Ergebnisse entsprechend den bekannten Mängeln des Bremer Schulwesens in der Sekundarstufe I (leistungsschwach und sozial stark selegierend):

- Das die getestete Operationalität tragende Wissen steht außerhalb trainierter schulischer Kontexte nur in einem völlig unzureichenden Maß zur Verfügung.

- Auf die leitende Frage nach der Operationalität von schulisch erworbenem Wissen gibt unsere Untersuchung die Antwort: Wo es im nennenswerten Umfang zur Verfügung steht, bilden sich die Leistungshierarchien des Schulsystems in hoher Konturenschärfe wieder ab.

- Der geringe Operationalisierungsgrad des – wenn vorhandenen – Schulwissens in strikter Korrelation zum schulischen Bildungserfolg weist bei den leistungsschwachen Schülern auf einen frühen „Fadenriss" im curricular aufgebauten Schulwissen hin.

Überraschend ist zum einen hingegen, dass die Jungen leicht besser abschneiden als die Mädchen (siehe Abb. 1).

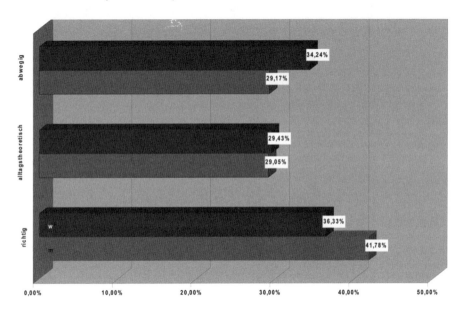

Abb. 1: Lösungsquoten nach Geschlecht

Zum anderen scheint dann, wenn die jeweils angesprochenen fachlichen Konzepte nicht zur Verfügung stehen, aber eine operationelle Bereitschaft besteht, sich mit dem Problem auseinanderzusetzen, die jeweilige alltagstheoretisch gestützte Antwort von der speziellen Qualität zu sein, dass sie für alle, Jungen wie Mädchen, Abiturienten, Gymnasten, Teil- und Vollzeitschüler, tendenziell gleich ist.

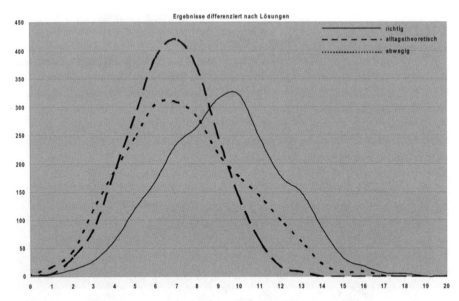

Abb. 2: Y-Achse: Zahl der Probanden (absolut), x-Achse: aggregierte Häufigkeiten von Antworten nach Typ (richtig; alltagstheoretisch; abwegig)

Literatur

Gruschka, A. (1984): Wie Schüler Erzieher werden. Wetzlar.

Havighurst, R. J. (1972): Developmental Tasks and Education, New York.

Humboldt, W. von (1809): Der Königsberger und der Litauische Schulplan. In: A. Flitner; K. Giel (Hrsg.): Werke in fünf Bänden, Bd. IV. Schriften zur Politik und zum Bildungswesen, Darmstadt.

Entwicklung von System- und Gestaltungskompetenz für nachhaltige Entwicklung

Klaus Hahne

1 Ausgangslage: Kompetenzen für neue Leitidee der nachhaltigen Entwicklung

Mit der Leitidee der nachhaltigen Entwicklung wird die Zukunftsfähigkeit gesell-schaftlicher, technischer und wirtschaftlicher Entwicklungen unter Beachtung der Erhaltung natürlicher Lebensgrundlagen geprüft. Kurz gefasst geht es darum, heute nicht auf Kosten von morgen und hier nicht zu Lasten von anderswo zu wirtschaften. Bei der Berufsbildung für eine nachhaltige Entwicklung (BBNE) geht es im Kern da-rum, die Menschen zu befähigen, berufliche und lebensweltliche Handlungssituati-onen im Sinne der Leitidee Nachhaltigkeit gestalten zu können und zu wollen. Dazu müssen die ökologischen, ökonomischen und sozialen Bezüge beruflichen Handelns jeweils deutlich gemacht und abgewogen werden. Welche Kompetenzen und Qua-lifikationen sind für die Gestaltung beruflicher Handlungssituationen im Sinne von mehr Nachhaltigkeit zu entwickeln?

2 Fragestellung: Lernarrangements für System- und Gestaltungskompetenz

Für die Allgemeinbildung haben de Haan und Harenberg die „Gestaltungskompe-tenz für nachhaltige Entwicklung" als umfassendstes Bildungsziel identifiziert. „Mit Gestaltungskompetenz wird das nach vorne zeigende Vermögen bezeichnet, die Zukunft von Sozietäten, in denen man lebt, in aktiver Teilhabe im Sinne nachhaltiger Entwicklung modifizieren und modellieren zu können." (de Haan/Harenberg 1999, S. 60). Die Gestaltungskompetenz als oberstes Bildungsziel subsumiert nach dem Orientierungsrahmen der BLK vielfältige Schlüsselqualifikationen wie z. B. die Fä-higkeit zum vernetzten und problemlösenden Denken, die Partizipations-, Team-, Dialog- und Konfliktlösefähigkeit, Methodenkompetenz und die Fähigkeit zur Selbstorganisation von Lernprozessen. In der Berufsbildung macht eine so umfas-send und übergreifend formulierte Gestaltungskompetenz weniger Sinn. Viel stär-ker als in der Allgemeinbildung zielt ja berufliche Bildung auf das handelnde Ein-greifen in materiale Wertschöpfungsprozesse, auf Produkt- und Dienstleistungser-stellungen in realen und nicht pädagogisch strukturierten ökonomischen, sozialen und ökologischen Bezügen. Daher kommt hier einer umfassenden Handlungskom-petenz für nachhaltige Entwicklung die Priorität zu, die de Haan der Gestaltungskompetenz gibt. Natürlich kommt der Gestaltungskompetenz auch in der BBNE eine besondere Bedeutung als einer spezifischen Bündelung von Kompetenzen für nachhaltige Entwicklung zu.

Sehr prägnant wird eine umfassende Auffassung von allgemeiner Handlungskompetenz von der KMK formuliert: „Handlungskompetenz wird verstanden als die Bereitschaft und Fähigkeit des einzelnen, sich in beruflichen, gesellschaftlichen und privaten Situationen sachgerecht durchdacht sowie individuell und sozial verantwortlich zu verhalten. Handlungskompetenz entfaltet sich in den Dimensionen von Fachkompetenz, Personalkompetenz und Sozialkompetenz" (KMK 1999, S. 9). BBNE kann sinnvoll an eine so definierte allgemeine Handlungskompetenz anknüpfen.

Berufliche Kompetenzentwicklungen für nachhaltige Entwicklung zielen auf das Identifizieren und Ausgestalten von Spielräumen beruflicher und lebensweltlicher Handlungssituationen in zunehmender Übereinstimmung mit der Leitidee der nachhaltigen Entwicklung. Damit beziehen sie sich innerbetrieblich auf Verbesserung aller Betriebsabläufe unter Nachhaltigkeitsaspekten, also das Energie-, Stoff-, Auftrags- und Verfahrensmanagement sowie die Leitbild-, Personal- und Organisationsentwicklung. Im Hinblick auf die externen Kunden und den Markt beziehen sie sich auf die Entwicklung und Gestaltung nachhaltiger Produkte und Dienstleistungen als Herausstellungsmerkmal und Wettbewerbsvorteil für den Betrieb sowie auf nachhaltige Kundenberatung und -orientierung. Die Wahrnehmung und Ausgestaltung der Spielräume durch Verknüpfung branchenspezifischer und -übergreifender technologischer Perspektiven mit den drei Dimensionen der nachhaltigen Entwicklung verlangt von den Akteuren also vor allem Gestaltungskompetenz zum nachhaltigen Gestalten von Arbeitssituationen, -prozessen und -produkten und von Kundenaufträgen im Handwerk sowie Systemkompetenz zum nachhaltigen Handeln in komplexen technologischen und sozialen Systemen. Mit welchen Lernarrangements lässt sich die Entwicklung solcher Kompetenzen in der Aus- und Weiterbildung besonders fördern? Dieser Frage lässt sich am besten mit Modellversuchen als besonderer Form von Forschungs- und Entwicklungsprojekten nachgehen.

3 Forschungs-/Entwicklungsmethode: Ansatz und Durchführung von Modellversuchen

Damit jeder Kundenkontakt des Handwerkers aktiv für Vorschläge zur Energieeinsparung und zum Einbezug erneuerbarer Energien genutzt wird, muss der Handwerker auch zum „Mundwerker" werden, kann er doch im Kundenauftrag nur das verkaufen und einbauen, was er vorher beraten hat. Der Gestaltung des Kundengespräches und des Kundenauftrages im Sinne des nachhaltigen Umgangs mit

Energien kommt daher bei der Kompetenzentwicklung für Nachhaltigkeit eine besondere Bedeutung zu. Das vom BIBB und der Forschungsgruppe Praxisnahe Berufsbildung an der Universität Bremen in vielfältigen Modellversuchen entwickelte Lernkonzept des auftragsorientierten Lernens (vgl. CD-ROM) stellt hier geeignete Lernarrangements zum Lernen in und am Kundenauftrag in der Aus- und Weiterbildung an allen Lernorten vor. Im Zentrum steht dabei der Kundenauftrag mit seinen Phasen als vollständiger Lern- und Arbeitshandlung. Im Modellversuch „LENE" (Lernfeld nachhaltige Energietechniken im Handwerk) wurde das Konzept des Lernens am Kundenauftrag mit sinnvollen Variationen in allen Lerneinheiten verwirklicht. Die folgenden Lerneinheiten sind beim Christiani-Verlag erschienen: Photovoltaik, Solarthermie, Energieeffiziente Lüftung, Kraft-Wärme-Kopplung, Gebäudesystemtechnik sowie ein Leitfaden zur Umsetzung der Lerneinheiten. Oberstes Ziel war dabei die integrierte Entwicklung von fachlich-technischem „Know-How" und wirtschaftlicher und sozial-kommunikativer Beratungskompetenz. Jede Lerneinheit beginnt mit einer konkreten Kundenanfrage z. B. nach den Möglichkeiten des Einbaus einer solarthermischen Anlage. Diese Anfrage könnte durchaus auch fiktiv durch einen Lehrer als „Kunden" gestellt werden. Die Auszubildenden informieren sich über die baulichen Voraussetzungen des Kunden (Dachgröße, -neigung und -ausrichtung) die Zahl der Personen im Haushalt und sammeln (auch durch Internetrecherche) Informationen zu dem Thema. In der zweiten Phase der Auftragsorientierung, der Erkundung, erkunden die Auszubildenden solarthermische Anlagen und befragen die Betreiber und ggf. die installierenden Betriebe nach ihren Erfahrungen. In der dritten Phase, den Experimenten, ermitteln die Auszubildenden experimentell grundsätzliche Funktionen solartechnischer Komponenten. Die vierte Phase „Installation" befähigt die Auszubildenden, eine solarthermische Anlage mit ihren Komponenten auf dem (Übungs)-Dach zu installieren, mit der Haustechnik (Warmwasserbereitung und solare Heizungsunterstützung) zu verbinden (Speicher, Pumpen, Regelung etc.) und in Betrieb zu nehmen. In der 5. Phase geht es nun um das „Planen und Dimensionieren einer solarthermischen Anlage" aufgrund der Kundenanfrage und der spezifischen baulichen Gegebenheiten. Unter Hinzuziehung von Simulationsprogrammen und netzgestützten Produktinformationen von Herstellern wird die Anlage projektiert, dimensioniert und ein Angebot erstellt. Erst jetzt – als Ergebnis des auftragsorientierten Lernprozesses – kommt als 6. Phase die Kundenberatung. Die Auszubildenden üben die Präsentation ihres Angebotes (z. B. als illustrierte Angebotsmappe) und die erfolgreiche Führung des Kundengespräches als bewertbaren Projektabschluss. Diese Abwandlung des Auftragslernens im schulischen Lernfeld oder im überbetrieblichen Lehrgang stellt ein gutes Beispiel für die integrierte Entwicklung von Fach- und Gestaltungskompetenz dar.

Bei der energieeffizienten Gebäudesanierung müssen Wärmeerzeugung und Wärmeerhaltung miteinander systemisch abgewogen werden. Und diese Abwägung verlangt die Kompetenz, das ganze Gebäude als energetisches System zu beurteilen und verbessern zu können. Häufiges Problem des Kunden: Was kommt zuerst: Neue Dämmung oder Heizungserneuerung? Bei der erneuerten und optimierten Heizung kann sich z. B. jede spätere Maßnahme in der Wärmeerhaltung (z. B. durch Dämmung) als Senkung der Vorlauftemperatur und damit als Wirkungsgradverbesserung auswirken. Bei einem gut gedämmten Gebäude ist die nicht optimierte Altheizung zunächst energetisch besonders ineffizient. Aber schon eine einfache hydraulische und energetische Optimierung der Altanlage im gedämmten Gebäude kann dann ohne Auswechseln teurer Komponenten bereits bis zu 20 Prozent zusätzliche Energieeinsparung bringen. Vor diesem Hintergrund kann dann die bauliche und energetische Bestandsaufnahme des konkreten Objektes zu einer abgestimmten Reihe von energetischen Verbesserungsvorschlägen durch den Energieberater bzw. den beratenden Handwerker führen.

Mehr als 90 % der real existierenden Heizungsanlagen in Deutschland arbeiten nach der Recherche von Fachleuten der Fa. WILO (Dortmund) energetisch und hydraulisch suboptimal (vgl. dazu das Optimus-Projekt der Deutschen Bundesstiftung Umwelt DBU unter http://www.optimus-online.de). „Optimus" steht dafür, wie man durch geschultes Systemverständnis existierende komplexe Heizungsanlagen ohne das aufwendige Auswechseln von teuren Aggregaten durch „hydraulischen Abgleich" energetisch optimieren und zum funktionellen Faktor für Behaglichkeit werden lassen kann. Ein Experimentierstand bei dem die Fehler, die in den Altanlagen vorkommen, nachgestellt und praktisch behoben werden können (Luft in der Heizung, Geräuschentwicklung, der letzte Heizkörper wird nicht warm, die Heizungspumpe läuft gegen die geschlossene Thermostate) zeigt, wie im praktischen Experimentieren häufig verlorengegangenes systemisches „Know How" zum hydraulischen Abgleich zurückgewonnen werden kann. Virtuelle Zugänge auf einer CD-ROM öffnen die „Black-Box" „Wärmeverteilung in der Haustechnik" und bieten durch das Simulationspotenzial von Multimedia die Möglichkeiten zum virtuellen Experimentieren. Diese Entwicklungen zeigen, wie authentisch experimentelle und virtuelle multimediale Lernangebote zusammenkommen müssen, um die Entwicklung von Systemkompetenz zu fördern. Für die Handwerksfirmen eröffnet sich mit der Anlagenoptimierung eine neue Kundenauftragsposition im neuen Marktsegment energieeffizienter Gebäudesanierung, deren Kundennutzen leicht durch Argumentation zum unnötigen und teuren Energieverbrauch und zu Fehlfunktionen der Altanlage also durch System- und Gestaltungskompetenz herausgestellt werden kann.

Komplexe berufliche Handlungssysteme wie z. B. eine Gießerei stehen als Teilsystem innerhalb größerer Systeme von Energielieferung, Stofflieferung und der entsprechenden Logistik. Im Modellversuch „Nachhaltigkeit in der Ausbildung von mittleren Führungskräften in der Industrie" wurde dazu eine aufwendige multimediale Prozess-Simulation entwickelt, mit der angehende Industriemeister als mittlere Führungskräfte lernen sollen, das System Gießereilogistik und das System Gießerei unter Nachhaltigkeitsaspekten zu gestalten und zu optimieren. Dazu wurden die Bereiche der Gießerei in ihren fertigungsprozessbezogenen Zusammenhängen dargestellt, beginnend mit der Gießaufbereitung der Kernmacherei, dem Grundstofflager, dem Kernlager, dem Schmelzbetrieb, dem Kokillengießplatz, dem Nachbearbeiten und Putzen und dem Prüfen nach der Nachbearbeitung. Alle diese Bereiche können in der Simulation mehrperspektivisch verändert werden, was auch den Schichtbetrieb und die Kompetenz und den Einsatz der Mitarbeiter mit einschließt. Hier ist Didaktik im besten Sinne Simulationswissenschaft, weil es sowohl um eine Reduktion, als auch um eine Abstraktion eines komplexen Arbeits- und Produktionsprozesses geht, der nicht nur technisch, energetisch, sondern auch sozial und gesellschaftlich und ökonomisch zu bewerten und zu gestalten ist.

Industriemeister müssen diese systemischen Prozesse gestalten können. Durch Probehandeln in Simulationen können sie lernen, wie in man in diese komplexen Systeme eingreifen muss und welche Auswirkungen die Eingriffe dann jeweils an unterschiedlichen Parametern zeigen. Damit sie im Probehandeln Nachhaltigkeitsspielräume identifizieren zu können, darf ein bestimmtes Ausmaß an aufwendigem Realismus und Komplexität im Simulationsprogramm nicht unterschritten werden. Für den Erwerb von Systemkompetenz, mit der Gießereilogistik und Gießereiprozesse unter dem Aspekt der Nachhaltigkeit gestaltet und optimiert werden können, ist der Simulationsprozess wesentlich besser geeignet als der Realprozess.

4 Erkenntnisse und ihre wissenschaftliche Bedeutung

Die Modellversuche und das DBU-Optimus-Projekt haben gezeigt: Berufsbildung für nachhaltige Entwicklung kann keine ausschließliche Sache von Instruktions- und Vermittlungsprozessen bleiben, sondern bedarf der Entwicklung spezifischer aktivierender Lernkonzepte, -arrangements und Medien. Lernen am Kundenauftrag, das Öffnen komplexer „Black-Boxes" für authentisches und virtuelles Experimentieren sowie die Entwicklung aufwendiger virtueller Lernumgebungen zum Probehandeln in komplexen technisch-wirtschaftlichen und sozialen Systemen haben sich als besonders geeignete Lernarrangements für den Erwerb von Gestaltungs- und Systemkompetenz erwiesen.

5 Schlussfolgerungen für künftige Forschungsinitiativen

Bisher waren Modellversuche (MVs) das wichtigste Instrument um Innovationen in der Berufsbildung zu gestalten, zu evaluieren und zu verstetigen. Das haben auch die Modellversuche zur BBNE zeigen können. Für das BIBB waren sie die Eintrittskarte in die Berufsbildungspraxis und ein wichtiges Verbindungsglied zur wissenschaftlichen Berufs- und Wirtschaftspädagogik und den beruflichen Fachdidaktiken an den Universitäten. Nun sollen Programme mit einer gebündelten aber von den einzelnen konkreten Entwicklungen doch eher abgehobenen wissenschaftlichen Begleitung an die Stelle der Modellversuche treten. Wie die bisher aber sehr abstrakten Programme die vielfältige konkrete Innovations-, Entwicklungs- Gestaltungs-, Erkenntnis- und Kommunikationsfunktionen der Modellversuche übernehmen können, bleibt offen. Ein Programm Berufliche Kompetenzen für nachhaltige Entwicklung könnte den nun abgeschlossenen MV-Schwerpunkt BBNE sinnvoll fortführen.

Literatur

CD-ROM Auftragsorientiertes Lernen im Handwerk: Bestell-Nr. 70608. Konstanz: Christiani Verlag.

de Haan, G.; Harenberg, D. (1999): Bildung für eine Nachhaltige Entwicklung – Gutachten zum Programm. BLK (Bund-Länder Kommission) Materialien zur Bildungsplanung und Forschungsförderung Heft 72, Bonn.

Hahne, K. (2006): Berufliche Kompetenzentwicklung für nachhaltiges Wirtschaften im Handwerk. In: E. Tiemeyer; K. Wilbers (Hrsg.): Berufliche Bildung für nachhaltiges Wirtschaften. Konzepte – Curricula – Methoden – Beispiele (S. 375–386). Bielefeld: wbv.

Hahne, K. (2004): Das auftragsorientierte Lernen im Handwerk. In G. Cramer, H. Schmidt; W. Wittwer (Hrsg.): Ausbilderhandbuch (73. Erg.-Lfg. Abschn. 6.1.17, S. 1–17; Teil 2: 74. Erg.-Lfg. Abschn. 6.1.17, S. 18–33). Köln: Deutscher Wirtschaftsdienst.

KMK – Sekretariat der Ständigen Konferenz der Kultusminister der Länder in der Bundesrepublik Deutschland (Hrsg.) (1999): Handreichungen für die Erarbeitung von Rahmenlehrplänen der Kultusministerkonferenz (KMK) für den berufsbezogenen Unterricht in der Berufsschule und ihre Abstimmung mit Ausbildungsordnungen des Bundes für anerkannte Ausbildungsberufe.

Outcome orientierte Kompetenzentwicklung bei der Ausbildung in der Zerspanungsmechanik und Mechatronik

Martin Hartmann, Matthias Knorn & Dirk Wohlrabe

1 Ausgangspunkt „Kompetenzentwicklung"

Lernfeld strukturierte Lehrpläne zielen in verschiedenen Dimensionen auf eine Kompetenzentwicklung. Die Kompetenzentwicklung kann sich – nach Forderung der Lehrpläne – nur im handlungsorientierten Unterricht entfalten. Lehrende der Beruflichen Schulen tun sich schwer, einen kompetenzentwickelnden, lernfeldstrukturierten Unterricht zu planen und durchzuführen. U. a. liegt das an der Frage, wie relevante Kompetenzen erfasst, in ihren Niveaus identifiziert und die Kompetenzentwicklung im Rahmen der aufeinander aufbauenden Lernfelder geplant und bewertet werden können.

Wir haben uns die Entwicklung eines Kompetenz-(Entwicklungs-)Modells zum Ziel gesetzt, das der Komplexität beruflicher Handlungssituationen gerecht wird, Lehrenden einfacher erlaubt, einen auf die Kompetenzentwicklung orientierten, lernfeldstrukturierten Unterricht zu planen, und das für die Erstellung schulischer Lernsituationen bzw. von Leistungskontrollen eingesetzt werden kann.

Um die relevanten Kompetenzen und ihre Entwicklungsniveaus erfassen zu können, ist ein handhabbares mehrdimensionales Kompetenzentwicklungsmodell zu beschreiben. Wir identifizieren für das allgemeine, in der Unterrichtsplanung einzusetzende Modell drei wesentliche Komponenten. Dies sind die Kompetenzen

- zur Bewältigung des Prozesses in seiner Abfolge (Geschäftsprozess, Arbeitsprozess oder andere Handlungsprozesse als vollständige Handlungen),

- wie sie in den Rahmenlehrplänen als „Dimensionen der Handlungskompetenz" beschrieben werden: Fach-, Sozial und Personal- oder Humankompetenz sowie quer dazu liegend: die Methoden- und die Lernkompetenzen,

- bzw. deren Entwicklungsniveau zur Bewältigung der Komplexität, wie sie durch das Novizen-Expertenmodell von Dreyfus & Dreyfus bzw. aufbauend von anderen (z. B. Benner) beschrieben werden können. Diese sind konkret zu beschreiben.

Von diesem Modell ausgehend müssen die im Berufsbild, durch Arbeitsprozessstudien bzw. in Rahmenlehrplänen beschriebenen, im Unterrichtsverlauf in differenten

Niveaus zu entwickelnden Kompetenzen benannt werden. Beim Beruf ZerspanungsmechanikerIn sind dies als übergeordnete Kompetenzen z. B., sich anhand von technischen Zeichnungen das fertige Produkt vorstellen zu können, den Weg der Fertigung des Produkts mit vorhandenen Maschinen und Werkzeugen mit ihren Eigenheiten zu planen, Maschinen nach den Gegebenheiten einzurichten, das Produkt zu erstellen und die Funktion/Qualität zu überprüfen. Um die Vorgehensweise beurteilen und festlegen zu können, ist die Kenntnis des Prozessablaufs, eine fachliche Kenntnis und die Kenntnis der einzusetzenden Methoden und Verfahren Voraussetzung. Auch die im Rahmen der Kooperation erforderlichen sozialen und personalen Kompetenzen sind zu entwickeln.

Hierfür sind Analysen und Vergleiche der schulischen und betrieblichen Lehrpläne, die Durchführung von betrieblichen Erkundungen und von Arbeitsprozessuntersuchungen einschließlich eventueller Interviews zur Identifizierung und Gewinnung der zentralen graduierbaren Kompetenzen und möglicher für die Erstellung schulischer Lernsituationen einsetzbarer beruflicher Handlungssituationen erforderlich. Auf dieser Grundlage kann eine gemeinsame Ausarbeitung der auf die Kompetenzentwicklung orientierten schulischen Lernsituationen erfolgen.

In mehreren Projekten beschäftigen wir uns in Kooperation mit Schulen und Unternehmen mit diesen Fragen. Im Folgenden sollen zwei Beispiele dargestellt werden.

2 Kompetenzentwicklungsprozesse in der Ausbildung von Zerspanungsmechanikern

Der Rahmenlehrplan dieses Ausbildungsberufs ist auf die Prozessabläufe der Fertigung gerichtet. Er zielt im ersten Ausbildungsjahr u. a. auf die Entwicklung von Kompetenzen in der technischen Kommunikation (Zeichnungen lesen, ändern usw.). Es lässt sich eine Entwicklung der Kompetenz in Tiefe und Breite erkennen. Mit zunehmender Integration der Kenntnisse und Fähigkeiten mit anderen Bereichen (u. a. Arbeit mit Werkzeugen und Maschinen) sowie in Bezug auf die eigenständige Durchführung vollständiger Handlungen von der Planung bis zur Bewertung, ergibt sich eine Steigerung der Komplexität der zu bewältigenden schulischen Lernsituationen. Mit komplexen, eigenständig zu bewältigenden Lernaufgaben lassen sich diese Kompetenzen entwickeln.

Die Kompetenzentwicklungsgrade werden hier am Beispiel des Technischen Zeichnens und in Bezug auf den im Lernfeld acht für die ZerspanungsmechanikerIn relevanten *Einrichteprozesses* einer numerisch gesteuerten Werkzeugmaschine dargestellt.

Am Beispiel technischer Zeichnungen lässt sich die Entwicklung vom Novizen zum Erfahrenen (oder Experten) andeuten: Zu Beginn der Ausbildung richten die Lernenden ihr Handeln (Zeichnungen lesen, erstellen, ändern) nach vorgegebenen Regeln aus. Diese sind zwar in eine Aufgabenstellung eingebettet, aber kontextfrei und erlauben erste Erfahrungen mit der Situation. Auf der Stufe der „Fortgeschrittenen Anfänger" haben sie bereits Erfahrungen gesammelt, sodass sie bedeutsame Situationsbestandteile im Umgang mit technischen Zeichnungen ausmachen können. „Kompetent Handelnde" sind in der Lage, sie derart zu bearbeiten, dass sie jene Schwerpunkte betrachten, die bedeutungsvoll und relevant sind und andere vernachlässigen. Ein eher spontanes Begreifen von Aussagen technischer Zeichnungen charakterisiert das Handeln der „Erfahrenen", da aufgrund ähnlicher Erfahrungen auf ein besonderes „Durchdenken" verzichtet werden kann. „ExpertInnen" nehmen die relevanten Details der Zeichnung intuitiv wahr und sind nicht mehr auf regelgeleitetes Handeln angewiesen.

Die Bewältigung der Einrichteprozessanforderungen bedarf einiger Voraussetzungen: So müssen Kenntnisse von – an numerisch gesteuerten Werkzeugmaschinen eingesetzten – Spannmitteln für Werkstücke und -zeuge vorhanden sein. Deren Einsatz wird u.a. nach Werk*zeug*- (und der damit zusammenhängenden Kraftübertragungsprinzipien) und Werk*stück*geometrien ausgewählt. Auch speziell einzusetzende Spannmittel müssen berücksichtigt werden. Dafür ist das Lesen und Verstehen sowie evtl. das Erstellen anspruchsvollerer Teil- und Gruppenzeichnungen unabdingbar. Ebenso muss der Bearbeitungsablauf in groben Zügen klar sein, um Behinderungen oder Kollisionen zu vermeiden. Die in der betrieblichen Realität stattfindende Absprache mit Kollegen bzw. deren Hilfe beim Einrichten stellt einen weiteren wichtigen Gesichtspunkt dar.

In den ersten sechs Lernfeldern werden Kompetenzen erworben, die für den Einrichteprozess wesentlich sind. Besonders im ersten Jahr ist ein Zuwachs an Fach- und Methodenkompetenz im Umgang mit technischen Kommunikationsmitteln und der Erstellung von Arbeitsplänen anzustreben: Sind zu Beginn einfache technische Zeichnungen auszuwerten, anzufertigen und zu ändern, so ist eine Erweiterung durch den Einbezug von Gruppen- und Gesamtzeichnungen erkennbar. Ebenso werden zunächst einfache bauteilbezogene Arbeitspläne erstellt oder ergänzt, hernach aber anspruchsvollere – und in verschiedenen Anwendungsbereichen (Herstellen, Fügen, Warten) – angefertigt.

In Hinblick auf Komponenten, Vorgehen, Werkzeuge und Hilfsmittel des Einrichtens werden in den Lernfeldern 2, 3 und 5 fachliche und methodische Kompetenzen erworben und ausgebaut. Lernfeld 2 beschäftigt sich mit dem grundsätzlichen Aufbau und der grundlegenden Wirkungsweise von Maschinen als auch deren Vorbereitung für den Einsatz. In Lernfeld 3 stehen das Verständnis der Funktionszusammenhänge sowie der Montage samt zugrunde liegender Fügeprinzipien von Baugruppen im Mittelpunkt. Werden Spannelemente als Baugruppen verstanden, so erlaubt ein Übertragen jener Zusammenhänge ein besseres Verständnis von Spannprinzipien, Spannelementen, und deren Montage. In Lernfeld 5 sind sowohl Werkstück- und Werkzeugspannmittel auszuwählen als auch der Einrichtevorgang zu planen.

In einer der Lernsituationen des Lernfeldes soll ein Einrichteplan erstellt werden, wobei Problemschwerpunkt die Auswahl geeigneter Spannmittel für die Fertigung auf CNC-Werkzeugmaschinen ist. Im Rahmen des Unterrichtsverfahrens „Fallstudie" werden Spannmöglichkeiten mit Varianten diskutiert und eine geeignete ausgewählt. Erfassung der Situation, Herausstellung von Problem- und Zielstellung sowie erste Möglichkeiten der Problemlösung sind Inhalt der Konfrontationsphase. Es besteht Gelegenheit, anhand des Umgangs mit technischen Zeichnungen das Kompetenzniveau einzuschätzen (z. B. bezogen auf Zeitaufwand bzw. Rückfragen zum Vorgehen) und zur Grundlage einer Bewertung zu machen. In der Informationsphase tragen die Lernenden in arbeitsteiliger Gruppenarbeit Informationen zusammen und bewerten sie nach Relevanz. Denkbar ist die Beobachtung sozial-kommunikativen Verhaltens und methodischen Arbeitens (Einsatz von Bewertungsverfahren). Entwürfe zahlreicher Möglichkeiten der Spannung von Werkstück und Werkzeugen stehen im Vordergrund des weiteren Verfahrens (Explorationsphase), gefolgt von der Entscheidung (Resolutionsphase). Hier ist der Einsatz von Problemlösemethoden wie die Beobachtung des Diskussionsprozesses zu beurteilen. Eine verschriftlichte Entscheidungsfindung samt Begründung kann bei der Bewertung ebenso Ausweis fach- und methodenkompetenten Handelns sein wie der Einrichteplan. Die Präsentation und Verteidigung der Lösungen jeder Gruppe findet in der Disputationsphase im Plenum statt, wonach sich ein Vergleich mit der Realentscheidung anschließt (Kollationsphase). Die Disputationsphase bietet Ansatzpunkte zur Erfassung von Fachkompetenz (z. B. durch Verwendung korrekter Begriffe), Methodenkompetenz (z. B. durch Nachweis folgerichtigen Vorgehens) und Personalkompetenz (z. B. durch selbstbewusstes Reagieren auf Rückfragen).

3 Kompetenzentwicklungsprozesse in der schulischen Ausbildung von Mechatronikern

Der Rahmenplan des Ausbildungsberufes MechatronikerIn konzentriert sich auf die Entwicklung von Kompetenzen im Umgang mit komplexen Systemen. Der Begriff „System" durchzieht den Ausbildungsrahmenplan vom ersten (§ 3 Nr. 14c: Druckmessung in pneumatischen und hydraulischen Systemen) bis zum 4. Ausbildungsjahr (§ 3 Nr. 20: Instandhalten mechatronischer Systeme) und hebt dessen Bedeutung hervor. Gleiches spiegelt sich auch im Rahmenlehrplan wider.

Dieser Beruf ist daher anders angelegt als der der ZerspanungsmechanikerIn und setzt ein Verständnis im Umgang mit und der Arbeit an komplexen Systemen voraus.

Von überschaubaren bis hin zu komplexen Systemen lernt der/die MechatronikerIn Maschinen und Anlagen kennen und führt später deren Wartung und Instandhaltung bzw. -setzung durch. Anhand des Lerngegenstands „Windrad" soll der Kompetenzentwicklungsprozess exemplarisch skizziert werden:

Zunächst steht anhand eines einfachen Beispiels mit instrumentellem Bezug zum Systembegriff ein Überblicks- und Orientierungswissen im Vordergrund. Dies verweist auf die Bemühungen, didaktische Fragestellungen mit einem Konzept „Vom Überblicks- und Orientierungswissen zum fachsystematischen Vertiefungswissen" anzugehen (Petersen 1996). Wir halten dieses Konzept in der konkreten Umsetzung auch für diesen Beruf nur für bedingt tragfähig. U. a auf Grundlage des Expertisemodells von Dreyfus & Dreyfus entwickeln wir im JOBSTARTER-Projekt „Erneuerbare Energien – neue Ausbildungsfelder für die Zukunft" (in Zusammenarbeit mit der Firma WEQUA und dem OSZ Elsterwerda) stufenbezogene Lernsituationen. Es wird sich zeigen, inwieweit die Konzepte und Modelle von Dreyfus & Dreyfus und Petersen Einzug halten werden.

Ziel der beruflichen Erstausbildung ist es, Jugendliche (NovizInnen) in ihrem jeweiligen Gebiet zu ExpertInnen auszubilden, auch wenn dies im Rahmen der Ausbildung nur in Teilbereichen möglich sein wird. So werden Lernsituationen entwickelt, die aufeinander aufbauen und zum Ende der Ausbildung ein Maximum an Komplexität erreichen. Stufenorientierte Lernsituationen eignen sich besonders vor dem Hintergrund der Systemorientierung des Mechatronikers.

Im Hinblick auf die Erarbeitung des Systembegriffes wird – wie in übrigen Lernsituationen auch – ausgehend von einer einfachen beruflichen Aufgabenstellung mit Problemgehalt etwa ein Windrad einer Windenergieanlage untersucht und bezüglich der Signal-, Stoff- und Energieflüsse in Verbindung mit dem EVA-Prinzip analysiert. Dieses Beispiel ist besonders geeignet, da es „überschaubar" (Novize zum fortgeschrittenen Anfänger) und sehr komplex (vom Gewandten zum Experten) betrachtet werden kann.

3.1 Lernsituation 1: Untere Stufe

Das Windrad als überschaubares System wird in eine Lernsituation „Wartung des Generators" eingebettet, sodass die Lernenden das Windrad erfassen (und beschreiben), weiterführend bis hin zum Generator vordringen und diesen als Komponente untersuchen. Damit verbunden werden Wartungsstrategien (Methodenkompetenz) erlernt und angewendet. Das „Zerlegen" des Systems bis zum Generator erfordert ein Systemverständnis und Grundlagenwissen (das mit der Lernsituation vermittelt wird).

3.2   Lernsituation 2: Oberste Stufe

Als komplexe Lernsituation ist die „Einstellung der Windrichtungsnachführung eines Windrads" angedacht. Hiermit können die Lernfelder 7 „Realisierung mechatronischer Teilsysteme", besonders Sensoren und Wandler, und 8 „Design und Erstellen mechatronischer Teilsysteme", besonders der Prozessablauf, bearbeitet werden.

Die Entwicklung der Kompetenzen geschieht systembezogen, sodass die Lernenden die Windrichtungsnachführung richtig im System Windrad platzieren, die Steuerung der Nachführung als Teilsystem erfassen, beschreiben, teilweise konstruieren und letztlich in Betrieb nehmen (installieren und programmieren) müssen.

Die beiden Lernsituationen folgen nicht nacheinander, sondern bilden Anfangs- und Endpunkt bezogen auf die Entwicklung beruflicher Handlungskompetenz. Die Kompetenzdimensionen zur Bewältigung der obersten Stufe (Ls 2) sind derart breit gefächert, dass ein Neuling nicht in der Lage wäre, diese zu erreichen. Selbst in der untersten Stufe kann man nicht davon ausgehen, dass die Berufsschüler die – z. B. als Auftrag gestaltete – Lernaufgabe ohne Weiteres erledigen können. Der Lehrende muss hier (noch viel mehr als in den oberen Stufen) bei der Bearbeitung helfen, Grundkenntnisse vermitteln und die Auszubildenden zur selbstständigen Arbeit (und zum selbstständigen Lernen) hinführen. Die Arbeit an der Integration von Inhalten der Erneuerbaren Energien in Lernsituationen des Ausbildungsberufs MechatronikerIn hat gerade erst begonnen.

Literatur

Benner, P. (1994): Stufen zur Pflegekompetenz – From Novice to Expert. Bern: Verlag Hans Huber.

Hartmann, M. (2005): Theorie der Praxis – Entwurf einer Reflexionsstufentheorie am Beispiel der Berufsbildung. Baden-Baden: Nomos Verlagsgesellschaft.

Hechenleitner, A.; Mayr, E. (2009): Pädagogisch diagnostizieren im Schulalltag. In: Die berufsbildende Schule, 61 (4), S. 122–127.

Pahl, J.-P. (2008): Bausteine beruflichen Lernens im Bereich „Arbeit und Technik". Bielefeld: wbv.

Petersen, A. W. (1996): Die Gestaltung einer arbeitsorientierten Fachbildung im Berufsfeld Elektrotechnik aus curricularer Sicht. In: A. Lipsmeier; F. Rauner (Hrsg.): Beiträge zur Fachdidaktik Elektrotechnik (S. 277–306). Stuttgart: Holland und Josenhans Verlag.

Kompetenzmessung mit berufstypischen Testaufgaben – Forschungsergebnisse einer Large-Scale-Untersuchung mit Auszubildenden zum Elektroniker

Felix Rauner & Bernd Haasler

1 Ausgangslage des Forschungs- und Entwicklungsvorhabens

Das Messen beruflicher Kompetenzen ist im Zuge von Schulleistungsuntersuchungen im allgemeinbildenden Schulsystem (z. B. PISA) nach wie vor ein Schwerpunktthema in Wissenschaft, Bildungsplanung und Bildungspraxis. Trotz intensiver Diskussionen in der Vorbereitung eines international vergleichenden Berufsbildungs-PISA (Baethge u. a. 2006) sind derzeit empirische Arbeiten zur beruflichen Kompetenzmessung eher selten. In einem von zwei Bundesländern (Hessen und Bremen) initiierten Schulversuch wird der Frage nach der beruflichen Kompetenzentwicklung von Auszubildenden im Dualen System nachgegangen (Stichprobengröße n=700 Berufsschüler im Ausbildungsberuf Elektroniker). Anhand detaillierter Entwicklungsverläufe der Lernenden werden Erkenntnisse bezüglich der Wirkungen der einzelnen Lernorte (Berufsschulen und Betriebe) auf die berufliche Kompetenzentwicklung erwartet. Dass derartige Erkenntnisse weitreichende Auswirkungen auf die künftige Berufsbildungsplanung (z. B. curriculare Festlegung von Lerninhalten und den Zuschnitt von Ausbildungsberufen) als auch auf die Berufsbildungspraxis (z. B. die Gestaltung von Lernumgebungen und Unterricht) haben können, liegt auf der Hand.

2 Fragestellung des Forschungs- und Entwicklungsvorhabens

Erkenntnisleitend ist die Frage, welche beruflichen Kompetenzen Auszubildende aufbauen und wie sich diese Kompetenzentwicklung im Rahmen der gewerblich-technischen Berufsausbildung in dualer Form vollzieht. Fokus des Interesses ist die Entwicklung und Etablierung eines Instrumentes, welches mit berufstypischen Testaufgaben diese Entwicklung wissenschaftlich fundiert messen kann.

3 Forschungs-/Entwicklungsmethode, Ansatz und Durchführung

Im Forschungsvorhaben werden Auszubildende zum Elektroniker (in Handwerk und Industrie) in einer Längsschnittuntersuchung an zwei Zeitpunkten in ihrem Ausbildungsverlauf mit Testaufgaben in Paper-and-pencil-Form konfrontiert. Der erste Testzeitpunkt liegt im 3 ½-jährigen Ausbildungsverlauf nach 18 Monaten Ausbildung, der zweite ein Jahr später. Die Testaufgaben – eng angelehnt an die Arbeitspraxis von Elektrofachkräften – repräsentieren die Anforderungen des Ausbildungsberufes und wurden von Fachdidaktikern entwickelt. Die Testaufgaben folgen dabei dem Konzept der beruflichen Validität (workplace curriculum) und orientieren sich am Berufsbild. Die erarbeiteten Probanden-Lösungen der gestaltungsoffenen Testaufgaben wurden wiederum von Fachdidaktikern in einem unabhängigen Doppelrating bewertet. Sowohl das Ratingverfahren als auch das zugrunde liegende Kompetenzmodell sind Gegenstand des Forschungsvorhabens auf der Ebene der Instrumentenentwicklung (Rauner/Grollmann/Martens 2007). Untersucht wird grundlegend, ob es gelungen ist, ein mit psychometrischen Methoden überprüfbares Messinstrument zur Erfassung beruflicher Kompetenz(entwicklung) zu entwickeln.

4 Erkenntnisse und ihre wissenschaftliche Bedeutung

Die Anwendung offener Aufgabenstellungen in der Kompetenzdiagnostik im Bereich beruflicher Bildung stellt hohe Anforderungen an das Testarrangement (Haasler/Erpenbeck 2009). Dies zeigen die Erfahrungen der Pilotphase des hier berichteten Vorhabens. Offene Testaufgaben eignen sich in besonderer Weise für das Erheben beruflicher Kompetenzen, da sie die berufliche Wirklichkeit insofern repräsentieren, als berufliche Aufgaben in der Regel mehr oder weniger zweckmäßig gelöst werden. Kosten, Nutzen, sicherheits- und umweltbezogene Kriterien müssen ebenso berücksichtigt werden wie Kriterien der Ästhetik und andere Qualitätsmaßstäbe. Berufliche Kompetenz zeichnet sich daher dadurch aus, diese Kriterien in ihrer ganzen Vielfalt zu berücksichtigen und sie – soweit sie im Widerspruch zueinander stehen – bei der Auftragsplanung und -abwicklung gegeneinander abzuwägen. Das Konzept der beruflichen Validität der Testaufgaben legt methodisch den Einsatz offener Testaufgaben nahe, die jenseits curricularer Validität auch für internationale Vergleiche einsetzbar sind. Offene Aufgaben lassen sich dann als Testaufgaben nutzen, wenn die Interrater-Reliabilität, d. h. die ausreichende Übereinstimmung der Bewerterurteile, gegeben ist. Durch intensive Rater-Schulungen und Pretests mit einem differenzierten Beurteilungsbogen mit 40 Items konnte in der Pilotphase eine überzeugende Interrater-Reliabilität erreicht werden, die die Anforderungen an ein Messinstrument erfüllt (vgl. Rauner/Haasler/Grollmann/Heinemann 2008).

Aus dem Längsschnitt der Untersuchung können gegenwärtig Zwischenergebnisse des ersten Erfassungszeitpunktes vorgestellt werden. Zentral zeigt sich ein Befund:

Zwischen den formulierten programmatischen Zielen beruflicher Bildung (KMK 1996) und den von den Lernenden im Berufsbildungssystem erworbenen Kompetenzen besteht eine erhebliche Diskrepanz. Die von der Kultusministerkonferenz formulierten Ziele, die die Befähigung der Absolventen eines beruflichen Bildungsganges zur Mitgestaltung der Arbeitswelt und Gesellschaft in sozialer und ökologischer Verantwortung fordern, werden, der Untersuchung zufolge, in der Praxis kaum erreicht.

Während das Kompetenzniveau I der funktionalen Kompetenz (eine technische Lösung erfüllt ihre Grundfunktion; Fachlichkeit äußert sich als kontextfreies, fachkundliches Wissen und entsprechende Fertigkeiten) rund von der Hälfte der Probanden erreicht wird, beweisen die angehenden Fachkräfte in Kompetenzdimensionen (Niveaustufen II, konzeptuelle Kompetenz, und III, Ganzheitliche Gestaltungskompetenz), die z. B. Aspekte der Wirtschaftlichkeit, des Gebrauchswertes, Umwelt- und Sozialverträglichkeit oder die Kreativität einer technischen Lösung betreffen, sehr geringe Ausprägungen (siehe Abbildung 1).

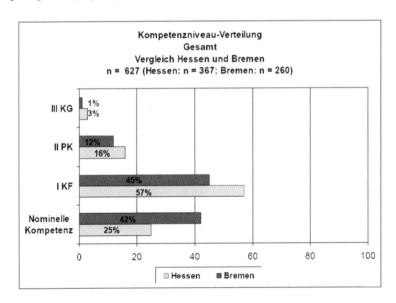

Abb. 1: Verteilung der Kompetenzniveaus (Vergleich der Probanden aus den Bundesländern Hessen und Bremen)

Alarmierend ist zudem, dass zwischen 25 und 40 Prozent (je nach Bundesland) der Auszubildenden mit ihren Testleistungen auf der Stufe Nomineller Kompetenz eingruppiert werden (Bybee 1997; Baumert/Klieme u. a. 2001). Auf diesem Kompetenzniveau verfügen die Auszubildenden allenfalls über ein oberflächliches, begriffliches Wissen, ohne dass dieses bereits handlungsleitend im Sinne beruflicher Handlungsfähigkeit ist. Der Bedeutungsumfang beruflicher Fachbegriffe reicht kaum über den der umgangssprachlichen Verwendung fachsprachlicher Begriffe hinaus. Das Niveau beruflicher Kompetenz wird damit noch nicht erreicht. Auszubildende, die in ihrer Ausbildung lediglich das Niveau nomineller Kompetenz erreichen, werden daher der Risikogruppe zugeordnet. Auf diesem Kompetenzniveau verbleibend, werden sie kaum in der Lage sein, nach ihrer Berufsausbildung eigenständig als Fachkraft berufliche Aufgaben kompetent und professionell nach den berufstypischen Regeln zu bewältigen.

Es bleibt abzuwarten, wie sich die Kompetenzentwicklung der Risikogruppe nach den Ergebnissen des zweiten Erfassungszeitpunkts im Längsschnitt, gegen Ende der Berufsausbildung, gestaltet. Schon jetzt kann vermutet werden, dass der beruflichen Bildung eine kompensatorische Wirkung attestiert werden kann. Im PISA-Bericht (2000) wurde in einer weitreichenden Prognose sehr grundlegend zum Übergang von der Schule in die Arbeitswelt bzw. zur Ausbildungsfähigkeit der 15-Jährigen Stellung genommen. Schüler, die im PISA-Projekt höchstens das erste Kompetenzniveau erreichen, werden dort als Risikoschüler eingestuft. Risikoschüler sind nach der PISA-Definition den Anforderungen einer erfolgreichen Berufsausbildung nicht gewachsen und haben mit erheblichen Schwierigkeiten beim Übergang in das Berufsleben zu rechnen (Baumert u. a. 2001, S. 117).

Die Risikogruppe hatte bei PISA 2003 in der naturwissenschaftlichen Grundbildung (die hier durch die Affinität zu einer gewerblich-technischen Berufsausbildung herangezogen werden soll) für Deutschland einen Umfang von 23,3 Prozent. Differenziert man nach Bundesländern, dann ergeben sich erhebliche Unterschiede. Für die am KOMET-Projekt beteiligten Länder Bremen und Hessen liegt der Anteil der Risikoschüler im Bereich der naturwissenschaftlichen Grundbildung bei 30,8 Prozent für Bremen und 26,7 Prozent für Hessen (Prenzel u. a. 2004).

Besonders im Elektrohandwerk bilden Hauptschüler und schwache Realschüler eine gewichtige Gruppe unter den Auszubildenden. Der Anteil der Risikoschüler (nach der PISA-Prognose) an den Auszubildenden im Ausbildungsberuf Elektroniker für Energie- und Gebäudetechnik (Handwerk) liegt bei den Probanden dieser Untersuchung bei 60 Prozent in Bremen und bei 40 Prozent in Hessen. Ausgehend von diesen zu erwartenden Werten zeigt sich, dass die pessimistische PISA-Prognose nicht in vollem Umfang eintritt: Nicht alle Risikoschüler (der PISA-Prognose zur Ausbildungsfähigkeit) werden Risikoauszubildende. Die Berufsausbildung verfügt offenbar über ein kompensatorisches Potenzial. Mehr als ein Drittel der Risikoschüler zeigt sich der Berufsausbildung gewachsen – wenn auch auf einem niedrigen Kompetenzniveau.

5 Schlussfolgerungen für künftige Forschungsinitiativen

Wenn sich die wissenschaftliche Qualität des Messinstrumentes (vor allem Objektivität, Reliabilität und Validität) erweisen sollte, gilt es in nächsten Schritten das Instrument in anderen Berufsfeldern zu erproben. Die offenen Testaufgaben bilden den Dreh- und Angelpunkt des Verfahrens. Sowohl die Entwicklung der Testaufgaben als auch das Rating von Lösungen muss in künftigen Forschungsvorhaben weiter operationalisiert werden.

Literatur

Baethge, M.; Achtenhagen, F.; Babic, E.; Baethge-Kinsky, V.; Weber, S. (2006): Berufsbildungs-PISA. Machbarkeitsstudie. München: Franz Steiner Verlag.

Baumert, J.; Klieme, E.; Neubrand, M.; Prenzel, M.; Schiefele, U.; Schneider, W.; Stanat, P.; Tillmann, K.-J.; Weiß, M. (2001): PISA 2000: Basiskompetenzen von Schülerinnen und Schülern im internationalen Vergleich. Opladen: Leske + Budrich.

Bybee, R. W. (1997): Archieving scientific literacy: from purposes to practices. Portsmouth, NH: Heinemann Educ Books.

Haasler, B.; Erpenbeck, J. (2009): Assessing Vocational Competences. In: F. Rauner; R. Maclean (Hrsg.): Handbook of Technical and Vocational Education and Training Research (S. 766–774). Dordrecht: Springer International.

KMK – Kultusministerkonferenz (Sekretariat der Ständigen Konferenz der Kultusminister der Länder in der Bundesrepublik Deutschland) (1996): Handreichungen für die Erarbeitung von Rahmenlehrplänen der Kultusministerkonferenz für den berufsbezogenen Unterricht in der Berufsschule und ihre Abstimmung mit Ausbildungsordnungen des Bundes für anerkannte Ausbildungsberufe. Bonn.

Prenzel, M.; Baumert, J.; Blum, W.; Lehmann, R.; Leutner, D.; Neubrand, M.; Pekrun, R.; Rolff, H.-G.; Rost, J.; Schiefele, U. (Hrsg.) (2004): PISA 2003. Der Bildungsstand der Jugendlichen in Deutschland – Ergebnisse des zweiten internationalen Vergleichs. Münster: Waxmann.

Rauner, F.; Haasler, B.; Heinemann, L.; Grollmann, P. (2008): Messen beruflicher Kompetenzen. Band 1: Grundlagen und Konzeption des KOMET-Projektes. Münster: LIT-Verlag.

Rauner, F.; Heinemann, L.; Haasler, B. (2009): Messen beruflicher Kompetenz und beruflichen Engagements. In: A+B Forschungsberichte Nr. 02/2009 des Forschungsnetzwerks Arbeit und Bildung. Bremen, Heidelberg, Karlsruhe.

Rauner, F.; Grollmann, P.; Martens, T. (2007): Messen beruflicher Kompetenz(entwicklung). ITB-Forschungsbericht Nr. 21. Bremen: Institut Technik und Bildung.

Berufliche Identität und berufliches Engagement in ihrem Verhältnis zu beruflicher Kompetenz

Felix Rauner, Lars Heinemann, Ursel Hauschild,
Andrea Maurer & Dorothea Piening

1 Ausgangslage des Forschungs- und Entwicklungsvorhabens

Unterschiedliche Ansätze zur Modellierung beruflicher Kompetenz beschäftigen sich zur Zeit hauptsächlich mit Fragen der Validität dieses Konstruktes. Berufspädagogisch ist allerdings gerade interessant, *wie* sich Kompetenzen entwickeln (oder eben nicht). Einen Beitrag dazu können neben einer Analyse der Lernprozesse an den Lernorten Schule und Betrieb zwei weitere Faktoren leisten: die Entwicklung beruflicher Identität im Zuge des ‚Einsozialisierens' in einen Beruf und die Entwicklung beruflichen Engagements.

Die berufspädagogische Forschungsfrage nach der Entwicklung beruflicher Identität steht in engem Zusammenhang mit der Entwicklung beruflicher Handlungsfähigkeit. So weist etwa Blankertz (1983) auf den sachlogischen Zusammenhang zwischen beruflicher Identität und Kompetenzentwicklung hin; Wolfgang Lempert (2005, 2006) zeigt umgekehrt, wie die Entwicklung beruflicher Kompetenz im Verlauf einer Ausbildung untrennbar mit dem Prozess des Hineinwachsen in eine berufliche Praxisgemeinschaft verbunden ist, wobei auch andere Faktoren der Persönlichkeitsentwicklung eine Rolle spielen. Berufliche Identität ist das Ergebnis eines Entwicklungsprozesses, der auf das Engste mit der Entwicklung beruflicher Kompetenz verknüpft ist. Genau genommen ist die Entwicklung beruflicher Identität eine Dimension der beruflichen Kompetenzentwicklung.

Die Entwicklung beruflicher Identität findet während der Ausbildung im Zuge der Entwicklung vom Novizen zum Experten eines Faches statt. Um eine solche Identität zu entwickeln, muss auch ein Interesse daran vorhanden sein, den Beruf als ganzen über das bisherige Tätigkeitsfeld hinaus zu durchdringen. Ein solches Interesse hängt wiederum eng mit einer Bindung der Auszubildenden an ihre Tätigkeit zusammen.

Diese Bindungen können sich auf unterschiedliche Bedeutungsfelder beziehen – etwa den Beruf als berufliches Engagement, den Betrieb als betriebliches Engagement oder auch unspezifisch auf Arbeit als Arbeitsmoral. Wie stark diese Bindungen sind und welches dieser unterschiedlichen normativen Bezugsfelder von Bindungen die Auszubildenden hauptsächlich nutzen, hat wiederum Rückwirkungen auf die Entwicklung beruflicher Identität (Abb. 1).

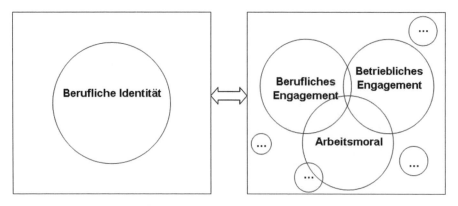

Abb. 1: Berufliche Identität und Bindungen an Beruf, Betrieb und Arbeit als solche

2 Fragestellung des Forschungs- und Entwicklungsvorhabens

Das Vorhaben beschäftigt sich empirisch zum einen mit der Frage, wie Entwicklung beruflicher Kompetenz und beruflicher Identität miteinander in unterschiedlichen Berufen zusammenhängen. Zweitens wird das jeweilig dominierende Bezugsfeld des Engagements Auszubildender untersucht: Leiten Auszubildende ihr Engagement eher aus ihrer Zugehörigkeit zu einem Betrieb, ihrem Beruf oder aus einer abstrakten Arbeitsmoral ab? Dies ist nicht nur im Sinne einer ‚Inputvariable' für die Entwicklung beruflicher Kompetenz von Wichtigkeit: berufliches Engagement, genauso wie der Erwerb einer beruflichen Identität, ist vielmehr auch Ziel von Berufsbildung.

3 Forschungs-/Entwicklungsmethode, Ansatz und Durchführung

Um diese Zusammenhänge auch empirisch näher zu beleuchten, wurden zur Messung von Engagement und beruflicher Identität vier unterschiedliche Skalen entwickelt. Diese wurden zunächst an hessischen Berufsschulen erprobt und anschließend in Bremerhaven verwendet. Die psychometrischen Qualitäten der Skalen sind durchweg zufriedenstellend oder gut (siehe dazu im Einzelnen Heinemann/Rauner 2008).

Für die Bestimmung der normativen Felder des Engagements Auszubildender wurden drei Skalen gebildet: Arbeitsmoral, betriebsbezogenes Engagement (Organizational Commitment) und berufliches Engagement (Occupational Commitment).

Berufliche Identität bedeutet für verschiedene Berufe Verschiedenes. Und auch wie sich die berufliche Identität z. B. eines Bürokaufmannes entwickelt, ist von der Entwicklung beruflicher Identität z. B. eines Anlagenmechanikers verschieden. Da in dieser Untersuchung vor allem zwischen unterschiedlichen Berufen verglichen wird, wurde hier keine Skala entwickelt, die auf Annahmen über den jeweiligen berufsspezifischen Inhalt einer solchen Identität aufbaut. Dies hätte eine Vergleichbarkeit zwischen den Berufen unmöglich gemacht. Stattdessen hebt die Skala auf diejenigen kognitiven und emotionalen Dispositionen ab, die mit einer Entwicklung vom Novizen zum Experten eines Faches korrespondieren und zu beruflicher Handlungsfähigkeit führen. Dafür wurden drei Aspekte identifiziert: das Interesse an der Einordnung der eigenen Tätigkeiten in den beruflichen Gesamtzusammenhang (Orientierung), das Interesse an der Mitgestaltung von Arbeit und Technik (Gestaltung) und das Interesse an hochwertiger Durchführung der eigenen Arbeit (Qualität). Die Skala ‚berufliche Identität' misst also den Grad, in dem sich Auszubildende auf diese drei Aspekte beruflicher Arbeit beziehen.

In mehreren quantitativen Untersuchungen wurden fast 2000 Auszubildende verschiedenster Berufe (mit dem Schwerpunkt Elektroniker Energie- und Gebäudetechnik sowie Betriebstechnik) nach ihrer Ausbildung in Betrieb und Schule sowie nach Bezugsfeldern von Engagement und beruflicher Identität befragt. Darüber hinaus wurden die Einschätzung der betrieblichen und schulischen Ausbildungssituation sowie soziodemografische Daten der Auszubildenden erhoben.

4   Erkenntnisse und ihre wissenschaftliche Bedeutung

Es zeigt sich, dass die Entwicklung beruflicher Identität in unterschiedlichen Berufen verschieden stark ausgeprägt verläuft. In den meisten Berufen kommt es dabei zu keiner nennenswerten Steigerung im Ausbildungsverlauf. Es besteht eine Verbindung zu Variablen, die sich auf das allgemeine ‚Lernklima' im Unternehmen beziehen. Die Rolle der Berufsschule für Prozesse der Herausbildung beruflicher Identität ist dagegen sehr gering.

Ähnlich stellt sich die Lage bei der Entwicklung beruflichen Engagements dar. Anders als erwartet, bleiben die jeweils dominierenden Bezugsfelder von Engagement im Verlauf der Ausbildung relativ stabil – stärker berufsbezogene Einstellungen halten sich ebenso wie stärker betriebsbezogene über den Ausbildungsverlauf.

Bei der Analyse des Einflusses der Kontextvariablen auf die verschiedenen Aspekte des Engagements und auch der Entwicklung beruflicher Identität zeigt sich ein spezifisches Muster. Bestehen Zusammenhänge, dann gegenüber allen Aspekten des Engagements. Diese Zusammenhänge beziehen sich in der Regel am stärksten auf das betriebsbezogene Engagement. Der Zusammenhang mit dem beruflichen Engagement ist im Allgemeinen etwas schwächer, dann folgen berufliche Identität und Arbeitsmoral. Es ergaben sich im Rahmen dieser Untersuchung nur wenige Faktoren betrieblicher Ausbildungssituationen, die auf Engagement wie auch berufliche Identität einen signifikanten Einfluss ausüben.

Hier ist vor allen Dingen ein Faktor zu nennen: die Orientierung der Ausbildung an betrieblichen Arbeits- und Geschäftsprozessen. Die Auswertung aller Items zu diesem Komplex zeigt deutlich: ist den Auszubildenden die Rolle klar, die ihre Tätigkeiten im betrieblichen Gesamtprozess spielen und wissen sie diese in größere Arbeitsprozesse einzuordnen, ist auch ihr berufliches wie betriebliches Engagement und ihre berufliche Identität größer.

Relevante Effekte auf Engagement und Identität finden sich darüber hinaus in der Motivation der Berufswahl, dem allgemeinen betrieblichen Arbeitsklima, dem Verhalten der Mitarbeiter gegenüber den Auszubildenden, der Einbindung in die betriebliche Expertenkultur sowie der Vielfältigkeit, Bedeutsamkeit und des Anforderungsniveaus der Arbeitsaufgaben.

Die Ausgestaltung betrieblicher Ausbildung fördert im Allgemeinen sämtliche Aspekte von Engagement, wobei der Effekt auf betriebsbezogenes Engagement zumeist etwas höher liegt. Intrinsische Motivationen der Berufswahl wie Wunschberuf oder Wunschbetrieb fördern das Engagement wie auch die Entwicklung beruflicher Identität.

Der Arbeits- und Geschäftsprozessorientierung kommt hinsichtlich der Entwicklung von beruflicher Kompetenz, Engagement und beruflicher Identität eine Scharnierfunktion zu: dieser Aspekt der Ausbildung hat Auswirkungen auf sämtliche Dimensionen. Bei den übrigen Aspekten der Ausgestaltung betrieblicher Ausbildung ergeben sich lediglich Zusammenhänge mit dem Engagement der Auszubildenden und der Entwicklung ihrer beruflichen Identität. Diese Zusammenhänge treten dann verstärkt auf, wenn sich die Items auf eine vertrauensvolle Kommunikation zwischen Auszubildenden und Mitarbeitern beziehen.

Die Durchführung betrieblicher Arbeitsaufgaben wirkt sich vor allem dann positiv auf Engagement und berufliche Identität aus, wenn sie den Auszubildenden Gelegenheit gibt, bereits Gelerntes an möglichst reichhaltigen Aufgaben anzuwenden und sich die Bedeutsamkeit dieser Aufgaben in ihrem eigenen Arbeitsbereich zeigt.

Während sich bestätigt hat, dass die schulische Vorbildung sich sehr stark auf die berufliche Kompetenzentwicklung auswirkt, hat der Migrationshintergrund darauf keinen Einfluss. Die psychometrische Qualität der Skalen, die zur Messung von beruflicher Identität, beruflichem und betrieblichem Engagement eingesetzt wurden, ist mittlerweile – nach ihrer mehrfachen Erprobung – sehr hoch.

5 Schlussfolgerungen für künftige Forschungsinitiativen

Das Ausbleiben einer erwarteten Entwicklung beruflicher Identität wie auch das eines Wandels des hauptsächlichen Bezugsfeldes von Engagement hin zum Beruf zeigt auf, dass die Entwicklung beider Dimensionen in der Berufsbildung vernachlässigt wird. Diese Ergebnisse passen zur relativ geringen Entwicklung beruflicher Kompetenzen, wie sie im Beitrag Rauner/Haasler beschrieben werden. Welche Einflüsse solche Entwicklungen hemmen und fördern, sollte in Zukunft genauer untersucht werden. Dazu wären auch qualitative Studien notwendig, die stärker auf die je berufsspezifischen Inhalte beruflicher Identität eingehen.

Die Entwicklung beruflicher Identität sollte genauer und auch berufsspezifisch erfasst werden (u. a. mittels qualitativer Verfahren). Dann wäre wahrscheinlich eine genauere Untersuchung möglich, wie die Ausbildungsorganisation jeweils in unterschiedlichen Berufen auf die Entwicklung beruflicher Identität einwirkt.

Die Einsicht der Auszubildenden in die kompetenzfördernden Strukturen ihrer Ausbildung ist – zwangsläufig – in ihrer Tiefe und Breite begrenzt, so dass in die Erhebung der Kontextdaten die Lehrer und Ausbilder einbezogen werden sollten.

Literatur

Heinemann, L.; Rauner, F. (2008): Identität und Engagement: Konstruktion eines Instruments zur Beschreibung der Entwicklung beruflichen Engagements und beruflicher Identität. Forschungsnetzwerk Arbeit und Bildung: Forschungsbericht Nr. 1. Bremen, Heidelberg, Karlsruhe.

Rauner, F.; Haasler, B.; Heinemann, L.; Grollmann, P. (2009): Messen beruflicher Kompetenzen. Band 1: Grundlagen und Konzeption des KOMET-Projektes. Münster: LIT-Verlag.

Rauner, F. u. a. (2009): Messen beruflicher Kompetenzen. Band 2: Die Ergebnisse KOMET 2008. Münster: LIT-Verlag (im Erscheinen).

Kompetenzerfassung und -bewertung bei Baustellenführungskräften – das Projekt „ECVET-D-Bau"

Werner Kuhlmeier, Gerhard Syben & Roland Tutschner

1   Aufbau und Ziele des Projekts

Das Projekt „ECVET-D-Bau" ist Teil einer Pilotinitiative des Bundesministeriums für Bildung und Forschung zur Entwicklung eines Leistungspunktesystems in der beruflichen Bildung (vgl. Milolaza u. a. 2008). In der Projektkoalition arbeiten unter Projektleitung des „BAQ Forschungsinstituts für Beschäftigung Arbeit Qualifikation", Bremen, das „Institut Technik und Bildung" der Universität Bremen sowie das „Institut für Berufs- und Wirtschaftspädagogik" der Universität Hamburg. Weitere Projektpartner sind drei Bildungsträger im Bereich der Bauwirtschaft, das „Bildungswerk Bau Hessen – Thüringen", das „Berufsförderungswerk der Bauindustrie Nordrhein-Westfalen" sowie der „Verein zur Berufsförderung der Bauwirtschaft Nord". Schließlich wirken auch die Verbände der Bauwirtschaft, der „Hauptverband der Deutschen Bauindustrie", der „Zentralverband Deutsches Baugewerbe" sowie die „Industriegewerkschaft Bauen-Agrar-Umwelt" beratend im Projekt mit. Die Laufzeit des Projekts beträgt 30 Monate, vom 1. November 2007 bis 30. April 2010.

Zielgröße des Projekts ist der Fortbildungsberuf „Polier". Im Projekt werden Verfahren entwickelt, mit denen bereits vorhandene Lernergebnisse auf diese Fortbildung angerechnet werden können. Dabei geht es nicht nur um Lernergebnisse aus formalen Bildungsgängen, sondern auch – und vor allem – um Lernergebnisse aus nicht-formalen und informellen Lernprozessen. Insbesondere der letztgenannte Aspekt stellt eine große Herausforderung und Innovation dar, denn es gilt, die Kompetenzen festzustellen und zu bewerten, die durch Berufserfahrung erworben wurden.

2   „Lerneinheiten" als Instrumente zur Kompetenzerfassung und –bewertung

In der bisherigen Projektlaufzeit standen die Bestimmung und die Entwicklung sog. „Lerneinheiten" im Mittelpunkt. Mit dem Begriff der „Lerneinheit" (engl. „learning unit") wird im EU-Sprachgebrauch ein Teil einer Gesamtqualifikation (hier des Fortbildungsberufes „Polier") bezeichnet, der bewertet und validiert werden kann und durch einen Satz kohärenter Kenntnisse, Fertigkeiten und Kompetenzen beschrieben wird. Es geht dabei also nicht – wie vom deutschen Sprachverständnis her an-zunehmen wäre – um eine curriculare Sequenz von Lehr-/Lernsituationen, sondern eher um eine „Einheit Gelerntes". Dahinter steht die Intention, das Lernergebnis, den „Outcome", zu erfassen – unabhängig von der Art seines Erwerbs. Die im Pro-jekt erarbeiteten Lerneinheiten beschreiben also nicht, was jemand lernen soll, der Polier werden möchte, sondern das, was ein Polier in seiner beruflichen Praxis kön-nen muss. Für die Bestimmung der Lerneinheiten ergeben sich daraus zwei Konse-quenzen:

*   Zum einen können die Lerneinheiten nicht aus den bestehenden Curricula ab-geleitet werden, da die Curricula als „Input-Instrument" nur auf formale Lern-prozesse beschränkt sind. Die Lerneinheiten sind vielmehr aus den Arbeitsauf-gaben abzuleiten, die ein Polier im Berufsalltag bewältigen muss, und aus den dafür erforderlichen Fähigkeiten. Dies setzt eine sehr genaue Kenntnis der beruflichen Praxis von Baustellenführungskräften voraus. Hier konnte das Pro-jekt auf Ergebnisse eines vorausgegangenen Forschungsprojekts zur „Weiter-bildung in der Bauwirtschaft" aufbauen, in dem u. a. differenzierte Tätigkeits-analysen durchgeführt wurden (vgl. Syben et al. 2005).

*   Zum anderen besteht die Funktion der Lerneinheiten darin, die bereits vor-handenen Kompetenzen einer erfahrenen Baufachkraft nicht nur zu beschrei-ben, sondern auch festzustellen und zu bewerten. Da sich Kompetenz im Ver-halten einer Person in einer bestimmten Situation zeigt, sind die Lerneinheiten in Form von Situationsaufgaben zu beschreiben. Es geht darum, die prozes-sualen Kenntnisse und die Problemlösefähigkeit in einem (simulierten) An-wendungsbezug sichtbar zu machen.

Die Ergebnisse dieser Kompetenzfeststellung dienen zunächst der aktuellen Status-feststellung der angehenden Poliere. Auf dieser Grundlage ist es dann möglich, den individuellen Weiterbildungsbedarf zu präzisieren, um die anschließenden Fortbil-dungsmaßnahmen zielgerichteter und effektiver durchführen zu können. Schließ-lich wird damit insgesamt die Transparenz von Lernergebnissen erhöht, so dass Übergänge zwischen verschiedenen Bildungsgängen erleichtert und die Weiterbil-dungsteilnahme insgesamt gefördert werden kann.

3   Struktur der Lerneinheiten

Die Projektpartner haben sich zunächst über eine sinnvolle Schneidung und Syste-matik der Lerneinheiten verständigt, die in ihrer Gesamtheit die Kompetenz eines Poliers beschreiben. Ausgangspunkt der Strukturierung der Lerneinheiten sind die verschiedenen Geschäftsfelder, in denen Poliere tätig sind. Es lassen sich im Hoch-bau und im Tiefbau jeweils drei Geschäftsfelder unterscheiden:

Tab. 1: Geschäftsfelder in der Bauwirtschaft

Hochbau			Tiefbau		
allgemeiner Hochbau	Ingenieur-hochbau	Bauen im Bestand	allgemeiner Tiefbau	Verkehrswe-gebau	Leitungstief-bau

Im Rahmen dieser Geschäftsfelder sind die Lerneinheiten wiederum nach der Logik des Bauprozesses und den dabei jeweils vom Polier zu erledigenden Aufgaben strukturiert:

- Zunächst wirkt der Polier an der Arbeitsvorbereitung und Planung eines Bauwerks mit. Dies geschieht meist in enger Kooperation mit dem Bauleiter.

- In einem nächsten Schritt wird die Baustelle eingerichtet. Das heißt, es wird festgelegt, wo die Standorte für die Versorgungseinrichtungen, die Unterkünfte, die Arbeitsplätze, die Materiallagerung und den Kran sind, wie die Baustelle verkehrstechnisch erschlossen und abgesichert wird usw. Dies ist eine typische Aufgabe, die weitgehend in der Verantwortung eines Poliers liegt.

- Schließlich wird das Bauwerk vermessen. Die Richtpunkte für eine Vermessung werden in der Regel von einem bestellten Vermessungsbüro angelegt. Die innere Vermessung des Bauwerks wird von diesen Punkten abgeleitet und in der Regel vom Polier vorgenommen.

- Daran schließt sich die eigentliche Bauausführung an. Das Bauwerk wird hergestellt. Die Aufgaben des Poliers sind dabei sehr vielfältig. Er leitet die Arbeiten an, teilt Arbeitskräfte ein, überwacht die sachgerechte Durchführung, sorgt für die Bereitstellung der Ressourcen, hält Kontakt zu Bauherren und Architekten, schreibt das Bautagebuch, erstellt Nachträge und vieles mehr.

- Die letzte Phase im Bauprozess bilden schließlich das Aufmaß und die Abnahme des Bauwerks. Der Polier ermittelt die genauen Mengen und Dimensionen der erbrachten Leistung als Grundlage für die Rechnungsstellung und das Controlling.

Durch die Orientierung an den Bauablaufphasen soll gewährleistet werden, dass sich die Lerneinheiten an den Handlungen des Poliers ausrichten und nicht – wie es in den bestehenden Curricula noch der Fall ist – an der Sachlogik der Bautechnik oder ihrer Subdisziplinen. In einem intensiven diskursiven Prozess mit Experten der Bauwirtschaft wurde schließlich eine Systematik der Lerneinheiten bestimmt, die jeweils in sich geschlossene Arbeitssituationen und Handlungsvollzüge eines Poliers abbilden:

Tab. 2: Systematik der Lerneinheiten

	Hochbau			Tiefbau		
	allgemeiner Hochbau	Ingenieurhochbau	Bauen im Bestand	allgemeiner Tiefbau	Verkehrswegebau	Leitungstiefbau
Arbeiten vorbereiten und planen	an der Arbeitsvorbereitung und -planung im Hochbau mitwirken			an der Arbeitsvorbereitung und -planung im Tiefbau mitwirken		
Baustellen einrichten	eine Baustelle im Hochbau einrichten			eine Baustelle im Tiefbau einrichten		
Bauwerke vermessen	ein Gebäude einmessen			Geländemessungen im Tiefbau vornehmen		
Bauteile herstellen (1)	ein Wohnhaus einschl. Ver-/Entsorgungsleitungen gründen	einen Gewerbebau gründen	ein Wohngebäude energetisch sanieren	eine Baugrube verbauen	Asphaltstraße herstellen	eine Baugrube verbauen
				Erdbauarbeiten (gr. Baugrube) durchführen	Pflasterdecke herstellen	Druckleitungen verlegen
(2)	den Rohbau eines Wohnhauses herstellen	die Beton-/Stahlbetonkonstruktion eines Gewerbebaus herstellen	Umbau/ Modernisierung eines Wohnhauses durchführen	Tiefgründungen durchführen mit Betonpfählen	Gleisanlage herstellen	drucklose Leitungen verlegen
				Kabel einbauen		
Bauwerke aufmessen und abnehmen	einen Wohnungsausbau aufmessen und abnehmen			ein Bauwerk im Tiefbau aufmessen und abnehmen		

Inhaltlich orientieren sich die Lerneinheiten an den typischen Aufgaben eines Poliers im Rahmen der Führung einer Baustelle und der Umsetzung komplexer Bauaufgaben. Ein Polier agiert dabei in vielen unterschiedlichen Bezügen, die in allen Phasen eines Bauprozesses und damit in allen Lerneinheiten relevant sind. Dazu gehören Tätigkeiten, wie zum Beispiel

- Arbeitsprozesse organisieren

- Materialien und Geräte disponieren

- Qualität von ausgeführten Arbeiten kontrollieren und dokumentieren

- Mitarbeiter und Subunternehmen anweisen

- Einhaltung von Terminplänen überwachen

- Wirtschaftlichkeit der Bauproduktion gewährleisten

- auf die Einhaltung von Arbeits- und Umweltschutzbestimmungen achten

- Auszubildende unterweisen

- sich mit Architekten, Sachverständigen, Bauherren abstimmen.

Die Vielfalt und Komplexität dieser charakteristischen Tätigkeiten eines Poliers spiegeln sich so weit wie möglich in allen Lerneinheiten wider. Die im Projekt entwickelten Lerneinheiten haben daher auch einen grundsätzlich anderen Charakter als Situationsaufgaben aus der beruflichen Erstausbildung, die sich auf eine „vollständige Handlung" im Rahmen eines begrenzten Herstellungsprozesses beziehen.

4 Anlage der Evaluation

Die Erprobung und Evaluation der Lerneinheiten soll einen Beitrag zur Klärung der Frage leisten, ob die im Projekt entwickelten Lerneinheiten als Instrumente und Verfahren der Kompetenzfeststellung die ihnen zugedachte Funktion erfüllen, nämlich insbesondere solche Kenntnisse, Fertigkeiten und Kompetenzen zu erfassen, die über Berufserfahrung erworben wurden. In diesem Zusammenhang sind die Indikatoren zu bestimmen und zu überprüfen, die diese Kompetenzen aufzeigen. Durch eine Erprobung der Lerneinheiten mit Berufserfahrenen sowie Kontrollgruppen mit Personen, die eine geringe Berufserfahrung aufweisen, sollen folgende Hypothesen überprüft werden:

- Umfangreichere berufliche Praxiserfahrung zeigt sich in besseren Ergebnissen bei der Bearbeitung der Lerneinheiten.

- Innovative didaktische Konzepte, wie die Lernfeld- und Handlungsorientierung, die seit 1999 in der Berufsausbildung der Bauwirtschaft praktiziert werden, wirken sich positiv auf die Testergebnisse aus.

- Es besteht ein Zusammenhang zwischen Arbeitsumgebung und Testergebnis, d. h. es lassen sich lernförderliche Arbeitsumgebungen in Testergebnissen identifizieren.

- Es besteht ein signifikanter Zusammenhang zwischen bestimmten beruflichen Tätigkeitsprofilen, wie z. B. organisatorischen, administrativen oder technischen Tätigkeiten und Testperformance.

- Es besteht eine Korrelation zwischen Verantwortungsumfang (bestimmt durch das Investitionsvolumen sowie die Anzahl der zu führenden Personen) und Testperformance.

- Es besteht ein Zusammenhang zwischen erlerntem Beruf (z. B. Straßenbauer, Zimmerer, Betonbauer, Maurer, Gleisbauer etc.) und Testperformance.

Die Erprobung der Lerneinheiten erfolgt in einem mehrstufigen Verfahren. Zunächst werden die berufsbiografischen Daten der Teilnehmer in einem Fragebogen erfasst. Darin werden u. a. Informationen zum Ausbildungsberuf, zu den bisherigen Einsatzfeldern und Tätigkeiten und zum aktuellen beruflichen Status erhoben. Daran schließt sich die Bearbeitung einer Situationsaufgabe an, die einen Umfang von ca. 90 Minuten umfasst. Unmittelbar nach dieser Aufgabenbearbeitung wird von den Teilnehmern ein weiterer Fragebogen ausgefüllt, in dem eine Einschätzung zur Situationsaufgabe (Aufgabenformulierung, Realitätsnähe, Schwierigkeitsgrad...) vorgenommen wird. Die Einschätzung durch die Teilnehmer wird durch eine Gruppendiskussion ergänzt. Schließlich wird auch mit den Prüfern/Auswertern der Situationsaufgabe ein leitfadengestütztes Interview geführt.

5 Perspektiven

Im Projekt „ECVET-D-Bau" ist durch konzeptionelle Arbeit und praktische Erprobung ein Grundverständnis davon hergestellt worden, wie Lerneinheiten konzipiert sein müssen, damit sie die Funktion als Instrumente der Kompetenzfeststellung erfüllen können. In der verbleibenden Projektlaufzeit wird die bereits begonnene Erprobung und Evaluation der Lerneinheiten fortgesetzt und abgeschlossen. Schließlich ist auf dieser Grundlage ein Leistungspunktesystem zu entwickeln, das den jeweils erreichten Stand, die erforderlichen Maßnahmen und die Fortschritte im Weiterbildungsprozess, beginnend mit dem Abschluss der Erstausbildung, abbildet. Dieses Leistungspunktesystem soll gemäß dem Projektauftrag Anrechnungsverfahren ermöglichen, die die Durchlässigkeit von der beruflichen Erstausbildung in einen beruflichen Fortbildungsgang verbessern. Um Anrechenbarkeiten zu ermitteln, erscheint ein einfacher Äquivalenzvergleich von Inhalten der Erstausbildung mit Inhalten der Polierfortbildung wenig zweckmäßig. Auf den ersten Blick ergeben sich zwar erhebliche Überschneidungsbereiche in der Begrifflichkeit; dabei handelt es sich jedoch bei näherer Betrachtung um völlig unterschiedliche Inhalte. Während in der Erstausbildung vorwiegend Kenntnisse und Fertigkeiten für die Anwendung im Produktionsprozess vermittelt werden, geht es bei den häufig analog bezeichneten Inhalten in der Polierfortbildung um die Organisation, Anleitung und Beaufsichtigung dieser Tätigkeiten. Eine deutliche Verbesserung zur gegenwärtigen Situation ist jedoch im Hinblick auf die dem Polier vorgelagerten Fortbildungsstufen (Vorarbeiter, Werkpolier) zu erwarten. Hier könnte die Anrechnung über ein Leistungspunktesystem dazu beitragen, die Durchlässigkeit zu erhöhen, Warteschleifen zu vermeiden und Redundanzen abzubauen. Anrechnungsmöglichkeiten auf weitere Bildungsgänge (z. B. Meister, Fachwirt, Bautechniker sowie Hochschulstudiengänge) sind noch zu prüfen.

Literatur

Milolaza, A.; Frommberger, D.; Schiller, S.; Reinisch, H.; Diettrich, A.; Meerten, E. (2008): Leistungspunktesystem in der beruflichen Bildung – Pilotinitiative und berufs- und wirtschaftspädagogisch relevante Fragestellungen. In: bwp@ 14. Verfügbar unter http://www.bwpat.de/ausgabe14/milolaza_etal_bwpat14.shtml.

Syben, G.; Gross, E., Kuhlmeier, W.; Meyser, J.; Uhe, E. (2005): Weiterbildung als Innovationsfaktor. Handlungsfelder und Kompetenzen in der Bauwirtschaft – ein neues Modell. Berlin: edition sigma.

E-Assessment: Möglichkeiten und Grenzen der Messung beruflich relevanter Kompetenzen

Martin Kröll

1   Einleitung, Leitfragen und Konzepte

Der Einsatz neuer Medien gilt derzeit als eine der größten Herausforderungen für das Personalmanagement. Dies betrifft auch den Aufgabenbereich der Personalentwicklung. Welche Rolle in diesem Kontext dem Online-Assessment zufällt, ist klärungsbedürftig. Die Gründe für den vermehrten Einsatz von E-Assessment (E-A) oder den Wunsch danach sind vielfältig. Unternehmen haben ein großes Interesse, ihr Image als attraktiver Arbeitgeber zu verbessern und die Entscheidungsprozesse im Hinblick auf die Personalauswahl zu beschleunigen. Gleichzeitig beklagt eine Vielzahl von Unternehmen, dass Aussagegehalt und Vergleichbarkeit von Abschlusszeugnissen unter Berücksichtigung der stark variierenden Leistungsanforderungen in den letzten Jahren gesunken sind. Es wird davon ausgegangen, dass durch den Einsatz von E-A Entscheidungen zur Personalauswahl im Vergleich zu herkömmlichen Verfahren schneller, preiswerter, aber auch gleichzeitig mit einem hohen Anspruch auf Validität getroffen werden können. Darüber hinaus gibt es Bestrebungen, die Kompetenzen der Organisationsmitglieder mithilfe von Wissensmanagement-Systemen zu dokumentieren. Ausgangspunkt für die weitere wissenschaftliche Auseinandersetzung sind folgende Leitfragen: Inwieweit gelingt es mit Hilfe von E-A-Verfahren Kompetenzen, die für die Beschäftigung von Relevanz sind, zu messen? Was sind die Vor- und Nachteile des Einsatzes von E-A-Verfahren?

Unter E-A wird oftmals „... der Einsatz von internetgestützten Tests (Instrumenten) ..., die zur Beurteilung und Vorhersage beruflich relevanter biografischer und psychologischer Variablen und zur Abschätzung der Eignung von Bewerbern dienen" (Konradt/Sarges 2003), verstanden. Der vorliegende Ansatz behandelt darüber hinaus auch Verfahren der computerbasierten Eignungsdiagnostik als E-A-Ansätze (Ridder et al. 2004, S. 34). Als zentrale Hemmnisse für die Nutzung von E-A-Verfahren werden aus der Sicht von Unternehmen die Intransparenz der Vielzahl von Tests und die Ungewissheit im Hinblick auf deren Qualität angesehen. Um die Qualität der Verfahren zur berufsbezogenen Eignungsbeurteilung zu evaluieren, wurden auf unterschiedlichen Ebenen Qualitätsstandards entwickelt. Auf internationaler Ebene sind die "Standards for educational and psychological testing" der AERA, die "Principles for the validation and use of personnel selection procedures" der "SIOP" und die Standards der "Task Force on Test User Qualifications" zu nennen. Im deutschsprachigen Raum kann auf die DIN 33430 verwiesen werden.

2 Facetten des Konstrukts Kompetenz

Im Kontext des E-A sollen maßgeschneiderte Verfahren der Kompetenzmessung eingesetzt und miteinander verknüpft werden, um Handlungskompetenzen der individuellen Akteure ganzheitlich zu erfassen. Von Handlungskompetenz kann aber erst dann gesprochen werden, wenn eine Verknüpfung zwischen den Dimensionen Fach-, Methoden-, Sozial- und Mitwirkungskompetenzen vorhanden ist bzw. hergestellt wird. Demzufolge handelt es sich bei Kompetenzen nicht um eine additive Anhäufung von abfragbarem Wissen, sondern um eine ganzheitliche Ausprägung des Handlungsvermögens (Ortmann 2009) eines Akteurs. Was ist aber unter einer ganzheitlichen Erfassung von Kompetenzen zu verstehen? Es kann zwischen zwei Verständnisformen differenziert werden: Im ersten Fall geht es darum, ein Verfahren zu suchen, das möglichst umfassend das Handlungsvermögen eines individuellen Akteurs erfasst. Eine Alternative ist, wenn mithilfe unterschiedlicher Verfahren einzelne Kompetenzdimensionen analysiert werden. Ob allerdings eine additive Messung von verschiedenen Kompetenzdimensionen dem Anspruch der ganzheitlichen Erfassung gerecht werden kann, ist klärungsbedürftig. Entscheidend ist dabei, wie die Verknüpfung zwischen den Ergebnissen gelingt. Ausgehend von der Frage, welche Kompetenzen für die künftige Beschäftigung der Organisationsmitglieder erforderlich sind, wird den unterschiedlichen Kompetenzdimensionen, d. h. den Fach-, Methoden-, Sozial- und Mitwirkungs-Kompetenzen, ein unterschiedlicher Stellenwert zugeordnet. Dabei besteht in der Kompetenzentwicklungs(KE)-Forschung Uneinigkeit über die Rolle der einzelnen Dimensionen, um den Veränderungen im Berufsleben gerecht zu werden. Große Hoffnung wurde und wird in ein Konzept gesetzt, welches unter dem Begriff *Schlüsselqualifikation* (SQ) Popularität erlangte. Im Anschluss an die Diskussion um SQ hat sich die Auffassung durchgesetzt, dass die einseitige Fokussierung auf Fachkompetenzen zu überwinden sei. Fachkompetenz alleine reiche nicht aus, um den künftigen Anforderungen am Arbeitsplatz gerecht zu werden, geschweige denn diesen mitzugestalten. Innerhalb der KE-Forschung gibt es eine Kontroverse darüber, welche Qualifikationen nun zu den „eigentlichen" SQ gehören. Aber fast alle diese Ansätze gehen von der Annahme aus, dass es sich bei SQ um überfachliche Kenntnisse und Fähigkeiten handele. Die hohen Erwartungen, die in die Konzeption der SQ im Sinne von Mertens gesetzt wurden, konnten aber bisher nicht eingelöst werden. Eine zentrale These der Ansätze zu den SQ ist, dass diese nicht veralten und deswegen ihr Erwerb wichtiger sei als der von fachlichen Kompetenzen. Doch nur, weil die Fachkompetenzen sich im Laufe der Zeit überholen, bedeutet dies nicht, dass diese Kompetenzen im Rahmen der beruflichen Tätigkeiten grundsätzlich an Bedeutung verlieren. Wenn es darum geht, sich verändernden Arbeitsanforderungen zu entsprechen, werden fehlende, aber auch veraltete Fachkompetenzen zum entscheidenden Hindernis. Die Dominanz der Diskussion um die SQ verdeckt zudem die Problematik, dass es aus der Perspektive der einzelnen Akteure durchaus sinnvoll sein kann, sich im Rahmen einer interdisziplinären Ausrichtung Kompetenzen in unterschiedlichen Fachbereichen anzueignen. Darüber hinaus ist anzumerken, dass es bisher kaum empirische Vergleichsstudien gibt, die den Nachweis erbringen, dass das Vorhandensein von SQ die Beschäftigungschancen signifikant erhöht. In ihrer empirischen Studie hat Müller 2008 erforscht, inwieweit vorhandene SQ den Verbleib von Auszubildenden in ihrem Ausbildungsberuf nach der Ausbildung beeinflussen. Unter SQ subsumiert sie Kommunikations- und Kooperationsfähigkeit, selbstreguliertes Lernen nach PISA 2000, Leistungsmotivation sowie Aspekte der Selbstkompetenz (wie z. B. Selbstwirksamkeit). Sie konnte keine günstigen Verlaufsmuster im Ausbildungsberuf aufgrund des Besitzes von SQ nachweisen. Eine differenzierte und kritische Auseinandersetzung mit Ansätzen, die sich mit SQ beschäftigen, scheint geboten, wird aber durch den unscharfen und wechselnden Begriffsgebrauch erschwert. Durch die vorausgegangen Ausführungen wurde deutlich, dass die ausschließliche Konzentration auf SQ im Sinne der Ausblendung von fachlichen Aspekten (z. B. Expertise als erfahrungsgetränktem Know-how) zu kurz greift.

Im Folgenden wird erörtert, auf welche Prinzipien und Leitbilder sich verschiedene Ansätze der KE-Forschung beziehen. Diese Vorstellungen sind Grundlage für die Beurteilung des Einsatzes von E-A-Verfahren. Ein neues Leitbild, um dem Wandel auf internen und externen Arbeitsmärkten gerecht zu werden, ist das Konzept der Employability. Als Orientierungshilfe für die KE der individuellen Akteure sind die Vorstellungen des Konzepts zur Employability zumindest teilweise zu unspezifisch und bedürfen der Konkretisierung. Aktuelle Ansätze in der KE-Forschung rücken die Selbstorganisationskompetenz in den Mittelpunkt der wissenschaftlichen Auseinandersetzung (Rosenstiel 2006). Um künftigen Herausforderungen der Arbeitswelt (zunehmende Komplexität und Unsicherheit) gerecht zu werden, sei es erforderlich, dass Organisationsmitglieder die Kompetenzen zur Selbstorganisation und -regulation besitzen. Kompetenzen werden als Dispositionen zum selbst organisierten Handeln interpretiert. Sie würden sich einer unmittelbaren Prüfung entziehen. Im Gegensatz zu Persönlichkeitsmerkmalen beziehen sich Kompetenzen in einem höheren Maße auf eine konkrete Anforderungssituation (Rosenstiel 2006). Das Vorhandensein von Kompetenzen kann nur kontextbezogen gemessen werden. In welcher Weise wird nun im Kontext von E-A-Verfahren vorgegangen, um Kompetenzen und/oder Persönlichkeitsmerkmale individueller Akteure zu erfassen? Entweder wird auf bereits etablierte Tests in Paper-Pencil-Form zurückgegriffen oder es werden neue Tests vor dem Hintergrund des spezifischen Kompetenzverständnisses eines Unternehmens entwickelt. Im zuletzt genannten Fall werden zunächst die Anforderungen an Kompetenzen festgelegt, die aus der Perspektive des Unternehmens relevant sind (Kirbach et al. 2004). Entsprechende Ansätze stützen sich auf umfangreiche Algorithmen, bei denen verschiedene Kompetenzen in hierarchische Beziehungen zueinander gesetzt werden und eine unterschiedliche Gewichtung der

Ausprägung der jeweiligen Kompetenzen erfolgt. Ein solcher Ansatz, der zu einer statistischen Urteilsbildung führt, ist von Konzepten abzugrenzen, die versuchen die Ganzheitlichkeit einer Person zu erfassen (klinische Urteilsbildung).

3 Fallbeispiel zum Einsatz von E-Assessment

Ausgehend von einem konkreten Fallbeispiel aus einem großen Energieunternehmen werden die mit dem Einsatz von neuen E-A-Formen als eigenschaftsorientierte Auswahlverfahren verbundenen Probleme aufgezeigt. Im Rahmen eines mehrjährigen Projektes wurde ein E-A-Tool entwickelt. Im Unterschied zu den klassischen Online-Verfahren wird bei dieser neuen Form des E-A auf multimediale, erlebnisorientierte Testlandschaften und auf die Entwicklung von Cover-Storys zurückgegriffen. Letztere beruhen auf einem allmählichen Dramaturgieaufbau und sollen bei der Testperson einen ganzheitlichen Eindruck hinterlassen. Diese Vorgehensweise kann aus der Sicht der Probanden sinnstiftende Wirkung haben. Unterschiedliche Abfragemöglichkeiten werden spezifischen an der DIN 33430 orientierten Testfeldern zugeordnet, welche bestimmten Objekten der Testlandschaft zugewiesen werden. Über ein zeitnahes, standardisiertes und selbsterklärendes Reporting-System erhalten die Testanten schnelle Rückmeldung über ihre Ergebnisse. Die Testanten können, wenn sie sich von einem virtuellen Testleiter begleitet in der Testlandschaft bewegen und dabei eine virtuelle Besichtigungstour durch das Unternehmen machen, zwischen unterschiedlichen Tests wählen: z. B. zur figuralen und rechnerischen Intelligenz, zum mechanisch-technischen Verständnis, zur Merkfähigkeit, zur Leistungsmotivation, zur Konzentration/ Aufmerksamkeit, zum Lernpotenzial, zur Prüfungs-/Testangst und zur Stressbewältigung. Hierbei müssen die Testanten beispielsweise Aussagen bewerten wie: „Neuen Situationen stehe ich zunächst meistens skeptisch gegenüber", Adventure-Spiele bestehen, einen Wissensparcours absolvieren oder Unterschiede zwischen bestimmten Figuren benennen. Dass durch die Durchführung der aufgezeigten Form von E-A die soziale Akzeptanz gegenüber herkömmlichen Einsatzformen von Testverfahren steigt, scheint plausibel zu sein – wäre aber in diesem Fall zu prüfen. Generell weisen empirische Untersuchungen darauf hin, dass die Akzeptanz von internetgesteuerten Persönlichkeitstests vergleichsweise hoch ist. Zudem ist zu klären, inwieweit die Validität der Testergebnisse dadurch beeinflusst wird, dass die Probanden eine relativ hohe Freiheit bei der Wahl des Tests haben. Das Fallbeispiel hat auch die Gefahr verdeutlicht, dass primär diejenigen Kompetenzen als bedeutend für die Kompetenzmessung eingestuft werden, für die bereits erprobte Tests vorliegen. Das Vorhandensein z. B. von Selbstregulationskompetenz, von unternehmerischer Kompetenz oder von fachlichen Kompetenzen im Sinne von Expertise wird in diesem Fall nicht überprüft. Dem könnte gegenübergestellt werden, dass es sich bei den abgefragten Punkten zum großen Teil um SQ handelt, die wie oben erwähnt nicht nachweisbar zur Verbesserung der

Beschäftigungssituation führen. Abschließend ist anzumerken, dass im Rahmen der Tests schwerpunktmäßig Persönlichkeitsmerkmale gemessen werden. Diese sind vergleichsweise stabil über die Zeit hinweg und lassen sich nur bedingt verändern. Zu Fragen der KE-Möglichkeiten vonseiten der Testanten bieten diese Testergebnisse zunächst nur geringe Ansatzpunkte.

4 Fazit und Ausblick

Um die Computerdiagnostik professionell einzusetzen, sind deren Vor- und Nachteile zu berücksichtigen. Folgende Nachteile können auftreten: hohe Anschaffungskosten, Mehraufwand durch Schaffung einer Infrastruktur, Defizite aus software-ergonomischer Sicht, Hard- und Softwarekompatibilität sind nicht immer gegeben, hohe Kosten durch lange Einwahlzeiten, schlechte Qualität der E-A-Konzeption (z. B. häufig nur 1:1 von Paper-Pencil-Tests), unzureichende Aktualität der Normen (siehe DIN 33430), Aufblähung der Bewerberzahlen, unsicherer Umgang der Testpersonen mit dem Computer, unmittelbarer Kontakt mit den Bewerbern/-innen findet relativ spät statt und Missbrauch bzw. Weitergabe von Musterantworten. Diesen Nachteilen sind folgende Vorteile gegenüberzustellen: Zeit-, Raum-, Material- und Personaleinsparung, gestiegene Zeit- und Ortsunabhängigkeit, präzisere Zeiterfassung, größerer Möglichkeitsraum der Testgestaltung, valide Ergebnisse und bessere Fehlersicherheit, höhere Neutralität und Objektivität durch Wegfall des Testleitereffektes, Imagegewinn als attraktiver Arbeitgeber, zeitnahe Auswertung der Testergebnisse/schnellere Rückmeldungen sowie erhöhte Akzeptanz durch stärkere Berücksichtigung der Bedürfnisse der Testanten. Inwieweit die Vor- und Nachteile des E-A zur Geltung kommen, hängt davon ab, wie das E-A eingesetzt und organisatorisch eingebettet wird. Letzteres ist eine zentrale Aufgabe für die künftige Nutzung von E-A.

Die künftigen Anforderungen, die auf die Organisationsmitglieder in der Arbeitswelt zukommen, sind aus vielfältigen Gründen immer weniger exakt vorherzubestimmen. Gleichzeitig wird in der wissenschaftlichen Auseinandersetzung davon ausgegangen, dass eine präzise Kompetenzbestimmung erst dann möglich ist, wenn die Anforderungen an die jeweiligen (potenziellen) Organisationsmitglieder in spezifizierter Form vorliegen. Diese Erkenntnis stellt den Einsatz von E-A-Verfahren vor große Herausforderungen. Zudem kann der Einsatz von E-A-Verfahren auf der Ebene der Testpersonen zu einem intrapersonellen Widerspruch führen: Im Test „schlüpfen" die Personen in die Rolle eines Untersuchungsobjekts und/oder sie erleben dies so. Demgegenüber wird von ihnen im späteren Arbeitsleben erwartet, dass sie eigenverantwortlich und unternehmerisch handeln sollen. Vor dem Hintergrund des bisherigen Erfahrungsstands wurde deutlich, dass die Nutzung der E-A-Verfahren zurzeit nur bedingt zur Bewältigung von zentralen Herausforderungen beitragen kann, die im Zusammenhang mit der Professionalisierung der KE (z. B. Kompetenztransfer, Evaluation der KE) auftreten. Beim derzeitigen Stand des Einsatzes von E-A-Verfahren steht die Vorselektion von Bewerbungen im Vordergrund. In der weiteren wissenschaftlichen Auseinandersetzung wäre folgenden Forschungsfragen nachzugehen: Wie können internetbasierte Verfahren (z. B. Web 2.0, Second Life) in die Strategie der Personalrekrutierung und -entwicklung besser eingebunden werden? Können die Ergebnisse des E-A Grundlage für den Aufbau von „Skill"- bzw. Kompetenz-Datenbanken in den Unternehmen sein? Unter welchen Voraussetzungen können die Ergebnisse des E-A Grundlage für die Organisation und Steuerung der KE auf Unternehmensebene und auf individueller Ebene sein? Ausgehend von den Antworten auf diese Fragen sind im nächsten Schritt die Anforderungen, die im Bezug auf den Einsatz von E-A-Verfahren zu beachten sind, herauszuarbeiten.

Literatur

Kirbach, Ch.; Montel, Ch.; Wottawa, H.; Oenning, S. (2004): Recruiting und Assessment im Internet. Göttingen: V&R.

Konradt, U.; Lehmann, K.; Böhm-Rupprecht, J.; Hertel, G. (2003): Computer- und internetbasierte Verfahren der Berufseignungsdiagnostik: Ein empirischer Überblick. In: U. Konradt; W. Sarges (Hrsg): E-Recruitment und E-Assessment (S. 105–132). Göttingen: Hogrefe.

Müller, K. (2008): Schlüsselkompetenzen und beruflicher Verbleib. In: D. Münk; K. Breuer; T. Deißinger (Hrsg.): Berufs- und Wirtschaftspädagogik – Probleme und Perspektiven aus nationaler und internationales Sicht. Opladen & Farmington Hills: Barbara Budrich.

Ortmann, G. (2009): Können und Haben, Geben und Nehmen. In: A. Windeler; J. Sydow (Hrsg.): Kompetenz, Individuum, Organisation, Netzwerk. Wiesbaden (im Druck).

Ridder, H.-G.; Bruns, H.-J.; Brünn, S. I. (2004): Online- und Multimediainstrumente zur Kompetenzerfassung. In: QUEM-report, 86, Berlin.

Rosenstiel, L. v. (2006): Lernkultur Kompetenzentwicklung. In: K. Schwuchow; J. Gutmann (Hrsg.): Jahrbuch Personalentwicklung 2006 (S. 105–112). Bremen: Luchterhand.

Kompetenzmodelle in der beruflichen Bildung – Grenzen und Chancen

Georg Spöttl

1 Einleitung

Seit mehreren Jahren wird in der Berufsbildung über die Chancen und Notwendigkeiten einer large-scale Kompetenzmessung diskutiert. Auslöser dafür sind die Aktivitäten um die Vorbereitung eines Berufsbildungspisa auf der Grundlage von Large-Scale-Assessment (LSA). Beim Für und Wider werden vielfältige Argumente in das Feld geführt. Kritiker von LSA heben hervor, dass mit dem etablierten Prüfungswesen und der damit in engem Zusammenhang stehenden Ordnungsmittelforschung viele Erfahrungen und Erkenntnisse zur Qualität, Validität und Reichweite der Prüfungsaufgaben und des Prüfungswesens vorliegen. Es wird angenommen, dass auch genügend Erkenntnisse zur Einschätzung von Aufgabenschwierigkeiten vorhanden sind, weil diese Expertise bei der Konstruktion von Fachleistungstests wie bspw. den Facharbeiterprüfungen ständig genutzt wird.

Befürworter von LSA verweisen darauf, dass Kompetenzmessung vor allem mit Blick auf Performance in beruflichen Zusammenhängen eine hohe Komplexität aufweist. Als Grund dafür wird gesehen, dass die Kontextstrukturen als Grundlage für die Anwendung von Wissen, Können und Erfahrung zu erschließen sind, um mit Bezug darauf Testaufgaben so zu gestalten.

2 Problemlage

Es bestehen nach obigen Ausführungen – wie auch häufig noch in der allgemeinbildenden Kompetenzdiagnostik – große Schwierigkeiten darin, theoretisch gehaltvolle Annahmen über die Struktur von Kompetenzen anzustellen, die sich empirisch bestätigen lassen. Das heißt, die Betrachtung der realen Anforderungen von Aufgaben und der für deren Bewältigung notwendigen Kompetenzen dominieren die Skalierungsüberlegungen bisher nicht. Es ist umgekehrt, die mathematischen Modelle geben die Strukturen vor. Ex-Post Modellierung von Kompetenzniveaus mittels statistischer Verfahren stellt eine Möglichkeit dar, zu stabileren Kompetenzstrukturmodellen zu gelangen, denn „Vorstellungen über Schwierigkeit generierende Itemeigenschaften implizieren Vorstellungen über das Zustandekommen der Antworten auf einzelne Aufgaben eines Tests" (Hartig/Klieme 2006, S. 136)

Entsprechend dieser Einsicht greifen viele Ansätze zur Kompetenzmessung auf Lehrpläne zurück, die dann als Basis für die Konstruktion von Tests genutzt werden.

Im Rahmen der zwei weitestreichenden Kompetenzskalierungen in der beruflichen Bildung, die von Lehmann et al. (2007) und Nickolaus et al. (2008) vorgenommen wurden, sind Rasch-Skalierungen vor dem Hintergrund von Lehrplaninhalten gelungen. Weniger Erfahrungen bestehen jedoch mit Verfahren zur Identifizierung derjenigen Faktoren, die Aufgabenschwierigkeiten determinieren und so die „Natur" der Kompetenzen beschreiben können. Zudem ist vollkommen offen, wie im Rahmen standardisierter Tests mit dem sogenannten „praktischen Wissen" oder „Erfahrungswissen" umgegangen werden soll. Der Grund hierfür ist, dass die Schwierigkeit von Aufgaben nicht ausschließlich von deren fachdidaktischem Charakter, sondern mit einiger Wahrscheinlichkeit auch von allgemeinen Aufgabenmerkmalen abhängt. Um sich dieser Problematik anzunähern, ist es denkbar, z. B. Merkmale für komplexe Probleme oder der relevanten Phänomene oder die Eigendynamik eines Problems eindeutig zu benennen. Hinzu kommt, dass nicht nur die Charakteristiken der eigentlichen Fachaufgabe die Schwierigkeit der Repräsentation in Form eines Items beeinflussen, auch die Itemform selbst (bspw. die Menge des zu lesenden Texts) beeinflusst die Schwierigkeit desselben.

Weniger in der Diskussion und damit bei aktuellen Verfahren zur Kompetenzmessung genutzt ist die Positionierung von Weinert (1999) in dem Papier „Definition and Selection of Competencies", in welchem er befürwortet, die Kompetenzmessung an Situationen, an Aufgaben bzw. Anforderungen (Sollzuständen bzw. Lösungen) anzuschließen, die für Berufe, eine berufliche Situation oder berufliche Funktionen von Bedeutung sind.. Mehrere Gründe sprechen dafür, diesen Hinweis ernst zu nehmen und zu prüfen, ob das eine Richtung in ein Large-Scale-Assessment sein kann, das den Anliegen der Berufsbildung gerecht wird. Hervorgehoben werden muss, dass bei diesem Weg die Anknüpfung der Kompetenzmessung an Arbeitsprozesse möglich wäre, die sowohl für die Berufsbildung als auch andere Formen der Qualifizierung „Leitfigur" sein können und teilweise schon sind. Weitere Gründe dafür, die genannte Richtung näher zu prüfen, sind das Vorliegen von Ausbildungsordnungen mit dazugehörigen Anforderungsbeschreibungen, die Kenntnis über vielfältige betriebliche Aufträge, die Existenz von Instrumenten zur Identifikation von Arbeitsprozessen u. s. w.

2.1   Struktur von Arbeitsprozessen

Wenn an Arbeitsprozesse angeknüpft werden soll, ist gründlich zu klären, was sich hinter diesen verbirgt. Das soll hier mithilfe von Abbildung 1 skizziert werden.

Die Darstellung zeigt die hohe Komplexität, wie sie in betrieblichen Arbeitsprozessen steckt. Es geht dabei nicht nur um fachliche Zusammenhänge und um nackte Gegenstände von (Fach)arbeit, sondern um die Tatsache, dass die Komplexität der Facharbeit sehr stark von der Form der Arbeitsorganisation, den jeweils vorherrschenden Betriebsformen von z. B. Anlagen, Aggregaten, Komponenten o.ä. und

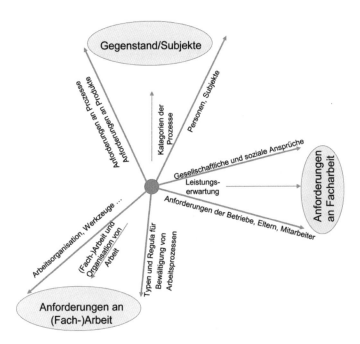

Abb. 1: Dimensionen von Arbeitsprozessen

den jeweils zu benutzenden Werkzeugen mit deren eigenen Komplexität beeinflusst werden. Hinzu kommen Vorgaben für die Arbeitsausführungen durch die Unternehmen selbst, durch die Interessen der Gesellschaft, der Facharbeiter und andere. Selbst bei Beschränkung auf Wissensdimensionen bleiben die Dimensionen der Arbeitsprozesse vielseitig und lassen sich nur mit erheblichem Aufwand testen. Einige der Dimensionen sind über LSA-Ansätze sicherlich nicht testbar. Als Beispiel hierfür sei genannt, dass über LSA nicht testbar ist, wie die Spur an einem modernen Fahrwerk eines Fahrzeugs eingestellt wird. Das dafür nötige Können ist per LSA nicht erfassbar. Allerdings können Wissensfragen zu dieser Thematik über LSA-Verfahren gestellt werden.

Die Taxonomie von Anderson und Krathwohl (2001) beruht ausschließlich auf Wissenskategorien, und so lassen sich auf dieser Grundlage auch allein kognitive Kompetenzen testen. Sie sprechen von Faktenwissen, Konzeptwissen, prozeduralem Wissen und meta-kognitivem Wissen und wenden darauf auch die behavioristische Taxonomie an. Mit dieser Taxonomie lässt sich die Komplexität von in hohem Maße stofflichen Arbeitsprozessen nicht abbilden, weil sie nur kognitiv ausgerichtet ist.

Tab. 1: Fahrzeugübergabe als „Kernarbeitsprozess"

Detaillierung von Kernarbeitsprozessen: Administrative Dienstleistungen		
Gegenstand der Facharbeit	Werkzeuge Methoden und Organisation der Facharbeit	Anforderungen an (Fach-) Arbeit und Technik
Das Fahrzeug und seine Zulassungs-/Inbetriebnahmemerkmale Die formalen Prozesse und Regeln der Zulassung/Inbetriebnahme Die Fahrzeugvorbereitung und -übergabe	**Werkzeuge:** FZG-Dokumente (Auftrags-, Bestellunterlagen, Betriebs- und Bedienungsanweisungen, Service-/Scheckhefte Werkzeuge, Geräte und Anlagen zur Inbetriebnahme, **Methoden:** Zulassungs- und Inbetriebnahmeverfahren, einschließlich Reinigung, Inbetriebnahme-/Übergabeservice **Organisation:** Gestaltung der Übergabepunkte zu Kunden	An Facharbeit: Übernahme der formalen/administrativen Aufgaben durch die Werkstatt als Serviceaufgabe Vollständige und verständliche FZG-/Systemdokumentation für Kunden, Werkstatt, Verwaltung und Verkauf Übergabeeinweisung, Sicherstellen der Kundennachbetreuung.

Der in der Berufsbildung häufig verfolgte Weg, sich aufgrund skizzierter Problemlage auf das „Fachwissen" zu konzentrieren, führt zwar zu einer wichtigen Annäherung an die Anforderungen an Facharbeit, allerdings ist kaum geklärt, was sich hinter dieser Rubrik in Anbetracht der Vieldimensionalität von Arbeitsprozessen genauer verbirgt. In Tabelle 1 wird in einem Beispiel gezeigt, was „Inhalte" eines Kernarbeitsprozesses „Administrative Dienstleistungen" bei der Übergabe eines Fahrzeuges sind. Das Beispiel verweist darauf, dass die gängigen Taxonomien nur für einzelne Segmente zur Anwendung gebracht werden können. Selbstverständlich lässt sich für einen LSA-Wissenstest herausgreifen, welche Daten in den Zulassungsunterlagen verankert sind. Gegenstand eines Tests kann auch die Erfassung von Wissen über notwendige Vorkehrungen für die Anmeldung sein. An dieser Stelle kann bspw. die Planungskompetenz mit getestet werden. Für einen Kfz-Betrieb und Kunden kommt es jedoch darauf an, dass die gesamte Anmeldeprozedur erfolgreich bewältigt wird, was alle dafür notwendigen Vorkehrungen einschließt. Das erfordert eine andere Testebene, als nur die „Wissensbestände" zu prüfen, weil es in diesem Falle um die Erfassung des gesamten Prozesses geht. Es wären also in solch einem Falle Itemformate zu entwickeln, die in letzter Konsequenz das „Können", also die Beherrschung des Prozesses, belegen und valide testbar sind.

3 Lösungsansätze für eine arbeitsprozessbezogene Kompetenzmessung in der Berufsbildung Problemlage

Es steht eine Klärung an, was getan werden kann, um testtheoretisch akzeptable Tests zu gestalten, ohne Eingrenzung auf das vorherrschende kognitive Kategoriengerüst. Mit anderen Worten: Es geht um Tests, die es ermöglichen, die zwischen Wissen und Können existierende Dialektik als Grundlage des Testens zu definieren.

Straka/Macke haben wichtige begriffliche Vorarbeit geleistet. Sie sprechen zu Recht von der beruflichen Kompetenz auf der einen Seite und von gesellschaftlich bestimmten Zuständigkeiten für Aufgaben und/oder Sachgebiete (vgl. Straka/Macke 2009, S. 14) auf der anderen Seite. Offen ist nach wie vor, ob sich in der Berufsbildung ein so wichtiger Begriff wie „Können" hinter dem Handeln oder hinter der Kompetenz verbirgt. Diese Frage wäre noch weiter zu klären, weil in der Literatur die These weit verbreitet ist, dass sich Wissen im Können äußert, dass es in ihm inkorporiert ist (vgl. Fischer 2009). Straka/Macke (2009, S. 16) verdeutlichen über die Kompetenzdefinition die Notwendigkeit, die Verbindung zur Arbeitswelt und zu den Lernorten herzustellen. Sie untermauern mit ihren Ausführungen, dass Kompetenzen als psychische Personenmerkmale aufzubauen sind, ausgehend von den gesellschaftlich zugewiesenen Aufgaben. Welche Schlüsse sind daraus zu ziehen? Ohne dass hier die Begrifflichkeiten eindeutig geklärt werden konnten, kann Folgendes festgehalten werden:

1. Die jeweiligen Arbeitsprozesszusammenhänge für eine Domäne (z. B. Kfz-Service und Reparatur) sind gründlich zu klären.

2. Arbeitsprozessbezogene Standards auf der Grundlage der Kenntnisse der Arbeitsprozesse im Sinne von „Kompetenzanforderungen" sind zu formulieren. Die arbeitsprozessbezogenen Standards liefern die Grundlage für die Itemkonstruktion, in welcher das jeweilige Kompetenzniveau zum Ausdruck kommt.

3. Die Items sind so zu gestalten, dass im Regelfall standardisierte Testverfahren anwendbar sind (meist Multiple Choice). Weniger standardisierte Datenerhebungsmethoden (Arbeitsproben oder Aufsätze) können auch zum Einsatz kommen, soweit die herkömmlichen Maßstäbe Reliabilität, Validität, Objektivität und Fairness eingehalten werden können.

Offen bleibt im Kern die Frage, ob dieses Vorgehen dazu führt, dass die jeweils getesteten Kompetenzdimensionen und –niveaus für jede Domäne unterschiedlich sind. Vorläufig kann auf diese Frage nur geantwortet werden, dass das, was getestet wird, durch das Portfolio der gesellschaftlich akzeptierten Arbeitsprozesse dominiert wird und sich von Domäne zu Domäne unterscheidet.

3.1 Schlussfolgerungen

Folgt man beim Design eines Tests in der beruflichen Bildung den obigen Ausführungen, dann ist es naheliegend, bei den Arbeitsprozessen anzuknüpfen. D. h. dass nach der Festlegung der Eigenschaften eines Tests als weiterer Schritt die Definition der inhaltlichen Domäne folgt, um daran anknüpfend die relevanten Kernarbeitsprozesse als Basis für das Design der Items zu identifizieren. Ist das geschehen, wird der gesamte „Test Blueprint" entworfen. Danach folgt der aufwendige Prozess des Schreibens von Items mithilfe sogenannter „Subject-Matter-Experts", die die Qualität der Kernarbeitsprozesse bewerten können und in der Lage sind, in Anlehnung daran Items zu formulieren. Je nach Zielsetzung des Tests sind die Itemformate festzulegen und die Test-Gütekriterien zu überprüfen. Je nach Ausgang dieser Prüfung ist der Test dann weiter zu optimieren.

Literatur

Anderson, L. W.; Krathwohl, D. R. (2001): A taxonomy for learning, teaching, and assessing: a revision of Bloom's taxonomy of educational objectives. New York: Longman.

Fischer, M. (2009): Kompetenzmodellierung und Kompetenzdiagnostik in der beruflichen Bildung. In: M. Becker; M. Fischer; G. Spöttl (Hrsg.): Von der Arbeitsanalyse zur Diagnose beruflicher Kompetenzen (in Vorbereitung).

Hartig, J.; Klieme, E. (2006): Kompetenz und Kompetenzdiagnostik. In: K. Schweizer (Hrsg.): DIPF-Arbeitseinheit: Bildungsqualität und Evaluation (S. 127–143). Berlin: Deutsches Institut für Internationale Pädagogische Forschung, Springer.

Lehmann, R.; Seeber, S. (2007): ULME III. Untersuchung von Leistungen, Motivation und Einstellungen der Schülerinnen und Schüler in den Abschlussklassen der Berufsschulen. Hamburg: Hamburger Institut für berufliche Bildung.

Nickolaus, R.; Gschwendtner, T.; Geissel, B. (2008): Entwicklung und Modellierung beruflicher Fachkompetenz in der gewerblichtechnischen Grundbildung. Zeitschrift für Berufs- und Wirtschaftspädagogik, 104 (1), S. 48–73.

Straka, G. A.; Macke, G. (2009): Berufliche Kompetenz: Handeln können, wollen und dürfen. Zur Klärung eines diffusen Begriffs. Berufsbildung in Wissenschaft und Praxis, 3, S. 14–17.

Weinert, F. E. (1999): Konzepte der Kompetenz. Paris: OEC.

Kompetenzmodell zur Erfassung beruflicher Kompetenz im Berufsfeld Fahrzeugtechnik

Matthias Becker

1 Anmerkungen zur Relevanz eines Kompetenzmodells für die Erfassung beruflicher Kompetenz

In der Testtheorie ist ein Modell eine Abbildung der Wirklichkeit, welches Messungen zugänglich ist. Das gängigste Modell ist die Normalverteilung, mit der etwa Merkmale wie die Körpergröße abgebildet werden können. Angewendet auf das Merkmal Körpergröße ergibt sich eine überprüfbare Theorie. Misst man die Körpergröße einer zufällig ausgewählten Stichprobe, verteilen sich die Häufigkeiten der Körpermaße entsprechend der Gauß'schen Glockenkurve. Gesucht ist also hierzu analog gedacht ein Modell und eine „Datenstruktur" für das Merkmal „berufliche Kompetenz". Letztere ist mehrdimensional, und zwar hinsichtlich der inneren Struktur wie der äußeren Erscheinungsformen (Performanz unter verschiedenen Handlungsbedingungen), sodass eine Modellbildung und das Auffinden einer geeigneten Datenstruktur nicht so einfach möglich ist wie im einleitenden Beispiel. Daher wird bei aktuellen Überlegungen auf das sogenannte (dichotome) Rasch-Modell zurückgegriffen (vgl. Rost 2004, S. 115 ff.): Kompetenzniveaus werden allein anhand der Schwierigkeit von Aufgabenstellungen durch die Bestimmung von Lösungswahrscheinlichkeiten erfasst. Das Problem hierbei ist, dass der *Inhalt* dieser Aufgaben die Mehrdimensionalität beruflicher Kompetenz beinhalten muss, damit das Kompetenzmodell aussagefähig ist. Hier stoßen widersprüchliche Anforderungen aufeinander, weil testtheoretische Anforderungen und der Inhalt „berufliche Kompetenz" nicht ohne Weiteres zueinander passen.

Bislang durchgeführte Untersuchungen beschränken sich auf die Erfassung von Ausschnitten beruflicher Kompetenz bzw. auf Voraussetzungen für den Erwerb von Kompetenzfacetten (vgl. Franke 2005). Um „berufliche Kompetenz" erfassen zu können, ist ein tragfähiges Kompetenzmodell erforderlich, welches die Holistik dieses komplexen Konstrukts erfasst sowie praktikabel anwendbar ist, ohne Aussagekraft durch notwendige Annahmen und Vereinfachungen einzubüßen. In diesem Beitrag wird der Versuch unternommen, Merkmale beruflicher Kompetenz und deren gegenseitige Abhängigkeit für die Entwicklung eines Kompetenzmodells einzubeziehen.

2 Das Konstrukt: Modell für die Kompetenzstruktur und das Kompetenzniveau

Es ist zunächst ein Theoriegerüst – ein Konstrukt – notwendig, welches möglichst viele Bedingungsfaktoren beruflicher Kompetenz in der Domäne Kraftfahrzeugservice einbezieht. Dieses bildet eine Basis für ein Instrument zur Kompetenzerfassung (vgl. dazu die Beiträge von Musekamp und Spöttl in diesem Band).

Die **Kompetenzstruktur** wird aus Kernarbeitsprozessen des Kfz-Service gebildet. Kernarbeitsprozesse sind Aufgabenbereiche von Berufstätigen im Kfz-Service, die diese beherrschen. Kernarbeitsprozesse/Aufgabenbereiche sind durch das Individuum auszugestalten, indem berufliche Arbeitsaufgaben bearbeitet werden. Letztlich sind es diese, auf die sich berufliche Kompetenz bezieht und die daher in einer Kompetenzstruktur aufgehoben sein müssen.

Kernarbeitsprozesse sind den im Kfz-Service dominierenden vier Subdomänen „Service", „Reparatur", „Diagnose" und „Installation" zugeordnet (vgl. Tabelle 1), die den Aufgaben*charakter* kennzeichnen. Subdomänen sind ebenso wie im allgemeinbildenden Bereich für die Testkonstruktion als Subskalen zu der Skala „Kfz-Mechatronik" (vgl. Hartig/Jude 2007, S. 18) zu verstehen. Die Skala Kfz-Mechatroniker – der Beruf als Summe der beruflichen Aufgaben – ist allerdings ungleich komplexer und vielschichtiger als eine Skala wie Mathematik im allgemeinbildenden Bereich. Vergleiche oder aus anderen Testzusammenhängen (PISA etc.) abzuleitende Herangehensweisen für die Testkonstruktion sind daher schwierig bis unmöglich. Insbesondere kann kein aus der Allgemeinbildung stammendes Fächerverständnis angewendet werden. Berufliche Kompetenz basiert auf dem Erlernen der den Subdomänen zugeordneten Kernarbeitsprozesse. Die Subdomänen kennzeichnen dann in diesem Sinne das jeweilige *Berufsfach*. Es ist insofern sinnvoll, sie für die Modellierung der Kompetenzstruktur zu nutzen. Das in Tabelle 1 skizzierte Modell lässt sich zugleich als *Kompetenzstrukturmodell* wie auch *Kompetenzniveaumodell* verwenden.

Die Subdomänen offenbaren unterschiedliche Schwierigkeitsgrade/Kompetenzanforderungen noch nicht per se. Zuzuordnende Kernarbeitsprozesse stellen unterschiedlich hohe Kompetenzanforderungen an den Berufstätigen und können durch Lernende jeweils erst nach einer bestimmten Kompetenzentwicklung beherrscht werden.

Items höherer Schwierigkeitsstufen werden (i. d. R.) nicht von Probanden gelöst, die nur Kernarbeitsprozesse der unteren Schwierigkeitsstufen beherrschen. Die Abgrenzung der Niveaus voneinander sind einerseits empirisch zu ermitteln (im Sinne der Testtheorie etwa durch Post-Hoc-Analyse), andererseits sind sie durch die Ar-

Tab. 1: Kompetenzmodell für die Facharbeit im Kfz-Service

Schwierigkeits-niveau Subdomäne	1	2	3	4
Service	Standardservice: Pflege und Wartung	Inspektion	Inspektion mit Zusatzarbeiten	Inspektion/ Sicherheitsprüfungen/ Abnahmen
Reparatur	Austauschreparatur	Verschleißreparatur	Schadensbehebung	Aggregateüberholung
Diagnose	Routinediagnose	Integrierte Diagnose	Regelbasierte Diagnose	Erfahrungsbasierte Diagnose
Installation	Zusatzinstallation/ Anbauteile	Zusatzinstallation/ Einbauteile	Erweiterungsinstallation	Systemerweiterung und –integration

beitsaufgaben selbst bestimmt, deren Bearbeitung unterschiedliche Kompetenzniveaus erfordern, wobei hier das Modell der Gebrüder Dreyfus zugrunde gelegt wird (vgl. Dreyfus/Dreyfus 1987).

Berufliche Handlungskompetenz auf einem bestimmten Niveau lässt sich erst durch die Beherrschung von Aufgaben im Querschnitt (über die 4 Subdomänen) und nicht nur entlang einer Subdomäne bestimmen. Dies bereitet Probleme für die Formulierung von Items, denn Aufgabenstellungen – etwa mit dem Schwerpunkt Reparatur – beinhalten inhaltliche Anforderungen, die auch in der Subdomäne Diagnose enthalten sind. Ähnliche Probleme sind auch in der Allgemeinbildung bekannt (z. B. in der Mathematik), wo eine Abgrenzung von Niveaus etwa in der Subskala „Raum und Form" in den höheren Niveaustufen die Einbeziehung anderer Subskalen erfordern.

Unterschiedliche **Kompetenzniveaus** entstehen durch zunehmend schwierigere Aufgabenstellungen, wobei die Überschreitung von Schwellwerten zunächst aus inhaltlichen Überlegungen heraus festzulegen ist. Einerseits handelt es sich um eine Spiegelung und damit Interpretation (hermeneutisch) vor dem Hintergrund des Dreyfus-Modells, andererseits basieren die (vorläufigen) Schwierigkeitszuordnungen aus Selbsteinschätzungen befragter Experten des Kfz-Service (vgl. Becker u. a. 2002, S. 81 ff.). Am Beispiel der Beschreibung von Schwierigkeitsabstufungen für „Serviceaufgaben" soll die Differenzierung der Niveaus exemplarisch aufgezeigt werden. Serviceaufgaben sind dabei Aufgaben, die für die Aufrechterhaltung des ordnungsgemäßen Fahrbetriebs eines Fahrzeugs notwendig sind.

Niveau 1 / Pflege und Wartung: Kern der Pflege- und Wartungsaufgaben ist die Aufrechterhaltung des finanziellen Wertes und des Gebrauchswertes, der Komfortansprüche und der Betriebssicherheit sowie der Funktionsfähigkeit des Fahrzeuges entsprechend herstellerbezogener Standards und der Kundenbedürfnisse. Die Aufgaben werden nach standardisierten Plänen und durch die Anwendung einfacher Regeln bearbeitet.

Niveau 2 / Inspektion: Die berufliche Arbeitsaufgabe Inspektion umfasst die Wartungsarbeiten (Aufrechterhaltung der Funktionsfähigkeit) und standardmäßig durchzuführende Prüfmaßnahmen (Routinediagnose) zur Feststellung und Beurteilung des Ist-Zustandes eines Fahrzeuges. Über das Niveau 1 hinaus sind nicht nur standardisierte Arbeiten durchzuführen, sondern auch Beurteilungen von Prüfergebnissen vorzunehmen und etwaig notwendige Reparaturen festzustellen.

Niveau 3 / Inspektion mit Zusatzarbeiten: Im Werkstattmilieu meist mit „große Inspektion" bezeichnet, werden Arbeitsaufgaben ausgeführt, die über das Niveau 2 hinaus die Planung und Durchführung standardisierter Austausch- und Verschleißreparaturen erforderlich machen. Dabei sind Zielkonflikte (Abwägen zwischen Kosten, Standzeiten von Systemen, Sicherheitsbestimmungen, zur Verfügung stehende Arbeitszeiten für Reparaturen, Termineinhaltung) zu lösen und Serviceabläufe zu bestimmen.

Niveau 4 / Inspektion, Sicherheitsprüfung, Abnahmen: Ausgehend von der Inspektion sind die Vorbereitung des Fahrzeugs auf eine Hauptuntersuchung, die Abnahme von Zusatzanbauten sowie die administrativen Dienstleistungen zur Zulassung, Überführung und Übergabe von Neu- und Gebrauchtfahrzeugen Gegenstand der Aufgabe. Aufgaben auf diesem Niveau erfordern den Umgang mit gesetzlichen Bestimmungen in Abhängigkeit mit betrieblichen Anforderungen und Kundenwünschen und die Recherche nach geeigneten technischen Lösungen und Arbeitsabläufen.

3   Bedingungsfaktoren beruflicher Kompetenz

Aufgabenstellungen/Items zum obigen Kompetenzmodell müssen einen klaren Bezug zum Beruf, zur beruflichen Handlung und zu einem Arbeitsprozess einer Person haben, wenn sie berufliche Kompetenz im ganzheitlichen Sinne erfassen sollen. Diese dem obigen Kompetenzmodell eigene Charakteristik lässt sich durch die Berücksichtigung von Bedingungsfaktoren bei der Konstruktion von Items herstellen. Die Bedingungsfaktoren sind zugleich Kriterien für die Konstruktion von Items und darüber hinaus können sie in ausdifferenzierter Form als Standards für Aufgabenstellungen dienen. Sie lassen sich aus Erkenntnissen zum *Domänenbezug* und zur *Kontextgebundenheit* beruflicher Aufgabenstellungen vor dem Hintergrund des Kompetenzmodells ableiten (vgl. Neuweg 2005; Franke 2005). In beiden Fällen ist der Arbeitsprozessbezug aufrechtzuerhalten. Sie werden im Folgenden knapp skizziert.

Unter einer **Domäne** wird ein Handlungsgebiet eines Facharbeiters verstanden. In weitem Sinne ist die Domäne der Beruf als Summe aller beruflichen Aufgabenstellungen. Im engen Sinne ist die Domäne (Subdomäne) ein klar abgrenzbarer Bereich (Kernaufgabe), in dem jemand kompetent zu handeln in der Lage ist. Repräsentationen einer Domäne werden ausgedrückt durch die Kombination aus *Deskriptor* (Installieren, Diagnostizieren, Montieren,...), *Handlungsgegenstand* (System, Kunde, Bauteil,...) und *Sektor* (hier: Fahrzeugservice). Berufliche Kompetenz ist immer domänenbezogen und darüber hinaus vom Arbeitsprozess abhängig.

Unter einem **Kontext** ist der berufliche Zusammenhang zu verstehen, in dem die Person im beruflichen Sinne handelt (die Aufgabe ausführt). Der *Kontext* ist gekennzeichnet durch Kontextbedingungen. Letztere bilden einen *Sinnzusammenhang*, der durch die Konfrontation des Handelnden mit dem Arbeitsprozess gebildet wird, beschrieben durch die Arbeitsorganisation, die Kontrastierung aus geplantem Arbeitsablauf (Plan) und verwirklichter Aufgabenerfüllung (Wirklichkeit), durch die Beziehung des Arbeitenden/Lernenden zum Prozess (Situiertheit) sowie durch die Methoden und Arbeitsbedingungen/Rahmenbedingungen. Der Kontext als *Sachzusammenhang* wird durch die Gegenstände der Facharbeit gebildet, also durch die domänenspezifischen Baugruppen, Systeme, Anlagen, Einrichtungen, durch den (internen und externen) Kunden und seine Anforderungen an die Facharbeit (auch gesellschaftliche Anforderungen können gemeint sein) sowie durch die domänenspezifischen Werkzeuge.

Entscheidend für die Konstruktion von Items ist die Einbeziehung und die Vollständigkeit der Handlungsabläufe, sodass zumindest der Prozesscharakter der beruflichen Handlung noch erkennbar bleibt. So ist das „Auswechseln einer Glühlampe" kein berufstypischer Arbeitsprozess, weil er von eben diesem abgekoppelt ist.

4 Kompetenzdimensionen und ihr Einfluss auf die Qualität der Kompetenzerfassung

Bei der Erfassung beruflicher Kompetenz sind die diskutierten Bedingungsfaktoren unter Einbeziehung von Kompetenzdimensionen zu berücksichtigen. Wesentliches Kennzeichen beruflicher Kompetenz ist, dass sich diese in der Ausführung beruflicher Handlungen im Rahmen beruflicher Aufgaben- und Problemstellungen zeigt, wodurch anforderungsbezogene Kompetenzdimensionen in den Fokus rücken. Aus Aufgaben und Problemen resultieren Anforderungen an die Person, die diese im Arbeitsprozess bewältigt. Dimensionen des Kontextes (s. o.) sind notwendige Bestandteile der Formulierung von Items zur Messung beruflicher Kompetenz. Der

Umgang der Person mit dem Kontext wird hier als zentraler Bestandteil beruflicher Kompetenz verstanden. In dieser prozessbezogenen und zugleich subjektbezogenen Sicht werden die Kontextbeschreibungen zu Kompetenzdimensionen. Sie drücken die dialektische Beziehung zwischen Dispositionen und Erscheinungsformen als Bestandteile beruflicher Kompetenz aus. Kompetenz ist in diesem Sinne nicht nur ein kognitives Konstrukt, was in den Köpfen der Menschen ist, sondern etwas, was Menschen in der Lage sind zu tun. Es lassen sich die folgenden Kriterien (formuliert als Standards) für die Aufgabenkonstruktion zur Erfassung beruflicher Kompetenz benennen:

1. Items enthalten eine Beschreibung der Domäne durch Deskriptor, Handlungsgegenstand und Sektorbenennung, falls dieser nicht unmittelbar aus dem Handlungsgegenstand hervorgeht.
2. Items sind prozessbezogen ausgeführt, beziehen sich also auf das berufliche Handeln im Arbeitsprozess.
3. Items sind aufgabenbezogen formuliert und stellen die Person vor eine berufstypische Aufgabe.
4. Items umfassen einen vollständigen Arbeitsprozess oder halten wenigstens den Bezug zu diesem Arbeitsprozess aufrecht.
5. Items beziehen die Arbeitsorganisation als Kontextbedingung mit ein.
6. Items erfordern berufstypische Entscheidungsoptionen.
7. Items erfordern die Anwendung berufstypischer Methoden.
8. Items beziehen sich auf domänenspezifische Baugruppen, Systeme, Anlagen und Einrichtungen.
9. Die Lösung der Items erfordert den Einsatz berufstypischer Werkzeuge und Arbeitsmittel.
10. Die Lösung der Items erfordert die Berücksichtigung von Kundenanforderungen und gesellschaftlichen Anforderungen an die Aufgabenstellung.

Literatur

Becker, M.; Spöttl, G.; Hitz, H.; Rauner, F. (2002): Aufgabenanalyse für die Neuordnung der Berufe im Kfz–Sektor. Bremen, Flensburg.

Dreyfus, H. L.; Dreyfus, S. E. (1987): Künstliche Intelligenz. Von den Grenzen der Denkmaschine und dem Wert der Intuition. Reinbek bei Hamburg: Rowohlt.

Franke, G. (2005): Facetten der Kompetenzentwicklung. Bonn: wbv.

Hartig, J.; Jude, N. (2007): Empirische Erfassung von Kompetenzen und psychomotorische Kompetenzmodelle. In: J. Hartig; E. Klieme (Hrsg.): Möglichkeiten und Voraussetzungen technologiebasierter Kompetenzdiagnostik, Reihe Bildungsforschung, Band 20 (S. 17–36). Bonn: BMBF.

Neuweg, G. H. (2005): Implizites Wissen als Forschungsgegenstand. In: F. Rauner (Hrsg.): Handbuch Berufsbildungsforschung (S. 581–588). Bielefeld: wbv.

Rost, J. (2004): Testtheorie – Testkonstruktion. 2. Auflage. Bern: Verlag Hans Huber.

Entwicklung eines standardisierten Instruments zur Kompetenzerhebung im Kfz-Service

Frank Musekamp

1 Einleitung

Die Zahl der Einsatzmöglichkeiten von Instrumenten zur validen, reliablen und objektiven Kompetenzfeststellung scheint unbegrenzt. Egal ob es um die Frage geht, ob gewisse Lehrmethoden erfolgreicher sind als andere oder ob bestimmte Berufseinsteiger tatsächlich unabhängig von ihren individuellen Leistungen benachteiligt werden (um nur wenige zu nennen), immer kommt es darauf an, exakt und unabhängig vom Bewertenden Aussagen zur Leistungsfähigkeit von Personen zu treffen. Auch im Rahmen der Evaluation des zweijährigen Ausbildungsberufes Kfz-Servicemechaniker sind Kompetenzen zu erfassen. Es soll festgestellt werden, ob Jugendliche mit Berufsstartschwierigkeiten, die über den zweijährigen Ausbildungsberuf Kfz-Servicemechaniker ihren Kfz-Mechatroniker-Abschluss erlangt haben, nach der Ausbildung ebenso erfolgreich sind wie Kfz-Mechatroniker ohne diesen „Umweg".

Zur Erfassung von Kompetenzen im Kfz-Service liegt ein Instrument von Nickolaus/ Gschwendtner/Geissel (2008) vor, welches inhaltlich stark auf curricularen Anforderungen beruht. In diesem Projekt wird ein eigenes Instrument entwickelt, das den betrieblichen Arbeitsprozess zum Ausgangspunkt der Kompetenzerhebung macht. Das Vorgehen zur Entwicklung und Validierung dieses Tests ist Thema des vorliegenden Beitrags. Da Testen (oder Messen) mit einem beträchtlichen Maß an Statistik verbunden ist, dessen Verständnis nicht immer vorausgesetzt werden kann, soll zunächst kurz die Logik der psychometrischen Kompetenzerfassung erläutert werden.

2 Prinzipien des psychometrischen Testens

Das angestrebte Instrument zur Kompetenzerfassung wird auf der Grundlage der Item Response-Theory (IRT) entwickelt. Sie beschäftigt sich mit dem Zusammenhang zwischen dem Antwortverhalten von Personen im Test und den psychischen Merkmalen, die dieses Verhalten beeinflussen. Dabei wird angenommen, dass es ein überdauerndes psychisches Merkmal (in unserem Falle Kompetenz) überhaupt gibt, und dass dieses Merkmal die Ursache für ein entsprechendes Verhalten sowohl in der Testsituation als auch in entsprechenden realen Arbeitssituationen ist (vgl. Borsboom et al. 2004). Die Schwierigkeiten der jeweiligen Testaufgaben und die Fähigkeiten der Personen können auf einer gemeinsamen Skala abgebildet werden.

Ausgangspunkt der Testentwicklung ist eine theoretische Vorstellung des Konstrukts, welches mittels eines Tests erfasst werden soll. Dieses Konstrukt wird latente Variable genannt. Über Testaufgaben (Items), die inhaltlich auf dieses Konstrukt abzielen, werden Daten generiert (manifeste Variablen). Dann wird aus einer Zahl von formalen mathematischen Modellen dasjenige ausgewählt, welches die wichtigsten Eigenschaften des theoretischen Konstrukts möglichst gut abbildet und die weniger wichtigen Eigenschaften aus Gründen der Sparsamkeit ausklammert. Beispielsweise wird in der Kompetenzforschung häufig das Raschmodell gewählt, weil es Lösungswahrscheinlichkeiten von Testaufgaben (Items) in Abhängigkeit von deren Schwierigkeit und der Fähigkeit (bzw. Kompetenz) der Probanden beschreibt und dabei von anderen möglichen Parametern abstrahiert (bspw. der Ratewahrscheinlichkeit der Probanden). Dabei wird angenommen, dass die Lösungswahrscheinlichkeiten mit einer höheren Personenfähigkeit bzw. einer niedrigeren Itemschwierigkeit monoton steigen. Dieses formale Modell wird auf den Datensatz angewendet, d. h. es werden die freien Parameter des Modells unter der Annahme geschätzt, dass das Modell die Daten richtig beschreibt; oder anders: dass es auf die Daten „passt" (vgl. Rost 2004). Im Raschmodell werden z. B. mithilfe der erhobenen Daten die freien Parameter „Schwierigkeiten der Testaufgaben" und „Fähigkeiten der Probanden" geschätzt (die sogenannte Skalierung). Daraufhin wird geprüft, wie stark bei der Parameterschätzung die Modellannahmen verletzt wurden. Steigt z. B. die empirische Schwierigkeit einzelner Items nicht monoton, so spricht dies gegen die Geltung des Modells in den gegebenen Daten. In diesem Falle können die entsprechenden Items korrigiert werden, um leicht veränderte Daten zu generieren. Ein weiterer Weg zum Überprüfen der Modellgeltung ist das Abwägen des gewählten Modells gegenüber verschiedenen anderen Modellen. Erst wenn das Modell relativ gut auf die Daten passt, können die Ergebnisse (im Sinne des gewählten Modells!) interpretiert werden. Wie jedes Modell ist auch ein Testmodell eine Vereinfachung der Realität zum Zwecke ihrer Beschreibung und Erklärung. Da das Modell auf einschränkenden Annahmen beruht, ist es zwangsläufig ein eingeschränktes Bild der Wirklichkeit. Durch die wechselnde Annahme von Modellen und deren empirischer Überprüfung entspricht die Erkenntnislogik des Testens der Epistemologie des kritischen Rationalismus.

3   Vorgehen bei der Testentwicklung

Die Inhalte der Testfragen (Items) werden auf der Grundlage von Arbeitsprozessen gewonnen, die in Kfz-Servicewerkstätten beobachtbar sind. Diese wurden mithilfe berufswissenschaftlicher Methoden (vgl. Becker/Spöttl 2008) in zahlreichen Arbeitsprozessstudien im Detail erhoben und in Form von *Kern*arbeitsprozessen systematisiert (z. B. Becker et al. 2002). Sie lassen sich in die vier Dimensionen Service, Reparatur, Diagnose und Installation unterscheiden (vgl. Becker in diesem Band) und bilden die Grundlage für die Formulierung der Items durch werkstatterfahrene Experten. Im Anschluss erfolgt dimensionsweise eine Prüfung der inhaltlichen Qualität der Items, indem diese der Zielgruppe Kfz-Mechatroniker gegen Ende der Ausbildung (drittes bzw. viertes Lehrjahr) vorgelegt werden (vgl. Abb. 1).

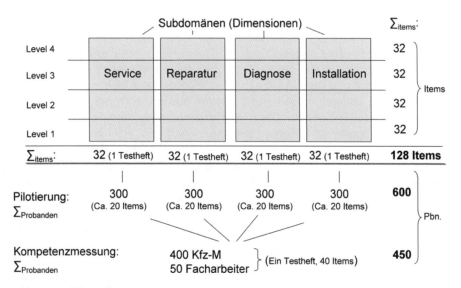

Abb. 1: Entwicklungsdesign zur Testkonstruktion

Quelle: Eigene Darstellung (Kfz-M = Kfz-Mechatroniker; Pbn. = Probanden)

Durch sogenannte Exit-Interviews, in denen die Kfz-Mechatroniker nach der Beantwortung des Tests einem Testkonstrukteur erläutern, wie sie bei der Lösung der Items vorgegangen sind, sollen Hinweise auf das Funktionieren der Items gesammelt werden. Nach etwaigen Korrekturen der Items werden diese inhaltlich und formal analysiert. Dazu schätzen aktive Facharbeiter (nicht die Testkonstrukteure) jedes Item hinsichtlich seiner Bedeutung in der Werkstattpraxis und seiner Schwierigkeit (Level, vgl. Abb. 1) ein. Außerdem werden die Items in Bezug auf ihre formale Struktur bewertet (Anzahl der Schriftzeichen, Anzahl nötiger Denkschritte usw.). Diese Daten dienen dazu, im Anschluss an die Skalierung Faktoren zu identifizieren, die die Schwierigkeit der Items beeinflussen.

Die Pilotierung des Erhebungsinstrumentes erfolgt separat für die vier Subdomänen Service, Reparatur, Diagnose und Installation (vgl. Abb. 1, sowie Jordan/Knigge). Dabei stehen die typischen Prozeduren zur Itemauswahl und Modifikation im Mittelpunkt, die die Übereinstimmung der Items mit den Geltungsannahmen des Raschmodells überprüfen. Darüber hinaus soll unter Einsatz möglichst vieler Items überprüft werden, ob die Subdomänen wie angenommen eine eindimensionale Struktur aufweisen, ob also bspw. die Antworten auf die Items der Service-Dimension nur von der Fähigkeit der Probanden abhängen, Serviceaufgaben zu lösen (und nicht etwa von der Fähigkeit zu lesen oder mathematische Formeln umzustellen). Die Pilotierung erfolgt durch 600 Probanden, die je zwei Testhefte mit jeweils einer Dimension bearbeiten. Erst im Anschluss an die Pilotierung werden die vier Subdimensionen in einem Test für die eigentliche Kompetenzmessung zusammengefasst.

4 Validierung des Erhebungsinstruments

Grundgedanke eines jeden Testinstruments zur Kompetenzfeststellung ist der Versuch, von Leistungen eines Probanden in einem Test (manifestes Merkmal) auf dessen Fähigkeit (latentes Merkmal) zu schließen, bestimmte reale Leistungen außerhalb der Testsituation zu erbringen. Je besser dies gelingt, desto valider ist der Test. Validität meint demnach das Ausmaß, mit dem ein Test tatsächlich das erfasst, was er zu messen beabsichtigt (vgl. Bortz/Döring 2006, S. 200ff.). Drei Strategien zur Feststellung der Validität eines Tests sind zu unterscheiden: Man kann überprüfen, ob der Inhalt des Tests (also die Items) das Konstrukt in seinen wichtigsten Facetten beschreibt (*Inhaltsvalidität*). Zweitens besteht die Möglichkeit zu untersuchen, ob das Testergebnis mit einem für das Konstrukt relevanten manifesten Merkmal korreliert (*Kriteriumsvalidität)* und drittens kann untersucht werden, ob sich mithilfe der Ergebnisse aus dem Test Hypothesen bestätigen lassen, die sich aus der Theorie unter Berücksichtigung fremder Konstrukte ergeben (*Konstruktvalidität*).

Inhaltlich ist die Validität umso einfacher zu beurteilen, je direkter die Testleistung mit dem zu erhebenden Konstrukt im Zusammenhang steht. Beispielsweise ist für einen Test zur Feststellung der Fähigkeit, Farben zu unterscheiden, relativ leicht eine inhaltliche Validität herzustellen, erstens weil die Zahl der Grundfarben begrenzt ist und zweitens weil die Tätigkeit des Farbenerkennens im Test mit der Tätigkeit des Farbenerkennens außerhalb des Tests nahezu identisch ist. Schwieriger gestaltet es sich bei beruflichen Kompetenzen, da die Zahl der Schlüsse von der Testsituation zur Leistungssituation verhältnismäßig hoch ist. Gleichzeitig ist damit die Zahl und Vielfältigkeit derjenigen Situationen, für die der Test eine Aussage machen will, theoretisch unbegrenzt (vgl. Abb. 2). Die Inhaltsvalidität des Tests lässt sich sicherstellen, indem die Items auf Basis empirisch erhobener Kernarbeitsprozesse formuliert werden, deren Bedeutung und Aggregationsebene von Facharbeitern bestätigt wurde.

Ein weiteres Problem der Validierung eines Tests für berufliche Kompetenzen ist die Tatsache, dass die Test-Tätigkeit (Test-Lesen, Nachdenken, Ankreuzen) sich in ihrer Natur extrem von den Tätigkeiten unterscheidet, welche in der realen Welt von Interesse sind. Es wird dementsprechend schwieriger zu entscheiden, ob die Fähig-

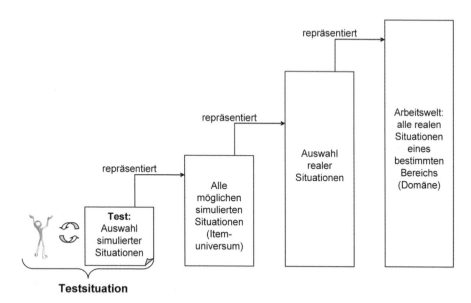

Testsituation

Abb. 2: Nötige Schlüsse von der Testsituation zur Menge der realen Situationen, auf die sich das Kompetenzkonstrukt bezieht

Quelle: Eigene Darstellung

keiten zur Lösung des Tests mit denjenigen Fähigkeiten korrespondieren, die auch zur Lösung realer Aufgaben von Bedeutung sind. Um dies zu prüfen, wird ebenfalls eine kriteriumsbezogene Strategie zur Validitätsprüfung eingesetzt: Über eine Verbleibsuntersuchung der Testpersonen im Längsschnittdesign wird überprüft, ob die Testergebnisse einen Vorhersagewert für die berufliche Position des Probanden ein Jahr nach der Gesellenprüfung aufweisen. Da die berufliche Position eines Probanden neben seiner Kompetenz von vielen anderen Faktoren abhängt, werden die wichtigsten alternativen Einflussfaktoren kontrolliert (z. B. soziale Moderatorvariablen).

Schließlich ist vorgesehen, die Validität des Kompetenztests konstruktbezogen zu prüfen. Dies geschieht über den Einbezug von Facharbeitern in die Erhebung für den Skalierungsprozess. Dadurch lassen sich Hypothesen generieren, die sich aus dem arbeitsprozessorientierten Kompetenzkonstrukt selbst ergeben. Wenn es sich um einen validen Test handelt, so müssten die erfahrenen Facharbeiter höhere Personenparameter aufweisen als die Auszubildenden kurz vor Ende Ihrer Lehrzeit.

5 Einordnung und Ausblick

Trotz intensiver Anstrengungen, das angestrebte Instrument zur Kompetenzerfassung möglichst valide zu gestalten, bleibt die Skepsis, ob mit quantitativen Verfahren tatsächlich diejenigen Kompetenzen von Personen zuverlässig abgeschätzt werden können, die erfolgreiches (kompetentes) Handeln in fahrzeugtechnischen Berufen determinieren. Zu vielfältig gestaltet sich die Arbeitswelt, zu vielfältig sind auch die Varianten einer erfolgreichen Kompetenz- und Karriereentwicklung. Tests dagegen können immer nur einen Ausschnitt von Fähigkeiten und Potenzialen (Kompetenzfacetten) erfassen. Deshalb gebietet sich ein vorsichtiger Umgang mit den Ergebnissen standardisierter Testinstrumente und deren Interpretation. Dennoch bietet die Anwendung testtheoretischer Messverfahren (bei begleitendem Einsatz qualitativer Verfahren sowie einer damit einhergehenden Theorieentwicklung) ein enormes Potenzial, berufliche Kompetenz zukünftig besser zu verstehen als es heute der Fall ist.

Literatur

Becker, M.; Spöttl, G. (2008): Berufswissenschaftliche Forschung. Ein Arbeitsbuch für Studium und Praxis. Frankfurt am Main: Peter Lang.

Becker, M.; Spöttl, G.; Hitz, H.; Rauner, F. (2002): Wissenschaftliche Begleitung zur Neuordnung der fahrzeugtechnischen Berufe. Aufgabenanalyse für die Neuordnung der Berufe im Kfz-Sektor: Abschlussbericht. Bremen, Flensburg.

Borsboom, D.; Mellenbergh, G. J.; Heerden, J. van (2004): The Concept of Validity. In: Psychological Review, 111 (4), S. 1061–1071.

Bortz, J.; Döring, N. (2006): Forschungsmethoden und Evaluation. Für Human- und Sozialwissenschaftler. Berlin, Heidelberg: Springer Medizin Verlag Heidelberg.

Jordan, A.; Knigge, J. (im Druck): The development of competency models: An IRT-based approach to competency assessment in general music education. In: T. S. Brophy (Hrsg.): The Practice of Assessment in Music Education: Frameworks, Models, and Designs. Chicago: GIA.

Nickolaus, R.; Gschwendtner, T.; Geissel, B. (2008): Entwicklung und Modellierung beruflicher Fachkompetenz in der gewerblichtechnischen Grundbildung. In: Zeitschrift für Berufs- und Wirtschaftspädagogik, 104 (1), S. 48–73.

Entwicklung von Items zur Erfassung beruflicher Kompetenz im Berufsfeld Fahrzeugtechnik

Hermann Hitz

1 Anforderungen an Items zur Erfassung beruflicher Kompetenz

Berufliche Handlungsfähigkeit basiert auf dem anwendungsbezogenen Erlernen der in den Kernarbeitsprozessen beruflicher Handlung inkorporierten Handlungs- und Wissenselemente. Sie wirken strukturgebend in den während der Handlung ablaufenden Denkprozessen und werden somit in den Situationen unmittelbar handlungsleitend. Situativ strukturiertes Lernen in beruflichen Kernarbeitsprozessen ist eine zentrale Voraussetzung für eine erfolgreiche Bewältigung beruflicher Aufgaben- und Problemstellungen. Die so erlangten Fähigkeiten rücken in den Fokus für die Konstruktion von Aufgabenstellungen/Items, mit denen „Berufliche Kompetenz" als komplexes Konstrukt angemessen erfasst und hinreichend sicher gemessen werden sollen.

Für die berufliche Bildung ist es eine große Herausforderung, vor dem Hintergrund eines geeigneten Modells und auf empirischer Basis berufliche Kompetenz in ihren unterschiedlichen Facetten und erreichten Niveaus hinreichend treffsicher und aussagefähig in Form eines „Large Scale Assessment" auf der Basis eines Tests erfassbar zu machen (vgl. auch Lehmann/Seeber 2007). Dabei stellen sich Fragen nach Anforderungen an Items und der Eignung von Taxonomiesystemen, mit denen eine Kennzeichnung beruflicher Kompetenzen gelingen kann.

Bisherige angewendete Taxonomiesysteme beruhen auf einem „technischen Rationalitätsmodell" (Korthagen u. a. 2002, S. 8). Es basiert auf der Annahme, dass „professionelle Aktivität darin besteht, ein Problem instrumentell zu lösen, was durch die Anwendung wissenschaftlicher Theorien und Technik verbindlich gemacht wird" (ebd.). Solcherart Taxonomiesysteme wurden für affektive, kognitive und psychomotorische Bereiche sowie für fachliche, methodische und soziale Lernziele jeweils für sich und getrennt geschaffen (z. B. Ausubel, Bloom, Dave, Anderson & Krathwohl). Darüber hinaus unterscheiden sie in den Testitems nach dem kognitiven Anforderungsniveau und verschiedenen Wissensarten (vgl. auch Lehmann/ Seeber 2007), die sich zusammengefasst als deklaratives Wissen über Fakten und prozedurales Wissen über Können unterscheiden lassen. Dabei werden in Anlehnung an Korthagen Wissen über Fakten und Können gleichgesetzt mit Fähigkeiten und Kompetenz. Mit dieser Gleichsetzung unterliegen diese Taxonomiesysteme jedoch einem Regressionsschluss im Neuweg´schen Sinne: Fähigkeiten und Kompetenz erfordern Wissen und Können. Wissen über Fakten und Können allein führt nicht automatisch zu Fähigkeiten und Kompetenz; auf dem Weg dorthin klafft zwischen beiden Begriffspaaren eine logische Lücke (Neuweg 1999).

Ein Ansatz zur Schließung dieser Lücke könnte die Kennzeichnung und Unterscheidung beruflicher Kompetenzen nach ihrer Komplexität im Sinne anforderungsbezogener Dimensionen sein, die in Itembeschreibungen einfließen (vgl. Becker/Hitz/Rauner/Spöttl 2002). Dabei kommt es allerdings aufgrund der Begrenzungen durch die Sprache automatisch zur Verwendung von Vokabular, das an traditionelle Taxonomien erinnert. Um isolierende und fehlleitende Beschreibungen, die zumeist in der Form von Verben erfolgen, zu vermeiden, sollen diese stets im Zusammenhang mit dem Kontext der beruflichen Arbeitsaufgabe ausgedrückt werden, um die Ganzheitlichkeit und Kontextgebundenheit des Kompetenzanspruchs zu kennzeichnen. Für die Itemkonstruktion sollten daher Standards eingehalten werden, mit denen eine Kennzeichnung beruflicher Kompetenzen sichergestellt wird (vgl. den Beitrag von Becker in diesem Band). Dazu ist die Einlösung folgender Konstruktionsregeln notwendig:

1. Die Kennzeichnung einer Kompetenzstufe muss neben der Ausprägung einer Dimension der Subdomänen Service, Reparatur, Diagnose und Zusatzinstallation einen Bezug zur Arbeitsaufgabe herstellen. Der Kontext, in dem die Arbeitsaufgabe ihren Sinn offenbart, erfordert in der Regel die Berücksichtigung mehrerer Dimensionen und die Benennung der beruflichen Handlung.

2. Die Beschreibung darf sich nicht auf Kompetenzen beschränken, die sich analytisch zwar formulieren lassen, jedoch nicht in der betrieblichen Praxis identifizierbar sind. Dies gilt für die Reduktion auf Teilkompetenzen und Tätigkeiten oder isolierte Arbeitsschritte, die den Zusammenhang mit der Arbeitsaufgabe nicht mehr aufzeigen.

3. Der Arbeitsgegenstand muss Teil der Beschreibung bleiben. Kennzeichnungen wie „einfach" oder „komplex" können je nach Arbeitsgegenstand ein höchst unterschiedliches Kompetenzniveau beschreiben.

4. Werkzeuge und Methoden sowie die Arbeitsorganisation für die Arbeitsaufgabe sollten zur Kennzeichnung des Kontextes in die Beschreibungen aufgenommen werden.

5. Anforderungen (des Individuums, der Belegschaft, des Betriebes, des Kunden, der Gesellschaft) an die Arbeitsaufgabe kennzeichnen Handlungsspielräume und die Möglichkeiten zur Ausgestaltung.

Die Einhaltung dieser Konstruktionsregeln bildet die Grundlage für Aufgabenstellungen zur Erfassung beruflicher Kompetenz im Berufsfeld Fahrzeugtechnik mit

dem Ausbildungsberuf des Kfz-Mechatronikers und wird in diesem Beitrag diskutiert.

2 Holistik der Aufgabenstellungen

Die Generierung der Items zur Bestimmung eines jeweiligen Kompetenzprofils verläuft entlang der Subdomänen Service, Reparatur, Diagnose und Zusatzinstallation
in den jeweiligen Schwierigkeitsniveaus 1 bis 4, die in erster Linie empirisch im Sinne
der Item-Response-Theorie ermittelt werden (Items höherer Schwierigkeitsstufen
werden von Probanden nicht gelöst, die nur Kompetenzen für die niedrigeren
Schwierigkeitsstufen entwickelt haben). Kernarbeitsprozesse in den Subdomänen
stellen unterschiedlich hohe Kompetenzanforderungen an den Berufstätigen und
können durch Lernende jeweils erst nach einer bestimmten Kompetenzentwicklung
beherrscht werden. Diese Kompetenzanforderungen in ihrer Holistik – d. h. unter
Einbeziehung aller Dimensionen, die genau diese Anforderungen ausmachen – in
Aufgabenstellungen aufzunehmen (siehe folgendes Beispiel), stellt eine große Herausforderung dar. Diese Anforderung an die Itemkonstruktion ist noch weit vor der
Einlösung testtheoretischer Gütekriterien zu erfüllen.

Mit einem Beispiel soll die Holistik solcher Aufgabenstellungen verdeutlicht werden.
Klassische Kompetenzdimensionen wie die Fach-, Human- und Sozialkompetenz erscheinen hier integrativ und anforderungsbezogen und kommen durch Anforderungen an Werkzeughandhabung, Arbeitsmethoden sowie durch Kunden und Gesellschaft zum Ausdruck. Die oben aufgeführten Konstruktionsregeln (vgl. auch den
Beitrag von Becker in diesem Band) sind – stichpunktartig aufgeführt – eingelöst
durch: Dimensionsbezug zu Serviceaufgaben, Darstellung einer Situation innerhalb
eines Arbeitsprozesses, Niveau 4 – Inspektion, Sicherheitsprüfung, Abnahmen: Erkennen von Fehlern, Diagnose auf Grundlage von Sichtprüfungen sowie Funktions-
und Zustandskontrollen, Berücksichtigen gesetzlicher Bestimmungen, Folgemaß-
nahmen planen, abstimmen, Kosten- und Zeitkalkulation, Ressourcenplanung vor-
nehmen, geplante Arbeitsabläufe verändern, Kommunikation mit internen und
externen Kunden. Das Durchdenken der Vorschriften, möglichen Arbeitsabläufe,
der Kundenanforderungen und fachlichen Abhängigkeiten (Reparatur vor Durchführung der Abgasuntersuchung usw.) ist notwendig, um Handlungskompetenz
durch die Wahl der richtigen Antwortalternative zu zeigen. Durch das Antwortfor-
mat (Multiple-Choice) ist allerdings die eigentliche Könnerschaft nicht abbildbar.

Tab. 1: Dimensionsbezug Serviceaufgaben

1.	Bei der Durchführung einer Diesel Abgasuntersuchung stellen Sie eine Undichtigkeit in dem markierten Bereich fest (Foto, Pfeil). Wie verhalten Sie sich in Bezug auf die Durchführung der Abgasuntersuchung?
☐	Solange die Abgaswerte (K-Wert) im Sollbereich liegen, gibt es keinen Grund zur Beanstandung und die AU-Plakette kann nach Abschluss der Prüfung erteilt werden. Die Abdichtung der Leckage kann zu einem späteren Zeitpunkt durchgeführt werden.
☐	Dies ist ein häufig auftretender Fehler, gerade bei der Verwendung von Bio-Diesel. Des Weiteren verschlechtern sich die Abgaswerte bei der Verwendung von Biodiesel, erst bei Umstellung auf herkömmlichen Dieselkraftstoff ist die undichte Stelle automatisch beseitigt, die anschließende Abgasuntersuchung kann jetzt die optimalen Werte erreichen.
☐	Bestandteil einer jeden Abgasuntersuchung ist die Sichtprüfung der abgasrelevanten Bauteile. Kleinere Leckagen, wie im Bild zu sehen (schwitzen, ohne Tropfenbildung), können ignoriert werden. Die Sichtprüfung kann mit „in Ordnung" bestätigt werden. Die Abgasuntersuchung wird fortgesetzt.
☒	Wird im Vorfeld der Abgasuntersuchung eine Leckage an der Einspritzpumpe festgestellt, muss diese vor Durchführung der AU abgedichtet werden.

3 Anforderungen an das Schreiben von Items

Für die Item-Konstruktion gibt es vielfältige Literatur und vor allem sehr ausgefeilte Methoden, die alle auf dem Behaviorismus basieren. Überlegungen, die Item-Konstruktion daran anzulehnen, werden hier nicht aufgegriffen. Im Folgenden geht es um Ansätze zur Einlösung der Zielsetzung, arbeitsprozessbezogene Items zu entwickeln. Das geschieht in dem Bewusstsein, dass alle standardisierten Kompetenzmessverfahren auf der Basis von behavioristischen Itemkonstruktionen erfolgen und sich entsprechend auf das Messen unterschiedlicher kognitiver, affektiver oder psychomotorischer Dimensionen konzentrieren. Diese Dimensionsebenen sollen durch die Formulierung arbeitsprozessbezogener Items verlassen werden. Itemgenerierung und Testverfahren dieser Art befinden sich in einer Experimentierphase. Und so ist noch offen, ob es gelingen wird, durchgängig auf den Dimensionen der Kernarbeitsprozesse des Berufes (Kfz-Mechatroniker) gründende anforderungsbezogene Items zu konstruieren.

Anforderungen an Item-Schreiber

Um Items zu schreiben, sind Personen notwendig, die in der Lage sind, Items zu formulieren und zu konstruieren. Um das zu tun, sind umfangreiche berufliche Erfahrungen sowie auch Wissen aus dem Sektor und aus der Domäne erforderlich, für die die Items verfasst werden sollen. Mit Blick auf die Berufsbildung bedeutet dieses, dass Items auf der Grundlage von Berufen verfasst werden sollen. Allein diese Tatsache macht es erforderlich, die Items in einer Sprache zu verfassen, die als Fachsprache dieses Berufes ausgewiesen ist und gleichzeitig deutliche Bezüge zu den Arbeitsprozessen sichert. Beispielsweise fordern amerikanische Test-Institute, dass Items nur von sogenannten „Subject Matter Experts" (SME) verfasst werden sollten. Subject Matter Experts müssen dabei Personen sein, die in dem entsprechenden Beruf noch aktuell praktische Erfahrung sammeln. Bei diesen Überlegungen wird davon ausgegangen, dass diese Verfasser von Items in der Lage sind, Items, die sich in Pilotphasen nicht bewähren, zu re-formulieren oder durch neue Items zu ersetzen. Auf der anderen Seite soll durch Personen, die die Domäne sehr gut kennen und umfängliche praktische Erfahrung darin gesammelt haben, sichergestellt werden, dass sie keine Items mit hoch individualisierter Sichtweise entwickeln.

Zusammenfassende Betrachtung zur Qualität der Items

Die Qualität eines Tests hängt von der Qualität der Test-Items ab sowie von der Präzision, mit der Test-Items die Anforderungen, die einen Arbeitsprozess ausmachen, treffen. Gute Items sind klar formuliert, sie haben Bezüge zu den beruflichen Kernarbeitsprozessen, aus denen die Curricula resultieren und sie sind auf ein gewisses Kompetenzniveau hin formuliert, welches im Test dann festgestellt werden soll. Ein Klassifikationssystem, welches der Qualitätsverbesserung in diesem Sinne dienen kann, stützt sich auf folgende Qualitätsansprüche bei der Konstruktion von Items:

- Items müssen klar auf die Domäne Kraftfahrzeugservice bezogen sein.

- Items müssen den Kontext so beschreiben, dass der Sinn- und Sachzusammenhang einer beruflichen Arbeitsaufgabe erkennbar bleibt.

- Items müssen den Bezug zum Arbeitsprozess aufrechterhalten.

- Items müssen auf die Erfassung von Kompetenz ausgerichtet sein und dürfen nicht nur Können, ausschließlich Wissen (deklarativ und prozedural) oder Handeln zu erfassen suchen.

- Items können über die Einbindung von Kontextbeschreibungen Kompetenzdimensionen holistisch erfassen. Holistisch bedeutet, dass möglichst alle für den Arbeitsprozess relevanten Dimensionen des Kontextes bei der Formulierung berücksichtigt werden.

- Items sprechen eine Aufgabe, ein einzelnes Problem oder eine berufliche Herausforderung an.

- Items haben eindeutige Bezüge zu Arbeitsprozessen, die den Probanden helfen, sich in einen Arbeitsprozess oder in eine bedeutsame Situation hineinzudenken.

- Items sind fair, sie enthalten keine „Tricks", die die Probanden in die Irre führen, ebenso wie Fragen keine Hinweise auf die Lösung geben.

- Items enthalten wahre Statements und keine Einzelmeinungen, Generalaussagen oder absurde Optionen.

- Items beschäftigen sich nicht mit unwichtigen Details von Aufgaben oder Anforderungen, sondern mit zentralen Herausforderungen.

- Items sind klar und eindeutig formuliert, die Probanden verstehen Frage und Antworten.

- Items sind konsistent mit dem Niveau und dem Verständnis der Probanden.

- Items stehen immer für sich allein, als eigenständige Aufgabe und weisen keine Bezüge zu anderen Items auf.

- Alle Optionen sind unabhängig formuliert, Überlappungen werden vermieden.

- Die verwendeten Begriffe haben eindeutige Kontextbezüge und entstammen der Fachsprache des Berufes.

- Items sind positiv formuliert, sodass sich Lerner motiviert sehen, Antworten zu geben.

- Die Distraktoren sind plausibel und können typische Denkfehler der Probandengruppen enthalten.

Die so generierten Items müssen dann in mehreren Pretests mit einer hinreichenden Anzahl von Probanden hinsichtlich Validität und Reliabilität überprüft werden. Eine Mindestzahl von ca. 150 bis 500 Probanden werden dafür notwendig sein. Für das hier angestrebte multidimensionale „Large Scale Assessment" nach der Item Response Theorie (IRT) ist noch ein großer Forschungsbedarf zu konstatieren. Der validen Erfassung beruflicher Kompetenz lässt sich durch die Einlösung der hier beschriebenen Konstruktionsregeln einen wichtigen Schritt näherkommen; es bleibt jedoch das grundsätzliche Problem, dass berufliche Kompetenz letztlich nur dort wirklich sicher erfasst werden kann, wo sie zum Ausdruck kommt: Im beruflichen Handeln selbst.

Literatur

Becker, M.; Hitz, H.; Rauner, F.; Spöttl, G. (2002): Aufgabenanalyse für die Neuordnung der Berufe im Kfz-Sektor. Abschlussbericht. Bremen und Flensburg: ITB und biat.

Korthagen, F. A.; Kessels, J.; Koster, B.; Lagerwerf, B.; Wubbels, T. (2002): Schulwirklichkeit und Lehrerausbildung. Reflexion der Lehrertätigkeit. Hamburg.

Lehmann, R.; Seeber, S. (Hrsg.) (2007): ULME III, Untersuchung von Leistungen, Motivation und Einstellungen der Schülerinnen und Schüler in den Abschlussklassen der Berufsschulen. Hamburg: Hamburger Institut für berufliche Bildung.

Neuweg, G. H. (1999): Könnerschaft und implizites Wissen. Münster: Waxmann Verlag GmbH.

Berufs- und arbeitswissenschaftliche Forschung als Grundlage für die Gestaltung von Arbeits- und Qualifizierungsprozessen in der Investitionsgüterindustrie

Rita Meyer & Brita Modrow-Thiel

1 Ausgangslage des Forschungs- und Entwicklungsvorhabens

In der Investitionsgüterindustrie ergeben sich neue Tätigkeitsprofile und veränderte Qualifikationsanforderungen an Arbeitnehmer aus der Anforderung des Marktes, Sachproduktentwicklungen von vornherein mit Serviceproduktentwicklungen zu verbinden. Für die Unternehmen ist diese Anforderung – die Integration von Servicedienstleistungen in die Produktion – nicht ohne Weiteres zu bewältigen. Im Rahmen eines vom BMBF geförderten Entwicklungs- und Forschungsprojektes wurde vor diesem Hintergrund in ausgewählten Unternehmen des Bereiches „Bau- und Landmaschinen" die Integration der Funktionen von Sachprodukt- und Serviceproduktentwicklung analysiert.

2 Fragestellung des Forschungs- und Entwicklungsvorhabens

Das (Teil-)Forschungsprojekt GRiPSS (Gestaltung und Realisierung investiver Produkt-Service Systeme) hatte zum Ziel, ein arbeitsprozessorientiertes Qualifizierungskonzept für Mitarbeiter aus Konstruktion (Sachproduktentwicklung) und Serviceproduktentwicklung zu erstellen. Daraus ergaben sich drei forschungsleitende Fragen: Was sind jeweils die Aufgaben eines Sach- und Serviceproduktentwicklers? Welche Qualifikationen und Kompetenzen benötigen die Beschäftigten, um ihren neuen Arbeitsanforderungen innerhalb eines integrierten prozessorientierten Managementsystems für die Gestaltung und Realisierung investiver Produkt-Service Systeme nachkommen zu können? Wie muss die betriebliche Lernumgebung gestaltet sein, in der diese Qualifikationen und Kompetenzen erworben werden können?

3 Forschungs-/Entwicklungsmethode, Ansatz und Durchführung

Ausgehend von den oben genannten Fragestellungen wurden in dem Projekt folgende Forschungs- und Entwicklungsschwerpunkte bearbeitet:

3.1 Forschungs- und Entwicklungsmethode

Es erfolgte eine Analyse der betrieblichen Qualifizierungsprozesse in Sach- und Serviceproduktentwicklung, die die Basis für das zu entwickelnde Qualifizierungskonzept bildete (1). Daran schloss sich eine Erhebung der Arbeitsaufgaben der Beschäftigten und, daraus abgeleitet, der aufgabenbezogenen Qualifikationen und Kompetenzen der beiden Zielgruppen, Beschäftigte aus „Konstruktion" und „Serviceproduktentwicklung", an (2).

Das zur Aufgabenerhebung genutzte Instrument ist aus den Arbeitsanalyseverfahren ATAA (Wächter u. a. 1989) und TBS-GA (Richter/Hacker 2003) entwickelt worden. Im Rahmen des Projektes wurde jeweils die gesamte Palette an Arbeitsaufgaben der ausgewählten Mitarbeiter aus der Konstruktion und aus der Serviceproduktentwicklung erhoben. Im Ergebnis entstanden Funktionsbeschreibungen mit Anforderungen an Qualifikationen und Kompetenzen, die für die Erfüllung der jeweiligen Arbeitsaufgaben notwendig sind. Im nächsten Schritt wurden mithilfe des Kompetenzreflektors (Gillen 2006) die tatsächlich vorhandenen Kompetenzen der Beschäftigten aus der Konstruktion und der Serviceproduktentwicklung ermittelt (3).

Aus den beiden Unternehmen wurden je bis zu fünf Personen aus den Bereichen Konstruktion und Serviceproduktentwicklung befragt. Es handelte sich dabei um Mitarbeiter mit Leitungsfunktion und um Personen mit Produkt-, Projekt- und Gebietsverantwortung. Die Zugehörigkeit zum jeweiligen Betrieb und damit gleichzeitig die Berufserfahrung lagen in einer Zeitspanne zwischen einem Jahr und über 30 Jahren. Der Schwerpunkt lag auf der Zugehörigkeit/Berufserfahrung von 10 Jahren und länger. Abschließend wurde aus den Ergebnissen der Arbeitsplatz- und Kompetenzanalysen ein integriertes Anforderungsprofil – eine Funktionsbeschreibung – für die Service Produkt-Entwicklung (SPE) bzw. die Produkt-Service-Entwicklung (PSE) (je nach Schwerpunkt der Tätigkeit) abgeleitet (4), woraus ein Rahmen für Möglichkeiten der betrieblichen Qualifizierung und der individuellen Kompetenzentwicklung entwickelt wurde.

3.2 Ansatz und Durchführung

In dem Projekt wurde von einer analytischen Trennung der Begriffe Qualifikation und Kompetenz ausgegangen. Mit dem Begriff der Qualifikation werden die durch die Arbeitsgestaltung und -organisation bestimmten notwendigen beruflichen Arbeitshandlungen bezeichnet; sie stehen damit für die objektive Seite des beruflichen Wissens und Könnens, während die subjektiven Leistungsvoraussetzungen für das berufliche Handeln mit dem Begriff der Kompetenz belegt werden (vgl. Rauner 2006, S. 240, Arnold/Steinbach 1998) und in die „umfassende berufliche Handlungskompetenz" münden (Dehnbostel 2007), deren Kern die „reflexive" Handlungskompetenz (Meyer 2006) ist.

Durch die Kombination der Arbeitsanalyseverfahren ATAA und TBS-GA in Verbindung mit der Erfassung der individuellen Kompetenzen durch den Kompetenzreflektor wurden sowohl die objektive Seite des beruflichen (Arbeitsprozess-)Wissens (Fischer 2000, S. 297f.) und -Könnens als auch die subjektiven Leistungsvoraussetzungen für das berufliche Handeln analysiert. Die ergebnisrelevanten Daten wurden durch qualitative Befragung – inhaltsanalytische Auswertung nach Mayring (2008) – und Beobachtung von Mitarbeitern und Arbeitsplätzen in Konstruktion und Service gewonnen. Die durch dieses Vorgehen gewonnen Ergebnisse waren die Grundlage für Auswahl und Entwicklung von Bündeln arbeitsbezogenen Lernens, die formelles und informelles Lernen und erfahrungsbezogenes Arbeiten miteinander verbinden und honorieren.

4 Erkenntnisse und ihre wissenschaftliche Bedeutung

Die Ergebnisse verweisen auf die Komplexität der zur Produkt- und Serviceproduktentwicklung notwendigen Arbeitsprozesse und die daraus resultierenden Anforderungen an Qualifikationen und Kompetenzen der Beschäftigten. Für die Konstruktion und die Serviceproduktentwicklung zeigen sich unterschiedliche funktionale Ausprägungen. Die Konstruktion ist vorwiegend auf ihre komplexen Hauptfunktionen der Maschinenentwicklung konzentriert. Die *Serviceproduktentwicklung* ist durch inhaltlich-thematisch unterschiedliche Funktionen gekennzeichnet. Diese sind zwar auf das Serviceprodukt bezogen – etwa in Form von Organisation, Konzeption und Durchführung von Schulungen, Maschinenaudits, Controlling im Service, weiten aber das Tätigkeitsspektrum erheblich aus und erfordern oftmals formell zu erwerbende Zusatzqualifikationen der Beschäftigten, z. B. technischer, didaktischer oder betriebswirtschaftlicher Art.

Die zur Besetzung der Stellen für Konstruktion und Serviceproduktentwicklung notwendigen formalen *Qualifikationen* sind einander grundsätzlich sehr ähnlich. Neben hoher Fachqualifikation, die auf einer Mehrfachausbildung mit technischer Berufsausbildung und Studium (Hochschule oder Duales Studium) basiert, sind langjährige Berufserfahrungen verbunden mit Kenntnissen über die landwirtschaftliche Arbeit notwendig, um die Aufgabenanforderung genauer erfüllen zu können.

Die zur Funktionsausübung notwendigen *Kompetenzen* der beiden Berufsgruppen unterscheiden sich jedoch in Inhalt und Bedeutung einiger Ausprägungen. Bei den Konstrukteuren liegt der Schwerpunkt deutlich auf Fach-, Personal- und Methodenkompetenz. Hohe Fachkompetenz, verbunden mit Personal- und Methodenkompetenz, die ein Konstruieren unter Zeitdruck erst möglich machen, bildet die Basis für erfolgreiche komplexe und komplizierte Entwicklungen. Sozialkompetenz wird bei der Konstruktion vor allem unterstützend im Aufbau innerbetrieblicher Kommunikations- und Kooperationsnetzwerke eingesetzt. Serviceproduktentwickler benötigen für die zentrale Funktion des telefonischen technischen Supports eine hohe Fachkompetenz und darüber hinaus hohe Sozialkompetenzen, so z. B. Empathie für die landwirtschaftlich tätigen Personen, um mit inhaltlich rasch wechselnden Problemstellungen und sozialen Beziehungen professionell umgehen zu können. Im Zuge der immer stärkeren Ausdifferenzierung des Tätigkeitsspektrums werden weitere Fachkompetenzen notwendig und begleitend werden neue Kompetenzen erforderlich, die vor allem die Bereiche der Methodenkompetenz und der Personalkompetenz ansprechen. Diese Vielfalt ist Grundlage zur Auswahl und Gestaltung von Formen arbeitsprozessorientierten Arbeitens und Lernens.

Die methodische Konzeption der Untersuchung belegt die Funktionalität der Kombination arbeitswissenschaftlicher und arbeitspsychologischer Erhebungsverfahren in Verbindung mit berufspädagogischen Methoden der Analyse von Kompetenzen als Basis für die Entwicklung arbeitsorientierter Lernformen in den Unternehmen. Die eingesetzten Verfahren ermöglichen die Analyse der Lernhaltigkeit der Tätigkeit, deren Bewertung im Hinblick auf Persönlichkeitsförderlichkeit und die Gestaltung lernförderlicher Arbeitsumgebungen bei Integration von Sachprodukt- und Serviceproduktentwicklung im jeweiligen unternehmerischen Kontext.

Die Untersuchungsergebnisse zeigten grundsätzliche Differenzen zwischen den Beschäftigtengruppen mit geringer, mittlerer und hoher Beschäftigungsdauer. Es konnte empirisch nachgewiesen werden, dass Wissen und Kompetenzen mit zunehmender Beschäftigungsdauer und Berufszugehörigkeit immer komplexer und vernetzter werden. Bei einer Funktionsannäherung von Konstruktion und Serviceproduktentwicklung kann es zu unterschiedlichen Formen eines arbeitsintegrierten Kompetenzaufbaus kommen. Bei Beschäftigten mit geringer Zugehörigkeitsdauer zu Beruf und/oder Unternehmen sind, neben der formellen Qualifizierung in technischen Besonderheiten des Unternehmens, vor allem Maßnahmen zur Steigerung der innerbetrieblichen Kommunikation mit den anderen Berufsgruppen im Unternehmen und Trainings zum interdisziplinären Arbeiten in international und divers zusammengesetzten Teams im Arbeitsalltag notwendig. Demgegenüber liegt der Qualifizierungsbedarf von Personen mit mittlerer Berufszugehörigkeit eher in der Steigerung überbetrieblicher Kommunikation und Kooperation. Es geht darum, ein Verständnis für den Kunden zu entwickeln, damit Kundenbeziehungen auf- und ausgebaut werden können. In dieser Beschäftigtengruppe finden sich hohe reflexive Anteile, d. h. es wird über die Systematisierung der eigenen Arbeit und eine mögliche organisatorische (Um-)Strukturierung des eigenen Abteilungsumfeldes nachgedacht. Bei Beschäftigten mit langer Berufszugehörigkeit dominieren die Reflexion über die eigene Tätigkeit und das Wissen über die Notwendigkeit eines kontinuierlichen berufsbegleitenden Aufbaus der hohen Kompetenz für alle Beschäftigtengruppen. In ihrer beruflichen Position als Lehrender bzw. Leiter einer Gruppe oder Abteilung vermitteln sie – als wesentliche Aufgabe – einzelne fachliche Lösungswege und Erfahrungswissen an Novizen oder Beschäftigte mit mittlerer Berufsdauer. Diese erfahrenen Stelleninhaber müssen eigene Führungskompetenzen und didaktische Fähigkeiten erwerben und ausbauen.

Die Ergebnisse legen den Schluss nahe, dass es bei Änderungen der Arbeitsorganisation kein einheitliches Lernmuster für die Beschäftigten gibt, um neuen Aufgabenanforderungen nachkommen zu können. Generell kann jedoch festgehalten werden, dass – je nach dem Stand der Qualifikations- und Kompetenzentwicklung des Beschäftigten und den betrieblichen Anforderungen – sowohl Maßnahmen der formellen Qualifizierung als auch die Integration von Lernen in den Prozess der Arbeit sinnvoll sind. Es sind organisationale Regeln und Prozesse zu entwickeln, die situations- und personenabhängig ein flexibles Zusammenspiel formeller und informeller Lernarrangements zulassen. Um zu diesen Ergebnissen zu gelangen, ist aus *methodischer Perspektive* eine Kombination von Verfahren und Methoden der Arbeitsplatzanalyse und Kompetenzerfassung aus verschiedenen Disziplinen notwendig, mit deren Hilfe die Komplexität der Arbeitstätigkeiten abgebildet, bewertet und gestaltet werden kann. Darauf aufbauend sind im Rahmen von Personal- und Organisationsentwicklung Strategien zum Erwerb umfassender beruflicher Handlungskompetenz für alle Beschäftigten zu entwickeln. Die inhaltliche Vielfalt der Arbeitstätigkeit spiegelt sich dabei in der Komplexität der eingesetzten Verfahren und Methoden zur Analyse und Gestaltung von Maßnahmen zur arbeitsintegrierten Kompetenzentwicklung.

5 Schlussfolgerungen für künftige Forschungsinitiativen

Die Weiterentwicklung und Erprobung interdisziplinärer wissenschaftlicher Methoden zur Erfassung und Analyse von Qualifikation und Kompetenz ist unerlässlich. Eine Herausforderung besteht darin, die Methoden so aufzuarbeiten, dass sie ggf. in den Unternehmen von den Akteuren der Beruflichen Bildung eingesetzt werden können. Die Berufswissenschaft könnte dabei eine beratende und begleitende Rolle einnehmen.

Literatur

Arnold R.; Steinbach S. (1998): Auf dem Weg zur Kompetenzentwicklung? Rekonstruktionen und Reflexionen zu einem Wandel der Begriffe. In: W. Markert (Hrsg.): 1998. Berufs- und Erwachsenenbildung zwischen Markt und Subjektbildung. (S. 22–32). Hohengehren: Schneider-Verlag.

Dehnbostel P. (2007): Lernen im Prozess der Arbeit. Münster: Waxmann.

Fischer, M: (2000): Von der Arbeitserfahrung zum Arbeitsprozeßwissen. Rechnergestützte Facharbeit im Kontext beruflichen Lernens. Opladen: Leske+Budrich.

Gillen J. (2006): Kompetenzanalysen als berufliche Entwicklungschance. Bielefeld: wbv.

Mayring P. (2008): Qualitative Inhaltsanalyse. Grundlagen und Techniken. 10. Aufl. Weinheim und Basel: Beltz.

Meyer, R. (2006): Theorieentwicklung und Praxisgestaltung in der beruflichen Bildung. Bielefeld: wbv.

Rauner F. (2006): Qualifikations- und Ausbildungsordnungsforschung. In: F. Rauner (Hrsg.): Handbuch Berufsbildungsforschung (S. 240–247). Bielefeld: wbv Verlag.

Richter G.; Hacker W. (2003): Tätigkeitsbewertungssystem – Geistige Arbeit. Zürich: vdf Hochschulverlag.

Wächter H.; Modrow-Thiel B.; Schmitz G. (1989): Analyse von Tätigkeitsstrukturen und prospektive Arbeitsgestaltung bei Automatisierung (ATAA). Köln: TÜV Rheinland.

Flexibilisierung durch Kompetenzerfassung in der beruflichen Bildung – ECVET-Chemie

Beatrice Schlegel

1 Das Ziel von ECVET-Chemie und projektübergreifende Ziele

Vor dem Hintergrund der Bemühungen um einen europäischen Arbeitsmarkt im Rahmen der Lissabon-Strategie soll die Flexibilität der beruflichen Bildung erhöht werden. Ganz konkret kann das heißen: Auszubildende absolvieren einen Ausschnitt der Ausbildung im Ausland und dieser wird hier voll angerechnet, also: effektiver Austausch von Bildung über Ländergrenzen. Was fehlt, ist vor allem die Vergleichbarkeit der Ausbildung in den verschiedenen Ländern. Mit dem Projekt ECVET-Chemie (Entwicklung eines Leistungspunktesystems für die berufliche Bildung im Chemiesektor) werden dafür im Konkreten und für die Flexibilisierung der beruflichen Bildung im Allgemeinen die Voraussetzungen geschaffen. Diese sind:

Die Transparenz der Berufsbilder muss gewährleistet sein, um u. a. die Ausbildung über Ländergrenzen hinweg zu vergleichen. Im Fokus stehen dabei nicht die Art, Länge, Didaktik etc. der Ausbildung, sondern die Ergebnisse, sprich die Learning Outcomes (Soll-Stand). Der erste Schritt also ist das Registrieren, Strukturieren und Differenzieren von Learning Outcomes in Form von Lerneinheiten. Das sind Bündel oder Tätigkeitsfelder innerhalb eines Berufes, welche ähnliche Arbeitsaufgaben umfassen, d. h. ähnliche Learning Outcomes beinhalten. Die Summe aller Learning Outcomes bildet berufliche Handlungskompetenz ab, welche noch zu definieren sein wird. Ein Verfahren zur Bestimmung, Bewertung und Anrechnung der Learning Outcomes: Um am Beispiel des Lehrlingsaustausches zu bleiben: das, was im Ausland gelernt wurde, ganz gleich auf welcher Ebene (Erwerb von Kenntnissen oder Aneignung von Fertigkeiten), wird exakt bestimmt und kann somit auch effektiv angerechnet werden. Der Haupteffekt eines solchen Austausches: Bildung im Ausland ohne Verlängerung der Ausbildung. „Nebeneffekte": kulturelle, soziale und sprachliche Fähigkeiten werden geschult, das Selbstbewusstsein des Lehrlings wird gefördert, die Bereitschaft, ins europäische Ausland zu gehen, steigt. Weitere flexibilisierende Effekte resultieren zum Beispiel für Unternehmen bei der Stellenbesetzung, für Arbeitnehmer bei beruflicher Neuausrichtung etc.

Flexibilisierung erfordert, den Ist-Stand der Kompetenz in den Fokus zu rücken, nicht die formalen Bildungsabschlüsse, nicht die Berufsbiographie, wenn auch beide für die Kompetenzentwicklung essenziell sind. Entscheidend sind die Learning Outcomes, welche in ihrer Summe der beruflichen Handlungskompetenz entsprechen und in einem geeigneten zu entwickelnden Verfahren zu erfassen sind.

2 Entwicklungsvorhaben: berufliche Handlungskompetenz und ihre Erfassung

Konzipiert werden soll also ein Verfahren zur Erfassung von beruflicher Handlungskompetenz. Zwei Leitfragen stehen dabei im Zentrum: Was genau soll gemessen werden? Und damit: Was ist berufliche Handlungskompetenz? Wie wird Kompetenz erfasst?

2.1 Kompetenzbegriff

Basis unseres Verständnisses für den immer wieder heiß diskutierten Begriff der Kompetenz ist die Definition der Kultusministerkonferenz, welche den Rahmenlehrplänen für die Berufliche Bildung zugrunde gelegt ist und den Fokus auf das Handeln in beruflichen Situationen richtet (daher: berufliche Handlungskompetenz). Hier ist neben einem Bündel an Fähigkeiten von Bereitschaft die Rede – ein Schlüsselbegriff im Wust der Kompetenzdiskussion, aber auch die Stelle, an der Kompetenzerfassung über Prüfungen hinausgehen soll und an der deutlich wird, wie schwierig dieses Vorhaben ist. Aber vorerst zur Basis kompetenten Handelns:

Fachliche Basis: Dazu gehören Kenntnisse, Fertigkeiten und Fähigkeiten; wobei Kenntnisse Gesetze, Prinzipien, Fakten, naturwissenschaftliche Zusammenhänge, technologische Zusammenhänge umfassen und Voraussetzung für Fähigkeiten und Fertigkeiten sind. Fähigkeiten sind charakterisiert durch das Zusammenspiel von Denken und Handeln (Planen, Umsetzen, Reflektieren...). Fertigkeiten hingegen sind routinierte Fähigkeiten, bei welchen die Denkschritte aufgrund häufiger Wiederholung nicht mehr notwendig sind. Learning Outcomes werden in diesem Begriffssystem Wissen – Fertigkeiten – Fähigkeiten formuliert (wobei Wissen allein kein Learning Outcome ist, sondern lediglich die Voraussetzung für Fähigkeiten und Fertigkeiten). Persönliche Basis: Dazu gehören Eigenschaften, die stärker der Persönlichkeit zuzuordnen sind, sich nicht so einfach aneignen lassen und schwer erfassbar sind, insbesondere in Anbetracht ihrer Abhängigkeit von äußeren Bedingungen. Solche Persönlichkeitseigenschaften sind beispielsweise Integrität, Motivation, Verantwortungsbereitschaft und Selbstbewusstsein. Die Summe aus Learning Outcomes und eben genannten Persönlichkeitseigenschaften bildet Kompetenz ab. Berufliche Handlungskompetenz lässt sich jeweils für ein Tätigkeitsfeld, also für eine Lerneinheit, definieren.

2.2 Dimensionierung von Lerneinheiten

Zentraler Bezugspunkt ist die Arbeitswelt, da genau die Learning Outcomes erfasst werden sollen, die praxisrelevant sind. Aufgrund der starken Orientierung der Rahmenlehrpläne und der Verordnungen an Arbeitsaufgaben wurden diese analysiert und dienten als Rahmen für die Konzeption. Eine Rückkopplung mit der Praxis erfolgt an mehreren Stellen: mit Unternehmen (Apogepha, Fit), mit Ausbildern (Sächsische Bildungsgesellschaft für Umweltschutz und Chemieberufe mbH Dresden) und mit Berufserfahrenen (Laboranten und Chemikanten in der Weiterbildung zum Chemiemeister). Arbeitsaufgaben werden so ausgewählt, dass sie die entsprechende Lerneinheit repräsentieren. Ein Beispiel für die Lerneinheit 7 „Synthesen" (Schritte der Erarbeitung siehe Abb. 1). Die Aufgabe lautet: „Stellen Sie für eine Versuchsreihe in zwei Tagen 25 g reine Acetylsalicylsäure her!" Zunächst wird die Aufgabe in ihre Arbeitsschritte differenziert und somit das Handlungswissen transparent gemacht, welches die Arbeitstätigkeit beschreibt. Dann werden die Arbeitsschritte hinterfragt und somit das Sachwissen erschlossen, welches das Arbeitssystem charakterisiert. Beispiel für einen naturwissenschaftlichen Zusammenhang: Warum muss man das Gemisch auf 100 °C erhitzen? Um die Aktivierungsenergie zu liefern. Beispiel für einen technologischen Zusammenhang: Warum arbeitet man mit Rückflusskühler? Weil das Produkt zeitweise gasförmig ist und entweichen würde. In dieser Art lässt sich das gesamte Sachwissen erschließen. Ergebnis ist die Wissensbasis (Handlungs- + Sachwissen), zu welcher im Einzelnen Fertigkeiten und Fähigkeiten zugeordnet werden (3. Schritt). Das Gesamte ist die Voraussetzung für kompetentes Handeln in Bezug auf die entsprechende Aufgabe und die Basis zur Konzeption von komplexen Situationsaufgaben für die Kompetenzerfassung.

LE 7: Synthese (mittels Acetylierung) am Bsp. Acetylsalicylsäure			
Handlungswissen Charakterisierung der Arbeitstätigkeit	**2. Hinterfragen**	**Sachwissen** Charakterisierung des Arbeitssystems	
1. Arbeitsaufgabe differenzieren **Arbeitsschritte**	**3. Zuordnen von ...** Fertigkeiten/**Fähigkeiten**	**naturwissenschaftliche Zusammenhänge**	**technologische Zusammenhänge**
- Auftragsannahme (Auftrag: Stellen Sie 25 g reine Acetylsalicylsäure her!) - Auswahl des Herstellverfahrens (Acetylierung von Salicylsäure) - Planung der Synthese (Mengenberechnung unter Beachtung der Ausbeute, ...)	-Aufgabenanalyse (Zieldef., Überlegung zur Methode) -Recherche nach Kriterien (z.B. umweltverträglichste Variante – Responsible Care) -Aufstellen von Reaktionsgleichungen -Planungs- und Organisationsfähigkeit -Berechnung benötigter Massen und Bewältigung weiterer Anpassungen der Synthesevorschrift	Salicylsäure (Sali.) Acetylsalicylsäure (ASS) $-m_{Sali.} = \frac{n_{Sali} \cdot M_{Sali} \cdot m_{ASS}}{n_{ASS} \cdot M_{ASS}}$ -60 % Ausbeute → ausgehend von 42 g ASS (= 100%, 25 g = 60 %) 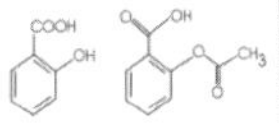	
- Vorbereitungen (u. a. Bereitstellen benötigter Chemikalien und Geräte)	-Umgang mit Laboratoriumstechnik -Umgang mit Chemikalien (Recherchieren nach und Anwenden der R- und S-Sätze, Anwenden des Arbeits-, Umwelt-, Gesundheitsschutzes)	ASS: Feststoff; gesundheitsschädlich; R: 22 Sali.: Feststoff; gesundheitsschädlich; R: 22-41, S: 22-24-26-39	- offene Apparatur (keine Gase beteiligt)

Abb. 1: Matrix für die Analyse von Arbeitsaufgaben am Beispiel „Synthese"

Quelle: wurde im Projekt erarbeitet

Mehrere repräsentative Arbeitsaufgaben werden für jede Lerneinheit in dieser Weise analysiert, sodass die Summe der Lerneinheiten das Berufsbild transparent macht (Übersicht siehe nachstehende Tabelle 1). Dies jedoch nur, wenn die Arbeitsaufgaben der Arbeitswelt direkt entnommen sind oder aber von Praxispartnern abgesegnet wurden.

Tab. 1: Lerneinheiten für den Chemielaboranten

Nr.	Bezeichnung der Lerneinheit
Basis 1	Vor- und Nachbereitung von Analyse/Synthese
Basis 2	Bestimmung von Stoffkonstanten
3	Spektroskopie
4	Chemische Analyse
5	Chromatographie
6	Synthesen
7	Syntheseverfahren
8	Produktionsprozesse überwachen

Die Lerneinheiten 3 bis 8 enthalten die gesamte Prozesskette (Auftragsannahme, Probenvorbereitung, Analyse/Synthese, Nachbereitung, Auslieferung des Produktes). Dabei liegt der Fokus auf der Hauptstufe „Analyse/Synthese". Vor- und Nachbereitung der Hauptstufe wurden in den Basislerneinheiten erfasst. Das Lerneinheitensystem ist flexibel, d. h. neue Arbeitsaufgaben (welche in der Arbeitswelt durch Methodenoptimierung und Neuentwicklung immer wieder entstehen) können aufgenommen, veraltete Arbeitsaufgaben gestrichen werden. Somit soll die Praxisnähe des Lerneinheitensystems auf Dauer gewährleistet werden.

2.3 Konzeption eines Verfahrens zur Erfassung beruflicher Handlungskompetenz

Kompetenz ist nicht nur ein viel diskutierter Begriff, sondern eine komplexe, schwer erfassbare und von äußeren Bedingungen stark beeinflusste Eigenschaft bzw. Verhaltensdisposition. Deshalb soll das Verfahren mehr als nur Wissen abfragen und Handfertigkeiten im Labor testen. Was muss das Verfahren leisten und wie muss es beschaffen sein? Mithilfe des Verfahrens soll ermittelt werden, ob ein Testteilnehmer im beruflichen Alltag kompetent handelt. Die Simulation von Arbeitsalltag ist eine Möglichkeit, entsprechende Fähigkeiten, Fertigkeiten und Persönlichkeitseigenschaften zu untersuchen. Der Erfolg von Simulationen hängt jedoch maßgeblich von den Teilnehmern der Kompetenzerfassung ab, inwiefern sie sich in die Situation hineinbegeben und wie wichtig ein unverfälschtes Ergebnis für sie selbst ist. Zweites Kriterium ist der Praxisbezug in den Aufgaben, welcher durch Hospitation in Unternehmen, Befragung bzw. Beobachtung von Laboranten und durch die Lerneinheiten gesichert ist. Die folgende Tabelle zeigt die drei entwickelten Aufgabentypen und die wichtigsten Fertigkeiten, Fähigkeiten und Persönlichkeitseigenschaften, welche zur Lösung gebraucht werden:

Tab. 2: Aufgabentypen zur Kompetenzerfassung

Aufgabentypen	zur Lösung notwendig (additiv):
Auftrag, für den man Routinen braucht (Herstellung bzw. Analyse eines Stoffes)	exaktes, gewissenhaftes, schnelles Arbeiten Umgang mit Chemikalien und Laboratoriumstechnik Selbstständigkeit Planungs- und Organisationsfähigkeit
Darstellung einer problemhaltigen Situation mit der Aufgabe zu beschreiben, was zur Lösung des Problems zu tun ist (z. B. unreines Produkt)	Anwenden von Problemlösestrategien Anwenden von Fachwissen Reflexionsfähigkeit
Optimierung eines Verfahrens im Team	Teamfähigkeit Kommunikations-, Kompromissbereitschaft

Die Aufgaben sind immer an eine Lerneinheit gebunden und repräsentieren sie. D. h., zur Lösung sind alle Fertigkeiten und Fähigkeiten notwendig, welche typisch für die Lerneinheit sind. Inwiefern diese Aufgaben berufliche Handlungskompetenz erfassen und somit über bisher Bestehendes hinausgehen, wird die Anwendung des Verfahrens zeigen.

2.4 Entwicklungsstand und weitere Schritte

Das Berufsbild des Chemielaboranten wurde in Lerneinheiten eingeteilt und inhaltlich voneinander abgegrenzt. Teilweise wurden diese mittels Analyse von Arbeitsaufgaben untersetzt. Für die Lerneinheit Synthese wurden bereits Testaufgaben für die Kompetenzerfassung an einem Beispiel konzipiert und im Rahmen eines Laborpraktikums an 10 Auszubildenden im 2. Lehrjahr getestet sowie für die Auszubildenden ausgewertet. Die Auswertung bezüglich des Verfahrens zur Kompetenzerfassung und dessen Optimierung wird im nächsten Schritt erfolgen. Durch weitere Hospitationen in Unternehmen und die Zusammenarbeit mit Praxispartnern werden die Lerneinheiten vollständig untersetzt und weitere Testaufgaben konzipiert. Für die Entwicklung von Lerneinheiten und die Erfassung beruflicher Handlungskompetenz sind Verfahren abzuleiten, die auf andere Bereiche angewendet werden können. (Nachfolgende Projekte: CREDCHEM – Entwicklung und Erprobung eines Credit-Transfer-Systems zur Verbesserung der Mobilität im Chemiesektor; LdV Natkoop – Gestaltung einer grenzüberschreitenden Berufsbildungskooperation im naturwissenschaftlichen Umfeld).

Literatur

Erpenbeck, J. (Hrsg.) (2007): Handbuch Kompetenzmessung. Erkennen, Verstehen und Bewerten von Kompetenzen in der betrieblichen, pädagogischen und psychologischen Praxis. Stuttgart: Schäfer-Pöschel.

Beiträge aus der DECVET-Pilotinitiative (2008): Handreichung zur Entwicklung von Lerneinheiten I: Herausforderungen, Begrifflichkeiten und Verfahrensweisen. Handreichung zur Entwicklung von Lerneinheiten; II: Definition und Gestaltung der Einheiten von Lernergebnissen.

Rahmenlehrplan für den Ausbildungsberuf Chemielaborant/Chemielaborantin (Beschluss der Kultusministerkonferenz vom 13.01.2000 i. d. F. vom 18.03.2005).

Kompetenzförderung durch Selbstständigkeit und Verantwortung: „S-learn" in der Audi Berufsausbildung

Krischan Weyers

1   Ausgangslage des Forschungsvorhabens

Lange Zeit galt die berufliche Ausbildung als singuläre bzw. abgeschlossene Lebensphase, in der ein Lernender die notwendigen Fähigkeiten im Rahmen einer formalen Qualifikation erwirbt. Aufgrund umfangreicher gesellschaftlicher und ökonomischer Veränderungsprozesse ist an die Stelle eines einmal erworbenen Wissensvorrats die Fähigkeit und Bereitschaft zu lebensbegleitenden Lernprozessen als Schlüsselfaktor des zukünftigen Lebens- und Arbeitserfolgs getreten. Die beschriebenen Entwicklungen stellen betriebliche Bildungsinstanzen vor die Aufgabe, traditionelle Ausbildungs- und Qualifizierungskonzepte zu überdenken und nach Wegen einer arbeitsplatznahen und lebensbegleitenden Personalentwicklung zu suchen. Diese Bestrebungen werden durch entsprechende lernpsychologische und betriebspädagogische Ansätze, wie handlungsorientiertes und selbstgesteuertes Lernen, gestützt. Die vorliegenden Ausführungen beziehen sich auf ein Programm zur Unterstützung des Lebensbegleitenden Lernens in der Audi Berufsausbildung: „S-learn".

2   „S-learn" in der Audi Berufsausbildung

Entsprechend dieser Entwicklungen verfolgt die AUDI AG bereits länger Konzepte des eigenständigen, kooperativen und arbeitsimmanenten Lernens. Die Organisation in Gruppenarbeit, Teamtrainingsmaßnahmen und wertschöpfende Tätigkeiten in betrieblichen Lernstationen sind seit Mitte der 90er Jahre fester Bestandteil der Audi Ausbildung. Die durchschnittlich sehr guten Abschlüsse und die hohe berufliche Qualifikation der Audi Ausbildungsabsolventen weisen auf den Erfolg dieser Konzepte hin. Aufgrund der Intensität und Geschwindigkeit der technologischen bzw. arbeits- und betriebsorganisatorischen Entwicklungen ist eine bestandene Facharbeiterprüfung jedoch längst nicht mehr das Ende sondern vielmehr die Einleitung und Basis des beruflichen Lernens. Neben der Vermittlung von fachlichen Fertigkeiten und Kenntnissen verfolgt die AUDI AG mit „S-learn" darum das Ziel, die Auszubildenden konsequent und nachhaltig auf lebensbegleitende Lernprozesse vorzubereiten. Zentrale Ziele des „S-learn" Konzepts sind somit:

- durchgängige „Lerneraktivierung" der Azubis durch zunehmende Selbststeuerung im Lern- und Arbeitsprozess,

- handlungsorientiertes Lernen durch eigenständiges und problemlösendes Denken und Handeln in der theoretischen und praktischen Ausbildung,

- Förderung der Eigenverantwortung der Azubis für die Lern- und Arbeitsergebnisse und den persönlichen Entwicklungsprozess.

Die Umsetzung von „S-learn" bezieht sich auf verschiedene on- und off-the-job Qualifizierungsmaßnahmen der Ausbildungsfachkräfte mit der Vorgabe, bestehende betriebliche Lehr-Lern-Arrangements methodisch-didaktisch auf ihre Selbstlernförderlichkeit hin zu überprüfen und zu überarbeiten. Der Schwerpunkt der Maßnahmen liegt auf der gewerblich-technischen Grund- und Fachbildung. Daneben werden Wege des kompetenzorientierten Ausbildens und Abprüfens von thematisch gebündelten Ausbildungsinhalten in ganzheitlichen und handlungsorientierten Lerneinheiten in Berufsbildern der Fertigungsprozesstechnik exemplarisch getestet. Auswirkungen werden insbesondere in den motivationalen und kompetenzbezogenen Dimensionen der Entwicklung der Auszubildenden erwartet.

3 Kompetenzentwicklung in der Berufsbildung

Trotz definitorischer Unschärfen scheint der Kompetenzbegriff die dynamischen Kontexte der Arbeitswelt und die damit verbundenen vielschichtigen und ständig wandelnden Anforderungen an Mitarbeiter besser zu beschreiben als der starre und zeitpunktbezogene Qualifikationsbegriff. Die stetige Entwicklung von Fähigkeiten zur aufgaben- und situationsgerechten Nutzung und Veränderung von Wissen und Können wird in diesem Kontext auch als berufliche Handlungskompetenz verstanden (vgl. Sonntag/Scharper 1999). Dabei werden besonders die persönliche Befähigung und Motivation zur selbstorganisierten und arbeitsimmanenten Entwicklung der erworbenen Qualifikation betont. Vor diesem Hintergrund kommt der betrieblichen Berufsausbildung eine entscheidende Rolle in der langfristigen Personalentwicklung zu. Es wird davon ausgegangen, dass sich „berufliche Lernprozesse in Abhängigkeit von den eingesetzten Methoden, didaktischen Konzeptionen und dem Lehr-, Lernarrangement sowie den sozialen Kontexten, in denen sie durchgeführt werden, auf den Erwerb der Kompetenzen auswirken und als Repräsentation der Kompetenzen im Selbstkonzept ihren Niederschlag finden" (Sonntag/Schäfer-Rauser 1993). Auf der Seite der Auszubildenden erfordern diese Entwicklungen einen gesteigerten Anspruch an das ziel- und selbstbewusste, reflektierte und verantwortungsbewusste Handeln, welches jedoch nicht bei allen Ausbildungsbewerbern zwangsläufig vorausgesetzt werden darf und daher spätestens in der Ausbildung gefördert werden sollte. Im besonderen Blickpunkt stehen dabei die Ausbildungskräfte und deren gewandeltes Rollenprofil. Die Rolle des Lernprozessbegleiters erodiert das traditionelle (Selbst-)Verständnis des „Unterweisers" und verlangt eine situativ abgestimmte Begleitung und Unterstützung der individuellen Lernprozesse (Dehnbostel 2007).

4 Selbstständigkeit und Verantwortung zur Förderung der beruflichen Kompetenz

Neben einer Querschnittdarstellung der Verbreitung von selbststeuerungsförderlichen Ausbildungskonzepten in der betrieblichen Ausbildung steht der Einfluss der herrschenden Ausbildungsbedingungen auf den Ausbau der beruflichen Kompetenzen der Auszubildenden im Mittelpunkt der Untersuchung. Anhand eines theoretischen Modells der Kompetenzentwicklung sollen Effekte der „S-learn"-Maßnahmen auf die selbststeuerungsförderlichen Ausbildungsbedingungen sowie die motivationalen und kompetenzbezogenen Facetten der Auszubildenden empirisch evaluiert werden.

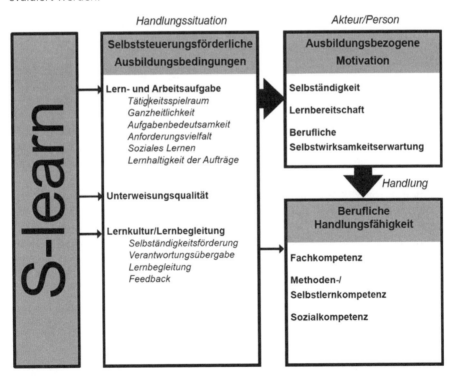

Abb. 1: Kompetenzentwicklung in der Audi Berufsausbildung

Die theoretischen Modellzusammenhänge sind in der Abbildung 1 ersichtlich. Das Modell wird in einem Längsschnittdesign anhand einer Untersuchungsgruppe von ca. 1000 Auszubildenden aus vier verschiedenen gewerblich-technischen Berufsbildern überprüft. Die Ausprägungen der Untersuchungsdimensionen werden über fragebogenunterstützte Selbsteinschätzungen erfasst (vgl. Richter/Wardanjan 2000; Stegmeier 2000; Abele/Andrä/Stief 2000; Sonntag/Schäfer-Rauser 1993). Metastudien belegen die Validität subjektiver Beurteilungsmethoden unter der Voraussetzung, dass die Anonymität der Angaben gewährleistet wird und trennscharfe verhaltensorientierte Dimensionen abgefragt werden (z. B. Mabe/West 1982). Des Weiteren wurde ein Fragebogen zur Arbeit der Ausbilder mit selbstgesteuertem Lernen entworfen und bei 71 Ausbildern eingesetzt. Der Fragebogen erfasst neben der (Selbst-)beurteilung der Ausbildungsprozesse unter Gesichtspunkten der Selbststeuerung und der Bewertung der vorherrschenden infrastrukturellen Rahmenbedingungen (Zeit, Gruppengröße etc.) die Einstellung zu den Selbstlernmethoden. Insgesamt wurde die Einstellung der Ausbilder über 18 Items zum selbstgesteuerten Lernen (SGL) abgefragt. Die Items wurden zu fünf Skalen mit guten bis zufriedenstellenden internen Konsistenzen (Cronbachs Alpha) zusammengefasst: Bedeutung von SGL (a = .83), eingeschätzte Wirksamkeit von SGL (a = .76), persönlicher Nutzen (z. B. Entlastung) der Ausbilder durch den Einsatz von SGL (a = .72), Autonomie- und Kompetenzvertrauen in die Auszubildenden (a = .69) und Sicherheit im Umgang mit SGL (a = .62).

5 Vorläufiges Fazit

Zum Zeitpunkt des Verfassens des vorliegenden Artikels liegen noch keine empirischen Ergebnisse der Auszubildendenbefragung vor. Bestehende Studien belegen jedoch den Einfluss der Aufgaben- und Organisationsgestaltung als herausragenden Faktor für den Ausbau und Erhalt der beruflichen Handlungskompetenz über die Spanne des Erwerbslebens (Richter 2009). Die persönliche Fähigkeit und Bereitschaft der Arbeitnehmer zum lebensbegleitenden Lernen scheinen zu einem wesentlichen Teil von einer lernförderlichen Strukturierung der Arbeitsaufgaben abhängig zu sein. Inwiefern diese Faktoren bereits in der Berufsausbildung durchgängig ausgeprägt sind, um die Selbstlernkompetenzen zu fördern, ist Gegenstand der vorliegenden Untersuchung. Einen entscheidenden Beitrag zur Förderung der Selbstständigkeit und Verantwortung der Auszubildenden leisten darüber hinaus die betrieblichen Ausbilder. Inwiefern sie der Rolle des Lernprozessbegleiters bereits konsequent gerecht werden, erscheint fraglich. Die schriftliche Befragung der Ausbilder bestätigte ein hohes Maß an Eigenständigkeit und Selbstverantwortung in der Audi Berufsausbildung, weist jedoch auch auf Optimierungspotenziale selbstgesteuerter Lernprozesse hin. Diese scheinen neben den infrastrukturellen Rahmenbedingungen im Wesentlichen durch die Einstellungen der Ausbilder bestimmt zu werden. Die konsequente Anwendung selbstgesteuerten Lernens hängt dabei weniger von der persönlichen Überzeugung der Ausbilder ab. Denn obwohl die befragten Ausbilder selbstgesteuerten Lernprozessen einen hohen Wirkungsgrad und dementsprechend eine wichtige Bedeutung für die Ausbildung zusprechen, korrelieren diese Bewertungen nur sehr schwach und nicht signifikant mit der tatsächlichen Anwendung. Für den Einsatz selbstgesteuerten Lernens scheinen vielmehr die persönlichen Erfahrungen der Ausbilder entscheidend zu sein. Hier wurde ein positiver Zusammenhang von .407[**] errechnet. Fühlen sich die Ausbilder sicher in der Begleitung dieser Lernprozesse, setzen sie diese eher ein. Mit einer stark signifikanten Korrelation von .508[**] fällt der Zusammenhang zwischen dem subjektiven Nutzen für die eigene Arbeit und dem Einsatz von selbstgesteuertem Lernen in der Untersuchungsgruppe noch deutlicher aus. Die Abweichung von konventionellen Ausbildungsmethoden empfinden viele Ausbilder als zusätzliche Belastung, die sie aufgrund zeitlicher Engpässe und unzureichender Erfahrung zu meiden scheinen. Bei entsprechender methodischer Trittsicherheit sehen die Ausbilder jedoch die Vorteile nicht nur auf der Seite der selbstständig lernenden Auszubildenden, sondern auch für die eigene Arbeitsorganisation. Der Erfolg der „S-learn" Maßnahmen bei Audi scheint damit wesentlich von der arbeitsplatznahen Unterstützung der Ausbilder abhängig zu sein, um Berührungsängste und aufwandsbezogene Vorbehalte gegenüber selbstgesteuerten Lernprozessen abzubauen und das methodisch-didaktische Handlungswissen der Ausbilder schrittweise zu erweitern.

Literatur

Abele, A. E.; Andrä, M S.; Stief, M. (2000): Zur ökonomischen Erfassung beruflicher Selbstwirksamkeitserwartungen – Neukonstruktion einer BSEF-Skala. In: Zeitschrift für Arbeits- und Organisationspsychologie, 44, S. 145–151.

Dehnbostel, P. (2007): Die Rolle des Ausbilders angesichts veränderter Lern- und Arbeitsanforderungen. In: H. Loebe, E. Severing (Hrsg.): Effizienz in der Ausbildung . Strategien und Best-Practice-Beispiele (S. 153–160). Bielefeld: wbv.

Mabe, P. A.; West, S. G. (1982): Validity of self-evaluation of ability: a review and meta-analysis. Journal of Applied Psychology, 67 (3), S. 280–296.

Richter, F. (2009): Einflussfaktoren auf den Erhalt beruflicher Handlungskompetenz über die Spanne des Erwerbslebens – Alter vs. Arbeitsgestaltung. In: GfA (Hrsg.): Arbeit, Beschäftigungsfähigkeit und Produktivität im 21. Jahrhundert. Dortmund: GfA-Press.

Richter, F.; Wardanjan, B. (2000): Die Lernhaltigkeit der Arbeitsaufgaben – Entwicklung und Erprobung eines Fragebogens zu lernrelevanten Merkmalen der Arbeitsaufgaben (FLMA). Zeitschrift für Arbeitswissenschaft, 54, S. 175–183.

Sonntag, Kh.; Schäfer-Rauser, U. (1993): Selbsteinschätzung der beruflichen Kompetenzen bei der Evaluation von Bildungsmaßnahmen. In: Zeitschrift für Arbeits- und Organisationspsychologie. 37 (4), S. 163–171.

Sonntag, Kh.; Schaper, N. (1999): Förderung der beruflichen Handlungskompetenz. In: Kh. Sonntag (Hrsg.): Personalentwicklung in Organisationen (S. 187–210). Göttingen: Hogrefe.

Stegmeier, R. (2000): Arbeitsintegriertes Lernen. Dissertation. Sozial- und Verhaltenswissenschaftliche Fakultät. Heidelberg: Universität.

Wardajan, B.; Richter F.; Uhlmann, K. (2000): Lernförderung durch die Organisation – Erfassung mit dem Fragebogen zum Lernen in der Arbeit (LIDA). In: Zeitschrift für Arbeitswissenschaft, 54, S. 184–190.

Fit für Ganzheitliche Produktionssysteme – Kompetenzen für die Aus- und Weiterbildung von Fachkräften in Unternehmen der Metall- und Elektrobranche

Nadja Cirulies & Thomas Vollmer

1   Einleitung

Industrielle Produktionssysteme sind seit ihrer Entstehung permanent weiterentwickelt worden. Die Automobilindustrie, deren Unternehmen unter starkem globalen Wettbewerbsdruck stehen, nimmt dabei seit Jahrzehnten eine Vorreiterrolle ein. Die Einführung ganzheitlicher Produktionssysteme (GPS) stellt in dieser Hinsicht einen weiteren Schritt zur Optimierung von industriellen Produktionsprozessen dar (vgl. Götz 2008). Der Ursprung dieser Entwicklung wird beim japanischen Automobilhersteller Toyota verortet. Dessen Erfolg führte dazu, dass die Unternehmen der Branche derzeit weltweit ihre Betriebe im Sinne des GPS reorganisieren. Ein zentrales Ziel der Einführung von GPS ist die Standardisierung reibungsfreier Produktionsorganisation (vgl. Jürgens 2006). Im GPS werden u. a. Prinzipien und Methoden der Lean Production in einen systematischen Kontext gestellt und standardisiert (vgl. Springer 2006). Die Gestaltungsansätze stellen sich als komplex und vielschichtig heraus, die ganzheitlich betrachtet miteinander verknüpft sind und sich wechselseitig bedingen.

Ganzheitlichkeit des Produktionssystems bedeutet, ungeordnete und unabgestimmte Methodenvielfalt in übersichtliche, vernetzte Strukturen sowie abgestimmte Prozesse zu überführen (Feggeler/Neuhaus 2002). Die Innovation dieses Ansatzes besteht in der systematischen Vernetzung unterschiedlicher Elemente, wie Gruppenarbeit, Visuelles Management, Qualitätsprozesse etc. bis hin zu einem Gesamtbild des Produktionssystems, in dem Abhängigkeiten unterschiedlicher Ebenen deutlich und gezielt beeinflusst werden können. Mit der Einführung ganzheitlicher Produktionssysteme verbinden sich folgende drei Zielsetzungen:

- Selektion: Die Auswahl und Festlegung auf bestimmte Prinzipien und Konzepte;
- Vereinheitlichung: Einheitliche Regelungen über Funktionsgrenzen hinweg;
- Ganzheitlichkeit: Betrachtung der Kohärenz und Komplementarität zwischen Systemelementen bei Veränderungen in einem Bereich (Jürgens 2006, S. 20).

Ganzheitliche Produktionssysteme stellen neue Anforderungen an die Kompetenzen der Beschäftigten. Diese Kompetenzen stehen im Gegensatz zu den in der industriellen Produktion typischen Tätigkeiten, die von Monotonie und Einfachheit geprägt sind (Vollmer 2008). Es wird jedoch nicht nur das Arbeiten nach Standards eingefordert, sondern auch die Neu- und Weiterentwicklung eben dieser Standards. Damit hat sich das Anforderungsprofil an die Fachkräfte verändert. Mit welchen Anforderungsniveaus Facharbeiter im Spannungsfeld von Kreativität und Verantwortungsübernahme einerseits und standardisierter Routinetätigkeit andererseits konfrontiert sind, wurde im Projekt „Kompetenzentwicklung für ganzheitliche und standardisierte Produktionssysteme" (GPS*Komp*) empirisch untersucht und konzeptionell in die betriebliche Ausbildung integriert. In die konkrete Entwicklung und Umsetzung von Ausbildungseinheiten wurde auch die Berufsfachschule einbezogen (Tröller 2008) Die Erkenntnisse aus diesem Projekt dienen als Basis für die hier vorgestellten Kompetenzen (vgl. Lacher et al. 2008).

2 Elementare Betrachtung des GPS

Die Gestaltung von Produktionssystemen ist auf Effektivität, Produktivität, Qualität, Sicherheit, Schnelligkeit etc. gerichtet. Dabei werden Ansätze des Taylorismus, Innovativer Arbeitsformen und der Lean Production (Toyota Produktionssystem) angewendet. In den Ausführungen werden im Folgenden Handlungsanforderungen auf einzelne Elemente bezogen, um die Komplexität des Gegenstandes zu reduzieren und die Ausführungen nachvollziehbar zu machen. So wird z. B. „Visuelles Management" und „Arbeitsplatzorganisation" jeweils als eigenständiges Element fokussiert, obwohl die Arbeitsplatzorganisation tlw. *durch Visualisierungen erfolgt*, z. B. wenn Werkzeugplätze markiert sind. Einzelne Handlungsanforderungen, wie Ordnung und Sauberkeit am Arbeitsplatz, sind auch keine „neuen" Handlungsanforderungen. Mit der Verknüpfung weiterer Handlungsanforderungen und der Förderung eines Bewusstseins für ihre Bedeutung im Zusammenspiel mit allen anderen Elementen soll eine breit angelegte Mitgestaltungskompetenz entwickelt werden. Folgende neun Gestaltungselemente im Bereich qualifizierter Facharbeit lassen sich beispielhaft für die Produktion in der Automobilindustrie benennen:

1. Arbeitsplatzorganisation,

2. Gruppenarbeit,

3. Arbeiten nach und entwickeln von Standards,

4. Visuelles Management,

5. Total Productive Maintenance (TPM),

6. Zielvereinbarungsprozesse,

7. Problemlösungs- und kontinuierliche Verbesserungsprozesse,

8. Materialsysteme/ Fertigungssteuerung,

9. Qualitätsprozesse.

Ganzheitlich betrachtet lässt sich feststellen, dass in der Arbeitsplatzorganisation mit visuellen Hilfsmitteln gearbeitet wird, dass TPM das Arbeiten nach Standards beinhaltet (Schmidt 2008), dass sich Qualitätsprozesse auf alle Elemente übertragen lassen und KVP (als kontinuierlicher Verbesserungsprozess) überall Anwendung erfährt. Keines der Elemente kann isoliert betrachtet werden. Diese Perspektive macht deutlich, wo Gestaltungsspielräume liegen, sich Reibungsverluste ergeben und Verbesserungen standardisiert werden können.

3   GPS-Kompetenzen im Überblick

Die Betrachtung aller Elemente macht deutlich, dass sich fachliche und überfachliche Kompetenzen der Mitarbeiter stärker als bisher ergänzen. Die für das GPS notwendigen Kompetenzen wurden in weiteren Schritten für die Entwicklung von Aus- und Weiterbildungskonzeptionen zu einem komplexen Kompetenzmodell verdichtet, auf dessen Darstellung aus pragmatischen Gründen an dieser Stelle verzichtet werden muss. Die Anforderungen im GPS unterscheiden sich nicht grundlegend von typischen Anforderungen wie Teamfähigkeit, Qualitätssicherung und Ordnungssinn. Das Besondere an den vorliegenden Kompetenzbeschreibungen besteht jedoch in der Verknüpfung von GPS mit der fachlichen Aus- und Weiterbildung im Sinne der Ganzheitlichkeit und Betonung auf Handlungsorientierung.

Den Arbeitsplatz und die eigene Arbeit organisieren können: Die Anforderungen umfassen überfachliche Kenntnisse (z. B. Ergonomie) sowie komplexes Denken und Kreativität. Zur Einhaltung und Entwicklung von Standards müssen der dahinterliegende Sinn erkannt und die Methoden der betrieblichen Arbeitsplatzorganisation beherrscht werden. Damit beinhalten die Anforderungen umfassende Fähigkeiten, die bis zur Mitwirkung in einem komplexen und anspruchsvollen Handlungsfeld, welches verschiedenste Bereiche (Gesundheit, Materialflüsse, Teamarbeit etc.) umfasst, reichen.

Fähigkeiten zur Gruppenarbeit im GPS anwenden können: Von zentraler Bedeutung für das GPS ist die Arbeit in Gruppen, da viele Methoden auf Teamarbeit basieren. Dies erfordert die Nutzung der Instrumente Gruppenwand, Qualifizierungsmatrix, Anwesenheitsplaner, Gruppenordner, Maßnahmenplan, Themenspeicher und die Protokollierung. Gruppengespräche erfordern die Auseinandersetzung mit Problemen und ihren Lösungen. Von den Facharbeitern werden Fähigkeiten gefordert, die sich als Mitwirkungskompetenz in einem Team bzw. einer Arbeitsgruppe charakterisieren lassen.

Einhalten und Entwickeln von Produktionsstandards können: Arbeiten in GPS erfordert das Einhalten von definierten Standards, um eine gleichbleibend hohe Qualität bei sich wiederholenden Arbeitsvorgängen zu gewährleisten. Ihre Einhaltung ist verpflichtend. Zugleich sollen Standards kritisch analysiert werden, um sie weiterzuentwickeln. Kriterien dafür sind Qualität, Produktivität, Kostenreduzierung, Umweltschutz, Arbeitsschutz etc.. Diese Erweiterung macht deutlich, dass die Anforderungen weit über die Anwendung von definierten Vorgaben hinausgehen.

Visualisierungen interpretieren und entwickeln können: In Verbindung mit den übrigen GPS-Elementen erfordert das Arbeiten in GPS die Fähigkeit der Beherrschung des „Visuellen Managements" nach betrieblich entwickelten Standards. Neben der Kennzeichnung von Bereichen, Flächen, Arbeitsplätzen usw. betrifft dies insbesondere die Darstellung von gruppenbezogenen Informationen und Kennzahlen über Produktivität und Qualität im jeweiligen Arbeitsbereich sowie über Gesundheitsstand, Anwesenheit, Qualifizierungsstand der Teammitglieder etc.

Ständige Maschinenverfügbarkeit gewährleisten können: Ein wesentliches Kriterium für die Erreichung der Produktivitätsziele ist die ständige Maschinenverfügbarkeit (Total Productive Maintenance), die auch Vermeidung von Qualitätsschwankungen beinhaltet. Dieses Element bezieht die Wartung und vorbeugende Instandhaltung des Maschinenparks ein, um Maschinenausfälle zu vermeiden. Es werden Anforderungen zur Umsetzung des TPM mit Anforderungen anderer Elemente verknüpft.

Zielvereinbarungsprozesse mitgestalten können: Fachkräfte müssen in der Lage sein, Kennzahlen zu verstehen und sie im konkreten Arbeitzusammenhang ermitteln und visualisieren zu können. Es wird erwartet, dass die Erreichung der Ziele überwacht und Maßnahmen ergriffen werden. Zielvereinbarung erfordert, dass die Beschäftigten ökonomische Zusammenhänge zwischen Arbeitsprozessen und dem Produktionsstandort im globalen Wettbewerb erkennen und Rückschlüsse ziehen können.

Problemlösungs- und Verbesserungsprozesse initiieren können: Um vereinbarte Produktivitätssteigerungen zu realisieren, sind kontinuierliche Verbesserungsprozesse (KVP) erforderlich. Hier zeigt sich die Ambivalenz zwischen routinierter Tätigkeit und Anforderungen an die Kreativität. Fachkräfte sollen sich an komplexen Prozessen, die Kenntnis aller Elemente des GPS erfordern, aktiv beteiligen. Dazu gehört die Beherrschung von einfachen Problemlösemethoden bis zu komplexen Methoden des KVP und eine entsprechende Bereitschaft zum Handeln.

Materialsysteme anwenden und Wertströme analysieren können: Zentrale Grundlage dieses Elementes ist die Vermeidung von Verschwendung. Grundlagen sind nicht nur Wissen über Lagerbestände, Wege, Rüstzeiten als Kostenverursacher, sondern auch Methoden, mit deren Hilfe Wertströme analysiert und optimiert werden können. Dies erfordert Weitblick und Planungsfähigkeit von den Beschäftigten.

Qualität eigenständig kontrollieren und verbessern können: Für die Gewährleistung des Qualitätsniveaus ist die Verinnerlichung von Qualitätsprozessen unabdingbar. Zu den Anforderungen gehören zum einen Fachwissen, wie Kenntnis über Normen und Toleranzen, Prüfmitteln, Prüfanweisungen, Prüfplänen und Prüfprotokollen, zum anderen Methodenkompetenz z. B. zur Anwendung dieser Hilfsmittel, Umsetzung der statistischen Prozessregelung, und Fehlermöglichkeits- und Einflussanalysekompetenz. Die Beschäftigten sollen sich selbst als zentrales Element des Qualitätsmanagements verstehen.

4   Abschließende Bemerkung

Die Zielstellung der vorliegenden Kompetenzbeschreibung lässt sich wie folgt zusammenfassen: Fachkräfte in Industriebetrieben kennen das Produktionssystem ganzheitlich, können die Bedeutung und das Zusammenwirken der einzelnen Elemente nachvollziehen und erkennen die Vorteile. Sie verstehen die Gründe für die Einführung von Produktionssystemen und können Marktanforderungen auf ihre Arbeit beziehen. Sie erleben das Arbeiten nach Zielen, kennen Methoden und Werkzeuge des Produktionssystems vor Ort und nutzen diese zielgerichtet. Sie haben eine Vorstellung von den Anforderungen künftiger Arbeitssituationen, soweit diese vorhersehbar sind. Sie wissen, welche Spielräume zur Mitgestaltung existieren und entwickeln Bereitschaft, die gegebenen Mitwirkungsmöglichkeiten zu ergreifen. Sie können in standardisierten Systemen arbeiten, akzeptieren sie und können sie eigenständig verbessern.

Für die Entwicklung des GPS und damit zur Standort- bzw. Arbeitsplatzsicherung im globalen Wettbewerb ist es erforderlich, Produktionsfacharbeiter zur Mitgestaltung permanenter Reorganisationsprozesse zu befähigen. Infolgedessen wird es als notwendig erachtet, die arbeitsorganisatorischen und prozessbezogenen Inhalte stärker als bisher in die Aus- und Weiterbildung zu integrieren und derart zu verknüpfen, dass sich den Lernenden die Ganzheitlichkeit erschließt. Dazu wird derzeit eine Modulreihe entwickelt und getestet, in der Ausbilder und Ausbilderinnen in Industrieunternehmen methodisch-didaktische Unterstützung bei der Implementierung der GPS-Kompetenzentwicklung in die betriebliche Ausbildung erhalten.

Literatur

Feggeler, A.; Neuhaus, R. (2002): Was ist neu an Ganzheitlichen Produktionssystemen? In: Institut für angewandte Arbeitswissenschaft (Hrsg.): Ganzheitliche Produktionssysteme. Gestaltungsprinzipien und deren Verknüpfung (S. 18–38). Köln: Wissenschaftsverlag Bachem.

Götz, S. (2008): Qualifizierung von Lehrern und Ausbildern hinsichtlich Ganzheitlicher Produktionssysteme im Rahmen der Lernortkooperation zwischen Schule und Betrieb. Unveröffentlichte Diplomarbeit, Kassel: Universität.

Jürgens, U. (2006): Weltweite Trends in der Arbeitsorganisation. In: U. Clement; M. Lacher (Hrsg.): Produktionssysteme und Kompetenzerwerb (S. 15–29). Stuttgart: Steiner.

Lacher, M.; Vollmer, T.; Schmidt, T.; Cirulies, N. et al. (2008): Kompetenzentwicklung für ganzheitliche und standardisierte Produktionssysteme. Berufsausbildung im Spannungsfeld von flexibler Standardisierung und Prozessoffenheit. Unveröffentlichter Projektabschlussbericht. Hamburg: Universität.

Vollmer, T. (2008): Weiterentwicklung der Berufsausbildung von Industriemechaniker/innen im Kontext ganzheitlicher standardisierter Produktionssysteme. Verfügbar unter http://www.bwpat.de/ht2008/ft03/vollmer_ft03-ht2008_spezial4.pdf.

Springer, R. (2006): Ganzheitliche Produktionssysteme. Gestaltungsprinzipien und deren Verknüpfung. In: Institut für angewandte Arbeitswissenschaft (Hrsg.) (S. 14). Köln: Wissenschaftsverlag Bachem.

Tröller, H. (2008): Wertstromanalyse als Instrument zur Optimierung von Prozessen in der Serienfertigung. Verfügbar unter http://www.bwpat.de/ht2008/ft03/troeller_ft03-ht2008_spezial4.pdf.

Schmidt, T. (2008): Das Total Productive Maintenance-Konzept im Rahmen der Ausbildung für Ganzheitliche Produktionssysteme. Verfügbar unter http://www.bwpat.de/ht2008/ft03/schmidt_ft03-ht2008_spezial4.pdf.

E: Lehrerbildung für berufliche Schulen im Lichte der Bachelor- und Masteransätze

Forschungsorientierung in der beruflichen Lehrerbildung online unterstützen!

Franz Stuber, Sebastian Bornemann & Mathias Witte

Die Umstellung der Lehramtsstudiengänge auf die im sogenannten „Bologna-Prozess" beschlossenen Bachelor- und Masterstudiengänge führte zu einer Verkürzung der Studiendauer. Insbesondere die neue Anforderung, bereits nach sechs Semestern eine wissenschaftlichen Standards genügende Abschlussarbeit zu erstellen, bringt auch aufseiten der Betreuung der Studierenden neue Herausforderungen mit sich. Das hier vorgestellte, interaktive „Methodenportal Praxisstudien" versteht sich als ein Beitrag, diese Herausforderungen im Bereich der beruflichen Lehrerbildung zu meistern.

1 Ausgangslage des Forschungs- und Entwicklungsvorhabens

Das interaktive Online-Methodenportal für betriebliche Praxisstudien entwickelt die Leitidee eines bereits 2005 am Institut für berufliche Lehrerbildung (IBL) der Fachhochschule Münster konzipierten Informationsportals zu betrieblichen Praxisstudien weiter. Mit dem „Informationsportal Praxisstudien" reagierte das IBL auf den anhaltenden und umfassenden Informationsbedarf der Studierenden in Bezug auf ihre Praxisphase. Seine Primärfunktion ist es, die persönliche Betreuung durch die Lehrenden um eine Datenbank zu ergänzen, die den Studierenden Antworten auf weitergehende Fragen zur Organisation und Durchführung der Praxisphase anbietet. Des Weiteren wird aufgrund der selbstständigen Auswahl und Vertiefung der bereitgestellten Methoden die Idee des "forschenden Lernens" (Obolenski/Meyer 2006) gefördert. Das Erleben, die Erfahrung in der Praxis, die ja Ausgangspunkt und Gegenstand von Wissenschaft ist, soll danach für angehende Pädagogen nicht in erster Linie nur der Vorbereitung auf den Lehrerberuf im Sinne des Einübens von professionellen Handlungsroutinen dienen, sondern der wissenschaftlichen Erkenntnis, die über die erkundeten Probleme aufklärt, indem die vorgefundenen Sachverhalte überprüft werden (vgl. Stuber 2007). Das Informationsportal beruht auf drei Grundpfeilern:

- Eine erste Orientierung zu den formalen Kriterien einer Praxisstudie (Was sind die Anforderungen und was ist zu tun in Praxisstudien?).

- Eine zielführende Darstellung spezifischer Untersuchungsfelder und Methoden aus den Bereichen der Berufs- und Arbeitswissenschaften.

- Eine umfangreiche Datenbank zu Instrumenten der empirischen Sozial- und Bildungsforschung, die möglichst viele Tätigkeits- und Forschungsbereiche abdecken.

Die im Informationsportal bereitgestellten Informationen wurden studierendengerecht aufbereitet und um weiterführende Literatur ergänzt, um den Nutzern einer Vertiefung ihres Wissens in für sie relevanten Bereichen zu ermöglichen. Das Portal zählt mit seinen ca. 4800 Direktzugriffen auf die Webseite im vergangenen Kalenderjahr zu den am häufigsten frequentierten Projekt-Webseiten des IBL. Im Bereich der Downloads sind bestimmte Materialien des Informationsportals sogar häufiger angefragt worden als die Vorlesungsverzeichnisse des Instituts (das Portal ist abrufbar unter: https://www.fh-muenster.de/ibl/projekte/informationsportal/Informationsportal_Praxisstudien.php). Gerade bei solch hoher Nutzung ist es wichtig, sich detaillierter mit den Anforderungen/Bedürfnissen der Studierenden an so ein Informationsportal auseinanderzusetzen um zu gewährleisten, dass man auch künftig ein relevantes Zusatzangebot zur regulären Beratung bereithält. Da es sich um eine statische Top-Down Vermittlung handelt, werden zugleich spezifische und neue Bedarfe nicht immer gut getroffen. Für das IBL waren dies hinreichende Gründe, dieses Angebot weiterzuentwickeln.

2 Fragestellung

Die Verkürzung der Studienzeit der Lehramtsstudiengänge infolge des „Bologna-Prozesses" erforderte von Seiten der Hochschulen eine Restrukturierung ihrer bisherigen Studienangebote. Insbesondere die zeitintensive Praxisprojekt-Phase, die am IBL zentraler Bestandteil der Lehramtsausbildung ist, musste daher rekonzipiert werden.

Ziel des Praxisprojektes ist es, dass in Absprache mit den betrieblichen Partnern aus einer konkreten Aufgabenstellung ein für den Betrieb verwend- oder verwertbares Ergebnis entsteht. Um nun zugleich den Ansprüchen einer wissenschaftlichen Qualifizierungsarbeit zu genügen, ist insbesondere die Beachtung wissenschaftlicher Standards von hoher Signifikanz. Die Praxisprojektphase bietet aus unserer Sicht ideale Voraussetzungen, als empirischer Teil in eine wissenschaftliche Abschlussarbeit einzugehen. In der Folge dieser Umstrukturierung sehen wir es daher als sinnvoll an, die Praxisprojektphase direkt als empirischen Teil in die Abschlussarbeit einzubinden. Die Studierenden können die gewonnenen Erkenntnisse über die Zusammenhänge von Arbeitsprozessen, Technikentwicklung und beruflicher Bildung nutzen, um auf Basis dieser Daten eine Fragestellung für die Abschlussarbeit zu formulieren oder ihr Praxisprojekt direkt in Hinblick darauf anzulegen.

Die neue Verknüpfung von Praxisprojekt und Bachelor-Arbeit macht eine umfassende Begleitung aller Projektphasen nötig, um eine wissenschaftliche und zielgenaue methodische Anleitung in den Praxisstudien zu fördern, die sowohl positiv auf den eigenen Professionalisierungsprozess rückwirkt als auch die im Bachelorstudium geforderten Kriterien wissenschaftlichen Arbeitens erfüllt. Das herkömmliche Informationsportal leistet diesen Beitrag nur bedingt: Es bietet einerseits ausreichend Material für die theoretische Befassung mit dem Praxisprojekt, kann aber andererseits weder bei Fragestellungen, die sich in der Praxis ergeben, noch bei der tatsächlichen Konzeption der angegliederten Bachelor-Arbeit eine Hilfestellung bieten.

Das interaktive Methodenportal setzt dort an und trägt damit dazu bei, die Betreuung des IBL an die neuen Anforderungen der Lehramtsstudiengänge anzupassen. Möglich wird dies über den Einsatz der Wiki-Technologie, die es den Nutzern ermöglicht, praktische Fragen und Problemstellungen, die sich bei der Planung und Durchführung der Praxisphase ergeben, über einen gezielten Austausch mit anderen Studierenden, aber auch mit zuständigen Betreuern zu lösen. Etwa:

- Welche formalen Kriterien sind zu berücksichtigen, um die Praxisphase mit der Bachelorarbeit erfolgreich zu verknüpfen?

- Welche Institutionen und Einrichtungen stehen für die Planung, Durchführung und Evaluation zur Verfügung?

- Welche bildungs- und sozialwissenschaftlichen Methoden können für die Beantwortung einer spezifischen Fragestellung eingesetzt werden?

- Wer arbeitet an ähnlichen Fragestellungen oder hat Schwierigkeiten, die sich bei mir auftun, bereits gelöst?

3   Entwicklungsmethode, Ansatz und Durchführung

Der Schwerpunkt des interaktiven Methodenportals liegt nach wie vor im Bereich der bildungs-, technik-, arbeits- und berufswissenschaftlichen Methoden der Datenerhebung und -analyse. Die Bereitstellung dieser Methoden geschieht durch die Integration der bereits bestehenden Datenbank „Informationsportal Praxisstudien" des IBL als alphabetisch geordnete Methodendatenbank.

Dabei verfolgt das Projekt einen partizipativen Ansatz: Die Nutzung und die Relevanz des Methodenportals werden durch die Einbindung der Zielgruppe in die Erstellung von Inhalten sowie in die Gestaltung und den Ausbau des Portals erhöht (vgl. Stuber 2008). Die Vorteile solch eines Ansatzes bestehen darin, vorhandenes Wissen und bestehende Interessen der Zielgruppe integrieren zu können. Die Studierenden bringen sich also aktiv in die Gestaltung „ihres Portals" ein, was zu einem dynamischen Bottom-Up Lernprozess führt. Neben allgemeinen Hinweisen und Anforderungen zum Ablauf der Praxisprojekte und der angesprochenen Methodendatenbank bietet das Portal daher

- die Möglichkeit, eigene Informationen zu Methoden einzufügen,

- ein Glossar,

- eine Übersicht über abgeschlossene Praxisprojekte vergangener Semester,

- einen aktuellen Stellenmarkt und schließlich

- das sogenannte Praxis-Café.

Das Praxis-Café stellt den Studierenden ein strukturiertes Forum zur Verfügung, in dem sie sich über sämtliche bei ihnen anfallenden Fragen austauschen können. Diese Struktur soll den Einstieg in die Praxisphase erleichtern und zugleich die Möglichkeit bieten, jedwede Problemstellung zu artikulieren und zeitnah zu lösen.

Um dies zu ermöglichen, setzen wir die sogenannten Web 2.0-Technologien ein (Back et al. 2008). Diese Online-Technologien erlauben Nutzern, unabhängig vom Standort an bestehenden Entwicklungen, Forschungsfragen und Diskussionen teilzunehmen und so auch zugleich ihren eigenen Professionalisierungsprozess zu fördern. Das Methodenportal nutzt insbesondere die sog. Wiki-Technologie, die über die Online-Enzyklopädie „Wikipedia" populär wurde. Wikis ermöglichen es, Informationen bereitzustellen, die unabhängig vom Aufenthaltsort des Nutzers nicht nur eingesehen sondern auch direkt verändert werden können. Das kooperative Bearbeiten einzelner Textpassagen oder ganzer Seiten wird durch die im Methodenportal verwendete open-source-Technologie „DokuWiki" auch Usern ermöglicht, die nur einen geringen bis keinen Kenntnisstand im Bereich der sogenannten Content-Management-Systeme haben. Auf diese Weise eröffnet das Wiki seine Potenziale einer breiten Fachöffentlichkeit: Die Bereitstellung einer zentralen Anlaufstelle für die Adressaten eines solchen Methodenportals hat den Vorteil, dass die konkreten Inhalte auf die spezifischen Anforderungen der Studierenden eingehen. Die Nutzer des Portals, also die Zielgruppe selbst, entscheiden selbstständig über die Art und den Umfang der bereitgestellten Informationen. Gleichzeitig wird von Seiten des IBL die wissenschaftliche Qualität der Beiträge gesichert, indem durch wissenschaftliche Moderatoren Hinweise, Anregungen und Kritik zu speziellen Informationsblöcken gegeben werden können. Eigens für diesen Zweck verfügt das Methodenportal Praxisstudien zu jedem Artikel über ein eigenes Diskussionsforum, das Raum für wissenschaftlichen Austausch lässt. Auf diese Weise entsteht eine dynamische Plattform, die fachübergreifend eine an studentischen Belangen orientierte Praxisphasenbegleitung mit einer soliden wissenschaftlichen Grundlage kombiniert. Das interaktive Methodenportal kann erreicht werden unter http://www.uni-muenster.de/VirtualCapital/mediawiki/doku.php.

4   Erkenntnisse und ihre wissenschaftliche Bedeutung

Das interaktive Methodenportal befindet sich in Entwicklung. Durch den Rückgriff auf das „Informationsportal betriebliche Praxisstudien" ist die Vermittlung relevanten Methodenwissens bereits in hohem Grad realisiert. Entwicklungspotenzial wurde im Austausch mit Studierenden in Seminaren und Absolventen von Projektphasen vor allem in der Gestaltung des Portals gesehen. Die Textlastigkeit der Startseite soll weiter reduziert werden und ein „lockerer Umgangston" die Studierenden direkter ansprechen. So kann sichergestellt werden, dass die Studierenden es auch als „ihr Portal" verstehen und es selbst, gemäß ihren Bedürfnissen, (mit-)gestalten. Dazu muss der interaktive Charakter und die Nutzung der Wiki-Technologie klar und benutzerfreundlich erläutert werden.

5   Schlussfolgerungen für künftige Forschungsinitiativen

Der Abschluss des Projektes ist für 2010 vorgesehen. Eine abschließende Evaluation der Projektergebnisse und ihrer Schlussfolgerungen für künftige Forschungsinitiativen beginnt im Wintersemester 2009/10. Dennoch ist es bereits jetzt möglich, einige Zwischenergebnisse festzuhalten. Der Aufruf zur eigenen, kreativen Gestaltung in Bezug auf den Inhalt und die grafische Darstellung wird von den Studierenden gut angenommen und führt gegenwärtig zu einem stetigen Ausbau der Methodendatenbank, des Glossars, aber auch der Vernetzungsmöglichkeiten des Methodenportals. Die ersten Bachelorarbeiten, die die neuen Möglichkeiten einbeziehen, werden gegenwärtig geschrieben.

Nicht zuletzt: Aufgrund ihres hohen Potenzials sollte die Web 2.0 Technologie zum täglichen Handwerkszeug der Studierenden gemacht werden. Die Studierenden eignen sich hier neben der nötigen Methodenkompetenz ebenso wichtige Medienkompetenz an, die in ihrer beruflichen Praxis von stetig wachsender Bedeutung sein wird.

Literatur

Back, A.; Gronau, N.; Tochtermann, K. (2008): Web 2.0 in der Unternehmenspraxis. Grundlagen, Fallstudien und Trends zum Einsatz von Social Software. München: Oldenbourg Verlag.

Obolenski, A.; Meyer, H. (Hrsg.) (2006): Forschendes Lernen. Theorie und Praxis einer professionellen Lehrerausbildung. 2., aktualisierte Aufl. Oldenburg: BIS Verlag.

Stuber, F. (2007): Betriebliche Praxisfelder erschließen – Ein Informationsportal unterstützt forschendes Lernen in Praxisstudien. Verfügbar unter http://www.bwpat.de/ausgabe12/stuber_bwpat12.shtml.

Stuber, F. (2008): Participative Technology Development. In: F. Rauner; R. Maclean (Hrsg.): Handbook of Technical and Vocational Education and Training Research. Netherlands (S. 589–593): Springer.

Zur Wirksamkeit praxisnahen Lernens in studienbegleitenden Praktika in der Berufsschullehrerausbildung

Ludger Deitmer, Pekka Kämäräinen & Lars Heinemann

1 Ausgangslage des Forschungs- und Entwicklungsvorhabens

Mit der Einführung von Bachelor- und Masterstudiengängen in der Lehrerausbildung wurden auch die Rolle und Funktion der das Studium begleitenden Praktika verändert. So wurde nicht nur das Zeitvolumen für die Praktika von 20 auf bis zu 30 % (z. B. in Bremen) erhöht, sondern diese wurden auch in die Curricula bzw. Fachdidaktikmodule der Bachelor- bzw. Masterstudiengänge integriert, um praxisnahes Lernen durch reflektiertes Handeln in den Berufen des Lehrers oder Ausbilders zu verstärken.

Die Praktikumsleistungen der Studenten in Form von Praktikumsberichten werden nunmehr bewertet und durch vor- und nachbereitende Veranstaltungen unterstützt. Dies bedeutet, dass außeruniversitäre Studienleistungen in der betrieblichen oder schulischen Ausbildungspraxis mit insgesamt 30 Kreditpunkten bewertet werden. In der bremischen Berufsschullehrerausbildung im Studiengang GTW finden fünf aufeinander aufbauende jeweils sechswöchige Praktika in berufsbildenden Schulen und ausbildenden Betrieben statt. Ziel und Zweck dieser Praktikumsphasen ist es, den Studierenden die Bedingungen des Berufsfeldes aufzuzeigen und die Aufgaben des beruflichen Bildungspersonals, d. h. von Lehrern bzw. Ausbildern, schon während des Studiums in einer praxisnahen Perspektive kennenzulernen. Durch die ausschnittweise Wahrnehmung von Lehraufgaben als Ausbilder bzw. Berufsschullehrer und deren Reflexion sollen die Studierenden praktische Erfahrungen sammeln können, um zum einen das eigene Berufsziel hinsichtlich der persönlichen Eignung zu überprüfen und zum anderen mit Hilfe von Untersuchungskonzepten die betriebliche Praxis zu analysieren und/oder darin lehrend tätig zu werden.

Mit diesen Anstrengungen ist die Erwartung der GTW-Studiengänge verbunden, dass praxisnahes Lernen bei den Studierenden stattfinden kann, indem die bei der Bewältigung konkreter Praxisaufgaben und -fälle auftretende Komplexität kennengelernt und bewältigt wird. Die Erwartung der Studiengänge und Praxisämter ist es, dass damit die Kompetenz zur Lösung betrieblicher Aufgabenstellungen schon im Studium verstärkt entwickelt wird.

Dieser Ansatz hat weitreichende Implikationen. Jenseits organisatorischer Aufgaben werden dabei Fragestellungen aufgeworfen, die für praxisbasiertes Lernen allgemein gelten.

2 Fragestellung des Forschungs- und Entwicklungsvorhabens

Die allgemeine Fragestellung des Vorhabens ist, welche Effekte die neuen Praktikumssysteme für Studierende, Studiengänge und außeruniversitäre Praxisinstitutionen (z. B. Ausbildungsbetriebe) nach sich ziehen.

1. Unter welchen Bedingungen lassen sich universitäres und praxisbasiertes Lernen verbinden?

2. Wie lässt sich gewährleisten, dass die Praktikanten mit gehaltvollen Arbeitsaufgaben konfrontiert werden?

3. Wie sollten Vor- und Nachbereitungen gestaltet werden?

Für diese Forschungs- und Entwicklungsfragen wurde ein Kriteriensystem entwickelt, anhand dessen Praktikumsberichte u. a. nach folgenden Bereichen ausgewertet werden:

- Praxisorientiertes Lernen der Studierenden

- Erweitertes Verständnis der Aufgaben und Rollen von Lehrern und Ausbildern

- Erweitertes Verständnis der Bedingungen von Lernen und Lehren im Arbeitsprozess

- Nutzen der Praxisphasen für Schule bzw. Ausbildungsbetrieb

- Transfermöglichkeiten in die universitäre Ausbildung

Vor diesem Hintergrund lässt sich dann evaluieren, inwieweit die Praktika in ihrer jetzigen Form ihrer Rolle und Zielstellung gemäß funktionieren. Dazu werden die unterschiedlichen Rahmenbedingungen für die Entwicklung der Praktika in den Partnerländern und in drei akademischen Domänen (Berufspädagogik, Betriebswirtschaft bzw. Managementwissenschaften und Ingenieurwissenschaften) analysiert.

3 Forschungs-/Entwicklungsmethode, Ansatz und Durchführung

Im Erasmus-Projekt Euronet-PBL (http://groups.google.de/group/euronetpbl) werden verschiedene Praktikumsmodelle der Betriebswirte-, Ingenieur- und Lehrerausbildung europaweit wissenschaftlich untersucht. Neben der Untersuchung der Wirksamkeit der bremischen Praxis der Praktika werden auch parallele Untersuchungen in weiteren Studiengängen der Berufspädagogik, Betriebswirtschaft und Ingenieurwissenschaft der Universitäten Limerick, Aalborg, Istanbul, Maribor und Akershus (Oslo) eingeleitet.

Derzeit wurden alle bisherigen Praktikumsfälle seit der Einführung der Bachelor- und Master-Strukturen (Bremen 2006) im GTW-Studiengang unter bestimmten Merkmalen systematisiert. Aufgrund dieser Systematik wurden bedeutsame Beispiele für eine genauere sekundaranalytische Bearbeitung ausgewählt. Dazu wurden Interviews mit den Studenten und mit Firmenvertretern durchgeführt.

Auf der Grundlage von Kriterien können die Praktika danach bewertet werden, inwieweit es zu erfolgreichen Lernprozessen für die Studierenden gekommen ist. Dabei ergab sich, dass vor allem solche Praktika vielversprechend erscheinen, in denen die Praktikanten anhand komplexer betrieblicher Aufgabenstellungen und unter Zuhilfenahme geeigneter Instrumente der empirischen Bildungsforschung eigenständig Untersuchungen durchführen, um etwa betriebliche Abläufe besser zu verstehen bzw. Lösungsansätze zu skizzieren oder auch andere Aufgaben zu bearbeiten, die für Fortentwicklung der betrieblichen Ausbildungspraxis wichtig sind. Dies können bspw. Untersuchungen zur Organisation innerbetrieblicher Lernprozesse, der Rolle der Ausbilder als Lernprozessbegleiter oder auch Bewertungen von Kosten/Nutzen und Qualität der Ausbildung sein. Letzteres wurde von deutschen Praktikanten anhand des sog. Qualität-Ertrag-Kosten-Instrumentes (vgl. Heinemann/Rauner 2008) durchgeführt. Weitere Untersuchungsthemen waren die Praxis der Abstimmung zwischen Lehrern und Ausbildern in der Kooperation der Lernorte Schule und Betriebe.

Interessante (Praktikums-)Fälle wurden in vertiefenden Selbstevaluationsworkshops nach einem am ITB entwickelten Verfahren (Deitmer/Heinemann 2009) mit betrieblichen Ausbildern, Lehrern, Studierenden und Dozenten der betreffenden Studiengänge einer Bewertung unterzogen, um die Wirksamkeit der Praktika für praxisorientiertes und problemzentriertes Lernen auf die Studierenden näher zu bestimmen.

Die Hauptkriterien der Selbstevaluation beziehen sich auf die verschiedenen Phasen der Praktika: eine Vorbereitungsphase, die aktuelle Tätigkeit im Betrieb und eine Nachbereitungsphase. Eine zusätzliche Kategorie soll die weitergehenden bzw. indirekten Auswirkungen umfassen. Diese Hauptkriterien entsprechen den in Evaluationstheorie und -praxis benutzten Kategorien ‚input' ‚throughput' ‚output' und ‚outcome'. Jedes Hauptkriterium besteht wiederum aus Unterkriterien. Die Unterkriterien sind jedesmal nach einem ähnlichen Muster entworfen. Das *Praktikum* wird als Prozess betrachtet, an dem drei Gruppen von Akteuren beteiligt sind: Studenten, Betriebsvertreter und Dozenten. Zusätzlich ist es notwendig, das Zusammenspiel der verschiedenen Maßnahmen zu berücksichtigen. Auf diese Bereiche beziehen sich die jeweiligen Unterkriterien.

Die Teilnehmer des Evaluationsworkshops bewerteten und gewichteten verschiedene Faktoren der Durchführung von Praktika aufgrund ihrer eigenen Standpunkte und Interessen. Das Anliegen des Evaluationsprozesses war es, unterschiedliche Positionen und Akzente in Diskussion zu bringen. Deshalb zielten die Kategorien des Fragebogens *nicht* darauf, im Voraus festgelegte Wirkungsfaktoren bzw. Rahmenbedingungen direkt zu erfassen, die die Qualität des *Praktikums* beeinflussen. Stattdessen waren die Kategorien allgemein gefasste Dimensionen, unter denen die Beteiligten eines bestimmten Praktikums diejenigen Faktoren einordnen und zur Diskussion stellen konnten, die für die Qualität des Praktikums im positiven wie negativen Sinne wichtig sind. Die Teilnehmer entschieden dabei selbst, welche Faktoren als wichtig betrachtet werden und welche als weniger bedeutsam. Die Bewertung der Kriterien bezieht sich dabei darauf, inwiefern die *Arrangements* für eine ‚gute' Durchführung des Praktikums *angemessen* sind.

4 Erkenntnisse und ihre wissenschaftliche Bedeutung

4.1 Erkenntnisse aus den Fallstudien

Die sechs Fallstudien lassen sich in zwei Untergruppen aufteilen:

- Praktikumsprojekte, die auf der Anwendung eines gemeinsamen Forschungs- und Entwicklungsinstruments (das QEK-Tool) basierten (3 Fälle) und

- Praktikumsprojekte, die von den Studenten und Betrieben ohne festgelegte methodologische Richtlinien aufgrund betrieblicher Probleme und Interessen gestaltet wurden (3 Fälle).

Betreffend der Erkenntnisgewinnung und Weiterentwicklung der Praktika lassen sich folgende vorläufige Ergebnisse festhalten:

a. Die Praktikumsprojekte, die auf der Anwendung des QEK-Tools basierten, haben erwiesen, dass dieses Tool als Instrument für studentische Anwendung angepasst werden kann. Auch die Betriebsvertreter sind kooperationsbereit, um Feedback-Material über Qualität, Kosten und Erträge der betrieblichen Ausbildung zu gewinnen.

b. Die Praktikumsprojekte, die eigenständig geplante explorative Studien durchführten, zeigen bestimmte Qualitätsmerkmale, die die Vorhaben als gelungene Beispiele für Kooperation zwischen Betrieben und Universität kennzeichnen. Erstens ging es in allen Fällen um Umsetzung bzw. Anpassung der betrieblichen Ausbildungspläne (*Gegenstandsbezug*). Zweitens ging es um Erweiterung der Erkenntnisse der betrieblichen Akteure durch Erhebungen am Ort sowie durch ergänzende Erhebungen und Analysen an anderen Lernorten bzw. Ausbildungsstandorten (*Adressatenbezug*). Drittens haben alle Studien die Qualität der betrieblichen Ausbildung aufgrund der empirischen Daten analysiert und begründete Verbesserungsvorschläge präsentiert (*Praxisbezug*).

4.2 Erkenntnisse aus den Evaluationsworkshops

Derzeit wurden drei Evaluationsworkshops (in Norwegen, Türkei und Deutschland) durchgeführt, um die qualitativen Effekte der Praktika für Studierende, Lehrer und Ausbilder in Diskussion zu bringen. Sie führten zu folgenden Schlussfolgerungen:

1. Die betrieblichen Akteure empfanden die Praktikumsprojekte als wirksame Kooperation zwischen Universität und Betrieb und signalisierten ihre Bereitschaft, an der Weiterentwicklung der Praktika mitzuarbeiten. Obwohl die ersten Projekte als Einzelmaßnahmen umgesetzt wurden, werden die neueren Projekte eher in einen Handlungs- und Entwicklungszusammenhang eingebettet. Deshalb werden die Aufgaben mit den Studenten ausgehandelt, um deren Vorkenntnisse und Fähigkeiten besser zu nutzen. Diesbezüglich sind die betrieblichen Akteure auch offen für mehrere Optionen. Dazu haben sie auch Interesse, sich an der Nachbereitung (in den abschließenden Kolloquien) zu beteiligen, um die Ergebnisse gemeinsam zu diskutieren.

2. Die Studenten haben ihre individuellen Erfahrungen sehr unterschiedlich bewertet und reflektiert. Diejenigen, die ihre Master-Praktika früher komplettiert haben bzw. diejenigen die nur die ersten Bachelor-Praktika durchgeführt haben, hatten weniger Bezugspunkte, um ihre Erwartungen an das Praktikum zu formulieren. Deshalb waren deren Bewertungen eher kritisch, und es wurde auf Orientierungsprobleme hingewiesen.

3. Einige Studenten, die ihre Master-Praktika später komplettierten und mehr Erfahrung mit Projektarbeit hatten, konnten auch ihre Praktikumsaufgaben ihren Fähigkeiten und Interessen entsprechend aushandeln. Deshalb waren sie auch in der Lage, Verbesserungsvorschläge zu formulieren, um die Lern-

förderlichkeit der Praktika zu verbessern. Erstens ging es dabei um die Institutionalisierung der Vorbesprechungen zwischen den Studenten und betrieblichen Akteuren (Aushandlung und Anpassung der Aufgaben). Zweitens wurde eine bessere Vorbereitung der Studenten für die Vorbesprechung (persönliche Lernziele) thematisiert. Drittens ging es um ein gemeinsames Thema für die orientierenden Praktikumsphasen (Analysen über Lernortkooperation).

Die Studie liefert darüber hinaus Hinweise, welche Instrumente und didaktische Handlungshilfen die Studierenden an die Hand bekommen sollten, um erfolgreich die entsprechenden Praktika in den ausbildenden Betrieben durchführen bzw. implementieren zu können.

5   Schlussfolgerungen für künftige Forschungsinitiativen

Mit dem europäischen Zuschnitt des Projektes kann untersucht werden, welche Praktikumsarrangements sich für Studierende als lernförderlich erweisen. Zusätzlich liefern die Evaluationsworkshops Hinweise darauf, welche Arrangements sämtlichen Akteuren – Studenten, Universität und Betriebe – in einer Weise gerecht werden, dass alle Beteiligten davon profitieren.

Zusätzlich erlaubt dieser Zuschnitt Aussagen dazu, welche Voraussetzungen und Chancen für internationale studentische und transdisziplinäre studentische Projekte bestehen. Für die berufsbildenden Studiengänge kann die hochschuldidaktische Diskussion weiter bereichert werden, indem die Möglichkeiten und Perspektiven für intensive und didaktisch ausgefeilte Praxisphasen diskutiert werden. Weiterhin werden Voraussetzungen und Gegebenheiten für eine engere (Lernort-) Kooperation zwischen Betrieb, Schule und universitären Studiengängen perspektivisch untersucht.

Literatur

Deitmer, L.; Heinemann, L. (2009): Evaluation Approaches for Workplace Learning Partnerships in VET: How to Investigate the Learning Dimension? In: M.-L. Stenström; P. Tynjälä (Hrsg.): Towards Integration of Work and Learning – Strategies for Connectivity and Transformation. Dordrecht: Springer International.

Graaf, E.; Kolmos, A. (2007): Management of Change Implementation of Problem and Project based learning in Engineering. Rotterdam: Sense.

Heinemann, L.; Rauner, F. (2008): Rentabilität und Qualität der beruflichen Bildung. Ergebnisse der "QEK-Studie" im Land Bremen. Bremen: IBB-working paper.

Kretschmer, H.; Stary, J. (2007): Schulpraktikum. Eine Orientierungshilfe zum Lernen und Lehren. Cornelsen: Berlin.

Möglichkeiten und Hindernisse bei der Internationalisierung von Studiengängen für Bildungspersonal in der beruflichen Bildung

Joachim Dittrich

1   Ausgangslage

Aufseiten potenzieller außereuropäischer Kooperationspartner ist eine verstärkte Konzentration auf die Entwicklung beruflicher Bildung einschließlich der zugehörigen Lehrerbildung zu beobachten, so zum Beispiel in China, Malaysia, Indonesien, aber auch in afrikanischen Ländern. Das als relativ erfolgreich angesehene deutsche duale System der beruflichen Bildung lenkt das Kooperationsinteresse ausländischer Partner auf deutsche Lehrerbildungseinrichtungen. Gleichzeitig fordert die politische wie die wissenschaftliche Öffentlichkeit seit einigen Jahren von den universitären Disziplinen, aktiv am viel zitierten „Globalisierungsprozess" teilzunehmen. Dies schlägt sich unter anderem nieder in der Ausrichtung deutscher wie europäischer Förderinstrumente wie z. B. der Initiative zur Internationalisierung der deutschen Hochschulen oder dem Erasmus-Mundus Programm der Europäischen Union.

Deutschen Universitäten stellt sich die Frage, inwieweit diesen Wünschen entsprochen werden kann. Im Wesentlichen beinhaltet dies zwei Fragenkomplexe. Erstens, inwieweit sind deutsche Studienangebote kompatibel mit den Bedürfnissen ausländischer Studierender und zweitens, welche zusätzlichen Angebote müssten implementiert werden, um den hohen Erwartungen ausländischer Studierender an die Ausbildung von Berufsbildungspersonal durch deutsche Universitäten zu entsprechen?

Dieser Beitrag geht diesen Fragen bezogen auf ausgewählte außereuropäische Bildungsräume nach, insbesondere in Ost- und Südost-Asien. Die Implikationen der „European Higher Education Area" stehen damit nicht im Mittelpunkt der Betrachtungen, obwohl Referenzen an einigen Stellen absolut angebracht wären. Der Beitrag speist sich aus Erfahrungen und Erkenntnissen zweier im Asia-Link Programm der EU geförderter, mittlerweile abgeschlossener Projekte mit asiatischen Kooperationspartnern aus China, Indonesien und Malaysia und beschränkt sich daher auch auf die gewerblich-technischen Fachrichtungen.

2 Lehrerbildung für berufliche Bildung in Deutschland und Asien

Eigentlich sollte man denken, dass es bezüglich beruflicher Bildung und der entsprechenden Lehrerbildung für gewerblich-technische Fachrichtungen gravierende Unterschiede zwischen Deutschland und dem fernen östlichen Asien mit seiner exotischen Kultur geben müsste. Erstaunlicherweise sind die Unterschiede auf den ersten Blick gar nicht so groß wie man denken könnte. Trotzdem existieren beachtliche Differenzen, von denen im Folgenden einige thematisiert werden.

2.1 Gemeinsame Berufsbildungsphilosophie?

Mit dem Sample aus China, Indonesien und Malaysia haben wir es nicht mit Ländern zu tun, die sich über einen Kamm scheren lassen. Von diesen Ländern ist Malaysia ökonomisch am weitesten entwickelt (BIP pro Einwohner (nom.) 6948 US$ in 2007 (IMF 2008)) und möchte dementsprechend bis zum Jahr 2020 zu den führenden Ökonomien der Welt aufschließen (Economic Planning Unit 2006, S. 3ff.). Das Ziel ist die Entwicklung der Knowledge Economy, Kristallisationspunkt ist u. a. die Ausbildung von K-Workern (K steht für Knowledge), die wesentliche Züge des deutschen Facharbeiters aufweisen. Entsprechend hat Malaysia im Jahr 2005 die Einführung des „National Dual Training System" (NDTS) in Anlehnung an das deutsche duale System der Berufsbildung begonnen (Pang 2008, S. 174).

In China gibt es große Unterschiede zwischen den ökonomischen Zentren des Ostens und Südens und wenig entwickelten Regionen, z. B. im Westen. (World Bank 2009, S. 196). In den letzten Jahren haben sich die Löhne in den ökonomischen Zentren so stark entwickelt, dass dort erzeugte Billigprodukte kaum mehr konkurrenzfähig sind. Für die Produktion mit höherer Qualität soll nun verstärkt qualifiziertes Personal auf Facharbeiterebene ausgebildet werden. Erklärtes Ziel der chinesischen Bildungspolitik ist es daher, die berufliche Bildung attraktiver zu machen und ihre Qualität zu steigern. Als Schlüssel dazu werden u. a. arbeitsprozessbezogene Curricula und eine entsprechende Qualifizierung der Lehrkräfte angesehen sowie die Kooperation der beruflichen Bildung mit der Wirtschaft, die im Ganzen jedoch noch relativ unterentwickelt ist.

Indonesien kämpft mit ungleicher wirtschaftlicher Entwicklung in den verschiedenen Teilen des Archipels und mit einer hohen Jugendarbeitslosigkeit in der vergleichsweise jungen Bevölkerung, die hauptsächlich der Kombination einer nicht ausreichenden wirtschaftlichen Entwicklung und eines verbesserungswürdigen Bildungssystems zugeschrieben wird. Ergriffene Maßnahmen sind die drastische Erhöhung des Anteils beruflicher Bildung in der Sekundarstufe (Bukit 2006), die Höherqualifizierung der Lehrkräfte sowie die Einführung einer Lehrerzertifizierung.

Angestrebt wird eine Revision der inadäquaten Inhalte und Formen beruflicher Bildung durch stärkere Ausrichtung an beruflichen Arbeitsprozessen und die stärkere Einbeziehung von Firmen. Die Gemeinsamkeit dieser drei Länder mit Deutschland besteht also in dem Willen, eine arbeitsprozessorientierte Berufsbildung aufzubauen und die Firmen dabei einzubeziehen.

2.2 Ein gemeinsames Lehrerprofil?

Die offiziell geäußerte Vorstellung über die Aufgaben und Qualitäten eines Lehrers in der beruflichen Bildung sind in allen betrachteten Ländern der in Deutschland relativ ähnlich. Fachliche und pädagogische Kompetenz sowie professionelles Handeln sind der Kern der Lehrerpersönlichkeit. Aufgaben sind Ausgestalten von Curricula, Organisieren von Lernen, Prüfen und Evaluieren, Schülerbetreuung, Kooperation mit Betrieben, und im Falle von China auch Berufsbildungsforschung (Yu et al. 2009, Bukit 2007). Schulmanagement und Qualitätsentwicklung allerdings werden in keinem der asiatischen Länder als Aufgabenfelder eines normalen Lehrers genannt.

Wesentliche Unterschiede bestehen in dem Maß der Eigenverantwortung in Bezug auf pädagogisches Handeln. Die curricularen Vorgaben sind in den asiatischen Ländern deutlich detaillierter als in Deutschland, bis hin zu der Festlegung, welche Inhalte in welcher Form in welcher Unterrichtsstunde zu vermitteln sind. In China z. B. waren bisher von den zuständigen Stellen ausgearbeitete Unterrichtsmaterialien die Grundlage des Lehrerhandelns. In Malaysia hatten die Berufsschullehrer den relativ detaillierten Vorgaben der National Occupational Skill Standards (NOSS) zu folgen. In Indonesien herrscht diesbezüglich insofern eine gewisse „Anarchie", als dass, ermöglicht durch die Folgen der Dezentralisierungspolitik, einzelne innovative Berufsbildungseinrichtungen an den offiziellen Regelungen vorbei ihre eigenen Wege gehen. Die Mehrheit der dortigen Berufsschullehrer zieht es dennoch vor, sich an existierenden Materialien „festzuhalten".

Zudem haben die Berufsbildungseinrichtungen in den asiatischen Ländern eine andere Organisationsstruktur als die in Deutschland. Herausragend sind die gut besetzten Stabsabteilungen z. B. in chinesischen Berufsschulen für Curriculumentwicklung, Unterrichtsorganisation, Qualitätsmanagement etc. Dies führt u. a. dazu, dass schulische Qualitätsentwicklung bislang kaum bei den Lehrkräften ankommt (Wu 2009). Ähnliches findet sich auch in malaysischen und indonesischen Einrichtungen. Bemerkenswert sind auch die existierenden differenzierten Lehrerrollen. In chinesischen Berufsschulen gibt es z. B. Lehrer für allgemeinbildende Fächer, Fachkundelehrer sowie Praxislehrer (Yu et al. 2009). Ähnliches findet sich in Malaysia und Indonesien. Entsprechende Funktionen gibt es auch in Deutschland. Zu beachten ist hier allerdings, dass die Rollen strikt getrennt sind, da es in den asiatischen Ländern keine Zwei-Fach-Ausbildung der Lehrkräfte gibt.

Die formalen Qualifikationsanforderungen an Lehrkräfte in der beruflichen Bildung richten sich – anders als in Deutschland – nach dem Niveau des Bildungsgangs, in dem der einzelne Lehrer unterrichtet. Der Abschluss des Lehrers muss i. d. R. immer eine Stufe höher sein als der Abschluss, der von seinen Schülern angestrebt wird. Ein Master-Abschluss wird also nur von denjenigen Lehrkräften verlangt, die auf dem Niveau des Bachelor ausbilden. China verlangt allerdings mindestens eine Lehrerqualifikation (Yu et al. 2009), Indonesien seit kurzem mindestens einen Bachelor-Abschluss und ein Lehrerzertifikat (Indonesien 2005).

2.3 Rekrutierung von Studierenden

Während in Deutschland relativ viele Studierende des Lehramts für berufliche Schulen zuvor schon eine berufliche Ausbildung abgeschlossen haben (Bauer/Grollmann 2006), ist dies in den asiatischen Ländern eher die Ausnahme. China eröffnet Absolventen beruflicher Schulen zwar mit dem Ausbau der „höheren beruflichen Bildung" weiterführende Studien, die Ausbildung von beruflichem Bildungspersonal auf diesem Weg ist aber immer noch die Ausnahme (Zhao 2003; Yu et al. 2009). Eigene Befragungen und Beobachtungen an indonesischen Universitäten in den Jahren 2007 bis 2009 haben gezeigt, dass vornehmlich Absolventen allgemeinbildender Sekundarschulen eine universitäre Ausbildung zum Berufsschullehrer beginnen. Entsprechend wird mit relativ großem zeitlichen Aufwand versucht, den Studierenden im Rahmen ihres Bachelor-Studiums in Veranstaltungen mit akademisch anmutenden Titeln in den Lehrwerkstätten der Universitäten grundlegende berufliche Qualifikationen zu vermitteln. Akademischen Ansprüchen dürften diese Veranstaltungen kaum genügen.

3 Deutsche Studiengänge für asiatische Studierende?

Die offensichtlichste Hürde für asiatische Lehramtsstudierende, sich an deutschen Universitäten für gewerblich-technische Fachrichtungen einzuschreiben, besteht ohne Zweifel in der spezifischen Ausrichtung dieser Studiengänge auf den deutschen Markt. Die Diskrepanz zwischen Abschlussniveau und Tätigkeitsprofil des potenziellen asiatischen Absolventen ist deutlich: Von asiatischen Lehrern wird erwartet, dass sie schon mit einem Bachelor-Abschluss in einer beruflichen Schule unterrichten können, in Deutschland ist dies per Definition erst nach dem auf den Master-Abschluss aufsattelnden Vorbereitungsdienst der Fall. Hinzu kommt, dass die erforderlichen berufsfachlichen Qualifikationen an deutschen Universitäten i. d. R. nicht vermittelt werden. Diese müssen die angehenden Lehrkräfte entweder zum Studium mitbringen oder sich parallel zu Studium und Vorbereitungsdienst selbst aneignen. Asiatische Lehrkräfte mit einem Master-Abschluss werden dagegen kaum in einer normalen beruflichen Schule unterrichten. Entweder unterrichten sie an mit

Technikerschulen oder Fachhochschulen vergleichbaren Einrichtungen oder sie sind im Management von beruflichen Bildungseinrichtungen tätig.

Hinzu kommt, dass die meisten deutschen Studiengänge des Lehramts für berufliche Schulen weitgehend in deutscher Sprache angeboten werden. Kaum ein Asiate, der sich für den auch in Asien nicht als „erste Wahl" geltenden Beruf entscheidet und der i. d. R. in der Schule als erste Fremdsprache englisch gelernt hat, bringt ausreichende deutsche Sprachkenntnisse mit.

Eine Möglichkeit, trotzdem im Rahmen von Lehrerbildungsgängen für die gewerblich-technischen Fachrichtungen mit asiatischen Partneruniversitäten zu kooperieren, wurde im Rahmen des TT-TVET Projekts (siehe Dittrich et al. 2009) entwickelt. In diesem Projekt wurde ein Verfahren für die gegenseitige Anerkennung von Studienleistungen implementiert, das es der Heimatuniversität des Studierenden erlaubt auszuwählen, welche Studieneinheiten der Gastuniversität sie als kompatibel mit dem eigenen Studiengang anerkennt. Hiermit kann zumindest eine begrenzte Mobilität von Lehramtsstudierenden zwischen den Partneruniversitäten realisiert werden.

Eine weitere Möglichkeit besteht darin, spezifische Studiengänge anzubieten. Ein solches Angebot wird derzeit auf dem Master-Niveau an der Universität Bremen entwickelt. Ziel ist ein englischsprachiger Master-Studiengang in beruflicher Bildung, der hauptsächlich auf ausländische Studierende zielt, aber auch für deutsche Studierende interessant sein soll, die eher eine Tätigkeit im Bereich der internationalen Berufsbildung anstreben. Das Lehramt an deutschen beruflichen Schulen wird hierbei nicht im Mittelpunkt stehen, vielmehr nicht ausschließlich auf Schule ausgerichtete Tätigkeitsbereiche in der Berufsbildungsorganisation und der Berufsbildungsplanung, die auch für die deutsche Wirtschaft interessant sein dürften.

Literatur

Bauer, W.; Grollmann, P. (2006): Berufsbildungsforschung zur Professionalisierung von Berufsschullehrern. In: F. Rauner (Hrsg.): Handbuch Berufsbildungsforschung, 2. Aufl. (S. 270–277): Bielefeld: wbv.

Bukit, M. (2006): TVET Teacher's Quality Improvement: Cooperation in Implementing Master in TVET. South Asian Workshop on Innovation and Internationalization in the Qualification of TVET Experts, 22–26 November 2006, Colombo, Sri Lanka.

Bukit, M. (2007): TVET Teachers/Trainers Qualification Levels & Standards. Präsentation auf dem 3. TT-TVET-Projekttreffen, April 2007, Barcelona.

Dittrich J.; Yunos, J.; Spöttl, G.; Bukit, M. (Hrsg.) (2009): Standardization in TVET Teacher Education. Frankfurt a. M.: Peter Lang.

IMF – International Monetary Fund (2009): World Economic Outlook Database, April 2008.

Indonesien (2005): Law for the Republic of Indonesia on Teachers and Lecturers, Nr. 16/2005.

Economic Planning Unit (2006): Ninth Malaysian Plan 2006–2020. Putrajaya: Prime Minister's Department, Malaysia.

Pang, C. L. (2008): A Historical Account of Skills Training in Malaysia. In: G. Loose; G. Spöttl; Y. Sahir (Hrsg.): Re-Engineering Dual Training – The Malaysian Experience (S. 165–176). Frankfurt a. M.: Peter Lang.

Razzaly, W.; Kaprawi, N.; Che Man, C. N.; Lay, C. S. (2009): A Web Based Platform for Subject Recognition for TT-TVET. In: J. Dittrich; J. Yunos; G. Spöttl; M. Bukit (Hrsg.): Standardization in TVET Teacher Education. Frankfurt a. M.: Peter Lang.

World Bank (2009): World Development Report 2009. Washington DC: World Bank.

Wu, M. (2009): ERC in der Lehrkräftetrainingsbasis für das Berufsfeld Elektrotechnik-Informatik in Beijing. Präsentation auf einem ITB-IVAE Workshop März 2009, Beijing.

Yu, Q.; Yu, Y.; Chen, J.; Kang, S. (2009): Prospective Chinese National Standard for Secondary Vocational Teacher Training. In: J. Dittrich; J. Yunos; G. Spöttl; M. Bukit (Hrsg.): Standardization in TVET Teacher Education. Frankfurt a. M.: Peter Lang.

Zhao, Z. (2003): Berufspädagogen in China auf dem Weg zur Profession. Bielefeld: wbv.

Kompetenzorientierte Lehrerbildung

Sigrun Eichhorn & Manuela Niethammer

1 Unterrichtsbezogene Vorstellungen von Studierenden – ein Problem der Lehrerbildung

In der Lehrerbildung gibt es viele Reformansätze, die zu wenig Wirkung auf die Unterrichtspraxis zeigen. Häufig speichern viele Studierende sogenanntes Professionswissen losgelöst vom persönlichen Verständnis didaktischen Handelns (subjektive Theorie) ab (Mietzel 2007). Ein Zusammenhang zwischen Professionswissen und der eigenen Lehrtätigkeit wird in der Regel kaum hergestellt. Vielmehr greifen Lehramtsstudierende auf Unterrichtsskripte zurück, nach denen sie selbst jahrelang unterrichtet wurden.

Der Lehrerbildung kommt die Aufgabe zu, diese unreflektierte Reproduktion didaktischer Handlungsmuster zu durchbrechen und durch theoriebewusste und reflexive Kompetenzentwicklung zu ersetzen. Dabei sind insbesondere folgende Fragen zu klären:

- Welche Niveaustufen didaktischer Handlungskompetenz sind differenzierbar und über welche Indikatoren identifizierbar?

- Auf welche Art und Weise können Eingangsvoraussetzungen gesichert werden, die eine Verknüpfung zwischen subjektiver Theorie und Professionswissen erleichtern?

- Über welche Gestaltungsansätze kann die weitere Kompetenzentwicklung initiiert und gefördert werden?

Im Folgenden werden Ansätze und Ergebnisse hierzu aus Sicht der Berufsdidaktik Chemie- und Umwelttechnik diskutiert.

2 Niveaustufen didaktischer Handlungskompetenz in der Lehrerbildung und Indikatoren für deren Diagnose

Berufliche Handlungskompetenz ist die Bereitschaft und Befähigung, objektive Handlungs- und subjektive Entwicklungspotenziale bzw. -anforderungen in ihrem beruflichen Wirklichkeitsbereich (Domäne) zu erkennen und umzusetzen (vgl. Heidegger 1987). Mit dieser Definition beruflicher Handlungskompetenz wird insbesondere deren Situativität und Offenheit betont. Modelle für Verläufe beruflicher

Kompetenzentwicklung sind nicht neu. Bedeutend sind entwicklungslogisch begründete Theorien zur Kompetenzentwicklung (Havighurst 1948, S. 43 sowie Dreyfus/Dreyfus 1986), die bereits seit Ende der 1980er Jahre von den Berufswissenschaften aufgegriffen wurden. Diese können, wie nachfolgend gezeigt wird, auch als Basis für eine kompetenzorientierte Lehrerbildung genutzt werden.

Charakteristisch für die Kompetenzentwicklung sind wechselseitige Zusammenhänge zwischen objekt- und subjektbezogenen Kompetenzaspekten. Dementsprechend sind Skalierungskriterien ableitbar, auf deren Basis ein Stufenmodell berufsdidaktischer Kompetenzentwicklung entwickelt und diesbezügliche Indikatoren abgeleitet werden können (Tab. 1).

Grundlegende kognitive Einheiten zur Organisation und Elaborierung von Wissen sind Kategorien, kognitive Schemata und mentale Modelle. Sie sind Basis für die psychischen Vorgänge der Handlungsregulation: Richten, Orientieren, Entwerfen, Entscheiden und Kontrollieren. Entsprechend muss der Handelnde erkennen, dass eine gegebene Handlungssituation Ähnlichkeiten mit früher erlebten Situationen aufweist (Analogien), sodass er auf das in Kategorien, Schemata und Modellen gespeicherte Wissen über Objekte, Handlungsmuster, Zusammenhänge, Erklärungen, Begründungen zurückgreifen kann (vgl. Seel 2001, S. 153).

Diese kognitiven Einheiten zur Charakterisierung von Lehr- und Lernprozessen müssen die nicht separierbare Ziel-Inhalts-Methodenrelation abbilden. Bereits der methodische Gestaltungsspielraum ist mehrdimensional und umfasst die Lehr- und Lernschritte, die Handlungsmuster und Sozialformen, die Unterrichtsmittel. Da die Dimensionen in Abhängigkeit zueinander (und in Abhängigkeit zu den Zielen und Inhalten des Lehr-Lernprozesses) zu gestalten sind, ergibt sich ein hochkomplexer didaktisch-methodischer Handlungsspielraum. Dieser muss über zweckmäßige kognitive Einheiten im Gedächtnis repräsentiert und bei Bedarf aktiviert werden können. Besonders hervorzuheben ist die Differenzierung zwischen Schemata und mentalen Modellen. Über Schemata werden mehr äußere Aspekte eines didaktisch-methodischen Handlungsraumes repräsentiert (episodische und kategorische Repräsentation von Standardsituationen, Handlungsmustern etc.). Um die Zweckmäßigkeit eines Handlungsmusters eines Unterrichtsverlaufs zu begründen oder um Lehr-Lernprozesse zu planen, werden mentale Modelle notwendig, die deren innere Aspekte widerspiegeln (hypothetische Repräsentationen). Parallel zur selektiven, situationsadäquaten Aktivierung dieser kognitiven Einheiten werden diese in multiplen (auch neuen) Kontexten evaluiert und elaboriert, d. h. angereichert, modifiziert oder auch substanziell verändert (vgl. Seel 2001, S. 153)

Tab. 1: Stufenmodell berufsdidaktischer Kompetenzentwicklung

Entwicklungsstufe		Objektbezogene Kompetenzaspekte Tiefenstrukturen des Domänenwissen:		Subjektbezogene Kompetenzaspekte
		innere Organisation	innere Elaborierung	Selbststeuerung kognitiver Ressourcen und Prozesse
V	Experte	**mentale Modelle**	**Produktion:** neue mentale Modelle	zunehmend internalisiert
IV	erfahrener Berufsschullehrer (Kompetenzziel im Referendariat)	**mentale Modelle**	**Reproduktion/Anwenden**: Übernahme und Erprobung weiterer externer Modelle (Internalisierung)	
		Schemata	**Produktion:** neue Schemata auf Basis übernommener mentaler Modelle (hypothetische Repräsentation)	
III	professioneller Berufsschullehrer (Kompetenzziel im Masterstudium)	**mentale Modelle**	**Reproduktion/Anwenden**: Übernahme und Erprobung externer Modelle	
		Schemata	**Produktion:** neue Schemata auf Basis übernommener mentaler Modelle (hypothetische Repräsentation) **Reproduktion/Anwenden**: Routinisierung bekannter Schemata	
II	fortgeschrittener Lehramtskandidat (Kompetenzziel im Bachelorstudium)	**mentale Modelle**	**Reproduktion/Anwenden**: Übernahme und Erprobung externer Modelle zur Begründung/Erklärung von Schemata	fremdinitiiert (theoriebewusste Selbstüberwachung und -regulation
		Kategorien und Schemata	**Produktion:** nur durch phänomenologisch-heuristische Hypothesenbildung **Reproduktion/Anwenden**: Übernahme und Erprobung	muss extern angestoßen und gefördert werden)
I	Neuling	unterschiedliche Eingangsvoraussetzungen		

Für das Reflektieren, Steuern und Modifizieren der vorhandenen objektbezogenen Wissensstrukturen sind zusätzlich subjektbezogene Wissensstrukturen erforderlich (vgl. ebd.). Diese Selbstüberwachungs- und -regulationsprozesse auf der Ebene des sog. „Metawissens" sind „Motor" berufsbegleitender Kompetenzentwicklung und insofern ein unverzichtbares Kriterium berufsdidaktischer Handlungskompetenz.

Indikatoren für die von den Studierenden erreichten Kompetenzstufen sind Leistung und Verhalten in Handlungsräumen unterschiedlicher Komplexität und Kompliziertheit. Für die Kompetenzstufe II didaktischer Handlungskompetenz, die als erste im Studium zu entwickeln ist, können folgende Indikatoren herangezogen werden:

- Erkennen wesentlicher äußerer Situationselemente – Aneignung didaktisch-methodischer Kategorien und Schemata (kategorische Repräsentationen) und deren erscheinungsaffine Reproduktion/Reflexion (z. B. Lehrerpersönlichkeit, Schüleraktivität, Einsatz von Unterrichtsmitteln),

- Erkennen wesentlicher innerer Situationselemente – Übernahme externer und Reflexion/Anpassung vorhandener mentaler Modelle; ggf. Entwicklung neuer mentaler Modelle (hypothetische Repräsentationen, z. B. zu Erkenntniswegen, zu Komponenten der Handlungsregulation),

- Reproduktion/Reflexion von Schemata in Reflexion übernommener/neuer mentaler Modelle,

- Befähigung zur theoriebewussten Selbstüberwachung und -regulation und deren Verbalisierung (fremdinitiiert).

3 Gestaltung einer kompetenzorientierten, (selbst)reflexiven Lehrerbildung für die BA-Ausbildung (Kompetenzstufe II)

Mit dem vorgestellten Modell lassen sich Niveaustufen der Kompetenzentwicklung der Studierenden und Entwicklungsprobleme oder –barrieren besser verstehen und diagnostizieren. Zudem können hierüber die Wirkungen hochschuldidaktischer Gestaltungsansätze zur Kompetenzentwicklung besser bewertet bzw. optimiert werden. Im Folgenden werden diese Aspekte für die Entwicklung vom Neuling zum Fortgeschrittenen diskutiert:

Neulinge haben sehr unterschiedliche Eingangsvoraussetzungen. Für die lehrbezogene Kompetenzentwicklung spielen im Besonderen Schemata, die bezüglich des Unterrichtens bereits vorliegen, eine große Rolle. Sie entsprechen in der Regel episodischen Repräsentationen und werden in Reflexion des – aus der Schülerrolle — erlebten Unterrichts gebildet. Diese Schemata bestimmen die subjektiven Theorien der Studierenden zur Unterrichtsgestaltung. Sie können den Strukturen des vermittelten Professionswissens konträr gegenüberstehen. In diesem Fall gibt es für die Betroffenen keine Verknüpfungsstellen zwischen ihren verfügbaren Schemata und den im Studium angebotenen Schemata/mentalen Modellen. Die neuen Inhalte werden ohne eine Verbindung zum persönlichen Verständnis vom pädagogischen Handeln gespeichert (Mietzel 2007) und können somit auch nicht handlungsleitend werden.

Eine Voraussetzung kompetenzorientierter Lehrerbildung besteht darin, dass für alle Neulinge Unterrichtserfahrungen gesichert werden, auf deren Basis Schemata (episodische Repräsentation) gebildet werden, die

1. eine Verknüpfung mit dem anvisierten Professionswissen und

2. eine Weiterentwicklung der Schemata (kategorische Präsentationen) bis hin zu mentalen Modellen (hypothetische Präsentationen)

motivieren und erlauben.

Zu 1. Diese Voraussetzung wird in der Beruflichen Fachrichtung Chemie- und Umwelttechnik durch ein umfassendes, einwöchiges Projekt (z. B. zum Thema Wasseranalytik) geschaffen. Die Studierenden übernehmen in diesem Projekt die Rolle von Lernenden und erleben aus dieser Perspektive einen problemorientierten und schülerzentrierten Unterricht. Viele machen erstmals derartige Projekterfahrungen, welche zu einem Bezugs- und Orientierungspunkt für die berufsdidaktische Lehre werden. Sie sichern eine Verknüpfung mit dem Professionswissen, auch wenn es in klassischen Vorlesungen dargeboten wird. (Unabhängig von dieser grundlegenden Bedeutung für die Lehrerbildung erwerben die Studierenden im Rahmen des Projektes nachweisliche Kompetenzen in der Umweltanalytik.)

Zu 2. Zur Weiterentwicklung der Schemata (im Sinne der Bildung kategorischer Repräsentationen) bzw. zur Überführung in mentale Modelle (hypothetische Repräsentationen) müssen die Studierenden wiederholte Erfahrungen mit ähnlichen Episoden machen. Hierzu wird in berufsdidaktischen Seminaren bewusst die Arbeit mit Fallbeispielen auf zwei Ebenen eingesetzt. Die Studierenden erhalten Aufgaben

• zur Analyse und Bewertung von Unterrichtskonzepten ggf. auch Entwicklung von Alternativen (= Analyse von Fallbeispielen im Sinne der Stated-Problem-Method) oder

• zur konzeptionellen Erarbeitung und Demonstration von Unterrichtskonzepten
(= Erarbeitung von Lösungen für ein Fallbeispiel).

Die Fallbeispiele, die der Analyse und Bewertung zugrunde gelegt werden, sind so konzipiert, dass sowohl Lösungsvarianten enthalten sind, die den Standards didaktischer Profession entsprechen, als auch Aspekte, die ihnen nicht entsprechen. Es ist nachweisbar, dass gute didaktische Gestaltungslösungen weniger tief reflektiert werden als mangelhafte Lösungen. Gute Lösungen wirken stets einfach und leicht zugänglich. Sie werden als „normal" hingenommen. Für den Betrachter entsteht der Eindruck, dass er dies auch kann. Um diesem suggerierten Kompetenzempfinden entgegenzuwirken, sind die Fallbeispiele so zu konzipieren, dass durch Fehler in der Gestaltung ganz bestimmte didaktische Aspekte (Zusammenhänge zwischen Lehrerhandeln und dem initiierten Lernprozess) in den Mittelpunkt rücken. Mittels Fallbeispielen können folglich „Episoden" thematisiert werden, die eine spezifische Entwicklung der Schemata oder der mentalen Modelle initiieren und unterstützen.

Die konzeptionelle Planung und Demonstration von Unterricht (als Fallbeispiel) dient der produktiven Anwendung der Schemata/mentalen Modelle und darüber deren Elaboration. Das setzt voraus, dass die Studierenden diese bereits verinnerlicht haben und deren Anwendung zur Unterrichtsplanung als zielführend erkennen. Die Unterrichtskonzepte werden im Seminar demonstriert, wobei ein Teil der Studierenden die Rolle der Auszubildenden einnimmt. Die Rollen werden im Vorfeld in Reflexion von Schülertypen bestimmt und personifiziert. Während des gesamten Semesters wird diese fiktive Klasse beibehalten. Die Planung und Durchführung von Unterrichtssequenzen ist somit mit der vorausschauenden und unterrichtsbegleitenden Diagnose von Schülerleistungen und -verhalten zu verknüpfen. Die Auswertung der Unterrichtssequenz beginnt prinzipiell mit einer Rückkopplung aus Sicht der Schülerrollen. Hierüber werden zwei Effekte erwartet: Studierende, die die Schülerrollen einnehmen, schulen ihre Empathie sowie Diagnosefähigkeit. Diejenigen, die die Lehrerrolle einnehmen, erhalten die Rückkopplung aus Sicht ihrer Adressatengruppe, womit der initiierte Lernprozess als ein Resultat des Lehrerhandelns in den Vordergrund tritt. In Unterschied dazu erfolgt die klassische Auswertung von Unterrichtssequenzen auf der Kommunikationsebene zwischen „Kommilitonen-Kollegen", die ihre Analyse sofort auf das Lehrerhandeln richten.

Die vorgestellten Konzepte wurden jeweils erfolgreich erprobt, wobei die Effekte z. T. nachgewiesen wurden. Auf der Basis der Ergebnisse werden die Konzepte weiter spezifiziert und in einem Gesamtkonzept zusammengeführt.

Literatur

Dreyfus, H. L.; Dreyfus, S. E. (1986): Mind over Machines. Oxford: Basil Blackwell.

Havighurst, R. J. (1948): Development tasks and education. New York: David McKay-Havighurst.

Heidegger, G. (1987): Didaktik und Bildung. Widersprüchliche Strukturierung in Kognition und Emotion. Weinheim, München: Juventa Verlag.

Mietzel, G. (2007): Pädagogische Psychologie des Lehrens und Lernens. Göttingen: Hogrefe.

Seel, N. M. (2001): Aufbau und Veränderung mentaler Modelle. In: G. Franke (Hrsg.): Komplexität und Kompetenz. Ausgewählte Fragen der Kompetenzforschung Schriftenreihe des BiBB Bonn (S. 77–101). Bielefeld: wbv.

Zur Aus- und Fortbildung von berufsbildenden Lehrkräften

Friedhelm Eicker

1 Einleitung

Mit diesem Beitrag ist beabsichtigt, einige grundsätzliche Überlegungen in die deutsche und auch internationale Diskussion zur Aus- und Fortbildung von berufsbildenden Lehrkräften einzubringen. Dabei bietet es sich an, besonders auf die Bereiche der Elektronik (ET) und Informationstechnologie (IT) einzugehen, weil diese die Berufsbildung in mehrfacher Hinsicht verändert haben. Eine rasant wachsende Nachfrage von ET- und IT-Produkten führte zur Entwicklung neuer Berufe, wobei Gewohntem nicht gefolgt werden konnte. Darüber hinaus hat die zunehmende Anwendung von ET und IT fast alle traditionellen Berufe bzw. die Berufsbildungen stark beeinflusst. Auch wurde mit ET und IT ein modernes berufsbildendes Lehren und Lernen ermöglicht.

Die Berufsbildung wird in vielen Ländern und Regionen immer mehr in ihrer Bedeutung als Motor wirtschaftlicher Entwicklungen erkannt und gefördert. Zu diesem Zweck bedarf es der Entwicklung und Erprobung von neuen arbeits- und gestaltungskompetenzbezogenen Konzepten, an denen sich die beruflichen Bildungseinrichtungen und die Aus- und Fortbildung der berufsbildenden Lehrkräfte orientieren können.

Soweit besteht wohl Einigkeit, zumindest unter deutschen Berufswissenschaftlern. International erscheint es sinnvoll oder sogar notwendig, darauf hinzuweisen, dass Berufsbildung, auch wenn ET und IT angesprochen und genutzt werden, nicht per se ihr Bildungs- und Innovationspotenzial zu entfalten vermögen. Es bedarf nicht nur der „Elektronisierung und Informationalisierung" der gegebenen und ansonsten mehr oder weniger unveränderten Berufsbildungseinrichtungen einschließlich der Universitäten[1], wenn die gegebenen Arbeitsmöglichkeiten und Marktchancen ausgeschöpft werden sollen[2]. Vielmehr bedarf es, wie vielerorts schon fortgeschritten (etwa mit dem Abstellen auf ein „Lernfeldkonzept" in deutschen Berufsschulen oder beispielsweise im IVAE in Beijing/China), einer konsequenten – ET- und IT-bezoge-

---

[1] Mit Universitäten sind immer auch Hochschulen und vergleichbare Einrichtungen außerhalb des Hochschulbereiches wie die deutschen Berufsakademien gemeint.

[2] Konkreter Anlass zu diesem Hinweis sind Diskussionen, die geführt worden sind in der Vorbereitung der Tagung „Electronic and IT in Tertiary Vocational Education and Training" im Rahmen des ITME-Symposiums (International Symposium on IT in Medicine and Education) des Institute of Electrical and Electronics Engineers (IEEE) im Dezember 2008 in Xiamen/China.

nen – Orientierung auf kompetenzförderndes und gestaltungsbezogenes Arbeiten[3]. Dieses erfordert auch eine gestaltungskompetenzorientierte Aus- und Fortbildung der berufsbildenden Lehrkräfte.

2 Grundsätzliches

Drei Grundpositionen sind denkbar: Eine fachbezogene Position, nach der das jeweilige Lehren und Lernen durch die korrespondierende Fachwissenschaft dominiert wird – im betrachteten Fall durch die (ingenieurwissenschaftliche) ET und IT. Anders kann eine berufspädagogische Position bezogen werden, nach der Erziehung unter dem Einfluss des jeweils Beruflichen angestrebt wird. Noch etwas anders kann auf eine (allgemeine) pädagogische Position hin orientiert werden, nach der die jeweilige Lehrerbildung im Kontext von allgemeiner Erziehungswissenschaft gestaltet wird. In jedem Fall muss sichergestellt sein, dass die Aus- und Fortbildung der berufsbildenden Lehrkräfte, wie alle Berufsbildungen, auf Arbeit in Arbeitsfeldern, auf Berufe, eingeht. Damit ist klar, dass in der technischen Berufsbildung, auch in der technischen Lehrerbildung in Universitäten, nur dann ursächlich auf ET bzw. IT abgestellt werden darf, wenn mit ET und IT begrifflich Arbeitsanforderungen und -möglichkeiten erfasst werden (und nicht nur technische bzw. technologische Sachverhalte in einem engen Sinne). Damit keine Missverständnisse aufkommen: Natürlich geht es bei den Arbeitsanforderungen immer auch um Technik (auch um Wirtschaft u. a.). Aber es geht eben nicht nur um Technik, sondern um viel mehr. Es geht um den gesamten Arbeitsprozess, um Arbeitsorganisation und vor allem um Absichten und Interessen, die mit Arbeits(organisations)gestaltung sowie Arbeitsentwicklung einschließlich eingesetzter bzw. einzusetzender Technik verbunden sind. Ebenso ist klar, dass damit berufspädagogische bzw. erziehungswissenschaftliche Werte ihre Begründungen in Arbeits(feld)anforderungen finden müssen. Damit dieses sichergestellt wird, bedarf es einer fortwährenden und prospektiven (nicht nur temporären) Betrachtung und Begründung des „gesamten Reflexions- und Gestaltungsbogens" von der Arbeit in abgrenzbaren Arbeitsfeldern (auf Facharbeiter- und auch anderem Niveau) bis hin zum Lehren und Lernen, das auf diese Arbeit ausgerichtet ist. Dabei ist es nicht sinnvoll, den – viel beschworenen – Königsweg der Arbeitsentwicklung zu unterstellen (auf dem sich Arbeit und Technik usw. vermeintlich zwangsläufig zu Besserem und Gutem weiterentwickeln). Arbeit hat sich historisch sehr unterschiedlich entfaltet und dieses ist demnach auch zukünftig möglich. Es kommt darauf an, dass auch in der Aus- und Fortbildung von berufsbildenden Lehrkräften das Für und Wider möglicher Entwicklungspfade mit

3   Ein solches Konzept entwickeln und erproben zurzeit die Universität Rostock/Technische Bildung und das IVAE, das Institute for Vocational and Adult Education der Beijing Academy of Educational Sciences, in dem LFC-Projekt (The Learning Field-Curriculum – A Method of Teaching Design).

bedacht wird. Die zukünftigen Lehrkräfte haben sich eine Kompetenz anzueignen, die erwarten lässt, dass sich (später) die zu unterrichtenden Fachkräfte die Kompetenz aneignen, vermittels derer sie die Weiterentwicklung der Arbeit in ihrem Arbeitsfeld tatsächlich mitgestalten. Die berufsbildenden Lehrkräfte haben ebenso wie oder mehr noch als die Facharbeiter und andere Fachkräfte eine Arbeits- und Gestaltungskompetenz zu erwerben.

Mit diesem Anspruch stellt sich die Forderung nach einem geeigneten Instrument, das hilft, den Weg vom Arbeiten in Arbeitsfeldern hin zum Lehren und Lernen in den Berufsbildungseinrichtungen, auch in den Universitäten, begründet und effektiv gehen zu können. Erste Vorstellungen dazu wurden in den Projekten euroinno[4] und uni-komnet[5] entwickelt. Es wurde von einem sogenannten Kompetenzfeld ausgegangen – zum Ausdruck gebracht wird alles, was in einem Arbeitsfeld der Kompetenzaneignung dienlich ist: „Alles, was Berufstätige lernen müssen, um die Arbeitsaufgaben lösen zu können, wird zusammengestellt und beschrieben. Erreicht werden soll, dass die Lernenden nicht länger nur vornehmlich passiv Kenntnisse, Fertigkeiten und Verhaltensorientierungen erwerben, die auf Technikfragmente abstellen. Die Lernenden sollen sich, so gesagt, nicht nur an überlieferte Techniken anpassen. Vielmehr sollen sie lernen, aktiv in Geschäfts- und Arbeitsprozessen eingebettete Techniken mitzugestalten. In den Bemühungen sollen die Lernenden von den Lehrenden unterstützt werden. Damit dieses möglich wird, bedarf es Konsequenzen" (Eicker/Hartmann 2004, S. 170, sowie ausführlicher Eicker 2007).

Mit dem Kompetenzfeld wird der Ausgangspunkt für alle Lehr-/Lernentscheidungen die konkrete (zukünftige) Arbeit im Arbeitsfeld einschließlich der technischen und sonstigen Implikationen, mit denen die beruflich Lernenden befasst sind oder mit einer gewissen Wahrscheinlichkeit befasst sein können. Das Lehren und Lernen muss so gestaltet werden, dass Lernende die Möglichkeit erhalten, sich dafür eine Gestaltungskompetenz anzueignen. Aneignen deshalb, weil Kompetenz nur begrenzt vermittelt werden kann, vielmehr eines selbständig-aktiven Lernprozesses bedarf, in dem die Arbeitswelt von den Lernenden tatsächlich erkundet und begründet mit weiterentwickelt wird – also kompetent gestaltet wird[6].

---

4   euroinno: Europäisches Kompetenzfeld Gebäudeautomation (Leonardo-da-Vinci-Projekt, 01.10.2003 bis 30.09.2006 in 22 Institutionen aus Berufsbildung und Wirtschaft in 7 Ländern, siehe hierzu u. a. Universität Rostock/Technische Bildung 2007).

5   uni-komnet: Innovation by Universitary Vocational Training – Curriculum Development for Competence Promotion in the Building Automation (Asia-Link-Projekt, 01.01.2005 bis 31.12.2007, Universität Rostock – Technische Bildung/Deutschland, Fontys University of Professional Education in Eindhoven/Niederlande und University of Tianjin/China, siehe hierzu u. a. Eicker 2009).

6   Als Perspektive kann ein regional und auch überregional „vernetztes" Lehren, Lernen und Arbeiten angesehen werden (siehe hierzu u. a. Eicker 2009).

Damit dieses den Lehrenden und Lernenden ermöglicht oder zumindest erleichtert wird, bedarf es – das war ein Ergebnis in den Projekten euroinno und uni-komnet – der (weiteren) Entwicklung von „Hilfsinstrumenten"[7], die kontinuierlich und zukunftsgreifend zu erwerbende Arbeitskompetenzen und zu vermittelnde Lernkompetenzen zu erfassen erlauben[8].

3 Zusammenhänge und Inhalte sind wichtig!

Fragt man Technik-Berufspädagogen oder -wissenschaftler, was ET und IT ausmacht, die zu vermitteln bzw. anzueignen sind, so stößt man gewöhnlich auf Erstaunen. Die Frage erscheint überflüssig, sind doch in vielen ingenieurwissenschaftlichen ET- und IT-Büchern die ET und IT umfänglich dargestellt und werden doch ET und IT in allen Lebensbereichen genutzt. Das geringe Hinterfragen der ET und IT (wie aller anderen Techniken bzw. Technologien) birgt Gefahren und hat zu Fehleinsichten geführt: ET und IT erscheinen – selbstverständlich – wertvoll. Es geht lediglich darum, den Nachwuchs mit der ET und der IT vertraut zu machen. Dementsprechend hat auch die universitäre Bildung die Lernenden nur anzupassen. Die ET und die IT müssen – lernergerecht – übernommen werden.

Folglich wird oft die Aufgabe darin gesehen, in der Weise alle ET- und IT-Kenntnisse zu lehren und damit einhergehende -Fertigkeiten zu schulen, wie sie von der Ingenieurwissenschaft Elektrotechnik (ET und IT) dargestellt und methodisch aufbereitet werden (was schon wegen des exponentiell zunehmenden ET- und IT-Wissens nicht möglich ist). Deshalb kann es nicht verwundern, dass ET- und IT-Lehre auch oder besonders in der universitären Berufsbildung oft mit dem vielzitierten Trichter stattfindet. Relativ passive Lernende bekommen mehr oder weniger fraglos die vermeintlich gesicherten ET- und IT-Kenntnisse eingetrichtert und üben isolierte Fertigkeiten. Die Lehrorganisation unterstützt dieses Lernen. Allerdings entspricht diese Berufsbildung weder einem zukunftsträchtigen Technikverständnis noch werden die Möglichkeiten der Lernenden genutzt.

---

7   Die oft üblichen Tätigkeitsanalysen reichen ebenso wenig aus wie etwa die bekannten leitfadengestützten Facharbeiter-/Experteninterviews oder –workshops. Es bietet sich ein sogenannter „Editor" an, ein computergestütztes Analyse- und Gestaltungsinstrument, das in den Projekten euroinno und uni-komnet konzipiert und in ersten Schritten entwickelt worden ist (siehe hierzu Hiller 2008).

8   Als Ergebnis der bisherigen Diskussionen zu dem Kompetenzfeld, zur Grundlegung für eine gestaltungs- und kompetenzfördernde (universitäre) technische Berufsbildung und zu Lehr-/Lernkonsequenzen, kann ein „Kompetenz- und -entwicklungsmodell" angesehen werden. Das „Modell" verspricht – dargestellt am Beispiel der Gebäudeautomation – im „Spannungsfeld der Entwicklung der Gebäudeautomation in der derzeit vorgefundenen Ausprägung von Arbeit, Technik und Bildung" eine Gestaltungskompetenz entwickeln zu können, indem auf eine ungeteilte Kompetenz und ganzheitliche Geschäftsprozesse unter besonderer Beachtung der Subjektivität der Lernenden abgestellt wird und der „Lebenszyklus eines Gebäudes" besonders bedacht wird (vgl. Richter 2007, S. 340 und S. 342, sowie Richter 2009).

Im Gegensatz dazu wird in einem arbeitskompetenz- und gestaltungsorientierten Lehren und Lernen von der Einsicht ausgegangen, dass es gesellschaftliche Entwicklungsvorstellungen und Anforderungen in modernen Betrieben sind, die Aneignung von Gestaltungskompetenz und damit das Nutzen und Anreichern von Arbeitspotenzial erwarten lassen. Dieses erfordert auch und besonders in der universitären technischen Berufsbildung einen Paradigmenwechsel von einem anpassungs- zu einem gestaltungsorientierten Aneignen von Arbeitskompetenz. Darin integriert muss natürlich Technikkompetenz sein (und auch damit zusammenhängende weitere Kompetenzen müssen eingeschlossen sein). Damit ist klar, dass ET und IT nicht einfach ein Arbeitsfeld repräsentieren[9]. Sinnvolle Arbeitsfelder (und nicht einfach Techniken bzw. Technologien) sind auszuweisen. Es bedarf vernünftiger ET- und IT-geprägter Arbeitsfelder. Selbständig-aktiv und begründet müssen die Lernenden die Aufgaben lösen, die in diesen Arbeitsfeldern eine essenzielle Bedeutung haben. Wichtig ist, dass die Lernenden diese Aufgaben in ihren betrieblichen und darüber hinausgehenden Relevanzen diskutieren, nur vernünftig erscheinende Aufgaben und deren Lösungen angehen und planen – und mit den Lösungen im wahrsten Sinne des Wortes tatsächlich arbeitspraktische Verbesserungen anstreben. Darin müssen die Lernenden von den Lehrenden unterstützt werden – es sind lerneraktivierende, alternativ gestaltbare, arbeitspraxisbezogene Lernsituationen zu schaffen[10].

Es bedarf – das sollte deutlich geworden sein – in der Berufsbildung, auch in der universitären Berufsbildung, eines grundsätzlich neuen Ansatzes, damit sich die Lernenden wirklich arbeitsrelevante Gestaltungskompetenz, die den Namen verdient, aneignen können. Anders als in anderen Kompetenz- und Gestaltungskonzepten kommt es darauf an zu vermeiden, dass die Lernenden mehr oder weniger isolierte Einzelkompetenzen wie Fachkompetenz, Methodenkompetenz usw. erwerben. Es muss sichergestellt oder zumindest wahrscheinlich sein, dass auch und vor allem Zusammenhänge beachtet und erkannt werden und denen entsprochen wird. Dazu ist es angeraten, „ganzheitlich" auf Arbeitsprozesse oder besser auf Geschäftsprozesse abzustellen. Auch ist den subjektiven Kompetenzentwicklungsmöglichkeiten (der zukünftigen Fachkräfte bzw. der zukünftigen berufsbildenden Lehrkräfte) zu entsprechen. Damit einhergehen muss, dass die Inhalte im Lehren und Lernen sich nicht verselbstständigen, beliebig werden oder sogar gänzlich verschwinden können, sondern tatsächlich den zu erwartenden Erklärungs- und Gestaltungswert haben. Deshalb kommt es beim kompetenz- und gestaltungsorientierten Lehren und

---

9   Schon wegen des Querschnittscharakters von ET und IT sind Zweifel dahingehend geboten, dass ET und IT allein auf ein zukunftsträchtiges Arbeitsfeld verweisen bzw. verweisen können.

10 In der ET- und IT-geprägten Berufsbildung kann dafür ein prägnantes Beispiel sein: Experimentiersituationen, die ein experimentierendes Lehren und Lernen in – realen oder auch virtuellen – Experimenträumen mit Experimentiereinrichtungen erwarten lassen.

Lernen in allen Berufsbildungseinrichtungen, auch in den Universitäten, besonders auf die Zusammenhänge und die Inhalte an.

Literatur

Eicker, F.; Hartmann, M. (2004): Kompetenzfelder als Kristallisationspunkte für Gestalten in technischen Berufsbildungs- und Innovationsnetzwerken. In: V. Herkner & B. Vermehr (Hrsg.): Berufsfeldwissenschaft – Berufsfelddidaktik – Lehrerbildung. Beiträge zur Didaktik gewerblich-technischer Berufsbildung (S. 167ff.) Bremen: Donat Verlag.

Eicker, F. (2007): Kompetenzfelder als Grundlage für Curriculumentwicklung – dargestellt an Beispielen der Projekte euroinno & uni-komnet. In: Universität Rostock/Technische Bildung (Hrsg.): Das Kompetenzfeld – ein Raum zur Datenerfassung und zum Wissenstransfer (S. 39–62). Rostock: Universitätsdruckerei.

Eicker, F. (Hrsg.) (2009): Innovation durch universitäre berufliche Bildung – Zum gestaltungs- und kompetenzorientierten Lehren in der Gebäudeautomation, Bremen: Donat Verlag.

Hiller, A. (2008): Zur Entwicklung eines diagrammbasierten Computerprogramms für die Eingabe, Verarbeitung und Darstellung von Kompetenzdaten in Arbeitsprozessen im Bereich der Gebäudeautomation. In: Universität Rostock/Technische Bildung (Hrsg.): Technical Education for a Co-shaping Working in Building Automation, Vol. I (S. 297ff.). Putbus: Wissenschaftsverlag.

Richter, C. (2007): Curriculare Überlegungen als Konsequenzen aus der Arbeit zum Projekt euroinno „... von der Arbeit im Bereich Gebäudeautomation zum Lernen und Lehren". In: Universität Rostock/Technische Bildung (Hrsg.): Das Kompetenzfeld – ein Raum zur Datenerfassung und zum Wissenstransfer (S. 277–360). Rostock: Universitätsdruckerei.

Richter, C. (2009): Gebäudeautomation mit dem Elektrohandwerk?! – Neue Anforderungen erfordern neue Ausbildungskonzepte. Ein ganzheitliches und subjektorientiertes Modell beruflicher Ausbildung für die Gebäudeautomation und Konsequenzen für die schulische Ausbildung, Dissertations-Entwurf vom 22.04.2009, Universität Rostock/Technische Bildung.

Universität Rostock/Technische Bildung (Hrsg.) (2007): Das Kompetenzfeld – ein Raum zur Datenerfassung und zum Wissenstransfer. Rostock: Universitätsdruckerei.

Bremer Studiengang der Gewerblich-Technischen Wissenschaften

Tamara Riehle

1 Ausgangslage

Im Zuge des Bologna-Prozesses wurde an der Universität Bremen der Studiengang „Lehramt an beruflichen Schulen" (Gewerblich-Technische Wissenschaften – GTW) auf Bachelor-Master-System umgestellt. Bei der Planung der neuen Studiengänge mussten sowohl die Strukturvorgaben und Rahmenvereinbarungen der Kultusministerkonferenz als auch die Vorgaben der Universität Bremen betreffend der Lehramtsstudiengänge für die Sekundarstufe II berücksichtigt werden.

2 Strukturvorgaben

2.1 Strukturvorgabe der KMK

Die ländergemeinsame Strukturvorgabe der KMK (2007) sieht für das Lehramt an beruflichen Schulen ein Zwei-Fach-Studium vor, das in ein sechssemestriges Bachelorstudium und ein viersemestriges Masterstudium mit insgesamt 300 ECTS gegliedert ist. Die Verteilung der Kreditpunkte erfolgt fächer- und studiengangsübergreifend. Auf die Fachwissenschaften (Berufliche Fachrichtung und Zweitfach) entfallen 180 ECTS, für die Bildungswissenschaften (in Erst- und Zweitfach) mit den Schwerpunkten Erziehungswissenschaften, Pädagogik, Fachdidaktik sowie schulpraktische Studien sind 90 ECTS vorgesehen. Bachelor- und Masterarbeiten sollten insgesamt einen Umfang von 30 ECTS haben. Abweichungen von bis zu 10 ECTS sind zulässig.

Tab. 1: ECTS-Verteilung nach Rahmenvereinbarung der KMK von 2007

Fachwissenschaften	ECTS	Bildungswissenschaften	ECTS	Σ ECTS
Berufliche Fachrichtung (Erstfach) Unterrichtsfach (Zweitfach)	180	Erziehungswissenschaften Berufspädagogik Fachdidaktik Schulpraktische Studien	90	
Bachelor- und Masterthesis	30			
Σ ECTS	210		90	300

2.2 Strukturvorgaben der Universität Bremen

In Bremen wurde ein gestufter GTW-Studiengang entwickelt, der eine berufsfeldbezogene Polyvalenz gewährleisten soll. Der sechssemestrige Bachelorstudiengang hat zwei berufliche Fachrichtungen (Metalltechnik-Fahrzeugtechnik und Elektrotechnik-Informationstechnik), und der erste berufsqualifizierende Abschluss ist der Bachelor of Science (B. Sc.). Der viersemestrige, lehramtsspezifische Masterstudiengang mit insgesamt vier beruflichen Fachrichtungen (Metalltechnik, Fahrzeugtechnik, Elektrotechnik und Informationstechnik) schließt mit dem Master of Education ab. Als Nebenfächer sind Mathematik, Physik, Chemie, Deutsch, Englisch und Politik zugelassen (vgl. Tab. 2).

Tab. 2: Lehramtsstudium für berufliche Schulen der Universität Bremen

Master of Education				
Master	Metalltechnik	Fahrzeugtechnik	Elektrotechnik	Informationstechnik	Mathematik, Physik, Chemie, Deutsch, Englisch, Politik
Bachelor of Science				
Bachelor	Metalltechnik-Fahrzeugtechnik		Elektrotechnik-Informationstechnik		Mathematik, Physik, Chemie, Deutsch, Englisch, Politik
	Erstfach				Zweitfach

2.2.1 Struktur des Bachelorstudiengangs

Im Gegensatz zu den KMK-Vorgaben, die bei der Punkteverteilung zwischen Fachwissenschaften und Bildungswissenschaften unterscheiden, wird an der Universität Bremen aus organisatorischen Gründen eine Unterteilung zwischen Erst- und Zweitfach vorgenommen. Die Fachwissenschaften und fachdidaktischen bzw. berufswissenschaftlichen Inhalte werden von den jeweiligen Fachbereichen abgedeckt. Um vielfältige Fächerkombinationen zu ermöglichen, wurde eine fachbereichsübergreifende Struktur und Punkteverteilung entwickelt. Im Bachelorstudiengang müssen im Erstfach (berufliche Fachrichtung, Berufspädagogik, Fachdidaktik und Erziehungswissenschaften) 120 ECTS erbracht werden. Im Zweitfach sind 45 ECTS in der Fachwissenschaft zu erwerben. Für das Abschlussmodul mit Bachelorthesis und Begleitseminar werden insgesamt 15 ECTS vergeben. Inhalt, Modulgrößen, und Veranstaltungsanzahl liegen in der Eigenverantwortung der Fachbereiche.

Tab. 3: ECTS-Verteilung für den Bachelorstudiengang Gewerblich-Technische Wissenschaften der Universität Bremen

Fachwissenschaften	ECTS	Bildungswissenschaften	ECTS	Σ ECTS
Berufliche Fachrichtung (Erstfach)	75	Erziehungswissenschaften Berufspädagogik Fachdidaktik (Erstfach)	45	120
Unterrichtsfach (Zweitfach)	45	Fachdidaktik (Zweitfach)	0	45
Bachelorthesis mit Begleitseminar	15			15
Σ ECTS	135		45	180

Es sind insgesamt drei Praktika im bildungswissenschaftlichen Bereich zu absolvieren, welche den Verlauf des Studiums stark bestimmen.

2.2.2 Struktur des konsekutiven Masterstudiengangs

Im Masterstudiengang liegt der Studienschwerpunkt auf dem Zweitfach und der Berufspädagogik. Für die Studiengänge des Lehramts der Sekundarstufe II sieht die Universität Bremen folgende Struktur vor: Erstfach 41 ECTS, Zweitfach 58 ECTS und Abschlussmodul mit Forschungspraktikum und Masterthesis 21 ECTS. Die Verteilung der Leistungspunkte auf die Fachwissenschaften und Bildungswissenschaften im Zweitfach ist ebenfalls universitätsweit geregelt; für die Fachwissenschaft werden 30 ECTS vergeben, für die Didaktik 28 ECTS. Unter Berücksichtigung der KMK-Vorgaben bleiben für fachwissenschaftliche Inhalte in der beruflichen Fachrichtung (Erstfach) nur noch Veranstaltungen im Umfang von 15 ECTS, für die Berufspädagogik einschließlich der Fachdidaktik 26 ECTS.

Tab. 4: ECTS-Verteilung für den konsekutiven Masterstudiengang Lehramt an beruflichen Schulen (GTW) der Universität Bremen

Fachwissenschaften	ECTS	Bildungswissenschaften	ECTS	Σ ECTS
Berufliche Fachrichtung (Erstfach)	15	Berufspädagogik Fachdidaktik (Erstfach)	26	41
Unterrichtsfach (Zweitfach)	30	Fachdidaktik (Zweitfach)	28	58
Masterthesis Forschungspraktikum	21			21
Σ ECTS	66		54	120
Σ BA/MA-Studiengang	201		99	300

Mit den vergebenen 201 ECTS für die Fachwissenschaften und den 99 ECTS für die Bildungswissenschaften ist, unter Berücksichtung der erlaubten Abweichungen von 10 ECTS pro Studienbereich und einer Gesamtsumme von 300 ECTS, der GTW-Studiengang in Bremen KMK-konform.

2.2.3 Struktur des nicht-konsekutiven Masterstudiengangs

Zulassungsvoraussetzung für den nicht-konsekutiven Masterstudiengang ist ein erster berufsqualifizierender Hochschulabschluss in den Gewerblich-Technischen Wissenschaften, Ingenieurwissenschaften oder der Informatik. Es können die gleichen Nebenfächer wie im Bachelorstudiengang gewählt werden.

Auch der nicht-konsekutive Masterstudiengang ist stark durch das Zweitfach geprägt. Es sind insgesamt 60 ECTS dafür vorgesehen. Davon entfallen 45 ECTS auf die Fachwissenschaften und 15 ECTS auf die Fachdidaktik. In der beruflichen Fachrichtung müssen keine Leistungspunkte mehr erbracht werden, wohingegen in der Berufspädagogik und der beruflichen Fachdidaktik insgesamt 39 ECTS erworben werden müssen.

Tab. 5: ECTS-Verteilung für den nicht-konsekutiven Masterstudiengang Lehramt an beruflichen Schulen (GTW) der Universität Bremen

Fachwissenschaften	ECTS	Bildungswissenschaften	ECTS	Σ ECTS
Berufliche Fachrichtung (Erstfach)	0	Berufspädagogik Fachdidaktik (Erstfach)	39	39
Unterrichtsfach (Zweitfach)	45	Fachdidaktik (Zweitfach)	15	60
Masterthesis	15	Forschungspraktikum	6	21
Σ ECTS	60		60	120
Σ BA/MA-Studiengang	220		80	300

Die KMK-Konformität dieses Masterabschlusses an der Universität Bremen kann nur gewährleistet werden, wenn die Studienanwärter für den Masterstudiengang bildungswissenschaftliche Anteile im Umfang von 20 ECTS aus dem Erststudium nachweisen können.

3 Schlussfolgerung

Die Universität Bremen hat die Struktur der Studiengänge für die Sekundarstufe II vor der Bekanntgabe der KMK-Vorgaben geplant und eingeführt. Bestehende Diskrepanzen werden im nächsten Jahr durch eine Reorganisation beseitigt. Bedingt durch das Zwei-Fach-Studium und die damit obligatorische Kooperation mit anderen Fachbereichen sowie die einheitliche fachbereichsübergreifende Strukturvorgabe, die sich an den allgemeinbildenden Studiengängen für die Sekundarstufe II orientiert, werden auch weiterhin kaum fachspezifische Aspekte der beruflichen Bildung berücksichtig werden können. Das hat auch künftig Einschränkungen bei der Gestaltung der Studiengänge und der Implementierung von fachlichen Studieninhalten zur Folge. Außerdem werden die Studierenden weiterhin neben einer zwölfmonatigen, fachpraktischen Tätigkeit fünf schulpraktische Praktika, jeweils im Umfang von sechs Wochen, nachweisen müssen. Für Studierende ohne berufliche Ausbildung ist es damit fast unmöglich, das Studium in der Regelstudienzeit abzuschließen.

Ein nicht-konsekutiver Masterstudiengang, wie ihn der polyvalente Ansatz der Universität Bremen vorsieht und der für das Lehramt an beruflichen Schulen gerade auch wegen Sondermaßnahmen zur Behebung des eklatanten Lehrermangels in den beruflichen Schulen forciert wird, ist in der Regel nicht KMK-konform. Die Absolventen der Ingenieurwissenschaften bringen mit ihrem ersten, berufsqualifizierenden Abschluss 180 ECTS in der beruflichen Fachrichtung mit. Somit gibt es formal keine Möglichkeit, die 120 ECTS des Masterstudiengangs KMK-konform auf das Zweitfach und die Bildungswissenschaften zu verteilen. Eine für diese sogenannten Quereinsteiger speziell konzipierte, adäquate Lehramtsausbildung mit einem entsprechenden Umfang an Lehrinhalten des Zweitfachs und der Bildungswissenschaften scheitert an dem starren Punktesystem des Bachelor-Master-Systems. Ein KMK-konformer Masterabschluss, der im Gegensatz zum Bachelorabschluss zum Eintritt in den Schuldienst berechtigt, kann nur durch konsekutive Studiengänge erreicht werden. Daher stellt sich die Frage, welchen Sinn die gestufte Lehramtsausbildung mit ihren dem System immanenten Restriktionen macht.

Literatur

Fachspezifische Prüfungsordnung für den Bachelorstudiengang Gewerblich–Technische Wissenschaften mit den beruflichen Fachrichtungen Metalltechnik (GTW-MT) oder Elektrotechnik-Informatik (GTW-ETI) mit Haupt- und Nebenfach der Universität Bremen (2007).

Fachspezifische Prüfungsordnung für den Bachelor of Science „Gewerblich-Technische Wissenschaften" der Universität Bremen (2009).

Fachspezifische Prüfungsordnung für den Masterstudiengang „Lehramt an beruflichen Schulen (gewerblich-technische Wissenschaften)" an der Universität Bremen (2006).

Fachspezifische Prüfungsordnung für den Master of Education „Lehramt an beruflichen Schulen (Gewerblich-Technische Wissenschaften)" an der Universität Bremen (2009).

Ländergemeinsame Strukturvorgabe gemäß § 9 Abs. 2 HRG für die Akkreditierung von Bachelor- und Masterstudiengängen (2008).

Rahmenvereinbarung über die Ausbildung und Prüfung für ein Lehramt der Sekundarstufe II (berufliche Fächer) oder für die beruflichen Schulen (Lehramttyp 5) (2007).

Zugangsordnung für den Master of Education „Lehramt an beruflichen Schulen (gewerblich-technische Wissenschaften)" der Universität Bremen (2007).

Zugangsordnung für den Master of Education „Lehramt an beruflichen Schulen (Gewerblich-Technische Wissenschaften)" der Universität Bremen (2009).

Praxisbezug im Kernpraktikum der Hamburger Lehrerbildung für berufliche Schulen

Thomas Vollmer

1 Einleitung

Aktuell wird gemeinsam von der Universität Hamburg und der TU Hamburg-Harburg als Institutionen der ersten Ausbildungsphase sowie dem Landesinstitut für Lehrerbildung und Schulentwicklung (Li) und den Berufsschulen als Einrichtungen der zweiten Phase ein zweisemestriges Kernpraktikum im Umfang von 30 LP konzipiert, das eine Schlüsselposition im Masterstudiengang für das Lehramt an beruflichen Schulen einnehmen wird. Mit diesem intensiv begleiteten Praktikum soll eine Verzahnung der universitären Lehre mit der Berufsbildungspraxis erreicht und die Grundlage geschaffen werden, um perspektivisch das nachfolgende Referendariat auf ein Jahr zu verkürzen. Zugleich sollen aus den Praxiserfahrungen der Studierenden Forschungs- und Entwicklungsprojekte generiert werden, die in eine Masterarbeit münden können (vgl. AG KP 2009).

Dieses Vorhaben stellt in hohem Maße eine pragmatische Herausforderung an alle Beteiligten dar, denn es soll

- mit seinen 30 Leistungspunkten integraler Teil des Studienganges auf Masterniveau sein und zugleich

- im Umfang von einem Semester perspektivisch auf den Vorbereitungsdienst angerechnet werden, was voraussetzt, dass äquivalente Qualifizierungsleistungen zum bisherigen ersten Referendariatssemester erbracht werden,

- in Verantwortung der Universität Hamburg in enger personeller und institutioneller Kooperation mit dem Hamburger Landesinstitut durchgeführt werden,

- wesentlich an und unter gestaltender Beteiligung von 40 bis 50 beruflichen Schulen in Hamburg als dritte Partner durchgeführt werden,

- im erziehungswissenschaftlichen Teilstudiengang die Berufs- und Wirtschaftspädagogik, die Didaktiken der beruflichen Fachrichtungen und die Fachdidaktiken der Unterrichtsfächer sowie die Fachwissenschaften der Universität Hamburg, der einbeziehen – für die gewerblich-technischen Fachrichtungen ist dies TU Hamburg-Harburg.

2 Intentionen bei der Studiengangsentwicklung

Die Entwicklung der gestuften Lehramtsstudiengänge in Hamburg begann 2003 in Zusammenarbeit der Universitäten und dem Landesinstitut mit der Intention, weiterhin eine grundständige Ausbildung zu gewährleisten, bei der die fachwissenschaftliche und die pädagogisch-didaktische Kompetenzentwicklung parallel erfolgen. Zudem sollten im stärkeren Maße durchgängig Bezüge zur Berufsbildungspraxis eine frühe Orientierung der Studierenden über das künftige Arbeitsfeld und eine Selbstvergewisserung über die eigene Berufswahl und die individuelle Eignung ermöglichen; ihnen sollten sich darüber hinaus die Praxisrelevanz der wissenschaftlichen Erkenntnisse, der Forschungsbedarfe und des forschenden Lernens erschließen. Ferner war von Anbeginn an beabsichtigt, die erste und zweite Phase der Berufsschullehrerbildung teilweise zu integrieren. Später wurden diese Intentionen teilweise auch politisch festgeschrieben (vgl. Bürgerschaft 2006).

Im gewerblich-technischen Teilstudium zeigt sich der Praxisbezug dadurch, dass das Studienangebot bspw. der Fachrichtung Elektrotechnik-Informationstechnik konsequent berufswissenschaftlich mit einer integrativen Perspektive auf Technik, Arbeit und Bildung ausgerichtet ist (vgl. TU HH 2007). Der erziehungswissenschaftliche Teil des Bachelorstudiums beginnt mit einem Seminar „Praxisorientierte Einführung in die Berufs- und Wirtschaftspädagogik" im ersten Semester, gefolgt von einem „Orientierungspraktikum" im dritten Semester und anschließenden Didaktikseminaren der beruflichen Fachrichtungen (vgl. IBW 2008). Praxisbezogene Studienphasen sind für das gesamte Studienkonzept prägend. Am intensivsten ist die reflexive und konstruktive Verknüpfung der Subjektperspektive der Studierenden mit der Wissenschafts- und Praxisperspektive aber im Kernpraktikum des Masterstudienganges.

3 Kernpraktikum – Zentrum des Masterstudienganges

Das Kernpraktikum wird sich im Bereich der beruflichen Lehrämter über zwei Mastersemester erstrecken, und zwar mit 10 Leistungspunkten im zweiten und 20 Leistungspunkten im dritten Semester. Damit soll u. a. gewährleistet werden, dass die Studierenden ihre fachwissenschaftlichen Studien während des Kernpraktikums fortsetzen können und nicht aus einem jährlichen Veranstaltungsturnus herausfallen.

Damit beinhaltet der Masterstudiengang sowohl die jeweilige berufliche Fachrichtung als auch das erziehungswissenschaftlich-didaktische Studium mit gewichtigen Anteilen, wie dies auch von der GTW empfohlen wird (vgl. GTW 2009). Die Masterarbeit, die mit 20 Leistungspunkten das vierte Mastersemester dominiert, soll in

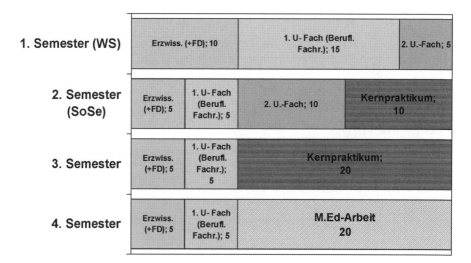

Abb. 1: Einbettung des Kernpraktikums in den Masterstudiengang

Quelle: ZLH 2007

der Regel mit einem klaren erziehungswissenschaftlich-didaktischen Bezug und in Anbindung an das Kernpraktikum verfasst werden.

Die Studierenden absolvieren das Kernpraktikum regelhaft zu zweit als Tandems an beruflichen Schulen Hamburgs. Diese Praxiserfahrungen werden in Form von Lehrveranstaltungen unterschiedlicher Art begleitet. Eine wichtige Rolle spielen dabei verbindliche Reflexions- und Supervisionsprozesse, die parallel dazu für größere Gruppen von ca. 16 Studierenden angeboten werden und ihnen die Möglichkeit geben sollen, sich mit der eigenen Kompetenzentwicklung und erlebten schwierigen Situationen auseinanderzusetzen. Um einer möglichen verengten Wahrnehmung des Praktikums allein aus der Perspektive erster Erfahrungen des Lehrerhandelns vorzubeugen, sind integrierte Forschungs- und Entwicklungsprojekte vorgesehen, die zu einer wissenschaftlichen Perspektive auf die erlebte Berufsbildungspraxis führen sollen.

4   Das Bändermodell

Aus diesem theoretisch-programmatischen Kontext heraus ist von der Arbeitsgruppe Kernpraktikum Berufliche Schulen das sogenannte Bändermodell entwickelt und in den lehramtsübergreifenden Diskussionsprozess eingebracht worden (vgl. AG KP 2009), das dort auf breite Akzeptanz gestoßen ist und generell als gemeinsamer

Rahmen vom Rat des Zentrums für Lehrerbildung für das Kernpraktikum verabschiedet worden ist.

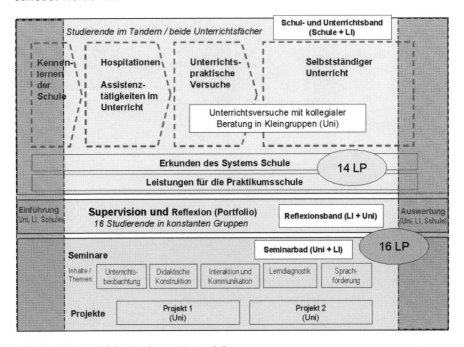

Abb. 2: Bändermodell des Hamburger Kernpraktikums

Quelle: AG KP 2009

Das **Schul- und Unterrichtsband** bildet das Zentrum des Kernpraktikums. Die Studierenden absolvieren es in Tandems an berufsbildenden Schulen in Hamburg und werden dort von Mentoren betreut, die ihrerseits vom Landesinstitut und vom Institut für Berufs- und Wirtschaftspädagogik der Universität Hamburg qualifiziert werden. Die Studierenden hospitieren zunächst und werden dann stärker mittels Assistenztätigkeiten in den Unterricht eingebunden, um schließlich unter Anleitung und Begleitung der betreuenden Lehrkraft regelmäßig selbst Unterricht mit zunehmender Komplexität und Verantwortung zu übernehmen. Im Rahmen dieses Bandes werden schulübergreifend kollegial hospitierte Unterrichtsversuche in Gruppen von je 8 Studierenden durchgeführt, die von jeweils einem Hochschullehrer (als hauptverantwortlichem Betreuer) gemeinsam mit einem Fachseminarleiter des Landesinstituts begleitet werden. Hierbei geht es wesentlich darum, an die didaktischen Standards des Bachelorstudiums anzuschließen.

Im **Reflexionsband** stehen der einzelne Studierende, seine Kompetenzen, Erfahrungen und Pläne sowie sein Studium und seine Berufsperspektive im Vordergrund.

Dieses Band dient der reflexiven Begleitung und der Auswertung der Praktikumserfahrungen. Es ist zugleich der Ort der individuellen Planung, Steuerung und Auswertung des Praktikums im Rahmen einer schulübergreifenden Seminargruppe von ca. 16 Studierenden. Diese konstante Gruppe wird durch ein Kollegenteam aus der Universität und dem Landesinstitut begleitet. Zentrales Instrument ist hier das Portfolio. Bei Bedarf steht den Studierenden ergänzend ein individuell abrufbares Supervisionsangebot zur Verfügung. Diese konstante Gruppe absolviert i. d. R. auch gemeinsam die Einführungs- und Auswertungsveranstaltung zum Kernpraktikum.

Im **Seminar- und Projektband** haben die Studierenden die Möglichkeit, Fragestellungen gemäß ihrem individuellen Bedarf inhaltlich vertieft zu bearbeiten. Dazu werden vom Landesinstitut Seminarbausteine standortübergreifend angeboten, aus denen die Studierenden themenbezogen wählen können. Das Angebot bezieht sich auf ausgewählte pädagogische und fachdidaktische Themen wie z. B. rechtliche und schulorganisatorische Grundlagen, Methoden, Heterogenität und Individualisierung des Unterrichts, Kompetenzorientierung, Leistungsmessung und Lernerfolgskontrolle.

Darüber hinaus sind in diesem Band zwei Projekte vorgesehen, die den Schwerpunkt forschungsbezogener Studienaktivitäten im Kernpraktikum bilden. Die Studierenden sollen sich dabei mit gehaltvollen Problemen pädagogischer Praxis theoriegeleitet auseinandersetzen, wobei ihnen Gelegenheit zur individuellen Schwerpunktbildung gegeben wird. Eine erste Projektarbeit soll sich auf das Gebiet pädagogischer Diagnostik oder die Analyse von Lehr-Lern-Prozessen beziehen. Eine zweite Projektarbeit soll curriculare Entwicklungen zum Gegenstand haben, bspw. ausgehend von der Analyse der Rahmenbedingungen der Schulpraxis eine begründete Entwicklung komplexer Lehr-Lern-Arrangements einschließlich Lernumgebungen und Medien. Diese Arbeiten werden von der Universität begleitet und bewertet. Um eine fachwissenschaftlich-fachdidaktische Integration im studierenden Lernprozess zu gewährleisten, ist vorgesehen, die Projekte gemeinsam mit den Fachwissenschaften zu betreuen, wenn dies möglich ist. Die Projekte sollen zudem die Möglichkeit bieten, Themenstellungen aus dem Kernpraktikum in der Masterarbeit weiter zu vertiefen.

5 Ausblick

Das Hamburger Kernpraktikum ist ein ambitioniertes Vorhaben. Die Planungen sind weit gediehen, bis hin zu ersten konkreten Semesterplänen. Der gemeinsame ausbildungsphasenübergreifende Planungsprozess der Beteiligten der Universitäten, dem Landesinstitut und den beruflichen Schulen war sehr konstruktiv und bildet eine gute Grundlage für die weitere Zusammenarbeit. Angesichts knapper Ressourcen in der Lehrerbildung stellt die Umsetzung des hier vorgestellten Konzeptes eine Herausforderung dar, die Gegenstand weiterer Planungsschritte sein wird.

Literatur

AG KP – Arbeitsgemeinschaft Kernpraktikum Berufliche Schule (Hrsg.) (2009): Konzeptionelle Überlegungen. Stand 16.04.2009. Hamburg: Unveröffentlichter Sachstandsbericht.

Bürgerschaft der Freien und Hansestadt Hamburg (Hrsg.) (2006): Mitteilung des Senats an die Bürgerschaft. Reform der Lehrerausbildung in Hamburg. Drucksache 18/3809 vom 28.02.2006. Verfügbar unter http://www.li-hamburg.de/fix/files/doc/06-02-28-DRS-Lehrerbildung.pdf (12.06.2009).

GTW – Gewerblich-technische Wissenschaften und ihre Didaktiken (Hrsg.) (in Vorbereitung): Eckpunkte zur Einrichtung gestufter Studiengänge für das Lehramt an berufsbildenden Schulen in gewerblich-technischen Fachrichtungen (in der Fassung vom 05.05.2009).

IBW – Institut für Berufs- und Wirtschaftspädagogik der Universität Hamburg (Hrsg.): Studiengang BSc.-LBS. Modulbeschreibungen und Lehrveranstaltungen. Verfügbar unter: http://www.ibw.uni-hamburg.de/documents/info/modul_ba_gesamt_lbs_080528.pdf (12.06.2009).

TU HH – Technische Universität Hamburg-Harburg (Hrsg.) (2007): Fachspezifische Bestimmungen für den Bachelor-Teilstudiengang Elektrotechnik-Informationstechnik innerhalb der Lehramtsstudiengänge der Universität Hamburg. Verfügbar unter http://www.tu-harburg.de/studium/pruefungsamt/FSB_Bachelor_Lehramt_Elektro-Informationstechnik_2007_10_31.pdf (12.06.2009).

ZLH – Zentrum für Lehrerbildung Hamburg (Hrsg.) (2007): Verteilung der Leistungpunkte auf die Semester. Einvernehmliches Ergebnis der Arbeitsbesprechung der Studiendekane im ZLH am 31.05.2007. Unveröffentlichter Bericht.

Fachdidaktik im Spannungsfeld von Arbeit, Technik und Bildung

Petra Gerlach & Andreas Saniter

1 Forschungsfeld: Berufliche (Fach-)Didaktik

Während vor der Bildungsreform das Bezugssystem der gewerblich-technischen Fachdidaktik die berufsförmig organisierte Facharbeit darstellte, erlangte die Wissenschaftsorientierung ab den 1970er Jahren Priorität für die Fachdidaktik in der Lehrerbildung für berufsbildende Schulen: „Die Aufgabe, die Wissenschaft zu elementarisieren und den Unterricht an der Wissenschaft zu orientieren, bezeichnet genau den Auftrag der Fachdidaktik, nämlich so zu lehren, dass der Anschluss sowohl zum Schüler hin als auch zur Forschung hin gewahrt wird" (Deutscher Bildungsrat 1970, S. 245f.). Dabei ist der Grundsatz der Wissenschaftsorientierung vielfach derartig missinterpretiert worden, dass die beruflichen Fachdidaktiken sich vorwiegend zu „didaktisch reduzierten Ingenieurwissenschaften", also zu sogenannten „Abbilddidaktiken", entwickelten (vgl. Hahne/Kuhlmeier 2008, S. 1). Dementsprechend wurden bis zur Einführung des KMK-Lernfeldkonzeptes (KMK 1996; 2000) die Lerninhalte aus dem Wissenskanon der Bezugsdisziplin abgeleitet, didaktisch reduziert und in Unterricht transformiert, wobei bis in die Gegenwart eine hohe Erklärungsvielfalt besteht, was als Bezugsdisziplin herangezogen werden kann.

Konzeptionelle Modifizierungen schulischer beruflicher Bildung, wie sie im Lernfeldkonzept (KMK 2007) und in der Prozessorientierung deutlich werden, weisen auf einen grundsätzlichen Paradigmenwechsel hin. Anstelle des didaktisch reduzierten Ingenieurwissens bildet das in betrieblicher und beruflicher Realität angeeignete Wissen die Basis, aus der Berufsbildung schöpfen soll. In den didaktischen Grundsätzen zum Lernfeldkonzept werden hierzu zwei zentrale Leitlinien benannt: „Didaktische Bezugspunkte sind Situationen, die für die Berufsausübung bedeutsam sind. (...) Den Ausgangspunkt des Lernens bilden Handlungen (...)" (KMK 2007, S. 12). Berufliche Lerninhalte konkretisierten sich somit nicht mehr durch eine traditionelle sachlich-systematische Stofffolge, sondern am Gedanken des sinnvollen Zusammenhangs bedeutsamer beruflicher Handlungssituationen, die die Schüler immer besser zu bewältigen lernen sollen. Für die Gestaltung von beruflichen Lernprozessen bedeutet dies, dass die Grundlagen, die Gesetze, Regeln, Modelle und Begriffe nun nicht mehr im Sinne einer kontextlosen Fachwissenschaft abstrakt und zusammenhangslos vermittelt werden sollen, sondern mittels einer In-Beziehung-Setzung zu den beruflichen Aufgaben und Handlungssituationen.

Die Berufsbildungsforschung in ihren verschiedenen Bereichen hat wichtige Impulse für diese Entwicklung geliefert und verschiedene Modelle zur Umsetzung vorgestellt und erprobt. Besonders einflussreich sind arbeitsprozessorientierte Lernkonzepte. Diese sind in verschiedenen Modellversuchen erfolgreich erprobt worden und eröffnen gute Realisierungschancen für die Verwirklichung prozessorientierter und ganzheitlicher Berufsbildung, die den wandelnden Anforderungen spätindustrieller Gesellschaften gerecht wird (vgl. Rauner 2002, S. 322ff) So rücken die Akteure der Arbeitsprozesse wie auch der vollständige Arbeitsprozess „im Sinne der Zielsetzung, Planung, Durchführung und Bewertung der eigenen Arbeit im Kontext betrieblicher Abläufe" (Fischer 2000, S. 36) in den Vordergrund. Auf diese Weise können berufspraktische Kompetenzen identifiziert und zur Grundlage beruflicher Bildung gemacht werden, wie es in dem bisherigen fachwissenschaftlichen Verständnis nicht geschah. Lernziele erfordern nun eine kompetenzorientierte Formulierung und können nicht nach der tradierten Programmatik aus ihren Zusammenhängen gelöst, atomisiert und dekontextualisiert werden.

Konzepte und Modelle zur Wissensvermittlung in formalisierten Bildungsgängen sind in der Regel prinzipielle Elemente in der Konzeptualisierung einer Fachdidaktik. Im Bereich der gewerblich-technischen Fächer wurde das im Zuge der Akademisierung der Gewerbelehrerausbildung herausgebildete Aufgaben- und Fachverständnis der beruflichen Fachdidaktiken sehr kontrovers diskutiert. Analysiert man die Interessenten gewerblich-technischer (beruflicher) Fachdidaktiken, „sind berufs- und wirtschaftpädagogische Lehrstühle zu nennen, die beruflichen Fachdidaktiken, die II. Phase der Lehrerbildung, die Lehrerfort- und -weiterbildung, aber auch die betriebliche Aus- und Weiterbildung" (Tenberg 2006, S. 64). Dementsprechend groß ist auch die Anzahl der mehr oder weniger ausdefinierten fachdidaktischen Ansätze. Je nach Protagonist ist die Positionierung der Fachdidaktik innerhalb jedes einzelnen Fachs unterschiedlich. So bleibt der wissenschaftliche Standort der Fachdidaktik nach wie vor ungeklärt und strittig. Kuhlmeier (2005) schlägt drei grundsätzliche Zuordnungsmodelle vor:

- Fachdidaktik ist Bestandteil der Fachwissenschaft(en),
- Fachdidaktik steht als weitgehend unabhängige Instanz zwischen Fachwissenschaft(en) und Erziehungswissenschaft,
- Fachdidaktik ist Bestandteil der Erziehungswissenschaft (vgl. Kuhlmeier 2005, S. 16).

Diese Zuordungsmodelle schenken allerdings der Positionierung berufswissenschaftlicher Fächer und damit der berufsförmig organisierten Facharbeit als Bezugsdisziplin keine/kaum Aufmerksamkeit. So ergibt sich als viertes potenzielles Modell:

- Fachdidaktik ist Bestandteil der Berufswissenschaften.

„In der beruflichen Bildung gilt es künftig, das komplexe Verhältnis von fachwissenschaftlichen Systemstrukturen, arbeisprozeßbezogenem Wissen und Erfahrungen sowie die Bedeutung und Bewertung der Facharbeit in einem dynamisch veränderten Bedingungsgefüge von Arbeit, Technik und Bildung zu klären und unterrichts- bzw. ausbildungspraktisch umzusetzen" (Ott 1998, S. 12). Betrachtet man aber die Beziehungen der Fachdidaktik und der Fachwissenschaft in Bezug auf das o. g. Bedingungsgefüge, vollzieht sich die Ausrichtung an Bildungsbezüge allenfalls über das postulierte Ziel beruflicher Bildung, der Handlungskompetenz, während die Beziehungen zu Technik- und Arbeitsbezügen wesentlich ausgeprägter vorhanden sind (vgl. Hahne/Kuhlmeier 2008, S. 1). So schlägt Ott (1998) eine Weiterentwicklung der beruflichen Fachdidaktiken vor, „die auf die Kooperation universitärer Lehre und Forschung von Berufspädagogen, Fachwissenschaftlern und Fachdidaktikern (...) zielt" (Ott 1998, S. 13). Trotz der Interdisziplinarität vernachlässigt Ott hier die Integration der Erkenntnisse der Berufswissenschaft bezüglich der berufsförmig organisierten Facharbeit im Sinne eines ganzheitlichen Zugangs.

2 Resultierende (fach-)didaktische Forschungsfragen

Ein bedeutender – in unseren Augen auch, bei aller möglichen Detailkritik, erfüllter – Anspruch berufswissenschaftlicher Qualifikationsforschung liegt in der Identifizierung der zur Ausübung eines Berufs benötigten Kompetenzen (vgl. Becker/Spöttl 2008, S. 25). Darüber hinaus wird die Notwendigkeit der Ermittlung der hierfür erforderlichen Lernprozesse betont (ebd.). Auch diesem Anspruch ist vollumfänglich zuzustimmen; unser Eindruck ist allerdings, dass die methodische Stringenz des lernzielermittelnden Dreischritts – Fallstudien, Experten-Facharbeiter-Workshops, Arbeitsprozessanalysen – hier kein adäquates Gegenstück in Form einer theoriegeleiteten Didaktisierung besitzt. Maßgebliche Autoren greifen dann auch auf Termini und Formulierungen wie „didaktische Brille" oder „Herausdestillieren beruflicher Lern- und Arbeitsaufgaben" zurück oder erhoffen sich aus den erinnerten(!) individuellen Berufsbiographien der befragten Facharbeiter Evidenzen für die Gestaltung von Lernprozessen. Kurz: In unseren Augen besteht ein großes Delta zwischen der Beschreibung beruflicher Aufgaben und den didaktisch-methodischen Konzeptionen von Lernprozessen.

An dieser Stelle soll keineswegs das Erfahrungswissen fachdidaktischer Akteure bei der Gestaltung von Lehr-Lern-Prozessen gering geachtet werden, allerdings vermissen wir Kriterien und Indikatoren für diesen zweiten Schritt der berufswissenschaftlich-didaktischen Forschung. Zugespitzt stellt sich die Frage nach der Intersubjektivität der didaktischen Vorschläge. Ein Ansatz, der dieses Delta zu verkleinern helfen könnte, liegt in unseren Augen in (Wieder-)hinwendung zu der eigentlich interessierenden Personengruppe, den Auszubildenden. Die Analyse nicht nur der Arbeitsprozesse der Experten, sondern auch der Lernprozesse der Auszubildenden bei den gleichen beruflichen Herausforderungen, eröffnet die Möglichkeit, Hindernisse, Umwege oder auch Abkürzungen der Lernpfade zu ermitteln, die schon lange aus dem Fokus der „Experten ihres Faches" verschwunden sind.

Hieraus ergeben sich konsequenterweise die Fragen, wie die relevanten Wissensbestände gewerblich-technischer Fachdidaktik erschlossen und welche Konsequenzen für die Fachdidaktik aus den Erkenntnissen berufswissenschaftlicher Forschung gewonnen werden können. Damit einher gehen die Fragen, wie sich die von Hahne und Kuhlmeier konstatierte Unwucht sowohl in der Lehre als auch in der Forschung manifestiert und welche Justagen vorgenommen werden können, um defizitäre Entwicklungen zu vermeiden bzw. zu korrigieren.

3   Ansatz und Herangehensweise

Im Fokus stehen zwei verschränkte Aspekte:

Zum einen wird das Verhältnis zwischen allgemeiner Didaktik und beruflicher Fachdidaktik analysiert. Ausgehend von gegenwärtigen und gängigen allgemein-didaktischen Modellen wird ein Bezug zur Fachdidaktik hergestellt. Im Fokus steht dabei der Versuch einer Situationsanalyse konzeptioneller Aspekte beruflicher Didaktik. Durch die Einführung regulativer Kategorien sollen Zusammenhänge didaktischer Ansätze in der beruflichen Bildung aufgezeigt und ein Rahmen oder ein Schema entwickelt werden, welcher/s die Positionierung der wissenschaftlichen Standorte allgemein-didaktischer Ansätze (insbesondere Technikdidaktik) wie auch beruflicher Fachdidaktiken (insbesondere gewerblich-technische Fachdidaktiken) ermöglicht, um Perspektiven konzeptioneller Weiterentwicklung der beruflichen Fachdidaktiken herauszubilden und zu gestalten.

Zudem richtet sich der Blickwinkel auch auf die Analyse fachdidaktischer Forschungsmethoden aus der allgemeinen Bildung und deren eventueller Nutzen für die berufliche Bildung. Während bei den Überlegungen bezüglich der Lehr- und Lernmethoden von deutlichen Differenzen zwischen allgemeiner und beruflicher Didaktik ausgegangen wird und es „nur" darum geht, die Lage und evtl. Durchlässigkeit dieser Grenzen zu bestimmen, gehen wir davon aus, dass forschungsmethodisch ein ganz anderes Potenzial an Übertragbarkeit besteht.

4   Erkenntnisgewinn für die berufliche (Fach-) Didaktik

Wir erhoffen eine Etablierung einer Art „Werkzeugkoffer", der den berufswissenschaftlichen Methoden berufsfachdidaktische Methoden zur Seite stellt. Neben der oben bereits angesprochenen Aufklärung – exemplarischer – Lernprozesse in der gewerblich-technischen Bildung ähnelt unser Ansatz durchaus dem der Berufswissenschaft: Es gilt, das implizite Wissen und resultierende Handlungen der Experten zu decodieren – nur dass unsere Experten Berufswissenschaftler und die Handlungen deren didaktische Gestaltungen sind.

5 Schlussfolgerungen für künftige (fach-) didaktische Forschungsinitiativen

Neben einer weiteren Ausschärfung der erwarteten Ergebnisse und resultierender Handlungsempfehlungen gilt es, die Erkenntnisse in einem breiteren Rahmen zu diskutieren und umzusetzen, insbesondere

- durch die Entwicklung von Kriterien und Indikatoren zur Strukturierung, Stützung und Systematisierung einer theoriegeleiteten Didaktisierung (somit: Entwicklung eines geeigneten Instruments, welches berufswissenschaftliche und fachdidaktische Kriterien einbezieht) und

- durch die Erweiterung und Ergänzung des bisher lediglich berufswissenschaftlich ausgelegten Methodenrepertoires um methodische Vorgehensweisen und Variationen aus der pädagogischen Psychologie bzw. aus anderen (allgemeinbildenden) Fachdidaktiken

weiterzuarbeiten.

Literatur

Becker, M.; Spöttl, G. (2008): Berufswissenschaftliche Forschung. Ein Arbeitsbuch für Studium und Praxis. Frankfurt am Main: Internationaler Verlag der Wissenschaften.

Bonz, B. (2001): Didaktik der beruflichen Bildung. Baltmannsweiler: Schneider Verlag Hohengehren.

Deutscher Bildungsrat (1970): Strukturplan für das Bildungswesen. Stuttgart: Klett Verlag.

Fischer, M (2000): Von der Arbeitserfahrung zum Arbeitsprozeßwissen. Opladen: Leske + Budrich.

Fischer, N; Spöttl, G. (Hrsg.) (2008): Forschungsperspektiven in Facharbeit und Berufsbildung. Strategien und Methoden der Berufsbildungsforschung. Frankfurt a. M.: Internationaler Verlag der Wissenschaften.

Hahne, K; Kuhlmeier, W. (2008): Kompetenzentwicklung für nachhaltiges Bauen. In: bwp@ Spezial 4, HT FT01.

KMK (1996/2000/2007): Handreichungen für die Erarbeitung von Rahmenlehrplänen der Kultusministerkonferenz (KMK) für den berufsbezogenen Unterricht in der Berufsschule und ihre Abstimmung mit Ausbildungsordnungen des Bundes für anerkannte Ausbildungsberufe.

Kuhlmeier, W.; Uhe, E. (1992): Aufgaben und Wirkungsfelder beruflicher Fachdidaktiken. In: Berufsbildung 46 (3), S. 128–131.

Kuhlmeier, W. (2005): Berufliche Fachdidaktiken zwischen Anspruch und Realität. Baltmannsweiler: Schneider Verlag Hohengehren.

Ott, B. (1998): Ganzheitliche Berufsbildung als Leitziel beruflicher Fachdidaktik. In: B. Bonz; B. Ott (Hrsg.): Fachdidaktik des beruflichen Lernens (S. 9–30). Stuttgart: Franz Steiner Verlag.

Rauner, F. (2002): Qualifikationsforschung und Curriculum. In: M. Fischer; F. Rauner (Hrsg.): Lernfeld: Arbeitsprozess. Ein Studienbuch zur Kompetenzentwicklung von Fachkräften in gewerblich technischen Aufgabenbereichen (S. 317–339). Baden-Baden: Nomos.

Schütte, F. (2006): Berufliche Fachdidaktik. Theorie und Praxis der Fachdidaktik Metall- und Elektrotechnik. Stuttgart: Franz Steiner Verlag.

Tenberg, R. (2006): Didaktik lernfeld-strukturierten Unterrichts. Theorie und Praxis beruflichen Lernens und Lehrens. Hamburg; Bad Heilbrunn: Verlag Handwerk und Technik/Verlag Julius Klinkhardt.

Erleben und Gestalten von Ausbildungsprozessen im Lehramtsstudium für Berufsbildende Schulen: Bachelor- und Masterstudiengänge an der TU Dresden

Jörg Biber, Sebastian Mayer & Mireen Wagenschwanz

1   Positionen und Möglichkeiten der Beruflichen Fachrichtungen im Reformprozess

Auszubildende, Schüler und Fachschüler wollen einen interessanten und abwechslungsreichen Unterricht – einen Unterricht, der sie auf die Aufgaben im Berufsfeld gut vorbereitet und in dem sie ihre Erfahrungen, speziell aus den Betrieben, einbringen können. Hier sind die Lehrer der Berufsbildenden Schulen stärker gefordert als andere. Denn sie müssen die sich ständig verändernden technischen und arbeitsorganisatorischen Sachverhalte in Handwerk und Industrie erfassen und nach geeigneten Formen suchen, die sich für das Vermitteln und Aneignen besonders eignen. Gleichzeitig sind die Lernenden recht unterschiedlich vorgebildet, und teilweise ist der Unterricht mit anderen Lernorten zu koordinieren. Dieser Vielschichtigkeit beim Unterrichten müssen sich die Lehrer stellen. Deshalb waren wir sowohl bei der Konzeptentwicklung unserer BA-/MA-Studiengänge als auch bei der Gestaltung der Module Berufliche Didaktik um eine Orientierung an einem charakteristischen Berufsbild bemüht.

Wir möchten hier unseren Ansatz für ein solches Berufsbild vorstellen: Lehrer im gewerblich-technischen Bereich

- verknüpfen berufliche Arbeitsprozesse mit beruflichen Lernprozessen;
- erfassen sich ständig verändernde Technologien und Abläufe der Arbeits- und Geschäftsprozesse in relevanten Unternehmen unter regionalen Gesichtspunkten;
- begeistern die Lernenden (Schüler, Auszubildende, Fachschüler) für Technik, Aufgaben im Berufsfeld sowie ihre gewählte berufliche Ausbildung;
- streben an, die Lernenden durch das Einbeziehen von geeigneten Lern- und Arbeitsaufgaben in den Unterricht gut auf die Berufsarbeit vorzubereiten;
- initiieren Lernprozesse und fördern das selbstorganisierte sowie kooperative Lernen;
- bemühen sich, die Lernenden zu motivieren sowie individuell zu fördern;

- geben selbst oder durch Einbeziehung von Erfahrungen der Lernenden Einblick in berufliche Arbeitssituationen und verallgemeinern analysierte Situationen;
- analysieren Ordnungsmittel, wenden nach deren Zielen und Gestaltung didaktische Konzepte an und orientieren ihr Vorgehen an der Kompetenzentwicklung;
- suchen nach geeigneten Formen für das Vermitteln und Aneignen von Kompetenzen zum Ausführen beruflicher Handlungen;
- planen, gestalten und evaluieren Lernprozesse zunehmend im Team;
- bemühen sich um fachliche Integrität;
- nutzen Möglichkeiten der Kooperation mit Lernorten beruflicher Bildung;
- nehmen Erziehungsaufgaben bewusst wahr und wollen als Vorbild wirken;
- legen Wert auf gegenseitige Achtung, Toleranz und Einfühlungsvermögen.

Zur frühzeitigen Vorbereitung der Studierenden auf diese Handlungsfelder bemüht sich unsere Fachrichtung bei der Neugestaltung der Lehrerbildung um einen weiteren Ausbau

- einer grundständigen Lehrerausbildung durch Verknüpfung von Modulen zur Berufspädagogik und Beruflichen Didaktik mit Schulpraktischen Studien (SPS);
- der Kooperation zu Lernorten der beruflichen Aus- und Weiterbildung;
- von Erkundungen beruflicher Handlungsfelder in Unternehmen;
- der wissenschaftlichen Fundierung, Durchdringung und Weiterentwicklung von zielbezogenen Inhalten, Konzepten, Methoden, Instrumenten sowie der Praxis;
- einer dauerhaft engen Kooperation mit der 2. Phase und der Lehrerweiterbildung.

Zum Wintersemester 2007/08 wurde die Einführung gestufter Studiengänge nach dem Bachelor-/Master-Modell für das Lehramt an Berufsbildenden Schulen (LA BBS) beschlossen und mit dem BA-Studiengang begonnen. Das Modell gliedert sich in

- einen 3-jährigen polyvalenten BA-Studiengang LA BBS,
- Regelstudienzeit 6 Semester, Umfang 180 Leistungspunkte (LP),
- SPS, Umfang 11 LP (Blockpraktikum A mit 4 Wochen Dauer und 5 LP, sowie semesterbegleitende Schulpraktische Übungen mit 3 LP je Fach)
- einen konsekutiven 2-jährigen MA-Studiengang LA BBS,

- Regelstudienzeit 4 Semester, Umfang 120 LP,

- SPS, Umfang 10 LP (je 4 Wochen Blockpraktikum B im „Erst- und Zweitfach")

2 Heranführung der Studierenden an den beruflichen Alltag schon im BA-Studium

Die Struktur professionellen berufspädagogischen Handelns ist durch das Anwenden berufspädagogischen Wissens und Berufsfeldwissens auf Probleme der Unterrichts- und Berufspraxis gekennzeichnet. Daher sollten die Studierenden möglichst frühzeitig im Studium Möglichkeiten des Erwerbs von Praxiserfahrungen in den zwei Ebenen „Unterrichten" und „Berufstätigkeiten der Lernenden" erhalten. Dazu wird ein Kooperationsnetzwerk genutzt, dessen Pflege und Ausbau eine wichtige Aufgabe der Beruflichen Fachrichtung (BFR) ist. So wird beispielsweise mit Berufsschulzentren (BSZ) und Ausbildungsstätten in den Bereichen Lernorterkundung, Lernortkooperation und Schulpraktische Studien (SPS) kooperiert. Die *Abbildung 1* verdeutlicht die angestrebte Verknüpfung aller Modul-Lehrveranstaltungen zur Beruflichen Didaktik und die zentrale Stellung der Schulpraktischen Übungen (SPÜ). Die Lehrveranstaltungen zur Berufsfeldlehre/Berufsdidaktik werden hierbei wie folgt mit den SPÜ verknüpft:

- In Betreuung der BFR MMT/ET besichtigen die Studierenden mehrere Lernorte beruflicher Bildung unter bestimmten Erkundungsaspekten. Im Rahmen des Blockpraktikums A lernen sie intensiv den Lernort Berufsbildende Schule kennen.

- Zur Demonstration des Bezuges der Fach- und Ingenieurwissenschaften zur Berufsarbeit der Facharbeiter und Techniker wird ein Tutorium durchgeführt. Darin wählen die Studierenden Lernsequenzen aus, bei denen sie Inhalte der Fach- und Ingenieurwissenschaften didaktisch reduziert anwenden müssen. Entwickelte Vermittlungskonzepte werden vorgestellt und diskutiert. Nutzen können die Studierenden dazu Erkenntnisse und Erfahrungen aus dem Modul „Gestalten von Lehr- und Lernprozessen".

- Die Orientierung der Unterrichts- und Ausbildungsprozesse an beruflichen Handlungsprozessen erfordert Kenntnisse von betrieblichen Arbeits- und Geschäftsprozessen. Dazu erkunden die Studierenden einen oder mehrere Betriebe unter den Aspekten Arbeit-Technik-Bildung mittels leitfragengestützter Interviews. Wenn es die Möglichkeit ergibt, wird ein Arbeitsprozess näher untersucht werden.

- Die bisherigen Erkenntnisse und Erfahrungen können die Studierenden abschließend bei der Entwicklung eines ersten Unterrichtskonzeptes nutzen.

- Die SPÜ findet wöchentlich statt und wird durch die BFR und einen Mentor am BSZ betreut. Ausgehend von den Planungsunterlagen werden die zu hospitierenden bzw. zu unterrichtenden Stunden ermittelt und Informationen zur Klassensituation gegeben. Danach erfolgt die Vorbereitung auf den zu hospitierenden und selbst durchzuführenden Unterricht. Die Studierenden erarbeiten Lernsituationen nach curricularen Vorgaben mit Bezug auf berufsrelevante Handlungen. Jeder zu haltende Unterricht ist durch Konsultationen beim Mentor und Lehrenden vorzubereiten. Zu den gehaltenen Unterrichtsstunden erfolgt eine Selbst- und Fremdeinschätzung. Erst wenn der gehaltene Unterricht als gelungen eingeschätzt und die schriftliche Hausarbeit den Vorgaben entspricht, kann der Leistungsnachweis erteilt werden.

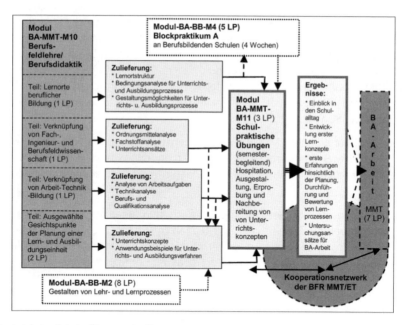

Abb. 1: Schulpraktische Übungen (SPÜ) – verknüpft mit Ausbildungsinhalten des Moduls Berufsfeldlehre/-didaktik

Quelle: eigene Zusammenstellung

In einer schriftlichen Befragung mit anschließender Diskussion schätzte der Großteil der BA-Studierenden ein, dass das Studium an der BFR frühzeitig auf den Lehrerberuf orientiert. Auch fühlen sie sich recht gut durch die BFR betreut. Dadurch hat sich der Wunsch Lehrer zu werden eher gefestigt, wenn auch der Weg dahin als ziemlich lang angesehen wird. Die Mathematikausbildung als Grundlage für die Veranstaltungen in den Fachfakultäten wird als zu umfangreich und zu wenig anwendungsorientiert eingeschätzt. Die auf das „Erstfach" bezogenen Module in den Fachfakultäten halten sie für studierbar. Der diesbezügliche Informationsaustausch sollte jedoch verstärkt werden. In den Lehrveranstaltungen „Lernorte beruflicher Bildung" und „Blockpraktikum A" erhielten sie einen guten Einblick in den späteren Wirkungsbereich. Praxisorientiert war für sie auch die Veranstaltung „Arbeit-Technik-Bildung". Weiterhin heben sie hervor, dass in der BFR sehr auf einen guten Kontakt unter den Kommilitonen, auf Teamarbeit sowie ein forderndes und förderliches Klima geachtet wird. Sie haben immer Ansprechpartner in der BFR, die an einer Problemlösung interessiert sind. Schwierigkeiten sehen sie in der Einbindung des „Zweitfaches" in den Studienablauf des „Erstfaches", welches mit dem Studium der Bildungswissenschaften kombiniert wurde.

3 Blockpraktikum B – Maßstab professioneller Lehrerausbildung im MA-Studium

Das Ziel des konsekutiven MA-Studiums ist es, die Studierenden auf ihre Tätigkeit an Berufsbildenden Schulen vorzubereiten bzw. die Basis zu schaffen für eine weitgehend selbstgesteuerte und/oder autonom eigenständige forschungs- und anwendungsorientierte Durchführung von Projektarbeiten. Ihren Professionalisierungsgrad in der Bildungsarbeit können die Studierenden besonders im Blockpraktikum B (je 4 Wochen im „Erstfach" und im „Zweitfach") erproben. Deshalb wurde das Blockpraktikum B ins Zentrum des MA-Studienkonzeptes der BFR MMT gesetzt. Das Bewähren unserer Studierenden in der vielschichtigen Arbeit als Lehrender in ihrer Tätigkeit an den Praktikumsschulen sehen wir als Maßstab der Professionalität unserer Ausbildung an. Um die Studierenden gezielt auf ihre Berufsarbeit vorzubereiten, wird im MA-Studium besonderer Wert auf eine vernetzte und berufsbezogene Ausbildung der Lehramtsstudierenden in den Modulen der BFR in Kooperation mit der Berufspädagogik/Psychologie gelegt *(Abbildung 2)*. Zur vollen Umsetzung dieses Konzeptes ist es empfehlenswert, dass die Studierenden sich langfristig – möglichst mit Beginn des MA-Studiums – für eine Berufsbildende Schule entscheiden, an der sie ihr Blockpraktikum B absolvieren wollen. So ist es unter Umständen möglich, die Studienaufgaben in den Modulen MA-MMT-M1 bis M4 auf die Planung, Durchführung und Evaluation konkreter Lernsituationen im (Lernfeld-)Unterricht des Blockpraktikums zu beziehen.

Da der Start des MA-Studienganges schon zum WS 2010/11 erfolgt, wird in der aktuellen Lehramtsausbildung (Staatsexamen) die inhaltliche und organisatorische Ausgestaltung und Vernetzung der Lehrveranstaltung schon erprobt. So begrüßen es die Studierenden, dass Konzepte entwickelt werden, für die bei den Lehrenden ein echter Bedarf besteht. Unternehmen der Region Dresden waren z. B. daran interessiert, die Ausbildung durch Lernortkooperation mit den BSZ sowie durch Einbeziehung betrieblicher Aufgaben zu verbessern, denn Praxisbezug motiviert Lernende am besten. Die Studierenden führten dazu betriebsspezifische Arbeitsprozessstudien durch, entwickelten auf dieser Basis Konzepte für Lernsituationen und konkreten Unterricht. Dabei bearbeiteten sie auch wissenschaftliche Fragestellungen z. B. in Bezug auf eine sinnvolle Kompetenzstufung, den Einsatz von Lernkontrollinstrumenten usw. Die Erprobung erfolgte bzw. erfolgt im Blockpraktikum B, wo Lernsituationen als Ganzes unterrichtet werden. Um möglichst mit vielen Lehrern an Berufsbildenden Schulen zu diskutieren, organisierten die Studierenden einen Workshop am BSZ für Technik Dresden, an dem Lehrer von fünf Berufsschulen teilnahmen. Der nächste findet bereits im Dezember als Lehrerweiterbildung statt. Gemeinsam mit TU-Auszubildenden des 1. und 2. Ausbildungsjahres wurden erfolgreich jeweils semesterbegleitend „Berufsbezogene Projekte" erstellt. Dabei lernten die Studierenden die Projektarbeit nicht nur in der Theorie kennen, sondern sammelten Erfahrungen bei der Initiierung und Betreuung von Projekten im direkten Umgang mit den Auszubildenden.

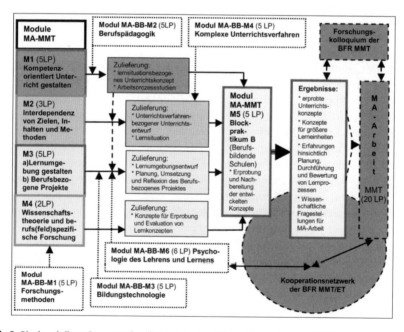

Abb. 2: Blockpraktikum B – zentrales Element der Modulvernetzung in der BFR MMT

Quelle: eigene Zusammenstellung

4   Erfahrungen – der Reformprozess geht weiter

Unser Anliegen „Kompetenzerwerb sichern und verbessern" ordnet sich in den langfristigen Reformprozess zur Lehrerbildung im Freistaat Sachsen und an der TU Dresden ein. Ein wichtiges Ziel ist die qualitative Entwicklung und quantitative Ausweitung der SPS und deren Verknüpfung mit Modulen der Beruflichen Didaktik im Rahmen der universitären Ausbildungsphase. Ein wesentliches Teilziel besteht in der Neugestaltung der SPS und deren frühzeitiger Abstimmung mit den Zielen und Inhalten der 2. Ausbildungsphase am Seminar. Gegenwärtig liegen unsererseits Erfahrungen des Reformprozesses aus den vorgestellten Konzeptionen neugestalteter Lehrveranstaltungen bzw. Module vor. Von unseren Kooperationspartnern und Studierenden werden die Möglichkeiten zur stärkeren Professionalisierung der Lehramtsausbildung positiv aufgenommen und zunehmend genutzt. Durch die Zusammenarbeit wird im Studium ein kontinuierlicher Bezug zur Berufsarbeit der Lernenden als auch Lehrenden hergestellt. Dies ist eine gute Basis zur weiteren Ausgestaltung der BA/MA-Lehramtsstudiengänge.

Evaluation eines projektorientierten Seminarkonzepts im Bereich der Bautechnik-Fachdidaktik

Tobias Roß

1 Ausgangslage des Forschungsvorhabens

1.1 Konzeptionelle Vorüberlegungen

Ausgangspunkt war die Überlegung, das didaktische Design des Seminars „Fachdidaktik der Bautechnik" am Institut für berufliche Lehrerbildung projektorientiert anzulegen. Mit dem projektorientierten Seminarkonzept sollten folgende Ziele verfolgt werden:

- Eine an der späteren Unterrichtspraxis orientierte, reale Aufgabenstellung sollte das Interesse der Studierenden wecken und sie somit intrinsisch motivieren.

- Das Projektziel sollte einen logischen Aufbau der Themen über den Veranstaltungsverlauf gewährleisten.

- Die Tatsache, Studienleistungen zu erbringen, die von einem Abnehmer auch praktisch umgesetzt werden, sollte nicht zuletzt den Verbindlichkeitscharakter des Seminars betonen und den Lernerfolg erhöhen.

1.2 Konkretisierung der Projektidee

Die eigentliche Projektidee ergab sich aus dem Kontakt zum Handwerkskammer Bildungszentrum Münster, das mit dem Paul Schnitker-Haus (PSH) ein in Deutschland einmaliges Demonstrationszentrum für energiesparendes und ökologisches Bauen betreibt. Als „lehrendes Gebäude" möchte das im Jahre 2004 eröffnete Paul Schnitker-Haus interessierten Personengruppen (Ingenieuren, Architekten, Auftraggebern, Baufachklassen, Bauausführenden) die Technik des zukunftsgerichteten Bauens veranschaulichen und fassbar machen (vgl. Dieckmann/Müller 2004, S. 7). Zu diesem Zweck befinden sich in den Ausstellungsräumen unter anderem eine umfangreiche Materialsammlung an Baustoffen, die aus nachwachsenden Rohstoffen gewonnen werden sowie Modelle hochgedämmter Gebäudebauteile im Maßstab 1:1.

Abb. 1: Ansicht PSH

Quelle: Dieckmann/Müller 2004, S. 1

Abb. 2: 1:1 Bauteilmodelle

Quelle: Dieckmann/ Müller 2004, S. 17

Vor diesem Hintergrund lautete die Projektaufgabe folgendermaßen: Die Lehramtsstudierenden sollen in Teams Lernsituationen konzipieren, welche eine Exkursion ins Paul Schnitker-Haus zum integrativen Bestandteil haben. Die hierbei gewonnenen Erkenntnisse sollen dabei für die Schülerinnen und Schüler zur Bewältigung der Lernsituation immanenten komplexen Aufgabenstellung von hoher Bedeutung sein. Die Lernsituationen sind so aufzubereiten, dass sie Berufskolleglehrern nach Lernfeldern geordnet für ihren Unterricht zur Verfügung gestellt werden können.

Insgesamt verfolgt das Projekt daher neben den bereits oben genannten, seminarbezogenen Zielen zwei weitere Intentionen:

- Bautechnik-Berufskolleglehrer sollen zielgerichtete Exkursionen mit ihren Fachklassen ins Kompetenzzentrum komfortabel durchführen können.

- Schülerinnen und Schüler sollen für die Exkursion nicht nur inhaltlich-fachlich vorbereitet sondern darüber hinaus auch motiviert sein.

1.3 Veranstaltungsablauf

Die Struktur des Seminarkonzepts der Veranstaltung Fachdidaktik der Bautechnik war so aufgebaut, dass zum Auftakt die oben beschriebene Aufgabenstellung ausgegeben wurde. Es standen fünf Themenkomplexe (Einschaliges Mauerwerk, Zweischaliges Mauerwerk, Energetisches Sanieren, Holzkonstruktionen und Putzen) zur Auswahl, die jeweils von zwei Lehramtsstudierenden zu Lernsituationen über sechs Unterrichtsstunden auszugestalten waren. Der erste Arbeitsauftrag war die Erstellung einer fachwissenschaftlichen Analyse zum gewählten Unterrichtsthema. Daran schloss sich die Vorbereitung und Durchführung einer Exkursion ins Paul Schnitker-Haus an. Dabei waren die Studierenden dazu aufgerufen Inhalte und Fragestellungen herauszustellen, die mithilfe der Exponate bearbeitet bzw. beantwortet werden können. Der weitere Verlauf war davon geprägt, fachdidaktische Inhalte zunächst theoretisch zu beleuchten, um sie dann praktisch in die jeweiligen gruppeninternen Lernsituationen umzusetzen. Beispielsweise wurde zunächst die Funktion und Bedeutung schüleraktivierender Unterrichtsmethoden im Plenum analysiert und dann im zweiten Schritt die Aufgabe gestellt, eine solche Methode in die eigene Unterrichtsreihe einzuplanen. Die gruppeninternen Arbeitsergebnisse waren als Kontrollschritt im Anschluss zu präsentieren. Das Plenum war hierbei dazu aufgefordert konstruktive Kritik zu äußern, sodass der Dozent nur ergänzend aktiv werden musste. Durch die geschilderte Vorgehensweise waren die Teams in der Lage, die Grobstruktur ihrer Lernsituation semesterbegleitend und teilabgesichert zu erstellen. Die schriftliche Ausarbeitung der Lernsituation bestand mit der fachwissenschaftlichen Analyse, der didaktischen Begründung und dem Verlaufsplan der Lernsituation im Wesentlichen aus drei Produktteilen. Eine Korrekturrunde sollte die Qualität der Ausarbeitungen sicherstellen.

2 Fragestellung des Forschungsvorhabens

Die Fragestellungen zum projektorientierten Seminarkonzept beziehen sich auf ein inneres, seminarinternes Evaluationsmoment und mit den Berufskolleglehrern sowie dem Demonstrationszentrum auf zwei äußere seminarexterne Evaluationsmomente. Unter dieser Prämisse leiten sich alle Fragestellungen von den bereits oben beschriebenen Zielvorstellungen direkt ab:

Seminarinterne Fragestellungen

- Haben die Seminarthemen das Interesse der Studierenden wecken können?
- Sind die Themen logisch aufeinander aufgebaut und inhaltlich gut eingeordnet?
- Sind die Themen inhaltlich gut durchdacht?
- Ist der Praxisbezug deutlich hervorgekommen?
- Wie schätzen die Studierenden ihren Lernerfolg ein?

Seminarexterne Fragestellungen

- Sind die von den Lehramtsstudenten der beruflichen Fachrichtung Bautechnik produzierten Lernsituationen für den realen Unterrichtseinsatz brauchbar?
- Sind die Schülerinnen und Schüler, die sich in einer entsprechenden Lernsituation befinden, inhaltlich-fachlich besser vorbereitet auf die Exkursion als andere?

3 Forschungsmethode

Die Fragestellungen zielen in erster Linie darauf ab, die neu eingeführte Maßnahme, nämlich die Implementierung eines Projektbezugs in die Veranstaltung „Fachdidaktik der Bautechnik", auf ihre Wirksamkeit hin zu überprüfen. Der Forschungsansatz entspricht damit dem der Evaluations- und Wirkungsforschung (vgl. Weischer 2007, S. 114).

Die Daten zu den obigen Fragestellungen werden für den **seminarinternen** Bereich durch standardisierte Befragungen (kombinierter Fragebogen mit Wertungsfragen und freien Fragen) erhoben. Die Befragung zum projektorientierten Seminarkonzept fand in zwei Durchläufen im Sommersemester 08 sowie im Wintersemester 08/09 statt. Die hieraus generierten Umfrageergebnisse werden denen vom Sommersemester 07 gegenübergestellt, in dem das Konzept noch keine Projektorientierung vorsah. Die Validität der Gegenüberstellung ist über die ähnlichen Gruppenparameter (Anzahl, Alter, Geschlecht, schulische/praktische Vorbildung, Studiensemesterzahl) gewährleistet.

Die **seminarexternen** Fragestellungen sollen über nicht-standardisierte Befragungen wie Leitfrageninterviews sowie Interviews mit Experten und Expertinnen erhoben werden. Die unterrichtliche Testphase der studentischen Lernsituation wird an drei Berufskollegs des Regierungsbezirks Münster stattfinden. Die ersten präsentablen Ergebnisse werden vermutlich im September dieses Jahres vorliegen. Die Daten zum Exkursionsverhalten der Schülerinnen und Schüler werden analog hierzu erhoben und ausgewertet.

4 Erkenntnisse

Die Umfrageergebnisse können den unten stehenden Tabellen entnommen werden.

Tab. 1: Profillinie Seminarthemen

Wie durch die obige Profillinie erkennbar ist, ergeben sich die deutlichsten Abweichungen bei den Items „Themen sind inhaltlich gut eingeordnet" und „Themen sind gut durchdacht". Beide Items des Sommersemesters 08 und des Wintersemesters 08/09 tendieren im Vergleich zum Sommersemester 07 stärker zum linken Pol und damit in den positiven Bereich, währenddessen das „Interesse an den Themen" nur im Sommersemester 08 signifikant erhöht ist und der „logische Aufbau der Themen" nur im Wintersemester 08/09 deutlicher erkannt wird. Der hier nicht dargestellte „Praxisbezug der Themen" liegt bei allen drei Umfragen auf einem Mittelwert von 1.3.

Tab. 2: Profillinie Lernerfolg

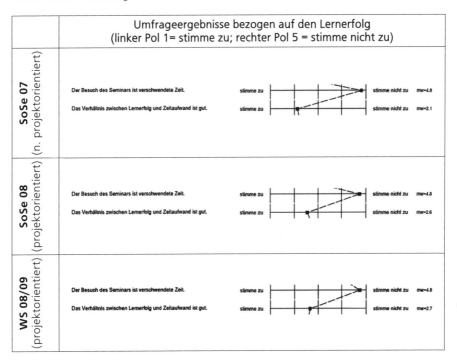

Die indirekte Einschätzung des Lernerfolgs über das Item „Seminarbesuch ist verschwendete Zeit" bleibt auf einem gleichbleibend hohen Niveau. Augenscheinlich wird in den beiden letzten Durchläufen das „Verhältnis zwischen Lernerfolg und Zeitaufwand" schlechter eingeschätzt.

5   Vorläufiges Fazit

Die Umfrageergebnisse spiegeln die Erwartungen des Dozenten hinsichtlich des logischen Aufbaus und der inhaltlichen Einordnung der Themen wider. Das Vorhaben, gezielt das Interesse der Studierenden zu wecken, konnte nur teilweise erreicht werden. Der Umstand, dass das Verhältnis zwischen Lernerfolg und Zeitaufwand schlechter eingeschätzt wird, dürfte sich nach Meinung des Autors mit größerem zeitlichen Abstand zur Veranstaltung (Praxisphase) anders darstellen. Mit Spannung werden nun die Ergebnisse der seminarexternen Evaluation erwartet. Erst nach Auswertung der drei Evaluationskomponenten kann ein abschließendes Fazit gezogen werden.

Literatur

Weischer, C. (2007): Sozialforschung. Konstanz: UVK Verlagsgesellschaft.

Dieckmann, S.; Müller, A. (2004): Das Paul Schnitker-Haus – Ausstellungsführer. Münster.

Kompetenzanforderungen an das berufliche Bildungspersonal in europäischer Perspektive

Simone Kirpal

1 Ausgangslage des Forschungs- und Entwicklungsvorhabens

Im Rahmen europäischer Politik zur Unterstützung des lebenslangen Lernens avanciert das berufliche Bildungspersonal zu einem Schlüsselakteur, denn eine hohe Qualität der Aus- und Weiterbildung wird als ein unmittelbarer Beitrag für die erfolgreiche Umsetzung des lebenslangen Lernens angesehen (Commission of the European Communities 2003; Commission of the European Union/Directorate-General for Education and Culture 2002). Diese neue Schlüsselstellung gilt für Berufsschullehrer und Aus- und Weiterbildungspersonal in und außerhalb von Betrieben gleichermaßen. Letztere sind jedoch im Vergleich zu Lehrkräften an beruflichen Schulen wissenschaftlich noch wenig erforscht. Deshalb wurden in den letzten Jahren einige europäische Studien durchgeführt mit dem Ziel, insbesondere die Situation der Aus- und Weiterbildner zu untersuchen (Kirpal/Tutschner 2008b). Ausgangspunkt dieser Studien ist die Annahme, dass sich die Rolle des Bildungspersonals im Zuge der Etablierung wissensbasierter Ökonomien verändert und sich hieraus neue Kompetenz- und Qualifikationsanforderungen ergeben.

Ein wichtiger Faktor ist in diesem Zusammenhang, dass berufliche Lernprozesse in immer weiteren und vielfältigeren Kontexten stattfinden. Diese Entwicklung richtet den Fokus verstärkt auf informelles und arbeitsprozessorientiertes Lernen sowie E-learning. Die Ausdifferenzierung und Erweiterung der Lernkontexte geht mit einer wachsenden Zahl von Personen einher, die eine aktive Rolle in der Wissensvermittlung und Weiterbildung übernehmen. Dies bringt unweigerlich neue Tätigkeitsprofile und Verantwortlichkeiten für das Bildungspersonal mit sich.

2 Fragestellung des Forschungs- und Entwicklungsvorhabens

In europäischer Perspektive geht es zunächst einmal darum, die Aufgaben, Tätigkeitsfelder und Arbeitssituationen der recht heterogenen Zielgruppe der Aus- und Weiterbildner zu beschreiben und zu analysieren. Zum anderen stellt sich die Frage nach den tatsächlichen Veränderungen in der Ausbildungspraxis und der Arbeitsanforderungen und inwieweit sich daraus neue Kompetenz- und Anforderungsprofile für das Bildungspersonal ableiten lassen. Hierbei wird der Frage nachgegangen, wie die Aus- und Weiterbildung des Bildungspersonals derzeit geregelt ist und inwieweit in einzelnen Ländern oder für bestimmte Gruppen Professionalisierungsbedarf besteht. Innovative Ansätze in der Aus- und Weiterbildung des Bildungspersonals werden international vergleichend analysiert und auf ihre Transfertauglichkeit hin überprüft. Der Status und die beruflichen Entwicklungsmöglichkeiten beziehungsweise Karrierewege der Zielgruppe werden erfasst, um den Beruf attraktiver zu gestalten. Vor dem Hintergrund des demographischen Wandels und eines sich abzeichnenden Nachwuchsmangels ist dies ein besonderes Anliegen.

3 Forschungs-/Entwicklungsmethode, Ansatz und Durchführung

In einer ersten europaweiten Untersuchung zu Aus- und Weiterbildnern in Betrieben wurde 2007 eine Befragung auf der Grundlage eines standardisierten Fragebogens mit 280 Experten und Multiplikatoren aus 29 europäischen Ländern durchgeführt. Die Struktur des Fragebogens gliederte sich in fünf Frageschwerpunkte: Tätigkeitsprofil; Kompetenzen und Qualifikationen; Evaluation der Ausbildung durch die Unternehmen; Beschäftigungssituation, Status und berufliche Entwicklungsmöglichkeiten des betrieblichen Bildungspersonals; allgemeine Beurteilung des Ausbildungssystems für betriebliche Aus- und Weiterbildner. Darüber hinaus wurden zwei weitere Instrumente zur Datengewinnung eingesetzt: eine qualitative empirische Erhebung mit nationalen Experten (58 Experteninterviews aus 23 Ländern) und die Erarbeitung von 28 Länderberichten, die insbesondere über die Struktur der nationalen Bildungs- und Berufsbildungssysteme, die betrieblichen Aus- und Weiterbildungsstrukturen sowie die allgemeine Situation des betrieblichen Bildungspersonals in den verschiedenen europäischen Ländern informieren (Kirpal/Tutschner 2008b). Eine zweite Erhebung wurde 2008 mit Aus- und Weiterbildnern in und außerhalb von Betrieben im Rahmen eines europäischen Netzwerkprojektes (http://www.trainersineurope.org) mit einem vereinfachten standardisierten Fragebogen durchgeführt, der in 18 europäische Sprachen übersetzt wurde. Für eine mit SPSS durchgeführte erste statistische Auswertung konnten 738 Fragebögen aus 28 europäischen Ländern berücksichtigt werden (Kirpal/Wittig 2009). Bei beiden Vorhaben handelt es sich um explorative, nicht repräsentative Studien.

4 Erkenntnisse und ihre wissenschaftliche Bedeutung

Obwohl in den meisten europäischen Ländern eine Ausbilderqualifikation nicht unbedingt erforderlich ist, weisen die bisher durchgeführten Untersuchungen darauf hin, dass etwa 70 % der Aus- und Weiterbildner eine entsprechende formale Qualifikation besitzen. In Deutschland oder Finnland beispielsweise ist dieser Anteil deutlich höher, in den Niederlanden mit 55 % deutlich geringer. Die Betriebe erwarten in erster Linie eine Facharbeiterqualifikation und mehrjährige praktische Berufserfahrung, bevor ein Mitarbeiter Aus- und Weiterbildungsfunktionen übernimmt. Somit wird hier das Hauptaugenmerk auf den Berufsverlauf und die Fachqualifikation gelegt, wohingegen nur ein geringer Anteil des Bildungspersonals pädagogische Fähigkeiten vorweisen muss. In Ländern, in denen die berufliche Erstausbildung eine wichtige Rolle spielt wie in Deutschland oder Österreich, müssen die betrieblichen Ausbilder Grundkenntnisse bezüglich Arbeitssicherheitsbestimmungen und eine Befähigung zur Ausbildung von Jugendlichen vorweisen. Hierfür ist in der Regel auch eine pädagogische Eignung notwendig.

Bezogen auf die unterschiedlichen Trainertypen haben etwa zwei Drittel der Aus- und Weiterbildner, die für private Bildungsträger arbeiten, eine entsprechende formale Qualifikation, von den selbstständigen Trainern dagegen fast 80 %. Ähnlich hoch lagen die Zahlen bezogen auf die Facharbeiterqualifikation: etwa 80 % des betrieblichen Bildungspersonals und der Selbstständigen hatten eine Facharbeiterqualifikation, aber nur etwa 65 % der Aus- und Weiterbildner in öffentlichen Einrichtungen und der bei privaten Bildungsträgern Beschäftigten. Hier ist zu vermuten, dass der Anteil der akademisch Qualifizierten höher liegt.

Etwa zwei Drittel der Befragten gaben an, dass sie für ihre Trainingstätigkeiten gut qualifiziert und vorbereitet seien. Die kontinuierliche Weiterbildung scheint für diese Einschätzung ein wichtiger Bestandteil zu sein. Über 80 % der Befragten gaben an, sich regelmäßig fortzubilden. Hier lag der Anteil bei den selbstständigen und den bei privaten Bildungsträgern beschäftigten Aus- und Weiterbildnern mit über 90 % sehr hoch. Fort- und Weiterbildung ist in erster Linie selbst initiiert, selbst gesteuert und intrinsisch motiviert. Das individuelle Selbstlernen spielt eine wichtige Rolle. Mangelnde Anreize, geringe formale Anerkennung und das Fehlen geeigneter Fort- und Weiterbildungsmöglichkeiten wurden als die wichtigsten Barrieren genannt.

Die formale Qualifikation der Aus- und Weiterbildner scheint in europäischer Perspektive überwiegend geregelt zu sein. Bei den Kompetenzprofilen gibt es jedoch deutliche Lücken. Die Studien zeigen auf, dass für die Ausübung von Aus- und Weiterbildungstätigkeiten grundsätzlich drei Kompetenzfacetten relevant sind. Erstens die fachliche Kompetenz für die Vermittlung von arbeitsrelevanten grundlegenden technischen Fähigkeiten und Fertigkeiten. Zweitens pädagogische und soziale Kompetenzen, die didaktische Prozesse und die Arbeit mit Jugendlichen und Kollegen unterstützen. Hierbei sind insbesondere die Integrationsfunktion der Aus- und Weiterbildung, Mentorenfunktionen, kollektive Lernprozesse und der effektive Wissenstransfer hervorzuheben. Drittens organisatorische und Managementkompetenzen zur Unterstützung von beispielsweise administrativen Aufgaben, Qualitätsmonitoring, Projektkoordination und die Zusammenarbeit mit unterschiedlichen Abteilungen, Berufsschulen oder externen Bildungsträgern. Die Annahme der sich wandelnden Rolle des Bildungspersonals antizipiert, dass vor allem organisatorische Kompetenzen zunehmend an Bedeutung gewinnen. Weiterhin ist zu betonen, dass insbesondere die *Kombination* von fachlichen, pädagogischen und sozialen Kompetenzen gewünscht und zunehmend erwartet wird.

Die fachlichen Kompetenzen, die in allen europäischen Ländern eine Voraussetzung dafür sind, Aus- und Weiterbildungstätigkeiten im Betrieb zu übernehmen, scheinen wie oben bereits erwähnt sowohl qualitativ als auch quantitativ europaweit gut ausgebildet zu sein. Im Gegensatz dazu weisen die Aus- und Weiterbildner – und hier insbesondere das betriebliche Bildungspersonal – starke Defizite im Hinblick auf die pädagogischen, sozialen und organisatorischen Kompetenzen auf. Obwohl ein Großteil eine formale Trainerqualifikation nachweisen kann, werden im Rahmen dieser formalen Qualifikationen pädagogische und soziale Kompetenzen überwiegend nicht ausgebildet. Dies mag erklären, warum die Fort- und Weiterbildungsmaßnahmen des betrieblichen Bildungspersonals vor allem auf das Aneignen von sozialen Kompetenzen abzielen, die in der ersten Erhebung zu betrieblichen Aus- und Weiterbildnern die am häufigsten genannte Kategorie darstellten. Hierzu zählen insbesondere kommunikative und interaktive Fähigkeiten sowie Führungsqualitäten.

Über alle Trainertypen hinweg standen im Rahmen der Weiterbildung die fachlichen Kompetenzen an erster Stelle. Dies ist möglicherweise durch den höheren Anteil der akademisch Qualifizierten in dem zweiten Untersuchungssample begründet. Organisatorische und Managementkompetenzen standen dagegen in beiden Erhebungen an vierter bzw. fünfter Stelle. Dies lässt darauf schließen, dass sich entweder der oftmals zitierte Wandel im Tätigkeits- und Arbeitsfeld des Bildungspersonals noch nicht in der Arbeitspraxis realisiert hat, oder dass die Ausbildung dieser Kompetenzfacette nur für einen geringen Teil der Aus- und Weiterbildner überhaupt relevant ist. Die bisherigen Untersuchungen weisen jedenfalls darauf hin, dass klassische Aufgaben wie das Anlernen und das Durchführen von Trainingskursen oder die Bewertung von Lernergebnissen weitgehend das Tätigkeitsprofil der Aus- und Weiterbildner bestimmen und diese in der Praxis überwiegend auf Standardmethoden des Lehrens und Lernens zurückgreifen. Trotz der Rhetorik des lebenslangen Lernens verweisen die bisherigen Ergebnisse jedenfalls nicht auf einen grundlegenden Wandel der Ausbildertätigkeiten oder -funktionen. Sicherlich besteht für eine genauere Bestimmung möglicher Veränderungen noch weiterer Forschungsbedarf. Neuere qualitative Untersuchungen weisen jedoch darauf hin, dass es nicht unbedingt veränderte Lernparadigmen sind, die die Trainingspraxis verändern, sondern vielmehr die neuen Informationstechnologien, eine stärkere Konkurrenz auf dem Bildungsmarkt und der demographische Wandel.

5 Schlussfolgerungen für künftige Forschungsinitiativen

Die Forschungs- und Entwicklungsarbeit im Bereich berufliches Bildungspersonal steht erst am Anfang – vor allem in international vergleichender Perspektive und bezogen auf die Aus- und Weiterbildner. Obwohl der Bologna Prozess in Bezug auf den Status und die Anerkennung der Aus- und Weiterbildung die Diskrepanz zwischen Berufsschullehrern und Aus- und Weiterbildnern verstärkt hat, gibt es eine Reihe von für beide Gruppen relevanten Themen wie beispielsweise der Bedarf an Weiterbildungsmöglichkeiten und deren inhaltliche Ausgestaltung, die Herausbildung eines breiteren Kompetenzprofils, der Einsatz innovativer Lehr- und Lernmethoden und die zunehmende Bedeutung von E-learning.

Ein Problem für weitergehende Analysen, mit dem sich die meisten europäischen Länder konfrontiert sehen, ist die mangelnde Datenlage. In den meisten Statistiken und Datenerhebungen wird das Bildungspersonal nicht als Status- oder Berufsgruppe ausgewiesen. Dies trifft vor allem auf die betrieblichen Aus- und Weiterbildner zu, die Aus- und Weiterbildungstätigkeiten in unterschiedlichem Ausmaß im Rahmen ihrer allgemeinen Facharbeitertätigkeiten übernehmen. Aber auch Vollzeitausbilder in Betrieben oder Weiterbildner in öffentlichen Einrichtungen werden nur selten als eigenständige Berufs- oder Statusgruppe angesehen. Dies führt dazu, dass soziodemographische und andere wichtige Daten zum betrieblichen Bildungspersonal gar nicht oder nur in unzureichendem Maße vorhanden sind. Insofern Aus- und Weiterbildungstätigkeiten in erster Linie als *Funktion* und nicht als *Beruf* angesehen werden, bildet darüber hinaus ein großer Teil der Zielgruppe keine berufliche Identität als Aus- oder Weiterbildner aus und nimmt berufliche Entwicklungs- oder Professionalisierungsmöglichkeiten in diesem Bereich gar nicht wahr. Da vor allem Selbstständige und für private Bildungsträger arbeitende Trainer sich auch als solche verstehen, erreichen eine Reihe von Weiterbildungsmöglichkeiten nicht ihre eigentliche Zielgruppe.

Für die weitergehende Forschung sind die Differenzierung der unterschiedlichen Zielgruppen und eine Beschreibung ihrer genauen Tätigkeits- und Kompetenzanforderungen wichtig. Aus den bereits durchgeführten Studien ergeben sich vielfältige Anknüpfungspunkte beispielsweise in Bezug auf die Qualifizierung, Weiterbildung und Professionalisierung des beruflichen Bildungspersonals, Kompetenzanforderungen im Kontext des lebenslangen Lernens, berufliche Werdegänge und Karrierewege sowie Fragen der Arbeitsplatzgestaltung und Arbeitsanforderungen. In europäischer Perspektive ist herauszustellen, dass es eine Vielzahl von Entwicklungs- und Innovationsansätzen in diesem Bereich gibt, von denen der in Deutschland gewählte Weg einer zunehmenden Standardisierung und Regulierung eher die Ausnahme darstellt.

Literatur

Commission of the European Communities (2003): Commission Staff Working Document: "Education & Training 2010" – Supporting document for the draft joint interim report on the implementation of the detailed work programme on the follow-up of the objectives of education and training systems in Europe. Brussels.

Commission of the European Union; Directorate-General for Education and Culture (Hrsg.) (2002): Education and training in Europe: Diverse systems, shared goals for 2010. Work programme on the objectives of the education and training systems. Brussels.

Kirpal S.; Tutschner, R. (in Vorbereitung): Evaluating the Situation and Qualification of Trainers in Enterprises in a European Perspective. Evaluate Europe Handbook Series. Bremen: Universität, Institut Technik und Bildung.

Kirpal, S.; Tutschner, R. (2008a): Betriebliches Bildungspersonal in Europa – eine Bestandsaufnahme. Berufsbildung. Zeitschrift für Praxis und Theorie in Betrieb und Schule, 62, S. 45–46.

Kirpal, S.; Tutschner, R. (2008b): Betriebliches Bildungspersonal: Schlüsselakteure des lebenslangen Lernens. ITB Forschungsberichte Nr. 33/2008. Bremen: Universität, Institut Technik und Bildung. Verfügbar unter http://elib.suub.uni-bremen.de/ip/docs/00010388.pdf.

Kirpal S.; Wittig, W. (2009): Training Practitioners in Europe: Perspectives on their work, qualification and continuing learning. ITB Forschungsberichte Nr. 41/2009. Bremen: Universität, Institut Technik und Bildung. Verfügbar unter http://elib.suub.uni-bremen.de/ip/docs/00010607.pdf.

F: Dienstleistungsqualität durch professionelle Arbeit

Professionalisierung in der Wellness-Branche

Peter Kalkowski & Gerd Paul

1 Konzeptionelle Vorüberlegungen

1.1 Die Ausgangsthese

Der Markt für Wellness-Dienstleistungen ist seit Ende der 1980er Jahre rasch expandiert. Unseriöse Angebote tragen aber dazu bei, die Branche in Verruf zu bringen. Die Etablierung von Leistungs- und Qualitätsstandards und die Verfügbarkeit dazu erforderlicher Kompetenzen sind eine Voraussetzung für eine nachhaltige Entfaltung der Branche: Wellness-Dienstleistungen stehen unter Professionalisierungsdruck.

1.2 Wellness-Begriff

Der Wellness-Begriff ist schillernd. Beschäftigt man sich eingehender mit seiner Etymologie, zeigt sich, dass er stark an Popularität gewann, als sich in den 50er und noch einmal verstärkt in den 70er Jahren us-amerikanische Sozialmediziner daranmachten, neue, alternative Gesundheitskonzepte zu erarbeiten, um die eskalierenden (Finanzierungs-)Probleme zu bewältigen, mit denen sich ihr Gesundheitswesen konfrontiert sah (und heute noch sieht). Angesichts des demografischen Wandels, des steigenden Anteils chronischer Krankheiten, der Finanzierungsprobleme sowie eines veränderten Gesundheitsbewusstseins ist das Wellness-Konzept für seine Protagonisten auch hier und heute für einen Paradigmenwechsel in der Gesundheitsversorgung prädestiniert. Dieser zeichnet sich der Idee nach durch eine Umorientierung weg von der primär nachsorgenden *Pathogenese* und vom etablierten Medizinbetrieb hin zur *Salutogenese* und zum *„zweiten Gesundheitsmarkt"* aus, der die Angebote des ersten Gesundheitsmarktes ergänzt und zum Teil substituiert. Wellness in diesem Sinne ist ein *alternatives Gesundheits- und Lebensstilkonzept*, das die Steigerung des körperlichen, geistigen und seelischen Wohlbefindens zum Ziel hat und auf den Prinzipien *Ganzheitlichkeit, Eigenverantwortung und Prävention* beruht.

Nimmt man diesen Wellness-Begriff ernst, ist die Reduktion auf passive Wohlfühlangebote eine unzulässige Verengung. Macht man sich den weiten Wellness-Begriff zu eigen, bewegt man sich allerdings auf dem komplexen und politisch brisanten Feld, auf dem es um Stand und Zukunft des Gesundheitssystems insgesamt geht. Zwei Positionen markieren das Spektrum der Auseinandersetzungen in diesem Feld: Eine hebt die glänzenden Potenziale und Renditen der Gesundheitswirtschaft hervor, die andere geißelt die zunehmende Privatisierung des Gesundheitswesens als

Auslieferung des Patienten an den Markt und an Kapitalgesellschaften. Zwar unterstützen Krankenkassen im gewissen Umfang Kurse mit Wellness-Charakter. Wellness-Dienste ordneten die von uns befragten Experten jedoch übereinstimmend im Kern nicht dem solidarisch finanzierten Gesundheitssystem bzw. dem Leistungsspektrum der GKV zu, sondern dem *Selbstzahlermarkt*. Das bedeutet u. a., bei den Leistungsnehmern handelt es sich nicht um Patienten mit einer ärztlichen Verordnung, sondern um Kunden, mit denen der Leistungsgeber in einer Tauschbeziehung steht, die eigene Interaktionsformen verlangt.

1.3 Professionsbegriff

Professionalität ist der entscheidende Hebel für die Qualitätssicherung in der Gesundheitsversorgung. Deshalb sind Gesundheitsberufe besonders in Deutschland in hohem Maße reguliert und verberuflicht. Die klassische Professionssoziologie reserviert den Begriff „Profession" jedoch für Berufe, die über ein eigenes und selbst generiertes Theoriewissen verfügen und eine akademische Ausbildung zur Voraussetzung haben. Hohe Autonomie in der Berufsausübung, Selbstregulierung durch einen Berufsverband, eine besondere berufsethische Selbstverpflichtung sowie ein herausragender gesellschaftlicher Status sind weitere Merkmale dieses Professionsbegriffs, bei dem insbesondere Ärzte und Juristen Pate standen.

Am Beispiel von Krankenschwestern, Lehrern und Sozialarbeitern wurde der Begriff „Semi-Professionals" gewonnen, der insofern unglücklich ist, als er sich lediglich über den Abstand zu den „Vollprofessionen" definiert: Semi-Professionen haben eine kürzere Berufsausbildung, kontrollieren sich nicht selbst, haben einen niedrigeren sozialen Status. Damit wird das hierarchische Verhältnis zwischen „Professionen" und „Semi-Professionen" hypostasiert, dessen Zweckmäßigkeit und Legitimität gerade im medizinisch-therapeutischen Bereich heute zunehmend infrage steht. Langsam aber sicher erobern sich z. B. *Physiotherapeuten* den Erstkontakt zum Klienten, das Recht zur Behandlung unabhängig von der ärztlichen Verordnung. Auf der anderen Seite bringt der forcierte Einsatz marktwirtschaftlicher und bürokratischer Instrumente zur Steuerung der Leistungserbringung und Qualitätssicherung für *Ärzte* einen Verlust an professioneller Autonomie und Identität mit sich („De-Professionalisierung"), der aus Sicht von Kritikern geeignet ist, das Vertrauensverhältnis zwischen Arzt und Patient zu untergraben: Die Leistungsteuerung und Qualitätssicherung durch Professionalität unterscheidet sich grundlegend von der durch Markt und Bürokratie; mehr noch: die externen Steuerungsformen Markt und Bürokratie bedrohen Professionalität, so Freidson (2001).

Die Kritik an der entmündigenden Macht von Experten und der Industrialisierung des Medizinbetriebs stand Pate bei der *„Theorie professionellen Handelns"*, die sich stärker als die klassische Professionssoziologie mit der Arbeitsrealität beschäftigt. Ihr normativer Fokus ist die *gleichberechtigte Interaktion* zwischen Therapeuten und Klienten, die miteinander ein „Arbeitsbündnis" eingehen. Diesem Konzept professionellen Handelns verwandt ist das für die Analyse personenbezogener Dienstleistungsarbeit genutzte Konzept des *„unvollständigen Vertrags"*. Es beruht darauf, dass anders als beim Tausch materieller Güter bei personenbezogenen Dienstleistungen nicht fertige Produkte, sondern Leistungsversprechen auf der Basis eines unvollständigen Vertrags und wechselseitiger Erwartungen angeboten werden und dass personenbezogene Dienstleistungen *uno actu* und *ko-produktiv* vom Leistungsnehmer und -geber erstellt werden. Wie unsere bisherige *Kundenbefragung* zeigt, ist Ko-Produktion auf der Basis eines individuellen Fallverstehens (Zuwendung, Interaktionskompetenz) eine zentrale Anforderung an Wellness-Dienstleister. Die Befragung legt auch den Schluss nahe, dass sich die Entfaltung des Marktes für Wellness-Dienste nicht zuletzt dem Umstand verdankt, dass dort auf Klientenbedürfnisse in anderer Weise eingegangen wird als dies üblicherweise heute bei ärztlichen Leistungsangeboten der Fall ist.

2 Empirie: Wege der Professionalisierung[1]

2.1 Anforderungen

Typische Anzeichen eines Professionalisierungsprozesses sind die Herausbildung verbandlicher Strukturen und beruflicher Schließungsprozess durch verbindliche Curricula, exklusive Zugänge, Zertifikate und Maßnahmen zur Qualitätssicherung. Auf diesem Gebiet sind zwei konkurrierende Wellness-Verbände tätig, bei denen es sich jedoch nicht um *Berufs*verbände handelt. Sie sind bisher auch nicht so stark, dass sie die Professionalisierung und berufliche Standards entscheidend beeinflussen könnten.

Nähert man sich dem Thema Professionalisierung von Wellness-Dienstleistungen von den Aufgaben- und Handlungsfeldern und beruflichen Anforderungen, ist es angebracht, zunächst die wellness-affinen Handlungsfelder zu berücksichtigen, für die es bereits eine Vielzahl nichtärztlicher Gesundheitsfachberufe gibt. Unterscheiden lassen sich beispielsweise die Handlungsfelder (1) Gesundheit, (2) Körperpflege/Beauty, (3) Tourismus, (4) Sport/Fitness, (5) Freizeit (vgl. Janssen 2008). Die befragten Experten plädierten jedoch dafür, sich bei einem „emerging market" oder Hybridmarkt, auf dem zuvor standesrechtlich und institutionell getrennte Berufsfelder zusammenwachsen, nicht zu sehr an überkommene Einteilungen zu klammern. Conditio sine qua non der Wellness seien ja gerade die *Ganzheitlichkeit* von Körper, Geist, Seele bzw. die *Integration* der Handlungsfelder Bewegung, Ernährung, Um-

---

1 Unsere Untersuchung kombiniert mehrere qualitative und quantitative Erhebungsmethoden und -instrumente. Basis der folgenden Ausführungen sind 16 Expertengespräche und erste Eindrücke aus einer Befragung von Wellness-Kunden.

weltsensitivität, Entspannung/Mentales und Spiritualität. Die „lediglich Symptome bekämpfende Medizin", die den ersten Gesundheitsmarkt dominiert, soll weithin durch eine an der Salutogenese orientierte Wellness überwunden werden. Im Wellness-Markt reduziert sich die Aufgabe der Schulmedizin auf die Diagnostik. Betont wurde außerdem, dass sich das Hauptaufgabengebiet der Wellness vom Körperlichen zunehmend auf die Befähigung zur Verhaltensänderung, auf Mentales, Geistiges und Spirituelles verschiebt. Entspannung, den Menschen erden, Kohärenzgefühl, zur Ruhe kommen, Besinnung, Meditation, Achtsamkeit, Ordnungslehren lauteten die Begriffe, die in diesem Zusammenhang fielen. Viele exotische Angebote, die ihre Wurzeln in fernen Ländern haben, seien lediglich Vehikel für den Zugang zu dieser Ebene. Atmosphäre, auf dem „*Hospitality-Gedanken*" aufbauende Umgangsformen und Kompetenzen seien genuine Bestandteile der Wellness, durch welche diese sich vom ersten Gesundheitsmarkt abhebt. In Abhängigkeit vom Aufgabengebiet und Erwerbsstatus sind darüber hinaus betriebswirtschaftliche und Managementkompetenzen gefragt. Soweit einige Grundanforderungen aus Sicht von Wellness-Promotoren.

2.2 Wie kann diesen Anforderungen entsprochen werden?

Unseren Auftraggeber interessieren primär Möglichkeiten einer Professionalisierung auf „*mittlerem Qualifikationsniveau*". Vorbild dafür sind Facharbeiter der Industrie, deren Produzentenstolz u. a. darin zum Ausdruck kommt, dass sie von sich aus an ihre Arbeit bestimmte Qualitätsmaßstäbe anlegen und Ansprüche an die Arbeitsbedingungen geltend machen.

• Der Frage, ob es zielführend sei, für Wellness einen per Berufsausbildungsgesetz geregelten dualen Ausbildungsberuf zu kreieren, erteilten die befragten Experten jedoch eine klare Absage. Weder die überwiegend kleinen und mittelgroßen Betriebe noch die Berufsschulen seien in der Lage, das oben skizzierte Anforderungsspektrum in Theorie und Praxis abzudecken.

• Die Frage, ob angesichts der etablierten nicht-akademischen Gesundheitsberufe wie Physiotherapeut, Masseur, medizinische Bademeister, Kosmetikerin und der Berufe aus den Bereichen Sport/Fitness, Ernährung usw. überhaupt eine wellness-spezifische Berufsbildung notwendig ist, wurde dagegen einhellig bejaht. Neben der Notwendigkeit einer integralen fachübergreifenden Perspektive (Ganzheitlichkeit) wurde dafür das spezifische Arbeitsbündnis mit dem Kunden angeführt, das bei den Gesundheitsfachberufen zu kurz komme.

• Grundsätzlich wurden zwei Arten einer anzustrebenden nicht-ärztlichen Wellness-Berufsbildung unterschieden: Für die erste wäre der Abschluss in einem wellness-affinen Beruf (Physiotherapeut, Masseur, medizinischer Bademeister usw.) die Zugangsvoraussetzung für eine zertifizierte, akkreditierte wellness-spezifische Weiterbildung, möglichst mit einer geschützten Berufbezeichnung. Im Ergebnis blieben die Absolventen solcher Add-on-Bildungsangebote aber *„Spezialisten"*, weil sie sich im Zweifelsfall wieder an ihrem Grundberuf orientieren würden.

Die nicht-akademischen Gesundheitsdienstberufe sind *Schulberufe*, die als Zugangsvoraussetzung i. d. R. die Mittlere Reife, immer häufiger aber schon das Abitur, verlangen. Die Ausbildung erfolgt nicht im dualen System, sondern an „Schulen des Gesundheitswesens", die dem Gesundheitsministerium unterstellt sind, oder an „Berufsfachschulen und Fachschulen der Länder", die den Kultusministerien unterstehen. Sie können öffentlich oder privat, vollqualifizierend oder nicht vollqualifizierend, grundständig oder berufsbegleitend sein. Schulberufe unterscheiden sich von der dualen Ausbildung u. a. dadurch, dass es für sie keinen Ausbildungsvertrag mit einem Arbeitgeber, keine Ausbildungsvergütung und keinen tarifvertraglichen Schutz gibt. Während das duale System bundeseinheitlich geregelt ist, zeichnen sich die Bildungsgänge der Gesundheitsdienstberufe zudem durch eine *undurchschaubare Vielzahl* an Konzepten und Regelungen aus.

- Neben *„Spezialisten"* benötige der Markt jedoch vor allem *„Generalisten"*, die den ganzheitlichen Ansatz der Wellness abdecken, wenngleich sie dadurch in einzelnen Fachgebieten den Spezialisten unterlegen sein werden. Bevorzugtes Einsatzgebiet für Generalisten sind kleine Hotels, Day Spas, Fitness-Studios usw., die sich mehrere unterschiedliche Spezialisten nicht leisten können. Generalisten könnten auch dort zum Einsatz kommen, wo es darum geht, die Spezialisten zu beraten, anzuleiten und zu koordinieren. Aus mehreren Gründen sei für Generalisten ein *akademischer* Bildungsgang unabdingbar: (1) Wellness und der heilberufliche Ansatz verlangen eine stärkere wissenschaftliche Unterfütterung und evidenzbasierte Wirkungsnachweise. (2) „Semiprofessionen" wie Physiotherapie usw. sind auf dem Weg zur Akademisierung und „Vollprofession"; ein Wellness-Professioneller ohne akademischen Abschluss hätte Statusprobleme in der Kooperation und Kommunikation mit Spezialisten und Ärzten. (3) Durch den Bologna-Prozess würden ohnehin in vielen Bereichen Absolventen von Ausbildungsberufen durch Bachelor verdrängt werden.

2.3 Wellness-spezifische Bildungsangebote

Beklagt wurde die unüberschaubare Vielfalt und heterogene Qualität der Wellness-Bildungsangebote, für die es bislang kaum allgemein anerkannte Qualitätsstandards und -kontrollen oder geschützte Berufsbezeichnungen gibt. Die Bildungsangebote lassen sich grob nach Wertigkeiten unterscheiden:

1. Die 80 oder 90 Stunden dauernden Kurse zum Wellness-Berater, wie sie auch von IHKs angeboten werden, vermitteln keinerlei Handlungskompetenz. Sie qualifizieren allenfalls zur Rezeptionstätigkeit.

2. Eine zweite Kategorie sind Kurse zum Wellness-Trainer mit 500 Präsensstunden. Das sind Kurse, wie sie auch von Arbeitsämtern gefördert werden und in geringem Umfang vom Deutschen Wellness Verband zertifiziert worden sind. Diese Kurse stehen auch Personen ohne jede wellness-affine Vorerfahrung offen. Experten bezweifelten, dass diese Kurse allein Handlungskompetenz vermitteln können. Sie seien nur als Weiterbildung für Personen aus Gesundheitsberufen sinnvoll.

3. Es gibt darüber hinaus Mustercurricula für die Wellness-Trainer, -Manager usw. mit einem Volumen von 1500 Stunden. Mit diesem Volumen kommen sie in die Nähe einer dualen Ausbildung oder eines Bachelor-Studiengangs. Und in der Tat gibt es inzwischen einzelne Fachhochschulen, die entsprechende Studiengänge anbieten.

Bildungsanbieter sträuben sich jedoch dagegen, höherwertige und umfangreichere Bildungsgänge für Wellness zu offerieren, weil sie fürchten, dass sich das für sie nicht rechnet. Der Ansatz, die Qualität der Bildungsanbote durch von einem Wellness-Verband verliehene Zertifikate zu sichern, hat sich bisher nicht durchsetzen können. Unterschiedlich werden in diesem Zusammenhang die Bedeutung und der Wert staatlich (womöglich bundeseinheitlich) anerkannter Weiterbildungsangebote eingeschätzt.

Attraktive Beschäftigungskonditionen?

Ob und in welchem Umfang wellness-spezifische Berufbildungsangebote wahrgenommen werden, dürfte nicht nur von der Nachfrage der Arbeitgeber abhängen, sondern auch davon, ob der Wellness-Markt attraktive Beschäftigungsperspektiven bietet. Zwar ist das ökonomische Potenzial des Marktes riesig. Im Großen und Ganzen sind Beschäftigungskonditionen der Branche, was Arbeitszeiten, Belastungen, Bezahlung usw. angeht, nach Aussagen von Verbandsvertretern und nach Falldarstellungen einzelner Beschäftigter aber nicht gerade attraktiv. Mit unserer Beschäftigtenbefragung wollen wir Näheres über die Beschäftigtenkonditionen in der Wellness-Branche in Erfahrung bringen.

Literatur

Freidson, E. (2001): Professionalism. The Third Logic. Cambridge: Polity Press.

Janssen, B. (2008): Untersuchung von Qualifizierungskonzepten in der Fitness/Wellness-Branche zur Klärung eines bundeseinheitlichen Regelungsbedarfs. Bonn.

Geschäftsprozessoptimierung in Bildungsstätten – Lernen für Qualität und Erfolg

Mark Sebastian Pütz & Wilhelm Termath

1 Ausgangslage

Die Qualifikationen und Kompetenzen der Beschäftigten sind für ein rohstoffarmes Land wie Deutschland der entscheidende Wettbewerbsfaktor, um in einer globalisierten Weltwirtschaft konkurrenzfähig zu bleiben. Das Paradigma des Lebenslangen Lernens ist seit Mitte der 90er Jahre das bildungs- und beschäftigungspolitische Leitbild der Europäischen Union und auch Grundlage für die Bildungspolitik in Deutschland. Im Kern steht die Überlegung, Lernen als eine permanente Aufgabe über den gesamten Lebenszyklus zu verstehen. In diesem Sinne soll vor allem die berufliche Weiterbildung dazu beitragen, die individuelle Beschäftigungsfähigkeit zu erhalten, und damit einen Beitrag leisten, den technischen und wirtschaftlichen Wandel zu bewältigen sowie die demografische Entwicklung in Deutschland zu unterstützen. Der Umfang und die Qualität der Weiterbildung sind somit ein entscheidender Faktor für die Wettbewerbsfähigkeit des Standorts Deutschland.

Das Vorhaben fokussiert auf die Professionalisierung der Erbringung von Dienstleistungen in der Beruflichen Bildung. Der Begriff der „Bildungsdienstleistung" wird häufig synonym mit Begriffen wie „Bildungsprodukt" oder „Bildungsangebot" verwendet. Im Verständnis dieses Projektes gehen „Bildungsdienstleistungen" weit über die Bereitstellung von Lehrgängen und Seminaren hinaus. Sie reflektieren vielmehr den gesamten Wertschöpfungsprozess von Bildung und setzen damit v. a. eine stärkere Kundenorientierung der Bildungsanbieter voraus. Insofern handelt es sich bei Bildungsdienstleistungen um spezifisch entwickelte personale Dienstleistungen, die eine intensive Auseinandersetzung mit dem Bedarf der Kunden erfordern. Für die Anbieter von Dienstleistungen der beruflichen Bildung bedeutet dies, Strukturen, Prozesse und Kompetenzen der Mitarbeiter entsprechend diesen Ansprüchen auszurichten und zu fördern. Hierzu sollen im Projekt geeignete Strategien und Konzepte entwickelt und erprobt werden.

2 Methoden

Mit dem Vorhaben soll ein Beitrag zur Professionalisierung und Qualifizierung des Personals von Bildungsdienstleistern geleistet werden, der sowohl Instrumente der Organisationsentwicklung als auch der Personalentwicklung einbezieht. Der Fokus umfasst die Führungs- und Managementebene ebenso wie die operativ tätigen Mitarbeiter im Bereich Marketing, Vertrieb und Lehrgangsverwaltung.

Die Einsicht in die Wandlung des Bildungsmarktes von einem Angebots- zu einem Nachfragemarkt hat die Bildungsanbieter zwar bereits erreicht, allerdings fehlen vielfach geeignete Strategien, die Bildungsorganisationen und die dort beschäftigten Mitarbeiterinnen und Mitarbeiter auf diese Situation nachhaltig einzustellen. Das Vorhaben setzt deshalb an der Fragestellung an, wie sich Bildungsanbieter zielgerichtet dahingehend entwickeln können, maßgeschneiderte Bildungsdienstleistungen auch für individuelle Kundenbedarfe zu konzipieren und für die Kunden wertschöpfend zu vermarkten.

Zur Entwicklung adäquater Konzepte erfolgt zu Beginn des Vorhabens eine Analyse relevanter Ansätze und eine Verständigung auf die Definition zentraler Begriffe wie Professionalität und Beruflichkeit.

In den Geschäftsführungen der Bildungsdienstleister sind i. d. R. unterschiedliche Berufsprofile bzw. Fachkompetenzen vertreten. Überwiegend sind dies Pädagogen sowie Fachkräfte mit einer kaufmännischen bzw. betriebswirtschaftlichen Qualifikation sowie Mitarbeiter mit einem technischen bzw. ingenieurwissenschaftlichen Hintergrund. Hier stellt sich die Frage nach den Kriterien bzw. Indikatoren für die Bewertung der Professionalität, sie kann jedenfalls nur unzureichend aus den Qualifikationsstandards und Abschlusszertifikaten der jeweiligen Berufsbilder abgeleitet werden.

Aus Sicht der Arbeits- und Organisationspsychologie umfasst Professionalisierung über die auf das Individuum bezogene Spezialkompetenz im Sinne von Fertigkeiten und Fähigkeiten hinaus auf der Gruppenebene die Anbindung an eine Berufsgruppe und auf der Tätigkeitsebene das autonome, eigenverantwortliche Handeln (Mieg 2005, S. 342ff.).

Für die Begründung einer angemessenen Vorgehensweise ist es erforderlich, neben den personenbezogenen Aspekten auch die organisationalen Rahmenbedingungen, Strukturen und Prozesse systematisch einzubeziehen. In diesem Spannungsfeld wird der Ansatz des „organisationalen Lernens" als geeignetes Konstrukt herangezogen. Es bezeichnet im Kern die Entwicklung der Fähigkeit einer Organisation, sich mit ihrer Umwelt angemessen zu verändern (Dick 2005, S. 300).

Mit dem Lernbegriff wird ausgedrückt, dass ein Subjekt des Lernens Absicht und Richtung des Lernprozesses formuliert. In Abgrenzung zu Konzeptionen des organisationalen Wandels wird die Organisation als eine kollektive Gesamtheit verstanden, die ihre Lern- und Entwicklungsprozesse immer auch im Verhältnis zu ihrer Umwelt gestaltet. Der Ansatz des organisationalen Lernens konzipiert Lernprozesse in Analogie zu menschlichen Lernprozessen als zyklische Handlungen, in denen Ziele gesetzt, entsprechende Handlungen geplant, umgesetzt und schließlich bewertet werden.

Auf dieser konzeptionellen Grundlage werden im Projekt geeignete Methoden für die Organisationsentwicklung und Personalentwicklung erarbeitet und erprobt. Hierbei werden zunächst die vorliegenden Erfahrungen und Instrumente der beteiligten Partner systematisiert und aufeinander bezogen.

Das Vorgehensmodell des EFQM (European Foundation for Quality Management) erscheint geeignet, die unterschiedlichen Initiativen und methodischen Ansätze der Partner aufzugreifen und in einem umfassenden und systematischen Lernprozess zusammenzuführen.

Die aus neun Kriterien bestehende Grundstruktur ist geeignet, zur Bewertung des Entwicklungsfortschritts einer Organisation herangezogen zu werden. Im Prozess der zyklischen Selbstbewertung nach dem EFQM-Modell werden zunächst Stärken und Verbesserungspotenziale einer Organisation identifiziert, anschließend Verbesserungsziele und -pläne realisiert und deren Fortschritt überwacht.

Die zentrale Annahme besteht darin, dass exzellente Ergebnisse einer Organisation hinsichtlich Leistung, Kunden, Mitarbeiter und Gesellschaft durch eine Führung erzielt werden, die Politik und Strategie, Mitarbeiter, Partnerschaften, Ressourcen und Prozesse befördert.

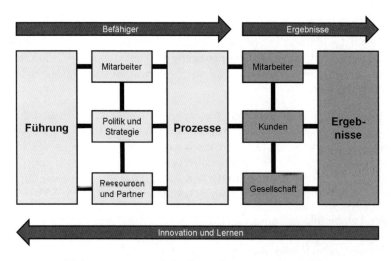

Abb. 1: Prozessmodell der European Foundation for Quality Management – EFQM

Quelle: Broschüre „Das EFQM-Modell für Excellence" deutsche Fassung, 2003, EFQM Brussels Representative Office

Professionelle Dienstleistungsarbeit setzt definierte Geschäftsprozesse sowie kompetente und motivierte Beschäftigte voraus. Aufbauend auf einem zu entwickelnden Vorgehensmodell zur systematischen Entwicklung und Erbringung von Dienstleistungen sollen die notwendigen Qualifikationsanforderungen für die Beschäftigten abgeleitet werden und Prozesse implementiert werden. Die ermittelten Qualifikationsanforderungen fließen in das Qualifizierungskonzept ein, das mit den Verbundpartnern erprobt und mit weiteren Bildungsunternehmen evaluiert wird. Die identifizierten zentralen Prozesse für eine professionelle Bildungsarbeit sollen im Rahmen eines Organisationsentwicklungskonzepts auf Basis eines qualitativen Benchmarkingverfahrens implementiert und erprobt werden.

3 Ergebnisse

Es soll ein gemeinsames Verständnis von Professionalität formuliert werden, welches die Komplexität der Entwicklung, Vermarktung und Erbringung von Bildungsdienstleistungen in einem heterogenen und sehr dynamischen Marktumfeld abbildet.

Es soll ein pragmatisches, handlungsleitendes Vorgehensmodell adaptiert werden, mit dem organisationale Lernprozesse hin zu Professionalität und Exzellenz von Bildungsunternehmen erfolgreich gestaltet werden können.

Es sollen Qualifikationsanforderungen an die Führungsebenen definiert und entsprechende Qualifizierungsangebote konzipiert werden.

Literatur

Dick, M. (2005): Organisationales Lernen. In: F. Rauner (Hrsg.): Handbuch Berufsbildungsforschung (S. 299–307). Bielefeld: wbv.

Mieg, H. A. (2005): Professionalisierung. In: F. Rauner (Hrsg.): Handbuch Berufsbildungsforschung (S. 342–349). Bielefeld: wbv.

Pütz, M. S. (2008): ZWH – Geschäftsprozessoptimierung (GPO) – Ein Verfahren für Bildungsanbieter zur Kompetenz- und Organisationsentwicklung. Verfügbar unter http://concerninglearning.files.wordpress.com/2008/09/080915-kompetenz-gpo.pdf.

Anerkennung und Professionalisierung der beruflichen Altenpflege

Kerstin Blass & Sabine Kirchen-Peters

1 Projektanlass

Der sozioökonomische Wandel hat den Stellenwert der Dienstleistungen in der modernen bundesdeutschen Gesellschaft ebenso einschneidend verändert, wie er durch die enorme Wertschöpfungskraft dieser Dienstleistungen forciert wurde. Bislang galt das Interesse der noch neuen Dienstleistungsforschung vornehmlich jungen, exportfähigen Dienstleistungen und jenen Dienstleistungen, die sich durch eine besondere Innovationskraft auszeichnen. Dies sind Eigenschaften, die den gemeinhin als „traditionell" eingestuften personenbezogenen Dienstleistungen auf den ersten Blick nicht unterstellt werden. Bei genauerer Betrachtung zeigt sich jedoch, dass die personenbezogenen Dienstleistungen vor allem im Gesundheitssektor eine ökonomisch wie auch gesellschaftspolitisch zentrale Rolle in Deutschland spielen. Insbesondere die Dienstleistungen im Bereich der Betreuung und Pflege alter Menschen haben infolge der demografischen Entwicklung und der Erosion von traditionellen Familienstrukturen einen kontinuierlichen Bedeutungszuwachs erfahren.

Seit der zweistufigen Einführung der Pflegeversicherung, durch die sowohl die ambulante (1995) als auch die stationäre (1996) Versorgung pflegebedürftiger älterer Menschen sozialversicherungsrechtlich geregelt wurde, hat sich in der Altenpflegebranche die Zahl der Leistungsbezieher/innen von rd. 1,5 Mio. (1996) auf rd. 2,25 Mio. erhöht. Mit der beruflichen Pflege und Betreuung sind inzwischen in 11.500 ambulanten Pflegediensten und 11.000 voll- bzw. teilstationären Pflegeheimen 236.000 bzw. 574.000 Personen beschäftigt (Statistisches Bundesamt 2009). Prognosen gehen davon aus, dass die Zahl der Pflegebedürftigen bis 2050 auf 3,5 bis 4 Mio. ansteigen wird (Diez 2002, S. 238) und sich der Beschäftigtenbedarf verdreifachen könnte (IW-Trends 2008). Die berufliche Altenpflege könnte sich daher zu einem zentralen Dienstleistungsberuf der Zukunft entwickeln.

Mit der Einführung der Pflegeversicherung 1995/1996 wurde jedoch nicht nur der Pflegemarkt geöffnet, sondern er wurde auch den öffentlich-rechtlichen Regulierungen des Sozialrechts unterworfen. Dies wirkt auf die Preise, das Dienstleistungsangebot und damit auf die Arbeitsbedingungen in diesem „typischen Frauenberuf", der trotz „Krisensicherheit" für männliche Erwerbstätige offenbar noch immer keine attraktive Alternative darstellt. Die gesellschaftliche Organisation dieser Dienstleistung nimmt daher eine weitreichende Weichenstellung hinsichtlich der zukünftigen Versorgung der wachsenden Zahl alter und hilfebedürftiger Menschen vor, und es ist zu erwarten, dass sie zu einer vertikalen und horizontalen Ausdifferenzierung der beruflichen Altenpflege und zu einer Auf- bzw. Abwertung bestimmter Tätigkeitsprofile führt.

2 Fragestellungen des Projektes

Ob und wie sich die berufliche Altenpflege im Spannungsfeld von Wirtschaftlichkeitsanforderungen und steigenden Ansprüchen an die Versorgungsqualität zu einem innovativen und attraktiven Dienstleistungsberuf entwickeln kann, ist zurzeit Gegenstand der vom Institut für Sozialforschung und Sozialwirtschaft (iso) Saarbrücken durchgeführten Kurzuntersuchung „Berufliche Anerkennung und Professionalisierung in der stationären Altenpflege".[1]

Im Einzelnen wird folgenden Fragestellungen nachgegangen:

- Welche Gestaltungschancen und -hindernisse ergeben sich aus den Rahmenbedingungen der Sozialgesetzgebung für die Dienstleistungsfacharbeit berufliche Altenpflege?

- Welche Verberuflichungs- und Professionalisierungsprozesse lassen sich identifizieren?

- In welche Tätigkeitsfelder und Arbeitsinhalte differenziert sich die berufliche Altenpflege aus? Welche Tätigkeiten erfahren dann eine Auf- bzw. Abwertung?

- Folgt diese brancheninterne Auf- bzw. Abwertung bestimmter Tätigkeiten denselben Mechanismen, die bereits für die geschlechtsspezifische Segmentierung des Arbeitsmarktes identifiziert wurden?

- Welche Professionalisierungsziele verfolgen die Berufsverbände und die Pflegewissenschaften?

- Welche Auswirkungen haben die Ökonomisierung und die Ausdifferenzierung der Altenpflegearbeit auf die Arbeitsbedingungen, auf die Attraktivität der Berufsfelder und auf die Ausbildung von zukünftigen Fachkräften?

3 Methodisches Vorgehen

In der Untersuchung wurde der analytische Schwerpunkt zunächst auf die stationäre Pflege gelegt. Dort arbeitet nicht nur der größere Teil der in der Altenpflege

---

1 Gefördert im Rahmen des Förderprogramms „Innovationen mit Dienstleistungen" durch das Bundesministerium für Bildung und Forschung und mit Mitteln aus dem Europäischen Sozialfonds. Projektträger Arbeitsgestaltung und Dienstleistung

Beschäftigten, sondern die organisatorische Einheit Pflegeheim ermöglichte einen besseren empirischen Zugang, um die (vertikale) berufliche Ausdifferenzierung (von der Heimleitung bis zu den Ein-Euro-Kräften) und das Tätigkeitsspektrum „der Pflege" zu untersuchen. Für die Analyse kommt ein breiter Methodenmix zum Einsatz: Im Projektverlauf wurden bisher

- die zentralen Ergebnisse der feministischen Arbeitsmarktforschung mit Blick auf die geschlechtsspezifische Segregation des Arbeitsmarktes und die spezifischen Charakteristika des Pflegeberufs herausgearbeitet,

- die aktuellen Rahmenbedingungen des Pflegemarktes mit besonderem Blick auf die stationäre Pflege dargestellt und die aktuelle Diskussion um die Reform der Pflegeversicherung sowie wesentliche Neuerungen für die stationäre Versorgung zusammengefasst und diskutiert,

- in einer Fragebogenerhebung 180 stationäre Einrichtungen zu verschiedenen arbeitsorganisatorischen und arbeitsinhaltlichen Aspekten sowie zu den Qualifikationsanforderungen an das Pflegepersonal befragt; der Rücklauf lag bei 32,7 % (= 59 Einrichtungen) und

- die Grundzüge der Personalplanung, die Eingebundenheit des Kernbereichs Pflege in die Gesamtorganisation der Pflegeheime sowie die Funktions- und Tätigkeitsfelder der Pflege umrissen.

Im weiteren Projektverlauf werden

- die Professionalisierungsstrategien der Berufsverbände und Pflegewissenschaften analysiert,

- die Anforderungsprofile in ausgewählten Stellenausschreibungen des Vincentz-Verlags[2] zu den Positionen Heim- und Pflegedienstleitung, examinierte Pflegefachkräfte und Qualitätsbeauftragte untersucht,

- eine Internetrecherche der Weiter- und Fortbildungsangebote vorgenommen und

- fünf Fallstudien in ausgewählten Pflegeheimen durchgeführt.

4   Ausgewählte Zwischenergebnisse

Nach dem aktuellen Bearbeitungsstand können folgende Zwischenergebnisse hervorgehoben werden:

---

2   www.vincentz.net

- Die vermutete vertikale berufliche Ausdifferenzierung in der stationären Altenpflege hat sich bestätigt. In den 59 Pflegeheimen, die an der schriftlichen Befragung teilgenommen haben, verfügen inzwischen 33 % der Heimleitungen und 25 % der Pflegedienstleitungen über einen Hoch- bzw. Fachhochschulabschluss. Die Pflegebelegschaft setzt sich zu 56 % aus examinierten Fachkräften und zu 44 % aus Helfer/innen zusammen. Zudem beschäftigen 25 % der Einrichtungen Zeitarbeitnehmer/innen und 37 % Ein-Euro-Kräfte in der Pflege.

- Die vertikale Ausdifferenzierung geht mit einer geschlechtsspezifischen Tätigkeitsübernahme einher. Während lediglich 50 % der Heimleitungspositionen von Frauen besetzt werden, sind es bei den Helfer/innen in den Einrichtungen 96 % (Pflegedienstleitung 80 %, examinierte Pflegekräfte 86 %).

- Die Pflegeversicherung ist nach dem Teilkasko-Prinzip konzipiert. Neben einer Leistungsbegrenzung manifestiert sich das Teilkasko-Prinzip im Pflegeversicherungsgesetz auch über die Definition der Pflegebedürftigkeit mit der Folge einer Eingrenzung des leistungsberechtigten Personenkreises und die Unterscheidung von drei Pflegestufen, abhängig vom Umfang des Hilfebedarfs. Von der Bewohnereinstufung hängt auch die personelle Ausstattung der Heime ab. Sie stellt bei der Festlegung der bundesländerspezifischen Personalschlüssel den zentralen kalkulatorischen Ausgangspunkt für die quantitative Ermittlung des pflegerischen Einrichtungspersonals dar. Diese Personalschlüssel variieren nicht nur länderabhängig, sondern liegen zudem unterhalb der für die Einstufung genannten Zeitwerte des SGB XI.

- Vor dem Hintergrund der knappen finanziellen Ressourcen kann die fachgerechte Rund-um-die-Uhr Versorgung nur durch den Einsatz von Teilzeitkräften bewältigt werden. Von den insgesamt in den Einrichtungen beschäftigten 2374 examinierten Fachkräften und Hilfskräften sind insgesamt 68 % Teilzeitbeschäftigte (769 examinierte Kräfte, 823 Helfer/innen). Teilzeitarbeit in der stationären Pflege ist mittlerweile ein der Versicherungslogik immanentes Organisationsprinzip und daher mehr denn je ein zentrales Charakteristikum für berufliche Altenpflegearbeit.

- Hinsichtlich der horizontalen beruflichen Ausdifferenzierung sind in den Einrichtungen unterschiedliche Weiterqualifikationen identifiziert worden, die vor allem für die Arbeitsorganisation der stationären Pflege erforderlich sind. Die Qualifikationsmaßnahmen umfassen gerontopsychiatrische Zusatzqualifikationen (in 74 % der Einrichtungen), Qualitätsmanagement (67 %), Hygiene (62 %), Palliativversorgung (49 %), Wundversorgung/Dekubitusprophylaxe (44 %), Beschäftigungstherapie (47 %), Praxisanleitung (88 %), Ehrenamtsbeauftragte (23 %).

- In Bezug auf die Arbeitsorganisation und auf die Arbeitsinhalte zeigt sich die starke Eingebundenheit des Kernbereichs Pflege in die Aufbauorganisation der Häuser, weshalb die Grund- und Behandlungspflege sowie die sozialen Betreuungsleistungen des Pflegepersonals auch an den Erfordernissen anderer Bereiche bzw. des Einrichtungsumfeldes auszurichten sind: Externe Prüfinstitutionen erwarten die Umsetzung der Expertenstandards und im weitesten Sinne ein professionelles Qualitätsmanagement. Die Einrichtungsleitungen verlangen bei der alltäglichen Arbeit eine stärkere Berücksichtigung betriebswirtschaftlicher Kriterien und eine zeitnahe Dokumentation der Pflege. Für die Zusammenarbeit mit den (hauswirtschaftlichen) Funktionsbereichen wird eine systematische und auf unterschiedliche Tätigkeitsfelder abgestimmte Arbeitsplanung sowie eine fachgerechte Überprüfung der erbrachten Leistungen notwendig. Der Umgang mit den Angehörigen bedarf einer dezidierten Kundenorientierung und spezifischer Kommunikationsstrategien, um sowohl fachpflegerische Aspekte zu verdeutlichen als auch um emotionale Unterstützung und Beratung anzubieten. Die veränderte Bewohnerstruktur erfordert entsprechende Anpassungsleistungen in der sozialen Betreuung und regelmäßige pflegerische Weiterqualifikationen, z. B. für die Dementenversorgung oder die Sterbebegleitung.

Angesichts dieser vielfältigen und unterschiedlichen Anforderungen eröffnen sich für die Pflegeberufe zahlreiche Professionalisierungschancen und Tätigkeitsspezialisierungen. Ob und wie diese Chancen ergriffen werden, ob Spezialisierungen zu verzeichnen sind und ob – angesichts des arbeitsverdichteten Pflegealltags – das (erworbene) Wissen auch angewandt und die erweiterten Kompetenzen zum Tragen kommen, wird im weiteren Projektverlauf zu konkretisieren sein.

Literatur

Kirchen-Peters, S.; Blass, K. (2009): Zur Arbeitssituation des Heimpersonals: Zwischen Marktdruck und Menschlichkeit. In: arbeitnehmer 57 (2), S. 9.

Blass, K.; Geiger, M.; Kirchen-Peters, S. (2008): AIDA – Arbeitsschutz in der Altenpflege. Endbericht des iso-instituts. Saarbrücken.

Blass, K. (2008): Einsatz von Langzeitarbeitslosen in stationären Einrichtungen der Altenpflege. Dortmund: Bundesanstalt für Arbeitsschutz und Arbeitsmedizin (BAuA).

Kirchen-Peters, S. (2006): Beratung von Angehörigen und Qualifizierung professionell Pflegender im Bereich Demenz. Ein Beispiel dafür, wie praxisnahe Forschung und konzeptgeleitete Umsetzung ineinander greifen können. In: M. Pohlmann; T. Zillmann

(Hrsg.): Beratung und Weiterbildung. Fallstudien, Aufgaben und Lösungen (S. 181–189). München, Wien: Oldenbourg-Verlag.

Blass, K. (2003): Personalplanung in stationären Pflegeeinrichtungen. Veröffentlichung der Wissenschaftlichen Begleitung zum Modellprogramm des Bundesministeriums für Gesundheit und Soziale Sicherung zur „Verbesserung der Situation der Pflegebedürftigen". Saarbrücken.

Beruflichkeit in der Energieberatung – Eine Analyse der curricularen Strukturen

Simon Heinen & Martin Frenz

1   Einleitung

Die Domäne der Energieberatung ist aus Perspektive der Berufsbildungsforschung ein noch weitgehend unerforschtes Feld. Spezifisch für die Anbieter von Energieberatungsdienstleistungen auf der mittleren Qualifikationsebene ist im Allgemeinen eine hohe Professionalität im ursprünglichen Facharbeiterberuf (z. B. Tischler, Schornsteinfeger, Anlagenmechaniker etc.), welche auf einer fundierten Ausbildung bis zum Meistertitel basiert und durch ein in der Regel systematisiertes Angebot an Weiterbildungen zielgerichtet ausgebaut wurde. Im Vergleich dazu spiegeln die Energieberatungsdienstleistungen teilweise nicht das hohe Facharbeiterniveau wider, weil diese nicht in unmittelbarem Zusammenhang zur Ausgangsqualifikation stehen. Auf dem Markt der Energieberatungsdienstleistungen fehlen Standards, eine gesetzlich geschützte Bezeichnung „Energieberater" und ein systematisches Weiterbildungs- und Qualifizierungsangebot. Sowohl bei Energieberatern als auch bei Kunden herrscht Unklarheit über die angebotenen Leistungen. Nicht auf Facharbeiterniveau angebotene Dienstleistungen können bei den Kunden jedoch zu Misstrauen im Kerngeschäft der Gewerbe führen. Das hohe Facharbeiterniveau sollte in Zukunft auch das Dienstleistungsangebot in der Energieberatung aufweisen.

Zurzeit haben die Teilnehmer von Fort- und Weiterbildungskursen durch die heterogene Vorqualifizierung einen sehr unterschiedlichen Kenntnisstand. Dieser wird durch die Bildungsanbieter nicht erhoben. Es folgt ein standardisierter Kurs, der zu Unzufriedenheit bei vielen Teilnehmern durch Unter- oder Überforderung führen kann. Eine Systematisierung von Fort- und Weiterbildungen im Bereich der Energieberatung ist noch nicht entwickelt worden. Der Zusammenhang zwischen bestimmten Ausgangsberufen auf mittlerer Qualifikationsebene und angebotenen Fort- und Weiterbildungsangeboten im Bereich der Energieberatung ist teilweise unklar.

Ziel dieser Studie ist es aber auch, die Strukturen der Beruflichkeit in der Energieberatung grundsätzlicher zu reflektieren. Daher müssen die heutigen beruflichen Strukturen systematisch analysiert und vor dem Hintergrund der aktuellen Diskussion zur Beruflichkeit erörtert werden. Vertreter einer modernen Beruflichkeitsauffassung (wie Kutscha u. Rauner) sehen die Beruflichkeit als ein den Arbeitsmarkt und die Bildung prägendes Grundprinzip, formulieren aber gleichzeitig auch das Bedürfnis einer Anpassungsfähigkeit beruflicher Ausbildungsstrukturen an spezifische Anforderungen der Fachkräfte. Diese Auffassung plädiert für eine offene, dynamische Ausgestaltung der Beruflichkeit in Form von klaren Kernberufen und einer zusätzlichen auf Arbeitsprozesse ausgerichteten Wissensvermittlung. So können flexibel gestaltete, flexibel anwendbare und einzeln zertifizierbare Teilqualifikationen entsprechend wechselnden betrieblichen Bedürfnissen implementiert werden (Kuda/Strauß 2006). Ein häufig diskutierter Lösungsansatz, um eine Balance zwischen Flexibilisierung und Standardisierung zu schaffen, ist die (Teil-)Modularisierung beruflicher Ausbildung und die Schaffung von inhaltlich in sich geschlossenen Ausbildungsbausteinen.

Zusätzlich spielt der Nachhaltigkeitsgedanke als integratives Konzept eines modernen Verständnisses von Beruflichkeit im gesamten Themenfeld „Energie", und somit auch in der Energieberatung, eine sehr bedeutsame Rolle.[1] Die UNESCO beschreibt den Nachhaltigkeitsgedanken mit seinen Vorstellungen zum Umweltschutz mit einer generationenübergreifenden Gerechtigkeit und einer globalen Verteilungsgerechtigkeit als ein Zusammenwirken dreier Dimensionen. Ein Individuum muss Wechselwirkungen zwischen sozialer Gerechtigkeit, ökologischer Verträglichkeit und ökonomischer Leistungsfähigkeit erkennen, verstehen und bewerten können (BNE 2009).

2 Untersuchungsziele und -methode

Ziel der Studie ist es, den Zusammenhang zwischen bestimmten Ausgangsberufen auf mittlerer Qualifikationsebene und angebotenen Fort- und Weiterbildungsangeboten im Bereich der Energieberatung aufzuzeigen, um Aussagen zur Beruflichkeit in der Energieberatungsbranche treffen zu können.

Hierzu muss untersucht werden, welche Überschneidungen und Differenzen die curricularen Strukturen in der Fort- und Weiterbildung sowie die einschlägigen Ausgangscurricula aufweisen. Abschließend bleibt zu klären, welche Formen der Beruflichkeit sich aufgrund der curricularen Strukturen in der Energieberatung anbieten und wie diese beispielhaft ausgestaltet werden können.

2.1 Entwicklung eines Instrumentes zur Untersuchung curricularer Strukturen

Unter der besonderen Berücksichtigung des Nachhaltigkeitsgedankens wird ein Instrument der curricularen Berufsbildungsforschung entwickelt, um systematisch die

---

1 Berufsbildung für eine nachhaltige Entwicklung und die Leitidee Nachhaltigkeit sind im Rahmen der Agenda 21 als Grundsätze verankert und werden im Rahmen der UN-Dekade zur Nachhaltigkeit in zahlreichen Vorhaben gefördert (BNE 2009, BIBB 2009, BMU 1992).

Curriculumstrukturen der Ausgangsberufe und des Weiterbildungswesens eines Energieberaters zu analysieren.

Zur Analyse einschlägiger Curricula gilt es zunächst, diese nach aktuellen Theorien zur Curriculumentwicklung und -forschung in der Berufsbildung zu differenzieren. Der in Anspruch genommene Curriculumbegriff betrifft schwerpunktmäßig Inhalte und Ziele beruflicher Aus- und Weiterbildung. Sie besitzen stets eine gewisse Struktur hinsichtlich Aufbau, Anordnung und innerer Beziehung ihrer Curriculumelemente. Als Herangehensweise zu deren Untersuchung bietet sich dabei eine induktive Methodik in Anlehnung an die gegenstandsnahe Theoriebildung (engl. Grounded Theory, siehe Glaser/Holton 2004) an. Dieses Konzept ist eine Standardmethode in der textorientierten, interpretativen Sozialforschung. Nach dieser Methodik werden die zu untersuchenden Dokumente schematisch in verschiedene, weit gefasste Kategorien eingeordnet, in diesem Falle sind dies die Leitidee, das Gestaltungsprinzip und die Strukturvariablen. Diese werden im Verlauf der Untersuchung sukzessive präziser ausgestaltet. Auf diese Weise lässt sich ein Untersuchungsraster aufstellen (vgl. Clement 2002). Diese Kategorien sollen dann ausdifferenziert werden und in eine Matrixstruktur mit didaktischen Merkmalen überführt werden. Somit liefern sie detaillierte systematische Darstellungen der Ordnungsmittel.

Die Curricula werden in der ersten Kategorie hinsichtlich der ihnen zugrunde gelegten Leitideen (v. a. Nachhaltigkeit sowie Handlungs- und Gestaltungsorientierung, aber auch „staatsbürgerliche Erziehung" sowie „Aufklärung, Demokratie, Mündigkeit, Autonomie und Subjektorientierung") untersucht (Huisinga 2005). Die enorme Bedeutung des Leitgedankens Nachhaltigkeit für Energieberater wurde bereits dargelegt. Es gilt festzustellen, inwieweit dieser Leitgedanke nun auf der mittleren Qualifikationsebene auch bereits auf curricularer Ebene aufzufinden ist. Eine Didaktik für nachhaltige Berufsbildung soll eine Annäherung an nachhaltige Weltsichten und die eigenständige Konstruktion dieser fördern. Energieberater sollen in der Lage sein, zwischen komplexen Widersprüchlichkeiten und offenen Zielkonflikten abzuwägen und diese für sich zu bewerten, Entscheidungen zu fällen und entsprechend handeln zu können (Hahne 2008). Es wird analysiert, inwiefern die drei Säulen der Nachhaltigkeit als zukunftsfähige wirtschaftliche Entwicklung, globale Gerechtigkeit und dauerhafte Umweltverträglichkeit in den Ordnungsmitteln verankert sind sowie ob und wie eine Abwägung zwischen ihnen curricular fokussiert wird.

Die zweite Kategorie charakterisiert das curriculare Gestaltungsprinzip. Curricula sind dabei von drei Grundprinzipien geprägt, deren jeweils unterschiedlich starke Ausprägungen in einem Spannungsdreieck zusammenspielen: Wissenschaftsprinzip (Orientierung an „Schulfächern"), Situationsprinzip (Orientierung an beruflichen Handlungen) und Persönlichkeitsprinzip (persönliche Entwicklung des Beraters). Diese drei Prinzipien stehen untereinander in Interdependenz (Huisinga 2005,

Reetz/Seyd 2006). Das so entstehende Spannungsfeld wird dargelegt und untersucht.

Als dritte Kategorie werden die jeweiligen Strukturvariablen hinsichtlich der Implementierung in den einzelnen Komponenten der Ordnungsmittel betrachtet. Die einzelnen Strukturvariablen sind Qualifizierungsziele (Qualifikationen, Kompetenzen, Wissen), Inhalte und Methoden. Eine genauere Ausdifferenzierung dieser Variablen erfolgt anhand von Beschreibungsmerkmalen und Indikatoren.

2.2 Durchführung der Analyse curricularer Strukturen

Durchgeführt wird die Curriculumanalyse mittels des dafür entwickelten Instrumentes an den für einen Gebäudeenergieberater (HWK) relevanten Ordnungsmitteln. Dazu zählen die bundesweit verbindlichen Ordnungsmittel wie Prüfungsordnungen und Rahmenlehrpläne im Bereich der Fortbildung zum/zur „Gebäudeenergieberater/-in (HWK)" sowie alle einschlägigen Ausbildungsberufe des Handwerks (Anlagenmechaniker SHK, Systemelektroniker, Mechatroniker, Tischler etc.) bis hin zum Meisterabschluss, welche für die Fortbildung zum Energieberater zugelassen sind.

3 Zusammenfassung und Diskussion

Zurzeit erfolgt die Weiterbildung zum Gebäudeenergieberater (HWK) in einem standardisierten Kurs mit heterogener Vorqualifizierung der Teilnehmer. Der Bedarf eines systematischen Weiterbildungs- und Qualifizierungsangebotes besteht, um das hohe Facharbeiterniveau der Ausgangsberufe auch gezielt in alle Energieberatungsdienstleistungen zu übertragen. Ebenso sollte auch die Struktur der Ausbildungsberufe hinsichtlich moderner Konzepte der Beruflichkeit grundlegend kritisch betrachtet werden.

Die curriculumtheoretische Analyse zu den vorliegenden Strukturen der Ausgangsberufe sowie den Fort- und Weiterbildungscurricula in der Energieberatungsbranche auf mittlerer Qualifikationsebene stellt eine Ausgangsbasis dar, um Gestaltungsempfehlungen für Formen der Beruflichkeit in der Energieberatung und den Ausgangsberufen geben zu können. Naheliegende Strukturmodelle der Ausbildungsordnungsforschung sind u. a. „Ausgangsberuf mit systematisierter/modularisierter Fort- und Weiterbildung", „Stufenberuf" und „Monoberuf", nach Rauner (2005)[2]. Ebenso können darauf aufbauend erste Empfehlungen zur Ausgestaltung dieser Formen der Beruflichkeit gegeben werden (siehe Abb. 1). Konkrete Gestaltungsempfehlungen für Formen der Beruflichkeit sowie eine Systematisierung von Fort-

---

2 Eine vollständige Übersicht möglicher Strukturmodelle der Ausbildungsordnungsforschung liefert Lennartz (2002).

und Weiterbildungen im Bereich der Energieberatung sind derzeit noch nicht entwickelt worden.

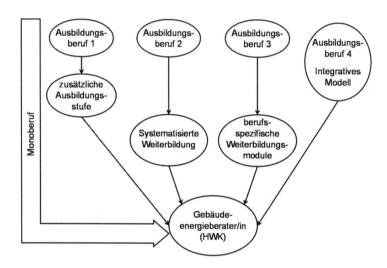

Abb. 1: Mögliche Gestaltung von Formen der Beruflichkeit in der Energieberatung

Quelle: Eigene Darstellung

Auf den Erkenntnissen dieses Forschungsvorhabens aufbauend, können diese Gestaltungsempfehlungen aufgegriffen werden, um bezogen auf spezifische Formen der Beruflichkeit flexibel einsetzbare, modulare Systeme von Qualifizierungs- und Kompetenzmodulen zu entwickeln. Eine Systematik von Qualifizierungs- bzw. Kompetenzmodulen zum Aufbau von Energieberatungskompetenzen ermöglicht jedem Bildungsanbieter, Maßnahmen in einem entsprechend strukturierten und transparenten System von Fort- und Weiterbildungen in der Energieberatungsbranche in Zukunft zielgerichtet anzubieten.

Literatur

BIBB – Bundesinstitut für Berufsbildung (2009): Portal Nachhaltigkeit. Verfügbar unter http://www.bibb.de/nachhaltigkeit (23.05.2009).

BMU – Bundesministerium für Umwelt, Naturschutz und Reaktorsicherheit (Hrsg.) (1992): Agenda 21 – Konferenz der Vereinten Nationen für Umwelt und Entwicklung im Juni 1992 in Rio de Janeiro. Bonn: Köllen.

BNE – Bildung für nachhaltige Entwicklung (2009): Weltdekade der Vereinten Nationen 2005 – 2014. Verfügbar unter http://www.bne-portal.de (25.05.2009).

Clement, U. (2002): Lernfelder im ‚richtigen Leben' – Implementationsstrategie und Realität des Lernfeldkonzepts. In: Zeitschrift für Berufs- und Wirtschaftspädagogik, 98 (1), S. 26–54.

Glaser, B.; Holton, J. (2004): Remodeling Grounded Theory. In: FQS – Forum Qualitative Sozialforschung, 5 (2), Art. 4.

Hahne, K. (2008): Konturen einer Didaktik für nachhaltige Entwicklung in der Berufsbildung. In: lernen und lehren (l&l) Elektrotechnik-Informatik und Metalltechnik, 90, S. 60–67.

Huisinga, R. (2005): Curriculumforschung. In: F. Rauner (Hrsg.): Handbuch Berufsbildungsforschung (S. 350–357). Bielefeld: wbv.

Kuda, E.; Strauß, J. (2006): Europäischer Qualifikationsrahmen – Chancen und Risiken für Arbeitnehmer und ihre berufliche Bildung in Deutschland. WSI-Mitteilungen 11/2006,
S. 630–637.

Lennartz, D. (2002): Die neuen Strukturmodelle zur Ordnung der Berufsausbildung. In: G. Cramer (Hrsg.): Ausbilderhandbuch. 51. Erg.-Lfg. Köln: Deutscher Wirtschaftsdienst.

Rauner, F. (2005): Qualifikations- und Ausbildungsordnungsforschung. In: F. Rauner (Hrsg.): Handbuch Berufsbildungsforschung (S. 240–246). Bielefeld: wbv.

Reetz, L.; Seyd, W. (2006): Curriculare Strukturen beruflicher Bildung. In: R. Arnold; A. Lipsmeier (Hrsg.): Handbuch der Berufsbildung, 2. überarbeitete und aktualisierte Auflage (S. 227–259). Wiesbaden: VS Verlag für Sozialwissenschaften.

Messung von Professionalität in der Energieberatung durch Lösen von Dilemmasituationen

Judith Lüneberger & Martin Frenz

1 Ausgangslage

Die Domäne der Energieberatung ist aus Perspektive der Berufsbildungsforschung ein noch weitgehend unerforschtes Feld. Spezifisch für die Anbieter von Energieberatungsdienstleistungen auf der mittleren Qualifikationsebene ist im Allgemeinen eine hohe Professionalität im ursprünglichen Facharbeiterberuf (z. B. Tischler, Schornsteinfeger, Anlagenmechaniker etc.), welche auf einer Ausbildung basiert und durch ein in der Regel systematisiertes Angebot an Weiterbildungen zielgerichtet ausgebaut wurde. Im Vergleich dazu spiegeln die Energieberatungsdienstleistungen teilweise nicht das hohe Facharbeiterniveau wider, weil diese nicht in unmittelbarem Zusammenhang zur Ausgangsqualifikation stehen. Die nicht auf Facharbeiterniveau angebotenen Dienstleistungen können bei den Kunden jedoch zu Misstrauen im Kerngeschäft der Gewerbe führen. Das hohe Facharbeiterniveau sollte in Zukunft auch das Dienstleistungsangebot in der Energieberatung aufweisen.

Um die Qualität in der Energieberatung zu sichern, ist es eine wichtige Strategie, die Kompetenz von Energieberatern zu messen. Hierzu ist es notwendig, ein Instrument zu entwickeln.

2 Vorgehen

2.1 Ziele und Forschungsfragen

Ziele der Studie sind es, ein Kompetenzmodell und ein Messinstrument für Energieberatungskompetenz zu entwickeln. Im Einzelnen sollen dabei die folgenden Fragen geklärt werden:

1. Welches Ziel und welchen Zweck hat die Kompetenzerfassung?

   - Wie kann der Stand der Professionalisierung in der Energieberatung mit einem Kompetenzmessinstrument erhoben werden?

2. Welches Kompetenzverständnis wird zugrunde gelegt?

3. Welche Elemente von Kompetenz sollen (betrachtet) gemessen werden? / Welche Dimensionen umfasst das zugrunde gelegte Kompetenzmodell?

- Wie können Energieberatungssituationen strukturiert werden?
- Zwischen welchen Kompetenzarten kann differenziert werden?
- Wie kann zwischen verschiedenen Niveaustufen differenziert werden?

4. Welche Messmethodologie wird ausgewählt?

- Erfolgt eine Fremd- oder Selbstbeurteilung?
- Welche Forschungsmethode kommt zum Einsatz? (Befragung, Beobachtung, Test, Arbeitsprobe etc.)

   a. Wie kann die Kompetenzmessung erfolgen und ausgewertet werden?

   b. Wie können Aufgaben für Arbeitsproben mithilfe von Expertise entwickelt werden?

5. Welche Qualitätsstandards werden an das Instrument erhoben (Objektivität, Reliabilität, Validität, Nutzen, Akzeptanz etc.)?

2.2 Forschungsmethode

Um die Kompetenzen von Energieberatern messen zu können, wird unter besonderer Berücksichtigung des Nachhaltigkeitsgedankens ein Kompetenzmodell und ein Instrument entwickelt (Erpenbeck/von Rosenstiel 2003; Hahne 2008; BIBB 2009; BNE 2009).

Ausgehend von der Frage nach der Messbarkeit und Beobachtbarkeit von Kompetenzen sind nach Erpenbeck und von Rosenstiel Kompetenzen anhand der Performanz, d. h. der Anwendung und des Gebrauchs von Kompetenz, zu erfassen. Kompetenz ist demnach eine Form von Zuschreibung (Attribution) aufgrund eines Urteils des Beobachters, welcher dem physisch und geistig selbstorganisiert Handelnden aufgrund bestimmter, beobachtbarer Verhaltensweisen bestimmte Dispositionen als Kompetenzen zuschreibt. Danach sind Kompetenzen situationsbezogene Dispositionen selbstorganisierten Handelns, also Selbstorganisationsdispositionen (Erpenbeck/von Rosenstiel 2003). Sie erweisen sich in der Bewältigung konkreter Handlungssituationen (Erpenbeck/Heyse 1999).

Ziel ist es, mit dem Instrument eine Aussage zur Professionalität in einer Branche zu treffen. Für die Entwicklung des Kompetenzmessinstrumentes wird die Professionstheorie von Fritz Schütze aufgegriffen. Diese geht davon aus, dass ein umsichtiges Bearbeiten und die Reflexion von Situationen, die paradoxe und unvereinbare Anforderungen stellen, professionelles Handeln erfordern. Diese begriffliche Klärung von Professionalität hat unmittelbare Konsequenzen für die Entwicklung des Instruments.

2.2.1 Entwicklung eines Kompetenzmodells

Im ersten Schritt der Modellbildung und Instrumentenentwicklung wird zunächst ein Handlungsfeld der Energieberatung bearbeitet: die Analyse, Diagnose und Optimierung von Heizungsanlagen. Sie ist nicht nur inhaltlicher Kernbereich der Energieberatung, sondern liefert zudem zahlreiche Dilemmasituationen der Nachhaltigkeit. Des Weiteren bietet sich der Themenkomplex der Anlagentechnik zur exemplarischen Ausdifferenzierung von Kompetenzarten und Niveaustufen an. Im Folgenden sind weitere berufliche Handlungsfelder der Energieberatung (z. B. Bauwerk/Baukonstruktion, Luftdichtheitsmessung) zur Bearbeitung vorgesehen.

Das Kompetenzmodell für Energieberater bezieht sich auf die Elemente „Kompetenzarten", „Niveaustufen" und „Energieberatungssituationen" (Bredl 2008; Hahne 2008). Die Strukturierung der Energieberatungssituationen erfolgt in dem Modell entsprechend des Nachhaltigkeitsgedankens nach den drei Dimensionen Ökonomie, Ökologie und Gesellschaft. Zur Differenzierung der Kompetenzarten wird aufgrund der Subjekt-Objekt-Beziehung zwischen Fach-, Sozial- und Personalkompetenz unterschieden (Erpenbeck/von Rosenstiel 2003). Die Abstufung in Niveaustufen kann erfolgen, indem der Beobachtung der Kompetenzarten und Nachhaltigkeitsdimensionen eine mehrstufige Niveauskala zugrunde gelegt wird. Hier bietet sich das Spiralmodell nach Bader an, welches Niveaustufen als verschiedene hintereinander ablaufende Entwicklungsstufen im didaktischen Zusammenhang betrachtet (Bader 2004).

2.2.2 Entwicklung eines Instruments

Aufgrund des Ziels, Kompetenzen und professionelles Handeln von Energieberatern in Situationen erfassen zu können, wurden folgende Entscheidungen hinsichtlich der Messmethodologie getroffen:

Die Kompetenzmessung soll in Form einer Fremdbeurteilung durchgeführt werden. Hierzu sind Problemsituationen auf Grundlage realer Beratungssituationen zu bestimmen, welche als Arbeitsprobe bzw. Test dienen. Diese sind als Dilemmasituationen darzustellen, in denen es gilt, mithilfe der eigenen Kompetenzen eine Balance zwischen den drei Dimensionen der Nachhaltigkeit aufzuzeigen. Aufgrund der Reflexionsfähigkeit und der Art, wie Energieberater die Problemsituationen meistern, können nach Schütze anschließend Aussagen zur Kompetenz und der entsprechenden Niveaustufe getroffen werden (Schütze 1996, 2000).

Insgesamt sind für jedes einzelne Handlungsfeld Instrumente zu entwickeln, wobei zunächst mit der Analyse, Diagnose und Optimierung von Heizungsanlagen begonnen wird. Die Problemstellungen zu den Handlungsfeldern werden im Rahmen einer Expertise mit Experten der Energieberatungsbranche erarbeitet. Hierzu wurden fünf

Experten aufgrund ihrer beruflichen Vertiefung und ihres derzeitigen Betätigungsfelds in der Anlagentechnik ausgewählt. Die Beschreibung der Aufgabenstellungen für eine Arbeitsprobe erfolgte nach Dörner in Form einer Problembeschreibung, welche durch einen unerwünschten Anfangszustand, einen erwünschten Endzustand und eine Barriere gekennzeichnet ist, die die Transformation vom Anfangszustand in den Endzustand im Moment verhindert (Dörner 1976).

Zur Beobachtung und Auswertung der bearbeiteten Dilemmasituationen werden verschiedene Methoden herangezogen und hinsichtlich der Qualitätsstandards Objektivität, Reliabilität, Validität und Nutzen verglichen.

Im Zentrum der Videografie steht die Analyse visuell aufgezeichneter Situationen. Im Gegensatz zur Videoanalyse handelt es sich bei den Videoaufzeichnungen der Videografie nur um einen Teil der Daten, die im Feld erhoben werden (Knoblauch/ Schnettler 2007). Weitere Daten zur Erhebung der Kompetenz liefert ein anschließendes moderiertes Reflexionsgespräch. Mitgeschnittene Beratungssituationen können so nach der Aufzeichnung von den durchführenden Energieberatern bezüglich ihrer eigenen Handlungen reflektiert werden. Anhand eines Moderationshandbuchs kann die Reflexion anschließend ausgewertet werden. Für das videogestützte Reflexionsgespräch ist eine entsprechende Moderatorenschulung notwendig. Eine weitere Möglichkeit zur Auswertung der bearbeiteten Dilemmasituationen stellt das Triadengespräch dar. Es handelt sich um eine dialog-basierte Methode zur Weitergabe professionellen Wissens, an der drei Personen teilhaben. Professionelles Handeln wird beobachtbar im Prozess des Wissens- und Erfahrungstransfers zwischen einem wissenden bzw. erfahrenen (Experten) und einem weniger wissenden bzw. weniger erfahrenen Energieberater (Novizen). Meist wird diese Methode zur Einarbeitung neuer Mitarbeiter, zur Wissenssicherung oder zum strategischen Wissensaufbau genutzt. Zuletzt ist es möglich, anhand der Methode „Netzwerk" die Reflexionsfähigkeit und die Art, wie eine Problemsituation gemeistert wird, zu beobachten. Hierzu werden Begriffskarten zur Dilemmasituation vom bearbeitenden Energieberater in eine Netzwerkstruktur gebracht. Die Begriffe können sowohl vorgegeben sein als auch selbst erstellt werden. Anschließend werden die Begriffe sowie die Beziehungen zu den anderen Begriffen erklärt. Anhand der Reflexion der Begriffe sowie der Struktur durch den Energieberater kann die Kompetenz von einem Moderator erhoben werden. Auch hier erfolgt die Auswertung mithilfe eines Moderatorenhandbuchs.

3 Erkenntnisse und Ausblick

Um die Kompetenz von Energieberatern zu bestimmen, wurde bisher der Lösungsweg zur Entwicklung eines entsprechenden Messinstruments spezifiziert. In einem ersten Schritt erfolgte die Konzeption eines Kompetenzmodells mit den Dimensionen „Kompetenzarten", „Niveaustufen" und „Energieberatungssituationen". Mithilfe von Experten wurde ein Messinstrument basierend auf Dilemmasituationen unter dem bildungstheoretischen Ansatz der Nachhaltigkeit entwickelt. Mithilfe dieses Messinstruments können erste Ergebnisse bezüglich der vorhandenen Kompetenz von Energieberatern sowie ihrer Entwicklungspotenziale für den spezifischen Bereich der Analyse, Diagnose und Optimierung von Heizungsanlagen aufgezeigt werden. Eine Übertragung auf die weiteren Bereiche der Energieberatung ist vorgesehen. Angestrebt ist die Validierung des gesamten Messinstruments mit einer Zufallsauswahl von Energieberatern aus einschlägigen öffentlichen Förderprogrammen, sodass abschließend Aussagen zur Fort- und Weiterbildung für spezifische Marktsegmente getroffen werden können.

Literatur

Bader, R. (2004): Handlungsfelder-Lernfelder-Lernsituationen. In: R. Bader; M. Müller (Hrsg): Unterrichtsgestaltung nach dem Lernfeldkonzept (S. 11–37). Bielefeld: wbv.

BIBB – Bundesinstitut für Berufsbildung (2009): Portal Nachhaltigkeit. Verfügbar unter http://www.bibb.de/nachhaltigkeit.

BNE – Bildung für nachhaltige Entwicklung (2009): Weltdekade der Vereinten Nationen 2005 – 2014. Verfügbar unter http://www.bne-portal.de.

Bredl, K. (2008): Kompetenz von Beratern. Analyse des Kompetenzerwerbs bei Unternehmensberatern im Kontext der Expertiseforschung. Saarbrücken: VDM Verlag.

Knoblauch H.; Schnettler, B. (2007): Videographie. Erhebung und Analyse qualitativer Videodaten. In: R. Buber; H. Holzmüller (Hrsg.): Qualitative Marktforschung. Konzepte – Methoden – Analysen (S. 583–599). Wiesbaden: Gabler.

Dörner, D. (1976): Problemlösen als Informationsverarbeitung. Stuttgart: Kohlhammer.

Erpenbeck, J.; Heyse, V. (1999): Die Kompetenzbiographie. Strategien der Kompetenzentwicklung durch selbstorganisiertes Lernen und multimediale Kommunikation. Münster, New York, München, Berlin: Waxmann.

Erpenbeck, J.; von Rosenstiel, L. (Hrsg.) (2003): Handbuch Kompetenzmessung. Erkennen, verstehen und bewerten von Kompetenzen in der betrieblichen und psychologischen Praxis. Stuttgart: Schäffer-Poeschel Verlag.

Hahne, K. (2008): Konturen einer Didaktik für nachhaltige Entwicklung in der Berufsbildung. In: lernen & lehren, 90, S. 60–66.

Helsper, W.; Krüger, H.-H.; Rabe-Kleberg, U. (2000): Professionstheorie, Professions- und Biographieforschung – Einführung in den Themenschwerpunkt. In: ZBBS Zeitschrift, 1/2000, S. 5–19.

Heyse, V. (2003): KODEX-Kompetenz-Explorer. In: J. Erpenbeck; L. von Rosenstiel (Hrsg.): Handbuch Kompetenzmessung. Erkennen, verstehen und bewerten von Kompetenzen in der betrieblichen und psychologischen Praxis (S. 376–385). Stuttgart: Schäffer-Poeschel Verlag.

Schütze, F. (1996): Organisationszwänge und hoheitsstaatliche Rahmenbedingungen im Sozialwesen. Ihre Auswirkungen auf die Paradoxien des professionellen Handelns. In: A. Combe; W. Helsper (Hrsg.): Pädagogische Professionalität. Untersuchungen zum Typus pädagogischen Handelns (S. 183–275). Frankfurt a. M.: Suhrkamp.

Schütze, F. (2000): Schwierigkeiten bei der Arbeit und Paradoxien des professionellen Handelns. Ein grundlagentheoretischer Aufriß. In: ZBBS Zeitschrift, Heft 1/2000. S. 49–96.

Unger, T. (2007): Bildungsidee und Bildungsverständnis. Eine grundlagentheoretische Analyse und empirische Fallstudie zum Bildungsverständnis von Lehrenden an Berufsschulen. Münster, New York, München, Berlin: Waxmann.

Die Autoren

Dr. Daniela Ahrens
Institut Technik und Bildung, Am Fallturm 1, 28359 Bremen
dahrens@uni-bremen.de

Prof. Dr. Matthias Becker
Berufsbildungsinstitut Arbeit und Technik, Universität Flensburg, Auf dem
Campus 1, 24943 Flensburg
becker@biat.uni-flensburg.de

Dr. Jörg Biber
TU Dresden, Institut für Berufliche Fachrichtungen, BFR MMT, Technische
Universität Dresden, 01062 Dresden
Joerg.Biber@tu-dresden.de

Dipl.-Soz. Kerstin Blass
Institut für Sozialforschung und Sozialwirtschaft e. V., Trillerweg 68,
66117 Saarbrücken
blass@iso-institut.de

Dr. Jessica Blings
Institut Technik und Bildung, Am Fallturm 1, 28359 Bremen
blings@uni-bremen.de

Sebastian Bornemann
Fachhochschule Münster, Leonardo-Campus 7, 48149 Münster
bornemann@fh-muenster.de

Stefan Brämer
InnoProfile-Projekt „TEPROSA", Otto-von-Guericke-Universität Magdeburg,
Universitätsplatz 2, 39106 Magdeburg
stefan.braemer@teprosa.de

PD Dr. Rainer Bremer
Institut Technik und Bildung, Am Fallturm 1, 28359 Bremen
bremer@uni-bremen.de

Dr. Nadja Cirulies
Institut für Berufs- und Wirtschaftspädagogik, Sedanstraße 19, 20146 Hamburg
ncirulies@ibw.uni-hamburg.de

Dr. Ludger Deitmer
Institut Technik und Bildung, Am Fallturm 1, 28359 Bremen
deitmer@uni-bremen.de

Dirk Dittmann
Berufsbildungszentrum der Kreishandwerkerschaft Märkischer Kreis e. V.,
Handwerkerstr. 2, 58638 Iserlohn
d.dittmann@kh-mk.de

Dr.-Ing. Joachim Dittrich
Institut Technik und Bildung, Am Fallturm 1, 28359 Bremen
dittrich@uni-bremen.de

Dipl.-Kfm. Alexander Egeling
TU Bergakademie Freiberg, Lessingstr. 45, 09599 Freiberg
alexander.egeling@bwl.tu-freiberg.de

Dr. Sigrun Eichhorn
TU Dresden, BF Chemietechnik, 01062 Dresden
sigrun.eichhorn@tu-dresden.de

Prof. Dr. Friedhelm Eicker
Universität Rostock/Technische Bildung, Richard-Wagner-Straße 31,
18119 Rostock-Warnemünde
friedhelm.eicker@uni-rostock.de

Dr. Uwe Elsholz
TU Hamburg-Harburg, Institut für Technik, Arbeitsprozesse und Berufliche Bildung,
Eißendorfer Str. 40, 21073 Hamburg
uwe.elsholz@tu-harburg.de

Carolin Frank
Technische Universität Dresden, Institut für Berufliche Fachrichtungen, Berufliche
Fachrichtung Chemietechnik, Umweltschutz und Umwelttechnik, Weberplatz 5,
01237 Dresden
carolin.frank@tu-dresden.de

Dr. Martin Frenz
Institut für Arbeitswissenschaft der RWTH Aachen University, Bergdriesch 27,
52062 Aachen
m.frenz@iaw.rwth-aachen.de

Dipl.-Hdl. Manuela Geese
Otto-von-Guericke-Universität Magdeburg, Institut für Berufs- und
Betriebspädagogik, Lehrstuhl für Berufspädagogik, Zschokkestraße 32,
39104 Magdeburg
manuela.geese@ovgu.de

Petra Gerlach
Institut Technik und Bildung, Am Fallturm , 28359 Bremen
pgerlach@uni-bremen.de

Torsten Grantz
Institut Technik und Bildung, Am Fallturm 1, 28359 Bremen
tgrantz@uni-bremen.de

Dr. Bernd Haasler
Pädagogische Hochschule Heidelberg, Studiengänge Technik und
Ingenieurpädagogik, Im Neuenheimer Feld 561, 69120 Heidelberg
haasler@ph-heidelberg.de

Dr. Klaus Hahne
Bundesinstitut für Berufsbildung, Robert-Schuman-Platz 3, 53175 Bonn
hahne@bibb.de

Prof. Dr. phil. habil. Martin D. Hartmann
TU Dresden, Institut Berufliche Fachrichtungen, Berufliche Didaktik Metall- und
Maschinentechnik, Weberplatz 5, 01062 Dresden
martin.hartmann@tu-dresden.de

Ursel Hauschildt
FG Berufsbildungsforschung I:BB, Leobener Str./NW 2, 28359 Bremen
uhaus@uni-bremen.de

Dr. Lars Heinemann
Institut Technik und Bildung, Am Fallturm 1, 28359 Bremen
lheine@uni-bremen.de

Dipl.-Ing. Simon Heinen
Institut für Arbeitswissenschaft der RWTH Aachen University, Bergdriesch 27,
52062 Aachen
s.heinen@iaw.rwth-aachen.de

Dr.-Ing. Sören Hirsch
InnoProfile-Projekt „TEPROSA", Otto-von-Guericke-Universität Magdeburg,
Universitätsplatz 2, 39106 Magdeburg
soeren.hirsch@teprosa.de

Hermann Hitz
BBS-Wildeshausen, Feldstr. 10, 27793 Wildeshausen
hermann.hitz@t-online.de

Prof. Dr.-Ing.habil. Hans-Jürgen Holle
Technische Universität, Institut für Angewandte Bautechnik, Schwarzenbergstr. 95,
21073 Hamburg
h-j.holle@tuhh.de

Prof. Dr. Falk Howe
Institut Technik und Bildung, Am Fallturm 1, 28359 Bremen
howe@uni-bremen.de

Dr. Peter Kalkowski
Soziologisches Forschungsinstitut Göttingen (SOFI) an der Georg-August-
Universität, Friedländer Weg 31, 37085 Göttingen
peter.kalkowski@sofi.uni-goettingen.de

Pekka Kämäräinen
Institut Technik und Bildung, Am Fallturm 1, 28359 Bremen
pkamar@uni-bremen.de

Eva-Sophie Katterfeldt
Technologie-Zentrum Informatik, Bibliothekstraße 1, 28359 Bremen
evak@informatik.uni-bremen.de

Dipl.-Soz. Sabine Kirchen-Peters
Institut für Sozialforschung und Sozialwirtschaft e. V., Trillerweg 68,
66117 Saarbrücken
kirchen-peters@iso-institut.de

Dr. Simone Kirpal
Institut Technik und Bildung, Am Fallturm 1, 28359 Bremen
kirpal@uni-bremen.de

Mathias Knorn
TU Dresden, Institut für Berufliche Fachrichtungen, BFR ET, Technische Universität
Dresden, 01062 Dresden
M_Knorn@gmx.de

Prof. Dr. Sönke Knutzen
Institut für Technik, Arbeitsprozesse und Berufliche Bildung, Eißendorfer Straße 40,
21073 Hamburg
s.knutzen@tu-harburg

Dr. Michael Köck
Katholische Universität Eichstätt-Ingolstadt, Ostenstraße 26, 85072 Eichstätt
michael.koeck@ku-eichstaett.de

Claudia Koring
Institut Technik und Bildung, Am Fallturm 1, 28359 Bremen
koring@uni-bremen.de

Dennis Krannich
Technologie-Zentrum Informatik, Bibliothekstraße 1, 28359 Bremen
krannich@tzi.de

Dr. Martin Kröll
Insitut für Arbeitswissenschaft, Ruhr-Universität Bochum, Universitätsstr. 150,
44780 Bochum
martin.kroell@rub.de

Klaus Kronberger
Adiro Automatisierungstechnik, Limburgstr. 40, 73734 Esslingen
kro@adiro.com

Prof. Dr. Werner Kuhlmeier
Universität Hamburg, Sedanstraße 19, 20146 Hamburg
wkuhlmeier@ibw.uni-hamburg.de

Dipl.-Ing. Judith Lüneberger
Institut für Arbeitswissenschaft der RWTH Aachen University, Bergdriesch 27,
52062 Aachen
j.lueneberger@iaw.rwth-aachen.de

Bernd Mahrin
TU Berlin, Institut für Berufliche Bildung und Arbeitslehre, Sekr. 4–4,
Franklinstr. 28/29, 10587 Berlin
bernd.mahrin@tu-berlin.de

Dr. Michael Martin
Institut für Berufliche Bildung und Arbeitslehre, Franklinstr. 28/29, 10587 Berlin
michael.martin@tu-berlin.de

Dipl.-Ing. Alexander Maschmann
Berufsbildungsinstitut Arbeit und Technik, Auf dem Campus 1, 24943 Flensburg
alexander.maschmann@biat.uni-flensburg.de

Andrea Maurer
FG Berufsbildungsforschung I:BB, Leobener Str. / NW 2, 28359 Bremen
amaurer@uni-bremen.de

Sebastian Mayer
TU Dresden, Institut für Berufliche Fachrichtungen, BFR ET, Technische Universität
Dresden, 01062 Dresden
SebastianMayer1@gmx.de

Prof. Dr. Rita Meyer
Universität Trier, FB I, Pädagogik, Berufliche und Betriebliche Weiterbildung,
54286 Trier
rmeyer@uni-trier.de

Prof. Dr. Johannes Meyser
TU Berlin, Institut für Berufliche Bildung und Arbeitslehre, Franklinstr. 28–29,
10587 Berlin
johannes.meyser@tu-berlin.de

PD Dr. Brita Modrow-Thiel
Universität Trier, FB I, Pädagogik, Berufliche und Betriebliche Weiterbildung,
54286 Trier
modrowth@t-online.de

Dipl.-Hdl. Nadine Möhring-Lotsch
Otto-von-Guericke-Universität Magdeburg, Institut für Berufs- und
Betriebspädagogik, Lehrstuhl Fachdidaktik technischer Fachrichtungen,
Zschokkestraße 32, 39104 Magdeburg
nadine.moehring@ovgu.de

Frank Musekamp
Institut Technik und Bildung, Am Fallturm 1, 28359 Bremen
musekamp@uni-bremen.de

Prof. Dr. Manuela Niethammer
TU Dresden, BF Chemietechnik, 01062 Dresden
manuela.niethammer@tu-dresden.de

Yvonne Paarmann
InnoProfile-Projekt „INKA", Otto-von-Guericke-Universität Magdeburg,
Universitätsplatz 2, 39106 Magdeburg
yvonne.paarmann@ovgu.de

Dr. Gerd Paul
Gesellschaft für wissenschaftliche Datenverarbeitung mbH Göttingen,
Postfach 28 41, 37018 Göttingen
gpaul@gwdg.de

Prof. Dr. Sibylle Peters
Otto-von-Guericke Universität Magdeburg, Zschokkestr. 32, 39104 Magdeburg
sibylle.peters@ovgu.de

Dorothea Piening
FG Berufsbildungsforschung I:BB, Leobener Str. / NW 2, 28359 Bremen
piening@uni-bremen.de

Dr. Mark Sebastian Pütz
Zentralstelle für die Weiterbildung im Handwerk (ZWH), Sternwartstraße 27–29,
40223 Düsseldorf
spuetz@zwh.de

Prof. Dr. Felix Rauner
Universität Bremen, FG Berufsbildungsforschung (IBB), Leobener Straße/NW2,
28359 Bremen
rauner@uni-bremen.de

Michael Reinhold
Institut Technik und Bildung, Am Fallturm 1, 28359 Bremen
mrein@uni-bremen.de

Dr. Tamara Riehle
Institut Technik und Bildung, Am Fallturm 1, 28359 Bremen
riehle@uni-bremen.de

StR Tobias Roß
Institut für Berufliche Lehrerbildung, Leonardo Campus 7, 48149 Münster,
ross@fh-muenster.de

Dipl.-Wirt.-Ing. (FH), M.A. Sigrid Salzer
Mein Unternehmen gemeinnützige Gesellschaft mbH, Keplerstraße 1,
39104 Magdeburg
salzer@mu-ggmb.de

Dr. Andreas Saniter
Institut Technik und Bildung, Am Fallturm 1, 28359 Bremen
asaniter@uni-bremen.de

Prof. Dr. Reiner Schlausch
biat – Berufsbildungsinstitut Arbeit und Metalltechni/Systemtechnik, Auf dem
Campus 1, 24943 Flensburg
reiner.schlausch@biat.uni-flensburg.de

Beatrice Schlegel
Institut BF Umweltschutz, Umwelttechnik, Chemietechnik, Weberbau 5,
01217 Dresden
beatrice.schlegel@tu-dresden.de

Dipl.-Ing.(FH), LL.M.(Oec.) Jürgen Schmierer
Grone Bildungszentrum Dortmund gGmbH, Kampstraße 32–34, 44137 Dortmund
j.schmierer@grone.de

Dr. Felix Schmitz-Justen
Institut Technik und Bildung, Am Fallturm 1, 28359 Bremen
fschmitzjusten@uni-bremen.de

Sven Schulte
Institut Technik und Bildung, Am Fallturm 1, 28359 Bremen
sven.schulte@uni-bremen.de

Dr. Marc Schütte
Institut Technik und Bildung, Am Fallturm 1, 28359 Bremen
marc.schuette@uni-bremen.de

Prof. Dr. Georg Spöttl
Institut Technik und Bildung, Am Fallturm 1, 28359 Bremen
spoettl@uni-bremen.de

Prof. Dr. Franz Stuber
Fachhochschule Münster, Leonardo-Campus 7, 48149 Münster
stuber@fh-muenster.de

Prof. Dr. Gerhard Syben
Hochschule Bremen, Neustadtswall 30, 28199 Bremen
gsyben@hs-bremen.de

Dipl.-Päd. Wilhelm Termath
Zentralstelle für die Weiterbildung im Handwerk (ZWH), Sternwartstraße 27–29,
40223 Düsseldorf
wtermath@zwh.de

Univ.-Prof. Dr.-Ing. Walter E. Theuerkauf
Technische Universität Braunschweig – Institut für Erziehungswissenschaft,
Bienroder Weg 97 – Campus Nord
w.theuerkauf@tu-bs.de

Dr. Roland Tutschner
Institut Technik und Bildung, Am Fallturm 1, 28359 Bremen
tutschner@uni-bremen.de

Dr. Thomas Vogel
Helmut-Schmidt Universität Hamburg, Studienseminar Stadt, Brüggkamp 1,
29587 Natendorf
vogel-natendorf@t-online.de

Prof. Dr. Thomas Vollmer
Institut für Berufs- und Wirtschaftspädagogik, Sedanstraße 19, 20146 Hamburg
vollmer@ibw.uni-hamburg.de

Mireen Wagenschwanz
TU Dresden, Institut für Berufliche Fachrichtungen, BFR MMT, Technische
Universität Dresden, 01062 Dresden
Mireen.Wagenschwanz@tu-dresden.de

Krischan Alexander Weyers
LMU München Institut für Soziologie, Konradstr. 6, 80801 München
krischan.weyers@soziologie.uni-muenchen.de

Dr. Lars Windelband
Institut Technik und Bildung, Am Fallturm 1, 28359 Bremen
lwindelband@uni-bremen.de

Mathias Witte
Fachhochschule Münster, Leonardo-Campus 7, 48149 Münster
mathias.witte@googlemail.com

Dirk Wohlrabe
TU Dresden, Institut für Berufliche Fachrichtungen, BFR MMT, Technische
Universität Dresden, 01062 Dresden
dirk_wohlrabe@yahoo.de

Tobias Zielke
Universität Siegen, Institut für Berufs- und Betriebspädagogik, Lehrstuhl für
berufliche Weiterbildung und Personalentwicklung, Adolf-Reichwein-Str. 2,
57068 Siegen
zielke@berufspaedagogik.uni-siegen.de